E EVERIGHT BOOK 永正图书

ENJOY LIFE 书读生活
ENJOY 阅读人生
READING

2015.6

见证

国务卿希拉里·克林顿

【美】金·伽塔丝 ——撰述　方志操——译

中国友谊出版公司

图书在版编目（CIP）数据

见证：国务卿希拉里·克林顿/（美）伽塔丝撰；
方志操译 .-- 北京：中国友谊出版公司，2013.10
ISBN 978-7-5057-3243-8

Ⅰ.①见… Ⅱ.①伽… ②方… Ⅲ.①克林顿，
Ⅱ—传记 Ⅳ.K837.125=6

中国版本图书馆 CIP 数据核字（2013）第 239388 号

版权登记号：01-2013-6250

书　名	见证：国务卿希拉里·克林顿
著　者	（美）金·伽塔丝
出　版	中国友谊出版公司
发　行	中国友谊出版公司
经　销	新华书店
印　刷	东莞市信誉印刷有限公司
规　格	787 毫米 x 1092 毫米　16 开
	26 印张　325 千字
版　次	2013 年 11 月第 1 版
印　次	2013 年 11 月第 1 次印刷
书　号	ISBN 978-7-5057-3243-8
定　价	58.00 元
地　址	北京市朝阳区西坝河南里 17 号—1 号楼
邮　编	100028
电　话	（010）64668676

国务院网站上的希拉里正式肖像，摄于2009年初。她在2008年6月7日表态退出民主党总统候选提名的角逐，随后很快表示支持奥巴马阵营。（美国国务院网站）

2008年12月1日，当选总统的奥巴马在芝加哥出席新闻发布会，正式公布他的一系列国家安全人事任命后，与希拉里一同离场。当时舆论猜测两个人在工作中可能会产生摩擦。（美联社）

在国务院八楼的本杰明·富兰克林间，副总统拜登在宣誓仪式中见证希拉里宣誓就任国务卿。在希拉里身边的从左到右依次是丈夫前总统比尔·克林顿、女儿切尔茜和母亲多萝西·罗德姆。（美国国务院网站）

2009年1月22日早上，希拉里在第一个上班日抵达国务院大楼，受到工作人员热烈欢迎。希拉里在"我们爱你，希拉里"的欢呼中与人们握手，情景仿佛竞选活动。在她左后方警戒的是外交保卫队特工弗雷德·克彻姆——希拉里的安全保卫主管。（美联社）

希拉里在美国国内是毁誉参半的政客，但早在第一夫人时期已经在全球各国享有盛名。2009年1月，希拉里作为国务卿第一次出访外国，在雅加达受到摇滚明星式的热烈欢迎。（美国国务院网站）

希拉里及其团队认为公共外交是改善美国形象的重要一环。国务院官员希望将希拉里的形象传送到全球千家万户的电视屏幕上，而左图这个访问就是第一步——2009年2月18日，希拉里在雅加达接受印尼Dahsyat电视台的采访，以公众答问会的形式进行（左图）。

在希拉里的4年任期里，每次出访、每到一地都会进行"公众式访问"。2010年1月，希拉里在沙特阿拉伯城市杰达出席公众见面会（下图）。（GETTY图片社/美联社）

希拉里花了很多时间在全球修补美国与其他国家的不良关系，成就不一。她巧妙地与俄罗斯外长拉夫罗夫"重设"了整个美俄关系；在美中关系上则采取更全面的策略。她与中国国务委员戴秉国发展了良好的工作关系。2009年7月，希拉里在国务院大门欢迎戴秉国来访。（美联社）

在国务院任职的头一个月，希拉里几乎接受了每个来访的外国领导人的见面要求。这些人中有美国长期的盟友，也有不那么见得人的独裁者，例如利比亚独裁者穆阿迈尔·卡扎菲的儿子穆塔西姆·卡扎菲（右图）。会面结束后，希拉里通常会在七楼的条约间召开简短的记者会。（美联社）

希拉里的副幕僚长杰克·沙利文（上左图）最初在总统候选人竞选期间为她工作，后来在希拉里的国务卿任上，杰克在顾问、决策和传递信息方面发挥了越来越重要的作用。另一位副幕僚长、希拉里的资深贴身顾问休玛·阿伯丁（上右图）总会出现在希拉里身边。她的职责包罗万象，从在巴基斯坦等国家为希拉里指点文化习俗到帮希拉里拿手提包都是她的任务。（美联社）

到2009年末，希拉里和奥巴马逐渐习惯了作为美国政府团队一员的角色。希拉里也敢于在奥巴马内阁中更大胆地表达意见，而她和拜登的关系一向良好。（白宫网站）

2010年3月23日，希拉里在白宫战情室恭贺奥巴马顺利推动医疗保险法案通过国会批准。在克林顿政府时期，希拉里在推动医保改革上扮演了领头人的角色，也备受争议——对于第一夫人来说，直接参与政府议题是史无前例的事情。克林顿时期的医保改革最终失败，希拉里所扮演的角色直到她参与总统提名竞选时仍然对她有影响。(白宫网站)

2010年7月，希拉里访问跨越北纬38度线、将朝鲜半岛分为南北两方的朝韩非军事区（DMZ）。希拉里和国防部长盖茨参观停战和谈帐篷时，一名高大的朝鲜士兵在窗外窥视。这次出访意在展示美国权力的软硬两面。希拉里同盖茨及其继任者莱昂·帕内塔都保持着良好的关系。（美联社）

希拉里相信，同各国领导人发展关系以及保持自己可以随时被联系能在外交危机发生时增加美国的筹码。2010年1月，在巴黎爱丽舍宫大门，希拉里在法国总统萨科齐面前磕掉了鞋子，演了一回"灰姑娘"（左图）。她与阿富汗总统哈米德·卡尔扎伊关系也不错，但很少炫耀这一点——下图是他们在华盛顿特区的敦巴顿橡树园散步。（美联社）

　　希拉里努力同新兴国家领导人发展关系，其中就包括巴西领导人。不过同巴西总统卢拉·达·席尔瓦和外长塞尔索·阿莫林的会面经常会发生摩擦（上图）。在国务卿任内，希拉里也将妇女儿童权益问题放在中心位置，每次出访都会积极同当地的非政府组织接触。下图是她在柬埔寨参观孤儿院。

希拉里和奥巴马极力推动中东和谈进程，但开局不顺，结局则可能是造成以色列和巴勒斯坦在历史上最短的一次会谈——2010年9月在埃及的沙姆沙伊赫会谈。上图右二是埃及总统霍斯尼·穆巴拉克，左右两边分别是巴勒斯坦总理阿巴斯和以色列总理内塔尼亚胡。（美联社）

2011年3月16日，希拉里参观埃及开罗的解放广场。在民众革命期间，广场上挤满了数以十万计的示威者。（美联社）

希拉里的出访日程非常紧凑，往往一天内可以有10个行程或者访问4个国家。媒体主管菲利浦·雷恩斯和国务院发言人维多利亚·纽兰在出访途中通过通讯工具了解世界大事（上左图）。随行记者团的成员们随时随地都要写稿，他们往往抓住希拉里尚在会谈的空隙时间写作，即使在巴林的宫殿里也是如此（上右图）。在目的地国，代表团乘专用车队往返于各地。车队由配备重装甲的汽车组成，通常直接开到停机坪接载代表团（左图）。（作者拍摄/妮可·盖欧迪提供）

希拉里将美国外交带到世界最偏远的角落：在这里她与坦桑尼亚总理米曾哥·平达一同到访当地的妇女集体农场。

随行记者团暂时摆脱忙碌的工作，在希拉里的专机前合影（上左图、右图）。几乎在每次出访中，希拉里都会接受随行的电视台记者（包括作者本人）的访问（左图）。希拉里也会主动走到专机尾舱来为记者报告下一站访问的行程（下左图）。（作者本人、妮可·盖欧迪和约翰·沙利文提供）

国务卿专机是"气泡"的一部分，代表团乘坐它在全世界连续数日飞行，访问各地。右图是希拉里在坦桑尼亚城市达累萨拉姆走下飞机，外交特工在舷梯两侧警戒。空军特勤队的"渡鸦"则负责24小时保护飞机。（作者拍摄）

希拉里同土耳其外长艾哈迈特·达武特奥卢关系非常密切，这也是奥巴马政府同新兴权力发展关系的策略之一。2011年7月，在阿联酋阿布扎比一次讨论对利比亚军事行动和利比亚未来的峰会上，希拉里同达武特奥卢击掌庆贺，被一些阿拉伯报纸说成是庆祝利比亚人的伤亡，但其实两人是在庆贺土耳其外长的孙儿出生。（美联社）

从2011年夏天直到8月份的黎波里落入反对派之手，希拉里大部分时间花在处理利比亚危机上。9月1日，希拉里同利比亚过渡总理穆斯塔法·阿卜杜尔·吉卜利勒（希拉里右手边）和国务院近东事务主管杰弗里·费特曼（第一排最左方）一同走入巴黎爱丽舍宫。

2011年10月，希拉里乘坐军用运输机到访的黎波里。她身后是杰弗里·费特曼。这张图片在互联网上迅速流传，被恶搞成多种形式。希拉里自己也做了一份恶搞，同恶搞作者见面，还为他们送上了签名照片。（作者拍摄）

在的黎波里国际机场的停机坪上，希拉里受到一群穿着杂色军装的利比亚民兵欢迎。这些民兵刚刚参与了推翻卡扎菲政权的战役，现在迫不及待要同希拉里合影。这张照片展示了在中东极其罕见的对美国官员表示感谢的情景，也是对胜利的庆祝。不到一年后，的黎波里美国大使馆便受到袭击。（作者拍摄）

在奈比多宽大的镀金总统官邸里，希拉里与缅甸总统吴登盛（希拉里前方戴眼睛者）的妻子杜钦钦温握手同行。希拉里是自1950年代以来首位访问这个封闭独裁国家的美国国务卿。奥巴马声称看到了缅甸军政府意欲推动改革的"微光"，于是在2011年9月派希拉里出访试探缅甸领导人的意见。（美联社）

在仰光，希拉里和诺贝尔和平奖得主昂山素季第一次会面，两人在美国代办处的天井里共进晚餐。第二天举行了正式的工作会谈。会谈结束后两人以姐妹般的热情拥抱。（美联社）

2012年9月5日，希拉里在东帝汶的住地看着丈夫比尔·克林顿在美国民主党全国大会上发表讲话。克林顿在讲话中热情地、毫无保留地支持奥巴马竞选，就此成为2012年大选中民主党阵营的二号明星。希拉里自己在国务卿任上的民调支持率也极高。克林顿夫妇就此重返美国政坛中心。（尼古拉斯·梅里尔拍摄）

2012年9月12日，在发生的黎波里使馆被袭事件，导致大使克里斯·史蒂文斯和另外3位美国人丧生后，奥巴马总统在国务院签署悼念书。这次悲剧为希拉里最后几个月的国务卿任期蒙上阴影，也在随后的竞选中被高度政治化。（白宫网站）

　　在4年的国务卿任期内，希拉里出访超过100个国家，行程累计达100万英里。和奥巴马一样，希拉里在国务卿任内明显衰老（可将此图与图集开头希拉里上任第一天拍摄的第一幅官方肖像对比）。希拉里在国务卿任内似乎比以往展现出更多的个性。不过她的随员坚称，是公众自己改变了心目中她的形象。

战胜恐惧，承担风险，不随波逐流，而要追逐梦想，永远力争上游，勤奋工作，执着信念，跌下去要坚持信仰，被击倒要马上起来，绝不要听从任何人说你不能或不该走下去。

Hillary Rodham Clinton

媒体推荐及读者评论

笔触锐利、扣人心弦……这本书讲述了两个来自不同时代和文化背景的女人的故事。她们两人共享一种超越地理和政治界限的热情，展示了族群的差异，却又彰显着共同的人性。不论扮演何种角色，希拉里·克林顿总是随时准备改变世界，但也随时准备着被世界改变。在与希拉里交往的过程中，伽塔丝本人也在改变着希拉里、并被希拉里所改变。在理解希拉里的过程中，她也理解了自己。这本书展现了这段动人心魄的发现和自我发现之旅。

——阿扎尔·纳菲西，《在德黑兰读洛丽塔》（*Reading Lolita in Tehran*）作者

金·伽塔丝写出了一本优秀的著作。这不仅是对希拉里国务卿任内活动的第一手近距离观察，也是作者自己作为记者和黎巴嫩女性伴随希拉里活动的经历。伽塔丝对于美国外交政策的细节以及推行创意外交所需要的精明，有着独到的观察，并用鲜活的文笔写下了让人手不释卷的文字。

——乔·克莱恩，《时代》杂志专栏作家

如果要理解希拉里·克林顿如何成为美国现代历史上最勤奋、最活跃的国务卿之一，《见证：国务卿希拉里·克林顿》是必读之作。读着书中栩栩如生的描写，让人不禁浮想联翩，想象希拉里如果当上了总统是什么样子。

——大卫·伊格纳西奥斯，《华盛顿邮报》专栏作家

这本书不仅精妙地总结了希拉里的生活、经历、教育以及她在国务卿任内经历的个人进化，更从局外人的角度提出了自己对美国权力的印象——并非完美、总有缺陷，却也有着向善的潜力。

——罗伯特·卡根，布鲁金斯学会高级研究员，《美国缔造的世界》（*The World America Made*）作者

《见证：国务卿希拉里·克林顿》将读者拉到尽可能近的距离去观察希拉里在过去4年中的全球足迹。伽塔丝不仅详细描写了4年出访中的人和地方的众生相，还记载了各种危机、疲累，以及在世界大事面前的迅速反应。她为我们提供了近距离的、个人视角的美国权力解析。

——安妮—玛丽·斯莱特，普林斯顿大学教授，前美国国务院政策研究部主管

在《见证：国务卿希拉里·克林顿》中，金·伽塔丝将历史事件和个人视角完美地融合到一起，使读者得以贴身观察希拉里在重重国际危机中的作为。我个人推荐这本节奏明快、内容深刻的书。

——伊恩·布雷默，前美国驻伊拉克最高文职长官，《各国自扫门前雪》（*Every Nation For Itself*）作者，欧亚集团（Euroasia Group）主席

伽塔丝以个人视角，毫无掩饰地向读者重现了这位美国国务卿希拉里·克林顿。

——《女人》

对于希拉里·克林顿的国务卿生涯，一直有一个经久不衰的话题：她是如何在4年里飞行百万英里，并同时圆满完成一定数量外交访问的？这位随行记者团成员填补了我们对这一问题的空白……伽塔丝用她敏锐的目光让我们了解到许多渴望知道的细节。

——英国《卫报》

尽管只是稍微显露出了一点点钦佩感，《见证：国务卿希拉里·克林顿》给了希拉里任期一个诚恳且直接的定义——"关键"，她真的是在很多不利因素下开始征程的。

——《野兽日报》/《哈芬登邮报》

人人都想做美国前国务卿希拉里·罗德汉姆·克林顿身边的、似乎隐蔽的旁观者。《见证：国务卿希拉里·克林顿》一书中，BBC记者金·伽塔丝将希拉里外交决策背后的复杂策略以及希拉里的高尚品格描绘得生动且令人着迷。

——《洛杉矶时报》

以一个记者公正且可靠的角度述说着国务卿希拉里·克林顿的故事，以及与她一起旅行究竟是什么感觉……真是让我爱不释手。既有个人的角度，也有政治的角度，但比起八卦来说，伽塔丝对政治更感兴趣。

——《今日美国》

BBC记者执笔的这本希拉里回忆录披露了这位政坛女强人鲜为人知的趣闻。

——《商业周刊》（中文版）

目录
C o n t e n t s

自　序

战争是一种赋予我们意义的力量。

——克里斯·海德格斯，2002 年

　　我成长于黎巴嫩内战时期的贝鲁特。我父亲常常说："如果美国想内战停火，那它明天就会停火。"结果，他一等就等了15年。从1975年到1990年，每个人都在等待这场造成15万人死亡的内战终结。难道美国真的不在乎死人吗？难道美国没有能力终结这场流血战争吗？难道我们只是后殖民时代的美帝国手中的棋子吗？还有，我们为什么要因这场战争而一直指责一个遥远的国度？

　　孩提时代的我决不会想到，日后我会有机会在这个"遥远的国度"向她的国务卿——希拉里·克林顿提出这些类似的问题。作为国务院记者团的一员，甚至有时候我会和她一起坐着老掉牙的政府公务机，从华盛顿一路飞到贝鲁特。这些都与我心目中无所不能的超级大国形象有明显的差异。

　　在这场错综复杂到有时让黎巴嫩人失去理智的内战中，美国收到了最多的求救吁请，同时也受到了最多见死不救的指责。美国只是众多的能对这场内战起作用的国家之一，但一部分黎巴嫩人相信，只有美国能在黎巴嫩快要堕入地狱深渊的时候拉她一把。而另外一部分人则认为，美国才是使得他们遭受灾难的罪魁祸首。不论有多少意见分歧，对美国是爱是恨，他们似乎都达成了一种共识：美国无所不能，权势通天。

我出身的家庭倾向自由主义，没有固定教派。由于母亲是荷兰人，所以我们对黎巴嫩有感情，对西方也有向往。尽管常常对美国关于中东和欧洲的外交政策有矛盾的感觉，我们还是将美国认定为离开黎巴嫩后新生活、新希望的所在。我们不像某些同胞那样认同苏联、叙利亚或者伊朗。黎巴嫩是个政治认同和宗教团体都十分多元的国家。战争催人早熟，13岁的时候我就立志日后要当记者。我不想再费尽唇舌地向朋友和亲戚解说，黎巴嫩没有被炮火夷为平地。尽管有时炮火太猛烈我不得不待在家里，但还是经常要去上学，周日我们还能趁狙击手不在岗位上的时候溜出去吃个家庭聚餐。我更不想每次在机场递上护照时海关关员都对我侧目而视，觉得黎巴嫩就是个满大街劫机犯和喋血枪手的贼窝子。我只是想告诉世界黎巴嫩到底发生了什么。

某一天早上我们醒来，和平就到来了——或者说，至少看起来和平了。战后社会一般都不太稳定。那时候我还是个十几岁的孩子，这么多年一直在经历战争，一时难以适应和平恬静的生活。往日炮声隆隆的地方出奇的宁静，烟花的爆炸声经常把我吓得一惊一乍。我有时还盼着突然来一场巷战导致通往学校的街区不能通行，这样我就有借口不做作业了。军队依然在各处出没，坦克在街上轰隆隆驶过，草木皆兵的士兵们终日在检查站里警惕地注视着平民。作为报复战时损失的手段，可怕的政治暗杀不时发生。我的许多朋友在高中毕业后离开了黎巴嫩，到欧洲或美国去上大学，希望过上更好、更平静的生活。我却坚守我的记者梦想，留在了贝鲁特。

我先是为美洲和欧洲的报纸报道本地新闻，后来成了英国广播公司（BBC）的电台和电视记者。在报道了大量关于政治不稳、暗杀、暴动、黎巴嫩新一轮战争、美国入侵伊拉克和中东各地镇压示威的消息后，在2008年我离开了把我培养成记者的贝鲁特，搬到华盛顿，成为BBC的驻美国国务院记者，那年我32岁。我对动荡和未知感到厌倦，到达美国后我觉得总算能舒一口气了。有时候在华盛顿的家中醒来，我总会怀疑现在这种不用每天为生存而奋斗的生活到底有什么意义？难道生活就是公式化地每天坐办公室，和朋友吃晚饭，周末在家无所事事，这样周而复始吗？——我总算找到了新的、更健康的刺激：我成为了随行记者团的一员，将要跟踪报道国务卿本人在华盛顿和全世界的一切外交活动，包括在政府飞机上紧急制订出访日程、坐在外交车队的车里在各国首都街头呼啸而过、听高级外交官大谈战争与和平。

以往BBC总会委派英国人担任这个职务，而且随行记者团里的其他成员也都是西方人。我的非西方背景增加了我报道的深度和厚度。以往我一直生活在美国外交政策的接收端，我深知在白宫、国务院和五角大楼所做的决策会造成怎样的真实影响。现在我则来到了政策的生成端，近距离目击政策的形成、成功和失败。

在从伦敦前往喀布尔和北京的旅途中，我总会听到无数对美国或失望或期盼的评价，我自己也能产生共鸣。即使如今的美国陷入了债务危机，被两场战争拖得筋疲力尽，受到大大小小的对手国家的挑战，世界上数以百万计的人仍然像我小时候那样，觉得美国只要打个响指就能使形势发生或好或坏的变化。但在华盛顿，我发现美国官员对推进本国利益过程中要跨越的障碍感到沮丧和疲惫不堪。美国似乎确实在衰落，或者这不过是这个错综复杂世界里无法回避的现实？

在努力发掘答案的过程中，我深感电台和电视报道无法充分表达我所形成的看法——是时候提笔著书了。我不想简单地记录下我在旅途中的观察和反思，我更希望从所见的那些幕后策划与行动中心的人出发，将视角深化到在公众视野中展开的事件里面去。这些决策时刻往往为简短的报道和头版标题所忽略，但它们能丰富事件发生的脉络，使之更加完整。在这一年里，我在华盛顿和其他各地采访了数十位美国资深和新手外交官及各国外交部长和他们的顾问。有在外交危机中的即时采访，也有事后的采访。他们中的许多人和我面谈或通话过多次，谈话往往持续数小时。我采用的是"深背景"式访谈，这个采访词汇意味着我会选用采访中获得的叙述、趣闻、个人观察和分析，但我不会透露消息来源。这种匿名保证使受访者能更坦诚地描述事件，深入分析，以及述说他们的个人感受和想法。书中有引号的对话是发言人或其他记者对我陈述的内容。对话过长需要浓缩或受访者不确定采用什么词汇时，我会进行改述，但对话的脉络和内容绝对完好无损。

这些努力的成果，是一幅纷繁复杂的图景：多角度地叙述奥巴马政府在过去4年所面对的重大外交事务，从"阿拉伯之春"一直到重返亚洲，从巴黎爱丽舍宫到沙特国王的沙漠度假别墅，这段旅途跨越数十万英里。不变的旅伴，是美国权力背后有血有肉也会犯错的、在日益复杂的世界局势中谋划美国外交政策的那群真实外交官，以及每天与他们合作、碰撞和冲突的各国外交官。

这也是我从贝鲁特到华盛顿的旅途，一路上我都在不断反思自己对美国权力的误解，努力回答那些自孩提时代就萦绕在心头的问题：美国真的不在乎黎巴嫩打仗和流血吗？当今中国、土耳其、巴西、印度和其他国家纷纷加强自己在国际事务上的发言权，那么美国还有多重要？

在世人的眼中，希拉里和奥巴马总统一样代表着美国（希拉里可能更有代表性）。透过她的目光，我观察着美国在世界舞台上的权力这一宏大图景。这4年来我与希拉里·克林顿同坐一架飞机进行外交旅行，在机上深思她所说的每一个字，试图发掘美国权力与影响力的精要所在。我也目击了她自己从败选的总统候选人到备受全球尊重和钦佩、获得美国史上最高民意支持的明星级外交官的整个征程。我看着希拉里·克林顿从错误中学习，逐渐适应国务卿的角色。当她挑起重建美国声誉的重担时，美国正处在十字路口上。经过布什政府8年的折腾，各国对美国唯恐避之不及。作为奥巴马总统派往世界的使节，希拉里自成为国务卿的第一天起，便致力于把美国重塑成受欢迎的伙伴，扩展新的影响力，探索21世纪外交的新境界。

金·伽塔丝（Kim Ghattas）

The Secretary | 1

你们都是天真之人的代理人，所以你们才闹出这么多事来。你们来到像黎巴嫩这样的地方，却还以为自己是传教士。你们劝说众人放弃旧习，放弃往日的忠诚，解开那些曾经把国家团结在一起的纽带。你们用金钱、学校、香烟和音乐作为榜样，说我们可以活得像你们一样。但我们不可能变成那样子。而当真正有麻烦的时候，你们就走人了。你们把最信任你们的朋友推向死地。我来告诉你们，你们到底在干什么。你们劝我们打开通往天堂的窗户，但你们不知道天堂上冲刷下来的倾盆大雨会把我们统统淹死。

　　——法乌德，美国中央情报局（CIA）在巴勒斯坦的线人，出自《无罪代理人》（*Agents of Innocence*），大卫·伊格纳西奥斯

第一章 要打给谁?

在华盛顿西北部,怀特黑文大街3067号外面的马蹄形车道上,一辆带装甲的黑色凯迪拉克静静地等待着。乔治风格的三层小楼里,为第一个工作日所做的最后准备工作正在进行中。两位女士讨论着日程表,看看手袋确认带上了自己的黑莓手机,最后还不忘抹上一点口红。弗雷德·克彻姆在脑海里不知回想了多少次"包裹"[1]今天的行进路线。他的左耳能听见特勤团队的声音:道路仍旧安全。为防万一,他再一次检查了后备行进路线。直到几周前,他的任务还是在世界上最危险的外交场所之一——巴格达,保护当地执行美国外交政策的3000名美国人。现在,他则负责保卫美国的最高级外交官。他不得不提醒自己这里不是伊拉克。这里没有风声鹤唳的检查站,没有大胡子枪手,也没有守株待兔的路边炸弹,仅有的危险来自救火车和交通意外。

即使如此,他仍然希望第一天的第一趟出车能平安无事。在1月的凛冽寒风中,弗雷德目不转睛地注视着小楼的门廊。几英里外,一栋看上去带苏联遗风

---

1 包裹(Package)是美国特勤人员在通话中对被保护的要人的称呼。——译注

的建筑里，人群正在聚集。

时间很快到了2009年1月22日上午9点，两道白色廊柱之间的深色大门刷地打开，走出一位头顶灰金色头发、身穿咖啡褐色羊毛套装、脚蹬中跟女鞋的中年女士，身后还紧跟着另一位身材匀称、一头黑发的年轻女士。她们沿着台阶走到车前。

"早上好，弗雷德！"希拉里·克林顿说。

"早上好，国务卿女士。"

"谢谢你在第一天就来到这里。我们未来几年可有得忙了。"

弗雷德为他的新上司打开右后方的车门，然后自己坐到前方的副驾驶座上。跟随希拉里多年的贴身助理休玛·阿伯丁从另一边钻进后座。负责驾车的是曾经为康多莉扎·赖斯和科林·鲍威尔开车、备受信任的官方司机奥迪斯。在前面一辆、后面两辆黑色SUV的簇拥下，"包裹"乘坐的凯迪拉克一路驶向"雾谷"[1]。1947年，国务院选址在这里，驱散了这片波托马克河畔的沼泽地中不知道散发了多少年的浓浓雾气。政府改建了这片地区，工人贫民区、烟囱和破旧的联排住宅被拆除，让位于政府办公楼、豪华的住宅楼（包括水门大楼）和具有白色大理石外墙的盒子形的肯尼迪演艺中心。但"雾谷"的名字仍然被保留了下来，无意中隐喻着美国外交官做决策时总要面对迷雾般的信息。

那天早上，希拉里的心情一如天气般晴朗。她对自己的新工作感到很兴奋，期望为国家做出贡献，决心正面面对美国在全球面临的巨大挑战。车厢里回响着国家公共电台早间新闻的广播声，希拉里再次同休玛确认了当天的行程。

---

1 雾谷（Foggy Bottom），美国华盛顿特区地名，国务院等重要政府部门办公楼的所在地。——译注

过去的几周里，她一直在备战参议院确认其为奥巴马内阁国务卿的听证会。她既要展现自己对美国外交政策和全球领导力的观点，又要展示自己对新总统也是老对手的忠诚。她还要消化大量的信息，以证明自己对各种议题滚瓜烂熟。这就像又备考了一次律师协会考试[1]。在选战中，奥巴马曾将她的外交经验贬斥为"不过是作为第一夫人同外国领导人喝喝茶"的水平。她当然不是菜鸟，却也不算是外交老手，所以还有很多东西要学。不过希拉里一向懂得怎样做个顶尖的学生。面对昔日参议院同僚各种刁钻古怪的问题，她应答如流、信手拈来，仿佛自己多年来一直密切关注北极和矿产丰富国家的相关议题。她大谈由于冰川融化，邮轮现在可以驶过巴罗角[2]海域，博茨瓦纳如何管理钻石所带来的大笔财富，等等。通过掌握大量细节，希拉里仿佛比参议院房间里的所有专家更专家。

希拉里已经不记得上次好好放松是什么时候了。她从第一夫人摇身一变成为参议员，现在又跳出了参议院的日常工作，跳到国务卿的位置上。先前争夺民主党总统候选人的选战打得昏天黑地，让她落下了满身伤痕。尽管有数以百万计忠实选民的坚定支持，她还是惨遭失败，名誉大损。落败后马上又要给奥巴马的选战站台，使她更加疲惫。虽然奥巴马一反常态，诚恳地力荐她担任国务卿，说他需要希拉里，但要在昔日对头的手下工作，她必须表现得分外谦恭。她不知道和奥巴马的关系将会怎样发展，但她知道总统需要的是什么——有团队精神的官员。希拉里回想起当年在女童子军里的时光。她把自己当成团队的一员，希望团队变得更好。现在，她希望美国变得更好。希拉里已经准备

---

1 希拉里在1973年从耶鲁法学院获得法学博士（J.D.）学位，在1974年曾通过阿肯色州律师协会考试。——译注

2 巴罗角（Point Barrow），位于美国阿拉斯加州，美国国土最北端，临北冰洋。——译注

好迎接新的工作，也准备好在各种红地毯欢迎式待遇和闪烁的镁光灯所带来的尊荣中治愈自己的选战创伤。新的挑战使她兴奋莫名。肾上腺素已经急速上升，她自觉充满活力，看起来光彩照人，期待着正式履新。

"包裹"的车在国务院正门停下。弗雷德为国务卿打开了车门。人群爆发出一阵欢呼声。

"大家好，大家好！"希拉里一边踏出礼宾车，一边用她低沉有力的声音说道。她把手举过头顶鼓掌，脸上带着微笑，同站在红地毯上欢迎她的官员们一一握手。她沿着分隔绳走向她的新部属，问候他们，并同其中一些人握手。一个男人兴奋地大叫："好啊！好啊！"仿佛赢得了什么东西一样。希拉里和站在玻璃门前的两个警卫握手后走进杜鲁门大楼[1]，马上被数百名国务院雇员组成的人群包围。备受尊敬的前国务卿科林·鲍威尔在2001年进入大楼履新时，曾受到热烈欢迎；哪怕在2005年伊拉克战局陷入胶着的时候，康多莉扎·赖斯也曾受到意料之外的欢迎。但没人能像希拉里一样，引来的欢迎人群塞满这个足有半个英式足球场大小的房间。希拉里不仅是一位备受争议、让支持者和反对者针锋相对的政客，也是一个懂得如何获取狂热支持和钦佩的名人。三层高的国务院楼大堂里响起一浪接一浪的掌声，不时传来"我们爱你，希拉里！"的欢呼。整个大堂和大堂两侧通往夹层的楼梯上，许多人踮起脚尖、伸长脖子，从玻璃铝合金栏杆上探出身子，就为了看她一眼。众人纷纷举起手机拍照，电视台摄制组则忙着把信号传输到全国和全世界各地。希拉里吃力地穿过重重人群，到达30英尺高的花岗岩大理石堂柱边。3名外交安全特工帮她开辟出一条路，弗雷德和另一个特勤局特工紧随希拉里身后。一大群兴奋的外事部

---

1 杜鲁门大楼，以美国前总统杜鲁门的名字命名，是美国国务院主要办公大楼。——译注

门员工几乎要把希拉里挤得不成样子，但她微笑自若，兴奋而冷静地和众人握手，偶尔停下来同不肯松手的人谈上几句。

在国务院大堂里，有在民主党初选时投了她票的年轻女性，也有多年来把她视为偶像、女权先锋的年长妇女——她们欣赏希拉里如斗士一般对抗命运的安排、跨过生命中的重重险阻的精神。还有民主党多年的铁杆支持者，也有其他人：国务院的外交官和公务员——那些在8年伊拉克和阿富汗战争中感到外交系统被冷落，对布什政府在外交事务上乱作为、损害美国形象感到心灰意冷的男男女女。当希拉里走到通往夹层的楼梯时，外交系统员工工会代表斯蒂夫·卡斯肯特向她介绍了她手下两万员工中的一部分，还开玩笑说似乎两万人都挤到下面的大堂去了，没人掩饰对美国终于能继续前行的欣慰。

"您和总统先生都谴责了近年来外事系统和国务院备受冷落的状况，"卡斯肯特说，"没人比这房间里的人和他们的同事更清楚这种状况的真实性了，所以我们对您的就任感到非常激动。"

在楼下的人群里，莉莎·穆斯坎汀[1]面带微笑地看着四周，满意地看着她的多年好友和上司沐浴在热烈的欢迎和赞赏中。经过两年的激烈选战和败选的沮丧，是时候来点转变了。穆斯坎汀曾经在白宫担任当时还是第一夫人的希拉里的讲稿撰写人，现在她愿意为希拉里写出要向全世界宣读的文稿。

希拉里招手、鞠躬，脸上始终带着笑意。弗雷德则表情严肃地在一旁护卫着，深色头发梳得整齐，那张长长的颧骨浑圆的脸上，一双眼睛警惕地扫视着周围。

"我全心全意地相信美国将会迈入一个新的时代。"希拉里对着麦克风说道。在她面前，大堂的北面玻璃墙上，挂着美国在全球设有领馆的国家的国

---

1 莉莎·穆斯坎汀（Lissa Muscatine）是希拉里多年的贴身顾问，曾任希拉里在第一夫人和2008年总统竞选时期的媒体主管及讲稿撰写人。——译注

旗，她将要在未来四年把奥巴马政府重建关系的信息带到这些国家。她提醒人们：这不是一件简单的工作。她鼓励部属们运用创意在老问题上激发新想法。她说自己欢迎探讨和辩论，并用挥舞右手的动作强调演说的每一个重点。这听起来像是政治竞选演说，但这一次希拉里要鼓动的是维持美国外交机器运作的人群。她宣布奥巴马总统和拜登副总统即将来巡视国务院——用她的话来说是"这个巨大的叫做杜鲁门大楼的生命体"。这引起了一阵热烈的欢呼。

"这是一个团队，你们都是团队的成员。我们都要明确我们全是美国这个团队的成员，只靠我在这里的七楼，总统在白宫椭圆办公室发号施令，什么也干不成。我们不应该再容忍过去那种阻碍我们为美国服务、使我们的努力瘫痪的分化和对立。"

演讲完毕就该开始工作了。过去作为第一夫人的希拉里曾经多次到访国务院，最近一次则是在奥巴马和布什政府交接权力时。以前她都是乘坐其中一部主电梯，但现在作为国务卿，她可以搭载内镶木板的私人电梯直达七楼的办公室。她走入铺着地毯的"红木厅"[1]——这个豪华门厅是国务院最高层官员的办公室所在地。除了这个温暖的所在，大楼的其余部分有时让人觉得这是个精神病院：走廊是素白色的，荧光灯是白色的，地上铺着简单的油布地板。今天是希拉里第一天上班，但对大楼里的其他人来说不过是又一个工作日。希拉里在门厅里的每个办公室门口都停下，同里面的员工握手。然后她走进自己在外面的办公室。办公室里洒满阳光，摆放着高雅的家具，还有小火炉。希拉里走到深色的小书桌前，打开抽屉，拿出一个署名"康多莉扎·赖斯"的信封——这是前任留给她的欢迎信。在前一天工人清扫房间时，这个信封差点被当成杂物

---

1 红木厅（Mahogany Row）是杜鲁门大楼七楼内的一个椭圆形门厅，国务卿和许多高级外交官的办公室均在此处。——译注

扔掉，幸好有人及时注意到了信封上的署名。后来赖斯和希拉里均没有透露欢迎信里的内容。

这两位女士首次会面是在1996年8月，当时赖斯还是斯坦福大学的教务长，希拉里的女儿切尔茜·克林顿当时正在犹豫该去上哪个大学。当他们造访斯坦福校园时，赖斯作为教务长迎接了他们。

希拉里当参议员的8年又3个月时间里[1]，两人偶尔有对话，但各为其主。和其他许多民主党人一样，希拉里对布什的共和党政府持激烈的批评态度，而现在希拉里则是步赖斯后尘，坐到了赖斯昔日的办公室里。白宫里的那个新总统或许终日在谈"改变"[2]，但希拉里要面对的和赖斯曾经面对的是同一个难以驾驭的世局。希拉里向所有在世的前国务卿取过经，但到了总统竞选结束几周后，希拉里到赖斯位于水门大楼的公寓和她进行了一次长时间的聚餐，才得知了全球各国的最新动态和各种外交事务的最新发展。日后，这两位女士还会有很多次这样的谈话。

在大楼的二楼夹层转角处，弗雷德在工作间里坐下。作为国务卿的警卫队长，弗雷德要指挥一大队外交保卫人员，在美国和全球各地保护希拉里的安全。弗雷德身形瘦削，脸上的鹰钩鼻显出一股精明之气，看上去更像个银行家而非保镖。他的工作环境非常整齐：一面墙上挂着世界地图，另一面墙上有个平板电视屏幕，桌上则是伊拉克方面赠送的告别礼物——曾经作为美国外交官办公楼的昔日伊拉克共和国宫楼顶上飘扬过的国旗。国旗现在被折成三角形，放在国旗盒里，盒上刻有一行感谢他服务的小字。

---

1 希拉里在2001年获选为纽约州参议员，2006年连任成功，实际任期从2001年1月3日延续到2009年1月29日。——译注

2 "改变"（Change）是奥巴马在2008年总统竞选中的核心口号，一度激发起美国民众尤其是年轻人的极大热情。——译注

在夹层的另一头，穿过铺着蓝色油布地毯的门厅和一幅乞力马扎罗山的照片，2206号房间里的记者们正跃跃欲试地等待女国务卿发表第一次谈话。2206号房间是驻白宫媒体记者团的工作场所：所有的美国主流报纸、电台和电视新闻网络都有属于自己的办公空间（以及在国务卿的波音757专机上有一席之地）。美联社、路透社和法新社这样的国际新闻社也在其中，将国务院新闻消息发送至全球各地。鉴于英国广播公司（BBC）的全球影响力，其记者在1993年被允许进入这个团队。2206号房空间宽大，呈矩形，窗外可以看见楼下的"人与扩展中的宇宙"雕塑。这个1960年代的青铜雕塑如今装饰着国务院楼内两个小院中的一个。沿着墙壁，在房间中央分布着各媒体的工作隔间。部分幸运者可以获得靠窗户的隔间，其他人就只能在灰色地毯和灰色墙壁构成的昏暗环境中打字了。在希拉里正式履新的几天前，一个寒冷而干燥的星期二早上，希拉里迈进2206房间。我们冲出工作隔间，抢着和她握手。

我们都是媒体老手，不少人经历过好几任国务卿，所以没有人鼓掌，但某些人不禁有种追星族的兴奋，大大地咧开嘴笑，努力挤出一些比简单的打招呼更能给希拉里留下印象的词句。然而，我们也不太肯定希拉里从参议院带来的工作班子能否适应充斥着实务和大量细节头绪的外交工作，所以态度比较审慎。在民主党初选时，美国媒体一直对希拉里穷追猛打，随时准备攻击她。美国人爱戴她的热情和憎恨她的急切一样高涨。希拉里曾说自己像是个墨西哥皮纳塔[1]一样任人敲打。而现在，希拉里逐步挑选了一共15人的随行记者团，也许她还在疑惑这些记者会如何对待她，会不会继续"敲打"她。我们逐一介绍自

---

1 墨西哥皮纳塔（Pinata）是用纸、木屑、草秆、粘土等材料制成的彩色玩偶，一般有人、马等形状。其中一种玩法是当小童过生日宴会时蒙上眼，在旁人指点下用棍棒一下下敲打彩偶直至打碎，里面漏出的糖果分给众宾客。

己后，她重述了一遍我们的名字，同我们逐一握手，脸上带着似笑非笑的机械表情。她的笑容背后明显带着警惕和冷淡，正是政客的招牌作风。她看着我们阴暗的工作间，用不像是开玩笑的口气说："你们的工作间比白宫那边还好些啊。"完了，我们都还盼着能改善一下工作环境呢。

希拉里在房间一头两排隔间中间的长长桌子的一头坐下，一连串连珠炮式的问题随即向她飞去。

"国务卿女士，朝鲜局势您怎么看？"

"伊朗局势呢？"

"中东和平进程呢？"

这些样样都是重要的议题，但对希拉里和奥巴马来说，有一个任务是最为紧要的。

"当我们设定好新方向的时候，我知道世界上许多人都表示了赞赏，也长长地出了一口气，"希拉里说，"我们要修补许多损伤。"

我感到一阵欣慰和企盼。这是奥巴马在竞选中所传递出来的重要信息，但如此近距离地从希拉里的口中吐露出来，它就变得更坚实了，仿佛一定会变成现实。但我对这个新政府能做出多大的改变仍然心存疑问。

在奥巴马的竞选话语中，美国似乎是一度迷失了方向，而现在即将回归正道。但事实是美国几十年来一直不是一个良善的大国，也不是一个完美的霸权国，只是布什政府时期突然没来由地变得更恶劣了而已。现实比竞选话语更加复杂。由于布什时期美国的傲慢，世界各国对美国的怀疑不断加深，但我对美国产生的矛盾情感则远早于布什当选时期。我的母亲是荷兰人，我本人是自由派倾向的温和世俗的黎巴嫩人。许多黎巴嫩人对苏联和叙利亚有好感，而我则更愿待在这个国家的另一边——亲西方、亲美国的阵营里。然而，不管美国总统是共和党还是民主党人，我仍然数次对美国感到失望。

作为生活在贝鲁特的年轻女性，我不清楚自己为什么会有这样的感觉。在阿拉伯世界那变幻不定的生活中，我也不知道到哪里去寻找答案。现在我很享受在美国的生活，但我总要努力调和我对这个国家、这里的人民和精英外交官的好感，和面对美国外交政策所感到的厌恶和迷茫。经历了布什政府8年灾难般的外交政策，我似乎开始放弃了：我觉得美国好像还是乖乖待在家最好。

但我愿意再给美国一次机会，看看新总统能给这个世界带来什么。看到全世界数以千万计的人表示欢迎奥巴马当选，很多外国人甚至在他当选的晚上举行庆祝活动，我知道不是只有我抱有这种想法。世界各地的人都期望奥巴马带来改变，而希拉里就是奥巴马派往世界的使节。

各种外交问题仿佛随着流水线在大楼里游走，随时会闯入外交官们的办公室里。每个问题都非常紧急，每个危机都需要优先处理，气氛仿佛医院急救室里的伤员分流。但压力还不止这一种。当新总统走进白宫，他总会把手下——竞选顾问、铁杆死忠、立场与自己接近的政策专家安插到空壳般的白宫行政系统里。但在国务院，国务卿离任后只会留下几百个可供重新任命的政治性职务，"雾谷"和其他国务院办公机构里属于公务员体系的两万人都不会离开。新手和老人之间的摩擦不可避免。而希拉里的到来，自然也带来一整套新秩序。

杜鲁门大楼里的绝大多数人都愿意忽略希拉里以往的错误，忘记她竞选时的尖刻语言，将她当成摇滚明星一般热烈欢迎。因为，她是那个高举"改变"旗帜的总统的代表。但对"希拉里之队"（Hillaryland）的态度就没有那么客气了。这个略显混乱、资历较浅、不时运转失灵的政治团队，是由希拉里的死党、竞选顾问和参议院下属组成，休玛、穆斯坎汀和希拉里的媒体顾问菲利普·雷恩斯都是团队成员。他们把希拉里当成国务卿，但也当成一个女人。他们的任务是确保希拉里工作顺利，且时刻容光焕发。然而，这个小山头在国务院得到的更多的是质疑、猜忌甚至厌恶。人们总会觉得，这帮人懂什么外交政策啊？"希拉里之队"这个称号最初是封给希拉里作为第一夫人时期的随从团队，她也是第一个在白宫西翼拥有自己办公室的第一夫人。此后她身边的小团队不管人数和组成如何变化，都保留了这个称呼。此后"希拉里之队"也会逐步发展和变化。

当奥巴马任命希拉里为国务卿时，他也答应给希拉里任命国务院内政治职位的权力，以便更好地开展美国外交政策。总统手下的团队坚决反对这个决定：没有一届政府给过一个内阁成员如此大的权力，那么奥巴马为什么要给这个在民主党初选时跟他斗得死去活来的女人这么多肥缺？总统竞选总是造成人群分裂，消耗大量精力，也带有强烈的个人感情色彩。民主党党内初选则尤其惨烈、恶毒而肮脏。奥巴马身边也有一群铁杆死忠，其中一些人始终不肯放弃竞选心态：他们认为这些关键的政策位置应该分给奥巴马的支持者，也就是那些从一开始就站在奥巴马和"改变"一边的人，而不是交给这个女性挑战者来分配。

尽管在竞选期间揶揄过希拉里的外事经验，但奥巴马深知只有希拉里是在国际上成名已久、深有声誉的人物，只有希拉里可以马上登上飞机飞到全世界去代表自己、让自己能安心处理国内经济问题。早在2008年11月4日投票之前，奥巴马就已打定主意要请希拉里出任国务卿。这对希拉里来说是意料之外，但服务美国的召唤实在太强烈，她最终答应帮奥巴马修补千疮百孔的美国形象。她总对朋友说："总统给你任务，你可不能拒绝。"当然两人也有各自的政治小算盘：奥巴马不想希拉里在参议院里继续成为自己的批评者，希拉里也不确定继续当参议员是否还有前途，于是两个人决定信任对方。两个人也许还需要一段时间的磨合，但不同于那些视对方为竞争对手的手下，他们至少已经把对方当队友了。

在白宫西翼，奥巴马的顾问们可以形成一个紧密的团队，而杜鲁门大楼的新主人一进来就要被庞大而顽固的官僚系统所淹没。希拉里所任命的人选，其办公室都不在她的周围，而是分散在靠12部电梯相互连接的8层大楼、84个门厅、4795个房间里，这样的环境下很难形成什么小集团。希拉里和她的团队顾问向来习惯于在紧凑的办公室里工作，这样每个人可以把更多精力放在内容而不是程序上。希拉里从来没有在不知道众人名字的办公环境下工作，而现在她则要指挥上千个这样的办公室。她的团队所写的每份文件、签发的每份备忘录，似乎都要在大楼里游荡一番，在门厅、电梯和楼层里上上下下好几个小时，才能获得批准。杜鲁门大楼是一个地方，但也是一部被陈规陋习压得气喘吁吁的机器。尽管鲍威尔早在2005年1月就已经离任，但是每天早上仍然有几十份《纽约邮报》送到国务院来，因为这是鲍威尔在任时最爱看的报纸。希拉里每天早上8点整开始工作，但赖斯时代任命的特别顾问总在清晨4点30分就聚齐在她的办公室里，因为赖斯总是清晨5点就赶到办公室的——连工作日程也突然要转变了。

希拉里的团队要想方设法服务于希拉里的新角色，在迷宫般的大楼里找到从一楼餐厅到自己办公室的路线，更要试图融入系统里或者改造系统为己所用。而每天他们都要问的是："我要打电话给谁？"要找人把国务卿的一份意见书翻译成几十种语言、好让139份报纸和全球60个国家的网站登载，我要打给谁？要找媒体安排报道她下一次演讲，我要打给谁？要找个打印机，我要打给谁？要干成这事那事，我要打给谁？

杰克·沙利文甚至都不知道要干什么、从哪里开始干起。这个脸色青白、蓝眼睛的明尼苏达律师是国务院新手,在希拉里到达国务院前几小时他才到达这里。他乘坐电梯到达七楼的小办公室,打开电脑。"希拉里之队"对他来说完全是新事物,两年前加入希拉里竞选活动当助理政策顾问时,他才第一次见到她。这职位名头听起来挺响亮的,但他不过是庞大的竞选机器中一颗小小的螺丝钉而已。希拉里在民主党初选中落败后,他跳槽到奥巴马阵营,成为准备总统竞选辩论和权力交接团队的成员。杰克本来打算竞选落幕后回到明尼苏达州当律师,但切瑞尔·米尔斯——克林顿政府时期的重要成员,日后成为希拉里在国务院的幕僚长打来电话,说希拉里希望他到国务院帮忙。他和希拉里并不熟稔,但2007年3月他到希拉里在华盛顿地区的十七街和K街的竞选办公室面试竞选活动的职位时,立刻就喜欢上了希拉里。他觉得希拉里是一个立体的真实的人物,富有魅力又脚踏实地,对结识新人和讨论观点同样热衷。杰克想:好家伙,你开个玩笑,她就真的笑了;她问了一个问题,就一定会认真地听答案;她还经常和你有眼神接触。杰克从来没想过身居高位的人会是这般做派。

最重要的是,杰克很喜欢听希拉里讲重回竞选轨道的美国,谈她为什么想当美国总统。对杰克来说,唯一能劝服他进入政府的理由就是让美国成为一股向善的力量。思乡之情当然很浓,杰克并不喜欢华盛顿的生活。但先是切瑞尔,然后是希拉里打来电话,对他说如果在美国发生翻天覆地变化的时刻不进入政府则一定会后悔,他答应过来当希拉里的副幕僚长。杰克完全不知道这份工作包括什么内容,这是国务院里新设的职位,并且杰克对国务院也所知无几。不过第一个工作日他还是来了,他的办公室就在"红木厅"里国务卿办公室的正对面,他的电子邮件收件箱已经塞满了邮件。

电话响个不停，仿佛全世界都在打进来。世界各国总是在热切地、盲目地企求美国的关注，现在似乎全世界都在寻求接触奥巴马和他手下的国务卿。欧洲各国争先恐后地要成为希拉里的座上宾，英国外相和德国外长都在2月2日这天来访。大卫·米利班德[1] 率先到达。与希拉里会谈后，他在镜头前宣称英国尊重和赞赏美国的外交代表及"美国所代表的良善力量"。之后希拉里与德国人共进了午餐，而法国人又接踵而至。他们都请求希拉里在首次出访时去欧洲大陆。欧洲各国和美国在伊拉克战争中产生的裂痕直到布什政府后期才开始慢慢消弭，他们相信希拉里的迅速来访有助于加快欧洲和美国的和解。和解要落到实处，只有靠民主党政府迅速派人来访。但大部分来访者都没有获得承诺，只是带走了一本希拉里亲笔签名的个人自传《亲历历史》[2]。另外，希拉里还和意大利外长弗兰科·弗拉蒂尼通了电话。

希拉里开腔说："外长先生，您好吗？我是希拉里。"两人谈及意大利和美国的紧密联系。到谈话末尾，希拉里已经在直呼弗拉蒂尼的名字了[3]。

"期待在华盛顿见到你，弗兰科。"她最后说道。在大洋彼岸，弗拉蒂尼外长惊讶于希拉里的语气转换之快，以及这个在电视上看上去冷漠而不可触及的女人竟然如此热情。

在当上国务卿的第一个月里，希拉里接听了所有电话，会见了她日程表能塞下的来自南非、巴西、立陶宛和阿富汗的各种来访者。弥补美国在全球的形象，意味着希拉里不仅要会见已经相识多年的各国领导人，还要发展新的关系，向所有人保证自己随时向他们敞开大门。她知道在未来或许需要这些领导

---

1 大卫·米利班德（David Milliband）时任英国工党政府的外相。——译注

2 《亲历历史》（*Living History*）于2003年出版。——译注

3 在西方习俗中，直呼名字（First Name或Given Name）表示两人关系亲切熟悉。——译注

人的协助，所以是在做一笔细心的长远投资。每天都有大男人满口称赞、满脸堆笑地和这位前政客、现外交官在镜头前合影。希拉里不需要学习如何在镁光灯下表现自己。她已无缝接入了作为备受欢迎的国务卿的角色，在外国同仁那种不带美式政治的阴险的注目下潇洒自如。

世界几乎陷入了狂热的状态，各国都在翘首以盼，期待美国政府宣布希拉里首次出访的目的地。各国的报纸都充斥着对出访目的地的猜测和建议。

在杜鲁门大楼七楼，杰克·沙利文、休玛·阿伯丁、菲利普·雷恩斯、切瑞尔·米尔斯和副国务卿吉姆·斯坦恩伯格列出了一张目的地清单。传统上欧洲是出访的第一站，但新政府希望放出"改变"的信号。在中东，以色列针对巴勒斯坦加沙地带激进武装分子的"镀铅"行动仍使地区处于不安中。这场战争在2008年12月美国总统大选之后打响，直到奥巴马宣誓就任前才刚刚停止。奥巴马上任第二天就表达了他对中东和平的承诺，但在还没有切实行动的前提下，没有理由把希拉里推进这个泥潭。选项逐步被收窄到阿富汗和巴基斯坦。阿富汗战争的局面将由奥巴马来接手，而要取得进展的话，就必须把其邻居巴基斯坦也拉进来对付塔利班和"基地"组织。在华盛顿这个谈论谁上谁下几乎是最流行的茶余饭后话题的地方，不少人已经在私下里怀疑希拉里在奥巴马的团队中能有多大的权力。希拉里的老朋友理查德·霍尔布鲁克已被任命为赴阿富汗和巴基斯坦特使，中东和平事务也已经在希拉里建议下由文静的前缅因州参议员乔治·米切尔接手[1]。希拉里如果前往阿富汗和巴基斯坦，将显示她在重要外交事务上的影响力。但她的团队觉得这些选择也还是太传统了。21世纪的权力格局正在东方成型。美国要想成为未来的一分子，就要加强在亚洲的

---

1 乔治·米切尔（George Mitchell），多年担任缅因州参议员，2009—2011年曾任美国中东和平问题特使。——译注

存在感。

世界经济仍然没摆脱2008年金融危机的冲击。在她和全球领导人的通话中，希拉里总能察觉一种混合着希望和焦虑的情绪。众人仍然希望美国握有领导权，但金融危机已经玷污了美国无所不能的光辉形象。

"美国准备做什么？美国准备如何处理自己的经济问题？如果美国的经济也出问题，还会拖累多少国家？"领导人们这么问希拉里。他们的问题隐含着更加让人困扰的关注："你们到底是谁？你们支持什么？"[1]

对一个深切信奉美国领导权的女人来说，要面对各国这种对"破产美国"的想象，一定是非同寻常且极其痛苦的经历。

还有什么办法比派自己的首席外交官出访世界第二大经济体中国和第三大经济体日本，更能彰显美国这个世界最大经济体的自信心和修复全球经济的努力呢？于是亚洲突然上升到清单上的优先选项里了。白宫国家安全委员会负责亚洲事务的杰弗里·巴德一直在呼吁这个做法，而希拉里也不需要别人更多的说服，她自己的思考已经指向了这个方向。在自己的竞选活动中，希拉里总说美中关系将会是21世纪最重要的双边关系。休玛、杰克、切瑞尔和团队的其他成员开始努力排好出访日程。被克林顿总统在最后一次到访亚洲时忽略，更被布什政府完全遗忘的日本，赢得最优先的地位：成为第一次出访的黄金目的地。第二站是印尼，紧随其后的则是韩国和中国。自迪恩·腊斯克在1961年首次出访中前往泰国后，希拉里成为又一位选择亚洲作为首访目的地的国务卿。

详细的日程仍然需要安排：到达的时候要做什么？她要见什么人，去什

---

1 《经济学人》（*The Economists*）2012年3月22日对希拉里的采访，可登入http://www.economist.com/blogs/lexington/2012/03/foreign-policy查看。——原注

么地方？作为希拉里形象的守护人，休玛和菲利普·雷恩斯希望希拉里的出访能变得与众不同。在康多莉扎·赖斯头两年的任期里，她一度热衷于出席群众活动同年轻人会面以及出席文化表演。但总的来说，赖斯的出访完全是公务式的：短促旅程，逗留时间短，主要与官员做正式会晤。但希拉里不仅仅是国务卿，她更是希拉里·罗德姆·克林顿。她自己就是个政治明星，她要让国务卿的工作来适应她，而不是反之。

亚洲之行也是美国全球领导权和超级大国地位的重要考验。到布什政府后期，世界已经对美国的"领导"变得过敏，美国的影响力正在消退。若不赶紧采取有力措施，奥巴马当选的新鲜效应将会消失殆尽。美国急需修补和老盟友的关系、建设同新伙伴的联系，以使自己再次成为广受欢迎的伙伴国。但在技术把全球紧密联系在一起的当下，民意哪怕是在非民主国家也会对国家政策造成巨大影响，单单与政府机构会谈已不够。希拉里的团队希望美国能通过21世纪科技的力量，同每个平凡人产生联系，而他们手上最好的工具就是：国务卿希拉里自己。

希拉里在当第一夫人期间已经发展出自己的一套个人风格：她探访过诊所、村庄、学校，同女人和小女孩坐在一起，畅谈教育、人权和普及选举权。作为国务卿，她也希望能继续在个人层面上同其他人互动：拉关系是她最擅长也最喜欢做的事。希拉里深信只有当全球的另一半人口——女性，获得与男性同样的重视，世界才会变得更美好。所以她尤其希望利用自己的新职务，去推进世界各地妇女和儿童的权益。不管有多少战争、和平会谈、导弹发射或者核危机，妇女权益一定是议事日程上的一部分。最初这令国务院里的很多人侧目，但日后这个系统里的男人也终究会接受希拉里对于美国"巧权力"（Smart Power）的看法。

杰克·沙利文这个32岁的耶鲁毕业生，总在想着怎么用宏大的词汇、长远的战略和抽象的概念去包装宏大想法。他是团队里的理性大脑。他那个61岁的女上司的脑袋当然也很好使，但她更善于在想法中加入自己的本能和情感。她懂得如何把枯燥的概念转化成普通人也能理解的话语。休玛和菲利普开始搜索适合希拉里这次出访的活动——最好是公共外交和传统官方活动的组合，以避免希拉里滑落到第一夫人的"软性"角色上。他们和杰克一道策划把希拉里的形象和美国权力的边界投射到每个人的会客厅、电脑屏幕和推特上。他们希望让每个人都参与到关于美国外交政策的讨论中来。

希拉里上任后数周，她的团队开始频繁造访6205房间里的人。当这些亚洲事务专家、各部门和各国家负责人得知他们要为希拉里的出访日程出主意时，不禁大吃一惊。在首尔的见面会最好在哪里举行？在东京要会见谁？在印尼最受欢迎的电视节目是哪个？似乎很久没有人来向他们咨询了。尽管外交事务的最终决策权在白宫，但决策过程中国务院各层级的人物都可以提出自己的意见。不过，前国务卿赖斯很少依赖国务院大楼里的专家们，而鲍威尔则是经常被排除在决策过程之外。

希拉里履新的那一天，曾经在夹层里宣布她会寻求每个人的意见，但没人会料到她真的是咨询每一个人。希拉里希望动用国务院大楼里的专家力量和多年经验来完善自己的政策，以及也许是汲取了竞选失败的教训——让自己的决策变得更包容。希拉里在参议院里总是一副大姐大的派头，所以国务院里的工作人员早早准备好应付她耍大牌的情况，可是她却谦逊得像个倒咖啡的女侍应。

希拉里领导下的会议也有一派新气象。8年没执政的民主党似乎丧失了处理政府日常事务的能力。以往赖斯和鲍威尔开会总会做出像军队那样精准的安排：除非发生危机，否则必须要遵守议事日程和早早订好的计划。新人们却似乎总把开会搞成鸡尾酒派对——飞吻和闲谈不断，经常超时，而且到最后往往也没能订出行动计划。

民主党人再次降临华盛顿特区。尽管美国骄傲地宣称她选出了第一任黑人总统，投票的情况却很两极分化：只有堪堪过半的选民把票投给了奥巴马。但当奥巴马团队进入华盛顿后，他们发现首都似乎仍然沉浸在胜选当晚的欢欣里。首都各处的市民都在兴奋地谈论自己看见奥巴马手下官员的情景，仿佛官员们都是神话传说里的人。奥巴马的首席竞选顾问大卫·阿克肖罗特有一天在杜邦圆环[1]东面一家备受欢迎的名叫"小卖部"（Commissary）的餐馆里吃早午餐。黑莓手机在各处振动，把这个消息像野火一样迅速传递开来。到处都在传说：奥巴马的幕僚长拉姆·伊曼纽尔早上五点钟在青年旅馆里游泳，又或者那是蒂莫西·盖特纳[2]？刚刚搬进隔壁的那个人是不是奥巴马的讲稿写手约翰·法瑞尔？他真的只有27岁吗？《纽约时报》上一周登载了多少奥巴马团队成员的小传？

华盛顿本来是个宁静的、带着乡郊气息的小城市，布满巴黎式的林荫大道。各栋大楼里数以百计的联邦机构官员坐在舒服的大椅子里，值得一提的餐馆也没多少个。但随着奥巴马和他团队成员的到来，这个全球霸权的首都似乎忽然也变成了流行前线：每个人都想搬到华盛顿来，成为历史的参与者。每天晚上，每个记者都在电子邮件收件箱里焦急地找寻白宫发出的关于总统明日活动的邮件——他要在国家大教堂出席典礼；他准备发出关闭关塔那摩拘留所的

---

1 杜邦圆环（Dupont Circle），华盛顿一个主要的交通枢纽区，以一个大的公路圆环为中心，周边有许多历史建筑、商场和餐厅等。——译注

2 蒂莫西·盖特纳（Timothy Geithner），曾被奥巴马任命为美国财政部长。——译注

行政命令；他要去国会山拜访国会议员——每封邮件都把一群记者支使得在特区四处乱转，这样的情况一直持续了数个月。

2月的第二周临近，杜鲁门大楼里，希拉里的亚洲之行日程已经落实了，或者说基本落实。不管如何，在马里兰州的安德鲁斯空军基地，有一架带着国务院徽记的飞机已经整装待发，准备执行特别飞行任务。

第二章 重新征服世界

2009年情人节后第一个星期天的上午，杜鲁门大楼里似乎空空荡荡、悄无声息。但不同于其他星期天的是，在大楼七层那扇像极了银行保险库大门的乳白色大门后面，一些活动正在没有窗户的办公室里悄无声息地进行。两个穿着西装的年轻人一边堆起厚厚的白色文件夹，一边查看自己黑色的旅行箱，确保里面装入了足够用的荧光笔、订书机和水笔。

在空空的一楼大堂外，几十个人正站在各自的旅行箱旁聊天。6辆庞大的厢式客车在转角处等候。一位女士逐个为已经到场的每个人登记，并发放黄色的旅行包标签。后勤主管刘易·卢肯斯的大手里握着一个锃亮的金属盒子，里面是一摞40本护照。一切都像是一个准备出发的首都巴士观光团，但见不到到处拍照的游客。这是一群即将跟随美国国务卿出访的外交官和记者，或者用我们的话说——这是一个"气泡"（The Bubble）。我们的全陪导游已经在等我们了——卡罗琳·艾德勒、阿什利·耶尔和尼克·梅里尔。他们和菲利普·雷恩斯的工作是确保我们有充分的条件来报道美国外交政策的施展情况。希拉里的出访日程做得非常精细，可以精确到在特定地点能上无线网的位置。为了让我们顺利在陌生的国度度过漫长的外交访问，日程上甚至有提示指出什么时间点是我们最好或者最后上洗手间的机会。

美联社的马修·李自马德琳·奥尔布赖特[1] 时期便开始报道国务卿出访了。这个鹤立鸡群、长着蓝色斜眼睛和稀疏淡棕色头发的男人身上有逐渐逝去的老派记者作风——他抽烟、喝酒，习惯先用无数尖锐的问题对外交官疲劳轰炸，然后再和他们把酒言欢。戴着眼镜的马克·兰德勒是《纽约时报》的外交事务记者，两个孩子的好爸爸，刚刚从柏林调回华盛顿。《华盛顿邮报》的格伦·海斯勒长着一张圆脸和一双深色眼睛，他祖上也有荷兰血统。但他比我资历更深，已经做了9年的随行出访记者，还写过一本关于康多莉扎·赖斯的书。这些人都穿着卡其色的冲锋衣。所有主要国际通讯社都在现场：美联社、法新社、路透社，他们的新闻电讯总在第一时间向全世界报道所有重大事件。它们可靠而不可或缺，没有这些通讯社，人们对世界上的事情可谓一无所知。在布什政府的最后一段日子里，美国主要电视新闻网络的记者们没有再随同赖斯出访过。但现在全国广播公司（NBC）的安德里亚·米切尔、美国广播公司（ABC）的马莎·拉达兹，以及哥伦比亚广播公司（CBS）和有线新闻网络（CNN）的记者纷纷回到了希拉里的随行出访团中。

旅行箱被一个个放进车队末尾的客车尾箱里，我们拿着笔记本电脑和手袋挤到媒体专用客车的三排座位上。车队开始驶向马里兰州的安德鲁斯空军基地，外交官团队的客车在前头领路，车程大概45分钟。这个基地是美国总统——有时候首都的人们叫他"老大"（POTUS）[2]——的专机空军一号（Air Force One）的大

---

1 马德琳·奥尔布赖特（Madeleine Albright）是美国第64任国务卿，也是首位女国务卿。——译注

2 POTUS即美国总统（President of The United States）首字母的缩写。——译注

本营。世界各地的女王、总统和首相飞抵美国的飞机都在这个基地降落。载着美国各种重要人物——空军的代号是"要人"（DVS）[1]——国务卿、国防部长和国会议员们的飞机，也都在这个基地起降：4架老式波音757飞机组成的机队专职执行运送"要人"的特别空勤任务（Special Air Missions, SAM）。

在机场等待希拉里驾临的时候，我们待在停机坪的贵宾休息室里，吃着美国每个空军基地的标准配备——耐嚼的巧克力曲奇饼。我们的随身行李箱由警犬检查过后，便开始一件件运进有13年机龄的一架757飞机机腹里。同时被吃进机腹里的还有一个大金属箱子，装满了希拉里送给出访目的地国的礼物，以及十几个装满安全保卫装备的黑色箱子。

我们用一个带着空军金色徽记的白色空纸杯开始玩飞机座位抽签游戏。随行出访的记者不用买机票，不用登机牌，但也没有指定的座位。随行记者们也能受到许多优待：海关有专门的礼遇通道，不用排队查签证。行李不用通过海关检查便直接送达记者的住地，还能和健谈的美国高官们共用贵宾休息室。但这种飞行也有让人难受的地方：记者们总要挤在这架改装过、只剩下基本配备的757飞机的尾舱里。尾舱里有8个舒适的商务舱座位和12个狭小的经济舱座位，但某些商务座位要分配给外事安全机构人员以及卡罗琳、阿什利和尼克这样的人，剩下的座位才由记者们共享。抽签游戏只会在每次飞行开始之前进行一次，有时候还会引发不愉快的情绪。特别是比如有时候只剩下6个好位子，但抽出来的那个手写数字看上去像9又像6。我们在8天里要飞7趟这样的旅程，而抽到数字13就似乎太不幸了[2]。

---

1 DVS即"重要人物"（Distinguished Visitors）的缩写。——译注

2 "13"这个数字在西方文化中有一种特殊的不祥含义。其起源一说《圣经》中耶稣遇害前与12位门徒一同出席最后晚餐，共有13人；另一说是圣殿骑士团在1307年10月13日遭屠杀的事件。——译注

登机时间到了。我们从停机坪走到飞机前的梯级边，空军特勤队的一名"渡鸦"（Raven）[1] 逐个检查我们的名字，再把我们放进尾舱。在震耳欲聋的飞机引擎轰鸣声中大声唱名是每趟特别空勤任务的例行公事。

在每个座位上都放着红色锡制盒子，里面装着海恩丝小姐在她的北卡罗来纳州摩拉维亚式曲奇工场里"手工诚意卷制"的心形姜饼。空军似乎想为希拉里的第一次出访打上特殊的烙印。在我的座位上，我可以看到飞机前部的活动。尾舱洗手间的位置正是"信息线路"所在。这是一条无形的信息传递链条，区隔着我们这些普通记者和外交官。两个年轻外交官一直守卫着那堆从杜鲁门大楼七楼文件储存室运到客车尾箱、再运上飞机的白色文件夹，而其他官员正在仔细研读里面的文件。文件储存室就是传说中的"线路"起点。它曾经是一排排有形的桌子，供国务院人员编辑和润色各种机密政策文件和声明，然后层层上报直至获得批准。现在，"线路"则从电脑蜿蜒至众人的黑莓手机，再从打印机里钻出来。但守护"线路"的官员们任务不变——他们继续编纂国务卿及其团队需要的各种背景说明文件，谈话要点和情况简报。在飞行途中，这些机密文件被一一编进"大书"里。"大书"的封皮上有大大的红色"机密"字样，其下则有国务卿的徽记。飞行中没有明确的许可，我们不能越过尾舱洗手间到前面去，因为"大书"不能让我们随便看到。我们只能等前面舱位的外交官走到后面来告诉我们情况进展。

希拉里从她的私人座舱里走出来，在前舱和工作人员聊天。前舱布置类似于会议室，走廊两边分布着4个宽大的、面对面的真皮座椅，专供希拉里的贴身顾问们乘坐。然后她在中舱又逗留了一会。中舱的3排座位专门留给国务院、国

---

1 渡鸦（Raven）是美国空军特勤队（US Air Force Special Security Force）队员的昵称，得名于该部队队标上的渡鸦形象。——译注

家安全局和国防部的随行出访官员，还有弗雷德和他手下的特工。最后，她跨过了"线路"的位置，走进尾舱。

"大家好，很高兴见到你们。"希拉里开口说道。她问我们对即将开始的旅程是否感到兴奋，然后向我们介绍了随行顾问中的休玛·阿伯丁和杰克·沙利文。这是我们第一次认识国务卿身边的团队，也就是国务院里所说的"S队"[1]。我不知道该怎么评价杰克。他的履历简直无可挑剔：耶鲁毕业生，罗德奖学金[2]获得者，联邦最高法院书记员。但他看起来太年轻了。他真的在帮助制定美国外交政策吗？我的祖国黎巴嫩真的会被他的想法和建议所左右吗？

休玛是希拉里在白宫时的副幕僚长，自1996年在白宫担任实习生时起便开始为希拉里工作。希拉里一直很看重休玛。在经历过狭窄的参议员办公室工作和严酷的总统初选，这两个女人的关系变得愈加紧密。休玛在密歇根州的卡拉马佐出生，父亲是印度人，母亲是巴基斯坦人。她在两岁时随家庭移居沙特阿拉伯，后来又回到美国首都，在乔治·华盛顿大学上学。休玛在总统竞选中是希拉里的随行幕僚长，因其无可比拟的冷静、用之不竭的活力、酷酷的言行和永远不乱的乌黑秀发，而获得了近乎传说一般的名声。不过关于她最著名的传说可能还是，她的一个衣柜里塞满了名师设计的时装，部分是她的私人朋友奥斯卡·德·拉·伦塔[3]亲自操刀的。

休玛大概是这架缺少空军一号式高科技小玩意和奢华装修的国务卿专机

---

1 S是英文国务卿（Secretary of State）中"国务"和"卿"两字共有的首字母。——译注

2 罗德奖学金（Rhodes Scholarship）专门资助全球十多个英语国家的顶尖本科生到牛津大学攻读硕士或博士，是英语世界本科生的最高荣誉之一，有"本科生诺贝尔奖"之称。——译注

3 奥斯卡·德·拉·伦塔（Oscar de la Renta）是美国著名的时装设计师，并有以自己名字命名的奢华女装品牌。——译注

上，最能带来时尚感的人了。这架飞机里的灰蓝色座椅是上个时代的产物，机舱壁已经发灰，顶上显示屏在开始播放航班娱乐节目时总是发出咯吱咯吱的声音。洗手间里倒是牙膏、漱口水、刮胡膏、梳子和抗酸素一应俱全。但这架飞机设备不够现代化，观瞻也不壮丽，无法代表美国的权力地位。不过对希拉里来说，拥有一架自己的专机，已经足以让世界上绝大部分外长艳羡了。

最重要的还是我们能和希拉里搭乘同一架飞机。我们背后的媒体为了给我们抢到一个座位可是不惜重金的。总统出访时，一般只有少数几名记者能和他一起搭乘空军一号，其余的记者都是搭乘另外一架飞机随行，旅途中很少能见到总统本人。而我们则全程伴随着希拉里：从飞机上下到车队中，到酒店下榻，从酒店出来去参加活动或会晤，再上车队，回到机上。这种安排下虽然我们难以深入认识到访目的地，却获得了千金难买的机会，得以深入美国外交政策机器的内部。

希拉里正站在尾舱的走廊上。整整20分钟的时间里，她侃侃而谈金融危机如何影响美国与亚洲的关系，如何提出中国的人权问题，及如何应付朝鲜的核武器发展。她说她希望在出访中多听、少说，但也希望清晰地向我们表明——奥巴马政府正在向全世界、向亚洲伸出橄榄枝——不仅是衣装正式的政府官员，更希望和广大民众接触。

"我们认为亚洲是对美国未来非常重要的地区，"希拉里对我们说，"我们不仅是跨大西洋也是跨太平洋的强国。这次出访，我的目标之一就是更好地理解和创造对亚洲和美国双方均有利的未来。"

希拉里用缓慢而深思熟虑的腔调说着话，无甚抑扬顿挫，仿佛在背诵一份已经读过很多次的情况简报。她脸上不见微笑，因为这是严肃的外交话题。她似乎有意保持谨慎，杰克·沙利文一直在她身后认真地听着。她知道面前这帮狗仔队般的外交事务记者很快会拿她的一字一句来大做文章。

20多年来，希拉里同美国媒体的关系一直阴晴不定。媒体把她时而捧上天、时而又摔下地；时而大加挞伐，时而又好评如潮。可以理解的是，她无法预测媒体的反应，所以很自然地保持警惕，不越雷池一步。她可以同某些记者发展出很不错的私交，也可以在总统初选中逐步开始信任跟踪采访她的记者团。某次在情人节的活动中，车队被堵在路上，她甚至可以亲自打电话给其中一个记者的爱人道歉。但现在她看着我们，仿佛在看一群毫无面目、难分敌我、动机不明的黑客。

问答总算结束了，希拉里走回前舱放松了一下，她知道在这里的人都是她的忠实盟友。她的前任赖斯尽管真人比电视上其实要更热情和优雅，但为人上仍然比较内向，一般都待在自己的私人座舱里。而希拉里总是对其他人有好奇心，也喜欢闲聊。当飞机服务员开始送上饮料时，希拉里随便挑了个空座位便坐下了。自此之后她飞行时时常坐在那个座位上，那个位子也因而被称作"希拉里的座位"。以前也伴随过国务卿出访的工作人员有点吃惊，不知道该如何应付，有点坐立不安。

"为什么她要问我的名字？"其中一位女工作人员不明所以。她以前从来不用向国务卿解释她的家乡在哪里、她结婚了没有、她的职业生涯规划是什么。但更令她震惊的还在后面：希拉里后来居然记得她的名字。

杰克·沙利文狼吞虎咽地吃完了午餐——意粉、肉丸和沙拉，这是他好几个星期以来最像样的一顿饭了。在国务院，他每天从早上8点工作到深夜，逐步适应自己的工作内容和模式，努力应付国务院这个官僚机构每时每刻都在产生的各种文书工作。午饭和晚饭是在楼下大堂自动售卖机里买的"奇多"玉米条、"多力多滋"玉米片和家乐氏果酱馅饼，配上减糖的"乐倍"饮料灌进肚子里。他事无巨细地审阅每份要呈递给希拉里的文件、政策谈话要点和备忘录上的每一个字，直到他觉得完美为止。这种作风把杜鲁门大楼里的很多人搞得有点抓狂。本来就很冗长的文件审批程序，被杰克又加上了好几个小时。几个月后杰克就会意识到，哪怕是在世界第一强国的首都里，有时候"还成"的东西也就那样过关了。

但在那几个月，尤其是在出访旅途中，完美仍然是杰克的标准。这是希拉里第一次作为国务卿在世界舞台上亮相。所有这些文件都被塞进"大书"里。其中一本特别的"大书"正躺在希拉里的办公桌上。这本"大书"里有一层额外的文件，包括关于出访以外重要事务的文件，还有莉莎·穆斯坎汀亲自操刀的所有演讲和公开谈话的稿子。在华盛顿，希拉里每天晚上也都会收到一本用科尔多瓦皮革封面的"大书"文件夹，里面装满了第二天要用的情况简报文件。

"线路"上的工作人员曾经问过希拉里，要怎样把信息传递给她——有些官员喜欢口头汇报，另一些则钟爱大纲形式的文件，还有些人总要求把情况浓缩再浓缩。希拉里则要求报告所有细节、所有角度的分析和所有背景知识。她阅读胃口极大，能从浩瀚如烟的卷册中提取自己所需要的信息，其余信息则储存在脑海里帮助自己形成对某一事物的宏观看法。她在律师时期形成的本能也总让她走在简报的前头——任何问题一旦出现，她都希望自己能有答案。但希拉里最重视的还是消化所有信息，以便把干瘪的外交政策条文转化为符合自己个性也愿意亲口说出来的活泼生动的句子，让官方人士以外的听众也能听懂。

四年之前，这种"大书"里往往只有最简要的情况介绍，且在漫长的国际飞行旅途中总是无人问津，默默地躺在国务卿私人座舱里狭窄的办公桌上，旁边则是能让国务卿随时给美国总统和任何世界领导人打电话的通讯设备。赖斯从国家安全顾问调任国务卿，她自己就是政策设计者：她深知政策内容，也知晓谈话要点。她能随机应变，但也总是循规蹈矩。她不需要"大书"的帮助。

但在这班飞往东京的长途客机上，希拉里的座舱里不停有人传出各种带注释的文件，要求提供更多情况，询问关于希拉里要访问的地方的信息，修改第二天要发表演讲中的字句。座舱里一个角落放着一个加湿器，希拉里本人坐在真皮折叠沙发里，背对着一幅《国家地理》出版的世界地图，逐字逐句地阅读"大书"里的内容。"线路"上的官员从黑色旅行箱里取出文具，开始工作。每次出访，飞机上总是有两名"线路"官员随行，他们是"飞行队"。而在每个目的地则另有一名打头站的"线路"官员在等候国务卿的到达。他们是外交部门里最出色的官员，确保这部外交机器能顺畅地运转，但在旅途中他们可以随时互换位置。

22个小时后，飞机于晚上11点降落在东京羽田机场，希拉里的讲稿写手莉莎·穆斯坎汀意识到她的工作才刚开了个头。在未来的几个月里，她往往直到清晨5点都还在修改演讲稿。假如当日的出访行程在几小时后就要开始，她就干脆不睡觉，直接去健身房做运动让自己清醒。"大书"仿佛是个活物，日夜不停地吞吃着各种信息。

其实希拉里在国务卿的位置上也只算是刚开了个头，但她已经充满能量。她很享受在路上的感觉。在第一夫人时期她就很喜欢海外出访旅程。不管美国国内媒体对她的评论多么两极化、有多少恶毒的攻击，世界各地总是沉迷于她的魅力而对她展现尊重。在参议员时期，她和同僚（例如共和党参议员约翰·麦凯恩）也有过多次出访经历。她对这些出访经历感到愉快，但这一次出访才是真正的希拉里个人表演。到达亚洲的她，不仅仅是前第一夫人、参议员或者比尔·克林顿的妻子，她承载着新的更重要的角色——美国的首席外交官、巴拉克·奥巴马的使节、美国权力的新面貌。顶着整齐的发型，她面带微笑地从飞机里走出来，眼睛因为长途旅行而有些红肿。休玛紧跟在她身后，手上拿着定制的时装包。

在贵宾候机楼里，希拉里的第一群狂热粉丝团——刚刚到过美国的特殊奥运会运动员和日本女太空人——正在汇合点翘首以待。各个摄制人员正准备把她到来的片段拍摄下来，而对随行记者团来说，这将是漫长一夜的开始。我们每个人都在电话里向编辑随时汇报行程进展：她的飞机到了，她的飞机着陆了，她来了！

我们钻进候机楼外的客车里，一边在笔记本电脑上打字，一边在电话里和编辑通话，还要在车队的警笛声中为各自的电台电视台做直播采访。直到深夜，在酒店专门为媒体设立的新闻收发中心里，我仍然在做现场直播：她还在这里！她还是说奥巴马政府会向亚洲和全世界示好！一直忙乱到清晨，在这家东京大仓酒店1960年代装饰风格的各个楼层里，国务院代表团的外交官们终于完成了工作，一个接一个栽倒在床上。而希拉里本人在清晨4点30分醒来，觉得自己似乎睡在一张无意中被启动了的振动床上——其实，只是日本常有的微型地震而已。

清晨的这场小地震没有拖住希拉里的脚步，她在8点钟便出门投入第一项行程，表达对日本历史和传统的尊重。在东京涩谷商业中心区的混凝土和摩天大楼森林里，矗立着一座明治神社。这座高大、绿色外墙的神庙是奉献给统治日本45年，直到1912年才去世的明治天皇的。希拉里和她的随从步行穿过10万棵大树组成的树林，走向这座用柏木和铜材建成的神社。总是跟在希拉里身后两步的弗雷德觉得自己走进了绿洲，一如他自己内心世界的绿洲：不管交通状况、周围噪音，出现什么危险情况或者"气泡"团队里的混乱，弗雷德总是那么冷静而专注。现在他玩味着这个罕有的外部环境和内心状态合一的时刻。他和他的卫队组成了一个小小的"气泡",护送着希拉里度过她每一天的出访行程。

满满当当的日程体现着美国的国力和希拉里的个人魅力,仿佛一套组合拳。其他国家的外长出访一般就是和目的地国的外长见面,但美国国务卿不太受外交层次礼仪的限制,可以走进各国总统的官邸,也可以成为各国国王的座上宾。希拉里同日本外相中曾根弘文共进了工作午餐。他们其实是老朋友了,两人的会面契合了18年前的场景:中曾根本人当时是日本国会议员,接待过一位美国政坛上冉冉升起的新星——阿肯色州州长比尔·克林顿。希拉里还得到了罕有的特殊优待,同天皇伉俪共进茶点。明仁天皇和皇后美智子从深宫内苑中走出来欢迎希拉里。穿着乳白色连衣裙、74岁的美智子犹如见到老朋友一般同希拉里拥抱。1994年,希拉里和比尔曾经在白宫接待过天皇伉俪,共进比尔在总统任上的第一顿国宴。当时比尔·克林顿宣称"两国之间的纽带比以前任何时候都更加紧密"。而现在,在东京的首相办公室里,希拉里则邀请麻生太郎成为第一位访问奥巴马总统的外国领导人。

会面的气氛相当愉快,各种庆典也非常得体。但即使是好朋友也会有不同意见。60年来,日本本土一直维持着10座美军基地。这些基地代表着美国在二战后逐步提升的世界影响力,也是美国在亚洲权力的稳定来源。它们既是日本和美国在二战后结盟的象征,也时刻提醒着日本在二战中曾向盟军投降的事实。随着时间流逝,带有民族骄傲的日本人希望走一条更独立自主的道路,不满美国总是提出左右美日友谊的各种条件,并开始对基地的存在感到恼怒。1995年曾发生3个美国海军陆战队员强奸一位12岁日本女孩的案件。这类事件日益助长日本国内对美军基地的不满情绪,并催生了关于美国在日本军事基地的辩论。这些基地当中，普天间海军陆战队航空基地一直是矛盾的焦点。这座基地位于冲绳岛上宜野湾市中央，被美丽的珊瑚礁群所包围。美国已经同日本达成协议，准备把基地搬离人烟稠密的市中心。但冲绳岛民则希望基地彻底迁出本岛。日本当然担心北面行为乖张、难以预测的朝鲜领导人，对中国的崛起也感到忧虑，还担心基地的迁出表明日本不再是美国在亚洲最好的朋友。但日本民众有时也会反抗，领导人也会抗议。他们觉得，美国毕竟是个超级大国，承受一点小疼小痒应该不会太在意。

麻生首相的民望一直在下跌，很可能在即将到来的9月大选中落败。所以，希拉里一面向他发出了邀请，另一面则打破惯例，寻求同在野党日本民主党的党魁小泽一郎见面。小泽一向认为普天间基地应该迁移到日本群岛最南边一个小岛上的废弃机场，他的办公室表示无法安排同希拉里的会面。小泽本人也一直对会面要求支吾应付，以他的方式展示他面对美国人的不屈。但最终他还是同意和希拉里会面。会晤结束后，小泽走出来，简明扼要地发表了他对日美关系的看法："两国应该处在平等的地位上，不能有一国屈从于另外一国。"

希拉里在世界第三大民主国家——印尼，也见识了反美情绪。在印尼总统府门外，示威者们举着诸如"美国是个垃圾国家"和"美国才是真正的恐怖分子"之类的标语，"欢迎"希拉里。

印尼这个全球最大的穆斯林国家曾经对美国抱有极大的敬意。2000年的一次民调中，75%的印尼人表示对美国有正面的印象。但在9·11袭击后，布什政府宣布对恐怖分子开战，入侵阿富汗和伊拉克，在很多穆斯林看来这等同于向伊斯兰世界开战。超级大国当然不总是到处都受人欢迎，但布什本人的言行和单边主义政策无疑给反美情绪火上浇油。到了2007年，只有29%的印尼人喜欢美国[1]。不过，像世界上许多国家一样，印尼也对奥巴马的当选欢呼雀跃——奥巴马曾在印尼首都雅加达度过4年的童年生活。奥巴马政府看到了同印尼合作、向穆斯林世界示好的机会。

希拉里的出访日程总被一大堆字母所包围。国务院似乎对字母缩写有种特殊的爱好：这次出访是EAP行程，即对东亚和太平洋地区（East Asia Pacific region）的出访。飞机上有一位EAP—AS，即负责东亚事务的助理国务卿（Assistant Secretary）随行，但EAP—DAS，即负责东亚事务的副助理国务卿（Deputy Assistant Secretary）却要留在华盛顿。超负荷工作的PA办公室，即公关（Public Affairs）办公室的官员负责照料记者。国务卿的"S队"要迅速适应这一切。现在希拉里准备到访东盟（ASEAN）总部，签署一份TAC协议。她从未听过这种协议，不过据说这有助于美国更好地融入这个EAS地区。

在走进位于雅加达的东南亚国家联盟（Association of Southeast Asian Nations）即东盟的秘书处时，希拉里再次被热烈的欢呼声包围。她是第一个到访秘书处的美国国务卿。布什政府很少在这些似乎无关紧要的缩写名称上浪费时间，所以东盟也几乎没有受到布什政府的任何关注。这次希拉里来访，也只是表达象征性的支持。但这个象征动作意味也很深长：它表明奥巴马政府在看亚洲地图的时候不会只看到中国和太平洋地区。东盟秘书长素林·比素万异常兴奋。他盛赞了希拉里一番，并送上一束32朵美丽的黄玫瑰花。32这个数字代表美国同东盟32年的合作，而黄色则是期盼在奥巴马执政时期双方关系能有一个新开始。比素万站在希拉里身旁告诉她："您的到来表明美国诚心诚意地要

---

1 "对奥巴马改善美国形象的全球范围调查"（Confidence in Obama Lifts U.S.Image Around the World），皮尤民意调查研究中心，2009年7月23日，参见http:// pewresearch.org / pubs /1289 /global-attitudes-survey-2009-obama-lift s-america -image. ——原注

结束在本地区的外交缺席了。"

东盟长期以来一直想劝诱美国签订双方的友好合作条约（Treaty of Amity and Cooperation），即TAC条约。这种表达善意的条约并没有约束力，只是表明签约双方继续推进和平与合作关系。如果美国要参加东亚峰会——东盟和所有太平洋地区的重要国家，从印度到澳大利亚，都会参加这个地区性的政治经济论坛——签订TAC条约是必经的步骤。美国和俄罗斯是缺席东亚峰会的两个太平洋地区主要国家。在出访中，希拉里反复表示美国既是跨大西洋的强国，也是太平洋地区强国。为了证明这一点，她宣布美国将会签署这个条约。

跟着希拉里跨越这么多时区，在车队里进进出出，我很难对这些什么条约和外交上的鼓吹感到兴奋——听上去真的很沉闷，各种缩写闷死人。但后来我终究会明白这一切行为背后的深思熟虑。

奥巴马政府相信，在变幻莫测的当代世界中，仅仅以军力展现权力既不经济也不足够。不论大小，崛起中的国家都想在国际事务中有一席之地。这些国家都在小心测试着自己权力的范围和限度。美国感到她必须变得不可或缺。她希望成为一个联络人，把各国拉到一起，然后自己坐在这张外交大网的中心。联合国这样的大型多边组织当然很重要，但也已经是上一个时代的产物了。美国希望利用现有的框架，在全球构筑新的行动倡议和条约——这份与东盟的TAC协议仅仅是个开始[1]。

从印尼出发，我们沿着来路往北飞行6个小时多一点，然后折向西面。周五早上，我们在雪花纷飞的首尔醒来。韩国曾是一个受美国支持的独裁国家，现

---

1 Anne-Marie Slaughter, "America's Edge: Power in the Networked Century"，《外交事务》（*Foreign Affairs*），2009年1—2月号，参见http://www.foreignaff airs.com /articles /63722 / anne -marie -slaughter /americas –euge. ——原注

在已经民主化，仍然是美国的忠实盟友。

这次行程的焦点是第七项活动——在梨花女子大学[1]的见面会。梨花女子大学建校于1886年，创办人是美国循道卫理教会的女传教士玛丽·斯克兰顿。这座大学也是希拉里本科就读的卫斯理女子学院的姐妹校。

外形前卫的混凝土外墙里包裹着一座巨大的礼堂，大批听众在基督教圣歌"奇异恩典"（Amazing Grace）中等待希拉里到来。主礼台上到处挂满"欢迎美国国务卿希拉里·罗德姆·克林顿"的横幅，背后墙壁上有一个巨大的显示屏，将演讲画面传送给后排的听众。在我们得到的媒体通行证上，一张年轻时代希拉里的照片把演讲时间和地点衬托得分外渺小。人群中一位女士向她的朋友骄傲地展示1990年代她与希拉里和克林顿的合影。

国务卿本人迟到了。这次出访中每一天每个行程都有延误。克林顿政府时期曾有官方活动必定比原定时间推迟一小时开始的惯例，现在看来国务卿希拉里也继承了这一传统。随行记者团总要脚步匆匆地跟上日程，但在漫长的等待中又会错过发稿截止时间。国务院官员总在忙前忙后；本地官员要按自己的节奏办事；本地媒体记者早早来到活动现场接受安全检查，然后在百无聊赖中等待希拉里出现。活动的拖沓令每个人都灰心丧气。

这时候，希拉里本人正在后台休息室同梨花女大的校长和部分校友会面。希拉里摆出惯常的作风，侧着头专注而耐心地聆听每个对话者所说的话。她不慌不忙，没有打断任何人。她让每个人都觉得她大老远从华盛顿飞过来为的就是和他们见面；反正听众可以慢慢等。当她终于出现在主礼台上的时候，台下的2000名女性听众们纷纷踮起脚尖，巴掌拍个不停，仿佛追星族见到了偶像。

---

1 梨花女子大学（Ewha Womans University）是韩国著名的女子大学，也是世界最大的女子大学之一。——译注

当希拉里在讲台上对着麦克风说出她很高兴见到大家的时候，所有的女学生都觉得自己受到了特别关照，几乎马上就原谅了希拉里的迟到。穿着红色外套和黑色女装裤的希拉里开始演讲。她一开头就提到女性权利不仅仅是个"道德问题"，更是个"安全问题"。

"如果缺少女性的参与，没有民主国家可以存续，"希拉里告诉听众们，"如果没有女性的投入，没有经济体能成为真正的市场经济。"所以她非常重视女性权利。台下的女性们认真地倾听她侃侃而谈朝鲜问题、核不扩散条约和气候变化。然后是问答时间。

"线路"上的官员在组织演讲活动时曾经问希拉里，互动环节里她希望有多大的自由度，得到的回答是"很大很大"。希拉里仿佛当起了会议主持人，在主礼台上走来走去，在光线暗淡的礼堂里随意点出举手提问的听众，同时又尽力确保台下左右两边的听众都有同等机会提问。

"你们那边有麦克风吗？来，把我这个送到那边。好的。哇，好多人提问啊，真的好多人。"她笑着说。

有人问她是怎么平衡工作与婚姻的。

她回答要对自己真诚，自己做出抉择。

上卫斯理女子学院感觉如何？

她说自己非常喜欢那里。

有人问她，你为什么觉得比尔·克林顿是你的真命天子。

"我的运气很好，我的丈夫同时也是我最好的朋友。我们在一起已经很久了，应该比你们中很多人的年龄都还要长。我们……我们有无穷无尽的话可以说，永远不会感到沉闷。我们都努力投入手头上的任何工作，并经常同对方谈论这些事情。能在成人之后经历一段这么有意义的爱情，我真的感到非常幸运。"

切尔茜[1] 对你来说重要吗？

我们会永远在一起。她这样回答。

她摆出同朋友在咖啡馆里聊天一般的姿态，对每个问题都热情而直率地回答。她对听众说她觉得气氛就像在家里一样亲切，获得了热烈的掌声。她谈到自己的"感恩法则"——不论生活多么艰难，每天至少要对生活中的一样事物感到庆幸。我突然发觉，梨花（Ewha）的英文发音像极了艾奥瓦（Iowa）州[2]，而这场演讲会就像是总统初选中的一场活动，各路选民都来了解候选人的真实情况——只是在这里不用像在艾州那样提防狙击手。

希拉里的自传在韩国是畅销书，很明显听众们都看过这本书，而希望挖掘出更多的真实情况。希拉里本人则优雅地顺从了听众的要求。很难说清楚她什么时候体现出希拉里·罗德姆·克林顿——比尔·克林顿的妻子、前第一夫人、政治明星、畅销书作者的身份，什么时候又摆出美国国务卿的做派。总之，台下的女性听众们看着她，仿佛看见了美国。

台下的听众全神贯注地听着演讲。听众中有许多韩国社会的精英人士——政客、电影明星、设计师等等，都被希拉里彻底折服了。从没有本国官员用如此坦诚的口吻同他们对话，展现出如此真实可感的形象。在这个父权观念根深蒂固、对高级官员言行形成各种潜规则的社会，像希拉里这样手握权柄、说话坦率的女性，无异于天外来客。

"今天我觉得我不像个国务卿，更像个个人意见专栏作家。"希拉里咯咯

---

1 切尔茜·克林顿，希拉里与比尔·克林顿的女儿。——译注

2 在美国总统选举年，共和民主两党会在当年1月初开始在各州举行党团会议或初选投票决定本党候选人，传统上艾奥瓦州是第一个举行两党党团会议的州份，可谓美国总统大选的前哨战。——译注

笑着。她不停地回答着问题，直到身旁焦急的随从向她示意她又超时了。很难想象其他任何国务卿会用这样的热情去回应听众的期待。

这些其实都是希拉里作为国务卿构建个人公共形象试验的一部分。在克林顿的8年任期上，她一路看着丈夫执行外交政策。当丈夫有事他顾时，她也充当他的耳目。她曾同无数的国家元首会面，同这些元首夫妇共进午晚餐。她安排过自己的会晤，出席过各种峰会，更在各国首都发表过演说，还担任过参议院军事委员会成员。尽管她也许不清楚所有的细节和诀窍，但她对世界和国际问题颇有认识。她站在世界舞台上如同在自家餐室里一样得心应手。现在她重新定义国务卿的形象，也重新定义着自己。每一天，每一次会晤和每一次公开活动都是测试和学习新技巧的机会。不过希拉里在闲谈中不只是提提自己的个人情况，有时也会闹出些真实但意料之外的新闻来。

二战结束后，美苏将朝鲜半岛划为两半，两边走上了不同的发展路径。北边一直处于金日成的统治下。金日成在1994年去世后，其子金正日接任，统治方式则一成不变。时年68岁的金正日憔悴而多病，首尔和北京都在担忧万一他去世会发生什么情况：朝鲜会崩溃吗？核武器要怎样处理？会不会有数以百万计的饥饿难民逃到韩国和中国去？

没有人公开发表过意见。中国方面甚至拒绝同美国官员们私下讨论应急预案，他们担心这些消息会被弄上诸如《纽约时报》之类大报的头版公诸于众。美国官员们明白地区盟友的担忧，也从未在公开场合谈论过金正日的继承人问题。只是，行为古怪的金正日很可能做出仅仅为了展示他仍然健康且大权在握，就随便发射一枚导弹之类的事。

然而，在一次对随行记者团的新闻简报中，希拉里却打破了这个外交禁忌。她不仅明确提到了"继承问题"，还谈到韩国对后金正日时代的担忧。她的言论迅速从首尔传到平壤，传到北京，乃至传到华盛顿，把所有亚洲官员和亚洲事务专家吓得一惊一乍。

在一次新闻发布会上，站在希拉里身旁的韩国外长被问到他的国家对希拉里的言论有何看法，他只是谨慎地表示韩国会密切关注情况进展。希拉里对此似乎忍俊不禁。在这次出访开始时，希拉里的言论听上去很呆板，但她迅速学会了如何把外交事实转化为自己的语言。

当被问到如何看待对她公开评论金正日健康状况的反映，希拉里说："我觉得对如此明显的事实感到担忧，会阻碍我们清醒地思考。我不认为站在我的位置上指出这是明显的事实，就是什么惊世骇俗的事情。公开媒体上早已经塞满了对这个问题的讨论，这可不是仅限于少数圈子讨论的机密信息。"

金正日的健康状况并非唯一一个对希拉里来说比较"明显"的话题。全球经济危机已使美国和世界经济步履蹒跚。中国握有超过1万亿美元的美国国债，其经济则继续以每年8%的惊人速度增长。多年来，美国官员一直严厉批评中国的人权纪录。2008年，一份国务院报告曾将中国列为人权状况最恶劣的国家之一，希拉里也曾请求布什政府杯葛在这个[1]国家举行的奥运会开幕式。但在前往北京的航班上，希拉里对随行记者团表示，人权问题当然是会谈内容的一部分，但并非焦点所在，全球经济问题才是重点。

"我们大概知道他们会说什么。我们当然会要求中国重新考虑对西藏宗教和文化自由的保障，对藏人要求的回复，或者对达赖喇嘛做出某种形式的承认或认可。我们也知道中国会怎么回复，我跟中国领导人谈论这些话题已经超过10年了。"

---

1 此处删除2字。——编者注

希拉里似乎不想对这个美国金主进行长篇大论的说教，但媒体反应非常强烈。美国和欧洲的报纸高呼这是对以往原则的背叛——奥巴马政府竟然要软化对中国人权问题的态度，对这个亚洲巨人屈服了。美国国会议员们批评希拉里是在讨好北京。人权组织则呼吁希拉里向中国表明人权问题是奥巴马政府优先考虑的事务。

其实，希拉里想说的是，她不想就这个问题在中国政府面前呼天抢地。她认为这种方法只会越搞越糟，因而希望用新的方式推进对人权事务的关注：同草根组织紧密联系，用互联网传播——总之是要绕开中国政府。在杜鲁门大楼的七楼，她的团队开发出这种策略，以确保美国外交能接触到全世界的人民。

只是，希拉里这种表态并不符合外交惯例，而世界也还没有适应她的新式外交。她的非正式表态引起了人们对奥巴马政府人权政策的批评，白宫对此感到恼怒。连希拉里自己的团队也有些意外。他们知道希拉里的直率可能会引起一些涟漪，却没准备好迎接这样的轩然大波。毕竟希拉里不再是美国总统候选人，可以在竞选活动里随意发表意见，她现在是代表美国在说话。每一个词、每一个句子都会被仔细掂量，反复斟酌，认真回味。人们会仔细打量和解析希拉里的每一篇讲话，连逗号和停顿都不会放过。

50年前，也许没有那么早，20年前，国务卿一般只在特定的、通常已精心安排好一切的场合出来发表声明或演讲，偶尔回答某些记者的提问。他们的言论代表着美国的最终立场。1976年，亨利·基辛格到访赞比亚首都卢卡萨，曾经严厉批评罗德西亚政权（现津巴布韦）的种族隔离政策，表示美国将支持种族平等和黑人自决。《纽约时报》用了一整版将他的讲话全文发表出来。除了那些在发展中国家控制着媒体的终身领袖，大概没有人会再获得报纸的这种关照了。

现在，信息以迅雷般的速度在全世界传播。社交媒体、有线新闻网络、因特网等使得新闻报道的节奏急剧加快，迫使包括美国总统在内的美国官员们更频繁、更迅速地回应公众的疑问。国务卿和国防部长们也更多地以较为轻松的方式召开更多的新闻发布会，参与更多的论坛讨论。他们的发言也不再需要先在纸上精确到标点符号。但世界对这些发言的期待并没有随之降低，所有词句都还像以前一样字字珠玑。杰克·沙利文觉得，人们应该为这种谈话设定一个折旧率。

希拉里淡然面对因她的表态所引起的争论，她早已习惯被媒体放在放大镜下面了。国家安全会议的杰弗里·巴德给了她一张黄色纸片[1]，上面潦草地写着几个要点——美国在公开或私下场合都会对人权问题表示关注，她在这次出访中也是这么做的，诸如此类，并让她在下次谈及人权问题的时候能有所准备。虽然希拉里很少承认自己犯错，她也愿意时常调整自己的言行。但这一次表态仍然损害了她在人权积极分子心目中的形象。

中国官员对希拉里的表态也颇感意外。他们总用一种教徒般的执着对待会谈程序，尤其在人权问题方面：在闭门会谈中可以提一次，在闭门会谈中可以重申一次，然后就别提了。他们不知道该如何应付希拉里的表态。她的言论结合大背景要怎么去理解？她的言论对美国有什么意义？1995年，希拉里曾经在北京举行的联合国妇女大会上把中国搞得很恼怒。当时希拉里直言人权就是女性权利，女性权利就是人权。地主国马上反驳了她：发言人宣称"某些国家的某些人"提出了"没有根据的评论和批评"。外交部补充道："这些人应该更

---

1 Jeffery Bader, Obama and China's Rise: An Insider's Account of America's Asia Strategy（华盛顿：布鲁金斯研究所，2012年）.——原注

多地关注他们国内的问题。"[1] 中国媒体提到希拉里演讲的只有官方报纸《人民日报》上的一行字: "来自美国的希拉里女士发表了讲话。"

现在,"美国的希拉里女士"又回来了。她不再是到处宣扬女性权利的第一夫人,她现在是美国国务卿,她是来干正经事的。这也正是希拉里在"发展同中国的全面关系"的表态里,想要传递给北京的信息。希拉里的非正式表态其实都是有深意的,只是有时候比较晦涩,付出的代价也太高。

在一个寒冷的夜晚,757飞机降落在北京机场。这一天的出访从韩国的活动开始,而最终在中国结束。希拉里穿着黑色带腰带的大衣,围着红色围巾,走出飞机,沿着被红色灯光照亮的楼梯走下来。由于冰雪纷飞,乐队和仪仗队欢迎式被迫取消。中国的外长助理引导希拉里坐进停机坪上的豪华礼车里。

另一边,不那么受关注的其他人则从飞机尾部舱门沿着蓝色灯光照亮的楼梯走出来。自六天前离开华盛顿以来,杰克·沙利文平均每天只睡两小时。在坐进暖气开得大大的随员运送客车之前,停机坪上的寒冷使他打了个激灵。1996年,杰克曾和他的父母、三个兄弟和一个姐姐一起乘坐当时刚刚推出的中美直飞航班来到北京。他的父母热爱到处旅行,杰克也因此有机会亲眼见识放在厨房桌子上那个地球仪上的各国首都。

在停机坪上,美国大使馆的员工引导我们坐进相应的车子: "媒体人员这边来!媒体!到车队末尾的客车里去!"通常,地主国会安排三辆客车给随行记者团。在开进市区的汽车上,大使馆员工给我们发放了标准配备的媒体信息包。里面有本市地图、大使馆信息,还有一个手掌大小的小册子,封面上用黑色字体印着"30",在"0"中间塞着中国和美国国旗。今年是中华人民共和国

---

1 此处删除25字。——编者注

同美利坚合众国建交30周年。小册子里印有中国文化小知识、一些常用的中文词汇、旅游景点信息，还有对中国经济与法律的介绍，里面说中国没有独立的司法系统，广泛存在腐败和利益冲突问题。小册子里还有些别的有趣信息，里面印着希拉里和随行重要官员的简历：希拉里曾是畅销书作者，现居纽约。还有希拉里将要会晤的中国官员的奇特履历。比如，67岁的中国国家主席胡锦涛本不想从政，他的志向是成为水利工程师。他曾经是大学舞蹈队的成员，有时会在派对中跳单人舞，他的网球也打得不错。

小册子通常是用地主国提供的信息汇编而成，看来胡锦涛的这份简历是由中共的官方报纸《人民日报》所撰写的。

中国人是很棒的地主。他们热情好客，重视礼仪，并精心发展私人关系以为国家政策所用。他们用升序方法安排希拉里的官方会晤：先见外长，再一路上升到国家主席。中国方面对这些会晤非常认真，他们认为这些不仅仅是简单的见面会。官方会谈在钓鱼台国宾馆举行，这个宾馆周围100英亩的范围内分布着各种古色古香的别墅，中间散落着银杏树和结冰的小湖。1971年，基辛格前来展开中美在20多年间的首次直接接触时，也曾下榻这里。当时还没有推特和24小时新闻网络，基辛格才得以在无人发现的情况下甩下记者，溜出巴基斯坦，踏上秘密旅程，最终完成这次外交大冒险。

如果说中国的风水学是研究能量的流动和空间的布置，那么希拉里与中国外长杨洁篪会面的房间就正反映了中国对中美关系的看法。在一个长长的、挂着水晶吊灯的矩形房间里，放着两张面对面的长桌，中间被三盆杜鹃花所隔开。左边的桌子上用一面小小的中国国旗标示杨的座位，右边则用美国国旗指出希拉里的位子。双方官员要面对面地坐下。中国代表团的人数要比美国的多些。这在外交上是很奇怪的布置：外交会谈的双方通常是坐在一张长桌子的两侧，而不是一方各占据一张桌子，中间还要隔开5英尺远的距离。中国似乎不仅想强调自己日益增长、可与美国比肩的重要性，还想展示两国之间的鸿沟。

按照惯例，会谈的内容早已经被安排好，双方也都走过了流程。在北京，尤其是在北京的第一次会晤，一般是不会有什么惊喜的。中国人逐一提出他们的意见，希拉里随后回应。经济、气候变化、朝鲜，内容按部就班。杨洁篪特意说了英语，省略翻译时间，以谈论更多的内容。中国方面重申了"一个中国"的原则。台湾——这个反叛的、寻求独立的小岛，顶着"中华民国"的名义——是非常敏感的问题，对中国大陆来说也是核心利益所在。希拉里向中方保证，美方将会遵守30年来的对台政策：华盛顿不会支持台湾"独立"，同时也不认同中方的主权宣示。中方知道美国会一如既往地同台湾维持亲密关系，会卖给他们战斗机，美国也知道中国会一如既往地强烈抗议。

但在过去几年，中美双方的权力平衡正在缓慢地发生变化，在奥巴马宣誓就任前几个月尤为明显。当美国经济由于全球金融危机而止步不前时，中国则在向全世界展示着经济和文化的欣欣向荣。奥运会的开幕式被认为是中国崛起的标志，也是中国有意向全世界观众传递的信号[1]。中国经济继续以令人咋舌的速度发展，房地产市场方兴未艾，尽管全球购买力都在下降，中国制造的产品仍然被大量运输到世界的每个角落。西方的经济老大们在衰退中一蹶不振，中国则将2008年金融危机看成美国的报应。中国人连走路也变得更加昂首阔步。他们在全世界飞来飞去，大步走进国务院大堂，挤满了各个会议室，坚定地提出自己的要求。美国官员们看着大摇大摆的中国人，或许在想：我们当年也是这么个派头吧。

---

1 亨利·基辛格，《论中国》（*On China*），New York: Penguin Press, 2011, 501页。——原注

中国人意识到，奥巴马正在小心地降低总统竞选中常有的对中国的批评语调。他们也听说美国人正在向昔日的对手示好。现在，希拉里又在人权问题上态度软化。这些似乎都证实了原先的设想：奥巴马政府对中国非常谦恭。中国人脑海里浮现出大大的"衰落"两个字。但是，中国虽然努力炫耀自己地位的上升，她的经济发展还是离不开美国。如果中国想要按照原定计划，将美国霸权挡回去，并增强在太平洋地区的权威，他们就需要先同奥巴马政府搞好关系。他们希望在仔细研究希拉里的态度之后，能在她身上打开成功之门。

方脸、高额头、戴着金丝眼镜的杨外长，隔着一盆杜鹃花坐在希拉里对面。他亲历过两个时代的转变。1970年代末到1980年代初，他曾是邓小平的英语翻译。邓本人撑过了历次政治风波[1] 和文化大革命中的起落，并将中国带向现代化。从1978年到1990年，邓是中国实际上的最高领导人，他的经济政策把中国带上了成为今日经济大国的道路。杨在中国的外交体系序列中稳步升级，到57岁他成为了中国历史上最年轻的外长。他还是伦敦政治经济学院的毕业生，曾于1980年中期和2001年至2005年在华盛顿的中国大使馆任职，其中后一次他是担任中国驻美大使。美国从财富满满堕落到负债累累的过程，杨本人也是亲历者。

希拉里的自信和人格魅力，部分地缓和了同中国官员会谈时常有的紧张气氛。充满活力、总是带着微笑的国务委员戴秉国是中国外交政策的总负责人，其地位高于杨外长。他邀请希拉里共赴午宴。68岁的戴看起来比实际年龄更年轻。他对希拉里说，他觉得她比在电视上看到的更年轻漂亮。希拉里脸上现出了红晕，"嗯，我想我们会相处得很愉快的。"声音中带着一丝得意之情。不

---

1 此处删除10字。——编者注

一会儿，他们就开始谈论各自的子女，戴向希拉里展示了自己孙儿的照片。

那天晚上，杨外长在钓鱼台主持了盛大的晚宴，欢迎希拉里的到来。10名美国官员和10名中国官员各自占据两张大桌子。侍应们迈着优雅的步伐，同时向两张桌子呈上菜式。"泰汁浸虾球"和"紫菜鱼包"两道开胃菜在干冰的包裹中上桌，碟子上升起道道浓雾。

在整个访问中，希拉里用各种中国成语使得有点冷漠的地主大开眼界。"同舟共济"，她用这句话来表明中美必须合作以重振世界经济。中国总理温家宝也用《文心雕龙》上的成语回应："并驾齐驱。"这种成语外交将会成为希拉里与中国互动的常态。

不同于日本和韩国，中国的官员们对于[1]开展公共外交感到紧张。他们试图尽可能地管控希拉里的日程安排，希拉里必须自己找到传递信息的途径。她接受了官方主办的英文《中国日报》网站的网络采访，并没有只是简单地回答问题，而是将关于中美合作的信息融入到回应中。随后，1000万中国网民看到了采访内容。在美国大使馆里，面对前来见面的女性权利积极分子，她说只有当人们站出来表示"我们不再沉默"时，改变才能发生。在周日离开之前，她到北京一个官方认可的教堂出席了礼拜。这些行动都没有引起中国人的警惕：他们觉得这个女人不再是多年前那个态度尖锐、到处高喊人权和女性权利口号的希拉里了，她大概也不是那个在公开场合热情友好、在闭门会谈里强硬而铁腕的赖斯。一年之后，中国人才会发现，他们错了。

7天的出访结束后，休玛、杰克·沙利文和希拉里身边的其他人都觉得访问取得了重大成功。在亚洲之行中，希拉里发表了15次讲话，接受了11次媒体采

---

1 此处删除13字。——编者注

访，出席了6次公众见面会和圆桌论坛，召开了7次新闻发布会。希拉里正在逐渐找到当国务卿的感觉，现在可以回家好好休整了——等等，还不行。

执行特别空勤任务的757飞机一次最多只能载飞行9个小时的燃油。现在华盛顿甚或阿拉斯加都距离太远，无法飞过去加油。于是在空中飞行3小时后，国务卿的飞机降落在日本横田空军基地，停留1个小时进行整备。希拉里没有留在飞机上，她走进一座机库，里面有300多名士兵和他们的家属热切期盼同她握手合影。她有点疲态，但粉色的围巾替她添加了精神。政客出身的希拉里很快就习惯了人群的热情。

几名浑身邋遢而劳累的高级官员拖着脚步走出飞机，在下一个7个小时的飞行之前短暂地舒展一下筋骨。他们站在机库后部，躲避着室外的寒冷，看着热闹。

其中一个抱怨说："如果她每次出访都像搞总统竞选这么个玩法，那我们都要累散架了。"

结果，希拉里所刮起的亚洲旋风，将是她4年国务卿任上每次出访的标准模式。

第三章　从华盛顿到贝鲁特

总有那么一些外交出访根本不能讲究什么礼仪和排场，因为目的地国家已经在战火中度过多年，城市里到处能见到坦克，美国是不共戴天的仇人，美国军人也会被炸飞。直到飞机落地前，美国国务卿的到访仍然是绝对机密，而弗雷德·克彻姆拥有对希拉里行程的最后裁决权。

4月的一个春夜，国务院给华盛顿城内的记者群发了一封电子邮件，通知国务卿明日的行程。

2009年4月29日星期五

国务卿克林顿：无公开活动安排

例行新闻发布会：将于中午约12点30分开始，罗伯特·A·伍德[1]主持

但在那天早上，安德鲁斯空军基地的机队正准备把我们载往海外。随行记

---

1 罗伯特·A·伍德时任美国国务院发言人，后升任负责公共事务的副助理国务卿。——译注

者团的成员在几天前已经收到另一封秘密电邮，题目用显眼的大写字体写道：

绝密——禁止传播——仅限行程规划使用

希拉里又要出行了。国务院告知我们目的地，并要求保密。这种保密出访的潜规则是，我们最多只能把出访行程告知自己供职的媒体里的一两个编辑，以便落地后安排各种采访报道。在华盛顿，总统、副总统、国防部长、国务卿一类人物行程上的突然空白，总能引起一片猜测。行程上的空白意味着要突袭式访问某些特殊地点，只有少数几个国家符合这些条件。所有随美国官员出访的记者都会自觉遵守保密规则。在这个星期五，倒是没人对希拉里没有安排公开活动感到意外。毕竟，哪怕是国务卿，偶尔也要度个轻松的周末。

希拉里重新出现在公众视线中已经是星期六早上的事情了，那时她已在巴格达。我们在伊拉克的邻国科威特隐匿了一夜，天明才乘坐军用飞机抵达巴格达。我们的车队驶进巴格达市中心底格里斯河岸上的一片区域——传说中的"绿区"，萨达姆·侯赛因的前官邸所在地。现在这座官邸是美国官员的办公室。伊拉克的新领导人不得民心，而国会还在笨拙地进行民主政治实验。"绿区"位于底格里斯河岸上的一个河湾处，其西北面布满防爆墙、带刺铁丝网和检查站。悍马车和"艾布拉姆斯"主战坦克严阵以待。"绿区"的外面就是"红区"——普通的伊拉克街区，两天来一共发生了4宗自杀式炸弹袭击，导致240人丧生。

2003年以来，伊拉克的暴力袭击时多时少，总的来说有增无减，最近的数字更是一路上升。参议员时期的奥巴马曾经公开反对这场战争，现在当上了总统的奥巴马则希望撤军。2008年年底，布什政府和伊拉克本地政权曾经达成协议，在2009年夏天前将美军全部撤出伊拉克重要城市的市中心，撤回基地内，到2011年美军将全面撤退。布什政府觉得这会留出足够的时间供双方讨价还价，达成长期驻军协议。但现在奥巴马则希望落实撤军计划。

这场战争深深地撕裂了美国社会，破坏了美国的国际联盟，还在美国和欧洲之间造成了巨大的裂痕。战争持续消耗着美国的财富：入侵的直接花费加上维持占领的费用，总数直逼8000亿美元。战争已经打了8年，这个数字意味着过去8年每一秒就要花3000美元。加上阿富汗战争的花费，美国在这两场战争上已经挥霍了超过1万亿美元。而美国经济和民众所受的打击还远远超过这个数字带来的损失：美国债台高筑，战争对士兵和家人所造成的长期创伤正在逐步显现。世界觉得美国已经衰弱了。评论家们每天都在拿越战做比方。有意见认为美国已经扩张过度了，美国的敌人和对手们则不禁洋洋自得。

现在，奥巴马和希拉里要着手修补这些创伤。

伊拉克战争消灭了一个独裁政权，但随后的几年占领中共有10万伊拉克人死亡。尽管美国在开战前匆匆拼凑了愿意参战的联军，但这场战争仍然是美国一意孤行的产物：不等联合国发出决议，美国就挥舞着意识形态的大棒杀进中东，完全没有想过后果会如何。战争释放了伊拉克所有的混乱因子。最糟糕的是，布什政府为给开战制造借口，还捏造了事实：所谓伊拉克的"大杀伤力武器"一直未被找到，这更加深了伊拉克和中东地区的民众对美国战争动机的质疑。现在，伊拉克仍在混乱中呻吟。不单是因为联军的路障和晚间突击搜查，还因为本地武装分子的袭击。后者的袭击往往也杀伤平民。民众天天在检查站前、在报纸上、在电视里大叫，他们已经受够了践踏和屈辱。伊拉克民众和领导人一直坚持推进撤军计划，但当撤军日期临近时却又开始担忧起来。尽管很难想象，他们还是担心未来的日子会变得更危险。万一美军全部撤退、美国人彻底丢下伊拉克不管，这个到处有武装分子放置汽车炸弹、政客们已经开始向信奉高压统治的部落长老求助、军队又士气涣散的国家，会变成什么样子？

2003年3月的战争打响后，那些乐见甚或不乐见萨达姆·侯赛因倒台的伊拉克人都盼望全能的美国人能把这个国家改造成繁荣安定的瑞士般的乐土，成为幼发拉底河上的明珠。经历数十年的独裁统治、8年的两伊战争和多年的国际制裁，伊拉克迫不及待要过上体面的新生活。伊拉克人曾经把萨达姆的雕像推倒，在镜头面前兴奋地用鞋底拍打着萨达姆的大幅海报。但仅仅数周后，在我与当地人的谈话中就隐约察觉到他们的沮丧与怀疑：为什么没有饮用水？为什么没有电？说好的工作呢？工资呢？成卡车的药品呢？

任何国家都不可能在短时间内满足如此多的要求，更别说当时的美国政府了。他们天真地认为，只要带给民众自由，一切都会自动好起来。但伊拉克人无法相信，一个超级大国能在短短几周的战争里就推翻花岗岩般牢固的独裁政权，却居然没有任何收拾残局的详细计划，甚至连收拾残局的想法都没有。伊拉克人在萨达姆的阴影下生活了20多年，整整一代人都只知道他是领导人。他和他的特务机关在全国散播恐惧，连家人之间也被植入相互猜忌的种子。作为伊斯兰教的逊尼派领导人，他毫不留情地粉碎了什叶派教徒的反抗与叛乱。当然，对于不支持他的逊尼派教徒，他也绝不放过。不过，即使是受苦最多的、在预想中会箪食壶浆欢迎美军的什叶派教徒，也迅速投入到了反抗美军占领的行列中。美国能迅速、干净但也是粗暴地打倒压在他们头上的独裁者，反而证实了他们的想法——美国既强大又邪恶。抢掠并放火焚烧政府建筑物，破坏国家博物馆，切断城市电力，制造各种混乱——在他们看来这都是华盛顿阴谋的一部分。他们觉得华盛顿就是想毁掉伊拉克。现在他们在质问奥巴马，他有何计划？他们知道奥巴马想撤军，但在这之前，他有没有办法改善他们的生活？

现在美国能不能进来搞搞重建？

我们的车队驶进绿区里的美国大使馆所在地——一片花费7亿美元建造、配备重兵守卫的区域中矗立着一座土黄色堡垒。这片区域足有梵蒂冈城大小，共有27栋建筑物，配有泳池、室外网球场和两边铺着整齐草坪的步道——这是美国最大的海外使领馆。有这样的建筑规模，也难怪伊拉克人觉得美国人是要赖着不走了。但美国其实总是雄心勃勃、急于求成。她反复试验各种政策，改换策略，希望能找到长效的办法。到最后这个国家厌倦了实验和浪费，就只好削减各种项目的规模了。

在大使馆区内，我们随意地踱步。弗雷德同几个月前还在一起奋战的同事们重聚了。这次突袭访问居然也安排了希拉里最钟爱的公开见面会。同美国大使馆打过交道的伊拉克非政府组织成员、教师和国会议员都被邀请出席，他们得到的消息是要和一位"重要贵宾"见面。在问答中，一位名叫威廉的人权组织成员率先发难：美国是要放弃伊拉克吗？其他人穷追不舍：美国计划如何帮助伊拉克的农业实现现代化？美国计划如何改善伊拉克女性的权利状况？希拉里能准许更多的美国非政府组织到伊拉克工作吗？

问题接踵而来，希拉里罕有地开始变得疲倦。作为占领国，美国当然有义务改善伊拉克的状况。但所有这些问题听起来似乎已经放弃了对美国的期待，隐约带有绝望的意味。在被萨达姆控制思想和行为多年后，伊拉克现在正向另一个国家寻求明确的答案与解决办法。出于安全考虑，见面会邀请的都是态度相对温和的听众。听众们大概相信美国仍然有能力帮助伊拉克，但他们问题中的愤怒与绝望似乎预示着美国撤军后的日子会更加艰难。在这个国家的其他地方，民众将美国视为霸权，贪婪地吮吸着伊拉克的财富，到处颐指气使，却不想付出任何代价。这两种观念之间的冲突，每天都在伊拉克、在中东上演。

见面会之后的一整天是一长串会晤：伊拉克总统、总理、外长，最后开新闻发布会。我们清晨从科威特出发，本来预计傍晚就能回去，但现在我们是按"希拉里日程表"在活动。最后我们直到晚上11点才回到科威特。当夜我们入住科威特的巴扬宫国宾馆，以便代表团能保密希拉里的下一站行程——贝鲁特。

我的祖国黎巴嫩，也是美国所列定的只能进行"突袭式访问"的少数几个不安全国家之一。因为一件血腥的袭击案永久地改变了美国对这个国家的观感。1983年，黎巴嫩内战打响数年后，一个自杀式袭击者开着卡车闯进贝鲁特机场附近的美国海军陆战队兵营里并引爆卡车，造成241名士兵死亡。什叶派武装分子被指责为袭击的罪魁祸首，他们很快组成了一个名为"真主党"的组织。在他们眼中，美国就是古兰经中的大魔鬼撒旦，以色列则经常被称为小撒旦——后者从1978年起便占领着黎巴嫩南部。真主党一直进行游击战，力图解放南部领土，并最终迫使以色列在2000年撤退。作为伊朗和叙利亚的盟友，真主党一方面试图渗入黎巴嫩的合法政治活动，另一方面仍不肯放弃武装。尽管美国国务院将真主党列为恐怖组织，它却已经成为黎巴嫩社会和政治机体的一部分：它毕竟代表了国内长期受压迫的什叶派教徒。现在，在黎巴嫩这个全中东最亲西方的国家政府内阁里都有真主党的盟友。新的选举马上要举行，真主党正跃跃欲试。希拉里这次出访就是要了解黎巴嫩国内的政治状况。

我们已经忙碌了一整天，在巴格达的酷热中发出新闻稿，偶尔瘫在座位上等待希拉里结束一个个活动。明天的行程仍然忙碌，我们都急切地盼望能好好休息一下。但是科威特的地主们为希拉里和她的随员准备了丰盛的自助晚宴。我们打起精神，走进有草坪、木槿树和环绕着夹竹桃的花园帐篷里，在桌子边坐下。希拉里坐在正中桌子的主位上，身边是杰克·沙利文、休玛·阿伯丁、菲利普·雷恩斯和杰弗里·费特曼。费特曼是前美国驻黎巴嫩大使，现在则是负责近东事务的助理国务卿，也是国务院里的中东问题专家。

我享用着自助餐提供的美味食物，打算去取我最喜欢的甜品"乌姆阿里"（Umm Ali）[1] 时，《纽约时报》的马克·兰德勒走过来问我，即将回到祖国感觉如何。其实，我之前都尽量不去想这个问题。碍于安全保密规定，我甚至没能告诉我父母我准备到黎巴嫩去。我一边继续往盘子里盛撒满松籽和杏仁的白色软和糕点，一边皮笑肉不笑地呆望着兰德勒。我没告诉他的是，我感觉自己就像坐在2003年直闯巴格达的美军坦克顶上的伊拉克人，我真不知道美国人到底是来解放还是占领这个国家的。我在希拉里的飞机上是什么呢？是个记者，负责报道的记者。但我真的想我在黎巴嫩的本地朋友知道我正和美国国务卿一起出访吗？还是我即使回去了也要保持沉默？我对希拉里有种矛盾的感觉，我很难猜透希拉里的心思，因此也对美国干预我的祖国事务的动机心存疑虑。

晚宴即将结束的时候，希拉里漫步于各张桌子之间，和众人闲谈。这还是我们第一次在这种社交氛围下同她交流。气氛略有点紧张，希拉里尽量使自己显得随和，但其实一直没有放松下来。她仍然是那个出访中的国务卿，我们也常常在试图接近她的时候同她身边的护卫发生小争执。她走到我座位后面停下来，两只手分别搭在美联社马特·李和我的肩膀上。我紧张地盯着身前的盘子，试图在脑海里挖出一些关于全球事务的精辟看法。

但我没有那么做，我转过身来对希拉里说："国务卿女士，当我在黎巴嫩内战的战火中成长的时候，我从来没想过有一天我会随美国的国务卿搭同一架飞机飞回我的祖国。"

---

1 乌姆阿里是一种中东式面包布丁。——译注

这番话很好地总结了我的情形和心情，也很明显是我的真实想法，所以几乎是脱口而出。孩提时代的我当然也做过白日梦，但是梦里显然没有国务卿专机、希拉里这些词汇。希拉里说，她还记得同丈夫一起在电视上看到黎巴嫩血腥内战的可怕场面，她说黎巴嫩已经饱受摧残，所以她要到访，表达她的支持。我不太清楚这些话的涵义是什么。

第二天，我们离开了这个用1980年代老式家具粉饰起来的科威特国宾馆。我们挤进客车，奔向机场，差点落下了路透社的阿萨德·穆罕默德——他睡过头了。

在飞往贝鲁特的拉菲克·哈里里国际机场的两个小时航程中，我一直感到紧张。拉菲克·哈里里是个富翁，后来在1990年代大部分时间和2000—2004年两次担任黎巴嫩总理。作为一位逊尼派政治家，他的魅力越出了黎巴嫩的国界，在国际上的声誉一度堪与希拉里媲美。他也参与了黎巴嫩在15年内战后的社会重建，当然其中不免会产生贪污腐败、裙带资本主义，以及同叙利亚那边的老爷们讨价还价等情况（叙利亚自1975年以来一直占领着一部分黎巴嫩地区）。2005年情人节，当哈里里的车队驶过贝鲁特城的海边步道时，2000磅炸药被引爆，将哈里里的车队炸了个底朝天。

数以十万计的示威者涌上街头，指责大马士革是幕后凶手。哈里里当时已经开始抗拒叙利亚的渗透。据一个广泛流传的传闻称，叙利亚总统巴沙尔·阿萨德曾经宣称要"轻而易举地摧毁黎巴嫩"。示威者们不仅要求将凶手正法，还要求叙利亚立刻撤出在黎巴嫩的3万名士兵。这次示威被称为"贝鲁特之春"。2005年，在度过了30年的军事占领，历尽屈辱和恐惧后，黎巴嫩终于赶走了叙利亚驻军。真主党和其他叙利亚人的盟友感到自己被背叛了。然而，黎巴嫩马上陷入了分裂：一派支持赶走叙利亚势力，另一派则将德黑兰和大马士革视为另一种世界观的代表——反美、反帝国主义。以往，黎巴嫩仿佛一幅由各种宗教信仰拼接起来的马赛克，一旦开战就会沿着宗教分界线裂解开来。但这一次，分裂则是沿着意识形态和党派展开：我有很多什叶派、逊尼派和基督徒朋友极度厌恶叙利亚和真主党势力，但也有很多什叶派、逊尼派和基督徒朋友，要么钟爱叙利亚和真主党，要么觉得他们至少比西方好得多。

飞机外面可以看到地中海，我已经能瞥见贝鲁特的一角延伸进深蓝色的海水中。专机才刚刚落地，周围已经充斥着同事们的说话声。他们一边在电话里向编辑们汇报自己在贝鲁特降落的突发新闻，一边在电脑上飞快地打字。

我打了一通性质很不同的电话，我打给了我姐姐。

"英格丽德，是我，我正在贝鲁特，同希拉里在一起。"我说。

"我也想过你会不会过来，我们今天早上听到传言说她要来，"英格丽德问道，"她为什么要来？对我们有什么好处吗？"

我们从小孩时代起就一直问这类问题，但我暂时还无法回答我姐姐。

我走下停机坪，坐进一辆带装甲防护、四轮驱动的雪佛兰"郊区人"SUV里。车队一路驶向总统府。一路上可以看到，街灯灯柱上绑着黄色的真主党旗帜，上面有一只绿色的拳头举起一支AK冲锋枪，广告牌上满布着竞选6月国会议席的候选人广告。机场位于贝鲁特城内什叶派的势力范围，这附近都是真主党控制的区域，总统府则在15分钟车程以外的巴卜达，这是一个位于城郊小山上的基督教地区，可以俯瞰整个首都。

在贝鲁特城中处于"气泡"之内的感觉很陌生，我仿佛是自己祖国土地上的陌生人。我同黎巴嫩人之间隔着茶色玻璃、汽车装甲、弗雷德和他的外交护卫特工，以及黎巴嫩警察护送队。我还是小孩的时候，有一次街道因为美国大使出行而封闭，造成塞车，使我大发脾气，而现在我自己却坐在这种车队里。

内战结束后多年，美国大使馆每次出行仍然是重装戒备，白色的大SUV上总是架着机枪。即使是现在，美国大使馆仍然拥有当地最瞩目的外交车队，每次出行都会让人侧目。2008年1月，有人发动了一次针对车队的炸弹袭击，幸好受袭击的只是诱饵车队。当时的大使杰弗里·费特曼毫发无损。现在，我就坐在他的车队里。或者说，他就坐在我的车队里。

这次回归故里令我感觉很不真实。从一个贝鲁特战火中成长的小孩一步步到驻华盛顿的国务院记者，在这个旅程的末尾总有些令我情不自禁的东西。直到很久以后，我才发觉从那天开始，我已经在内心开启了一段新的旅程：我正逐渐调和自己以往对美国权力的误解。不过在当时，我心里唯一想到的就是到贝鲁特的海边步道滨海路去好好散个步。住到华盛顿以后，我并不是很想念贝鲁特，那里有太多的痛苦记忆了。但我想念地中海，想念清凉的海风，想念一望无际的地平线，海边漫步能使我挣脱哪怕是最暗无天日的烽烟的束缚。

我们把黎巴嫩内战叫做"外人在本地打的战争"。美国派出了海军陆战队，以色列和作为苏联代理人的叙利亚都曾多次入侵，希望收复现在是以色列的"失地"的巴勒斯坦武装分子将黎巴嫩当作庇护所。伊朗的伊斯兰革命者通过帮助真主党，也将势力渗透到地中海地区。1975年到1990年，冷战正处于高峰期，各派别在黎巴嫩街头混战不休。美国只是其中一个参战国。但作为超级大国，她受到了最多的关注和谴责。我们都相信美国才是幕后黑手。我们想象着，某个星期天下午，华盛顿白宫的椭圆形办公室里，人们随意地在地图上用大头针标出各派别的交战区域，美国总统里根和苏联总书记勃列日涅夫打电话讨论战利品分成，决定我们的命运。成长过程中，这是我最喜欢的幻想，也是身边很多黎巴嫩人借以理解身边流血和混乱的想象。战争对我们来说毫无意义，但必定对别的什么人有意义。我们在这种想法下得到某种古怪的自慰。我们有借口解释自己的无能，我们只是在挣扎求存而已。把战争罪责推到他人头上，也方便了国内军阀推卸终战的责任。就像成千上万在动荡国家、高压政权和独裁者统治下生活的人一样——我、我的两个姐姐、我的父母，还有我们的朋友天天都生活在"政治"中——"政治"就在大门外面上演，"政治"是爆炸和危险，"政治"可以杀人。很幸运地，我的家庭毫发无损地熬过了战争。

1990年内战结束，当时我才13岁，但我脑海中对当时场景的记忆依然鲜活。我还记得很多个晚上，落在我们家大楼旁边的炸弹把整个屋子震得摇摇欲坠，到处是惨叫声。我们从三楼公寓里抱出床垫，躲到地下室里去睡觉。到早上，父亲送我和两个姐姐去上学。我们在检查站同他道别，用仿佛无穷无尽的10分钟穿过一段无人地带，走过一些枪手，再登上蓝色的校车，开往这个分裂城市的另一头。每天下午我们回来的时候都在期盼，父亲能活过这一天，正在等待我们回家。而他则在车里坐着，听着电台里关于炮击和狙击手活动的报道，等待三个女儿从检查站的障碍物后面现身。然后我们开车回家。如果炮击不太猛烈，就在阿布·穆萨家的杂货店里买些东西。大部分是我父亲一件件仔细挑选的水果和蔬菜。

希拉里的车队加速驶上山丘，道路上空无一人。我们穿过一条通往贝鲁特另外一边的林荫道。我能望见不到半英里外的，以处于街角的家具店命名的加利莱·西曼交汇处，就是战时东贝鲁特和西贝鲁特的分界点。那附近到处是可以俯瞰街道、堆着沙包的大楼，也是狙击手们钟爱的活动地点。我们家就住在那个分界点附近。在战时，广播员们经常在电台里通知市民躲开交战地点，"加利莱·西曼"这个名字经常出现。当我告诉别人我家住址时，我只要说"加利莱·西曼"这个名字，别人一定都会瞪圆眼睛，目光里带着各种情绪，从难以置信到为我难过。不用说也知道，我们家从没有来客。有时候我们会说这片街区的原名——"Hay el Amerkan"，即美国人的区域。开战之初我们家刚刚在那里落户，那时候周围还是一片迷人的中产阶级住区，布满橙子树，很受外国人欢迎。后来这片区域里仅有的"外国人"就剩下我的荷兰母亲，和在附近建筑物里设立指挥部的外国军队。加利莱·西曼不仅仅是穆斯林控制的西贝鲁特和基督徒控制的东贝鲁特的分界点，还是贝鲁特城的最南端。北面主要是基督徒势力范围，更北面则是主要由基督徒控制的黎巴嫩国土。南边则主要是穆斯林区域，先是逊尼派地区，再往南则是什叶派区域，最后是同以色列接壤的边界线。

以色列曾在1978年入侵黎巴嫩南部，随后在1982年6月6日再度入侵。南黎巴嫩和西贝鲁特活动着许多以黎巴嫩为基地、试图收复圣地的巴勒斯坦游击战士，有些人就在我们的大楼里设立了据点。以色列坦克隆隆驶进贝鲁特和加利莱·西曼的时候，我们家为了逃避战火，便逃亡到北面，深入基督徒地区。当我们在秋天回家的时候，巴勒斯坦游击队和他们破烂的奔驰车已经被以色列士兵取代，他们把一排排蒙着眼的人赶进装甲车里带走。在我们三楼的家里，我发现我的房间被一枚炮弹击中，窗帘被撕烂，墙上布满弹洞，我的衣服和玩具上布满灰尘。我当时才5岁，已经意识到战争和周围环境的可怖，但我实在不知道是谁、为什么要这样惩罚我。我更不知道炮弹为什么不瞄准那些丑八怪绿色地毯和橙色床架，它们在整个战争年代一直没有受损。

现在我又回家了。我感觉很奇怪，我觉得我是个变节到了另一边的叛徒。我坐在一个美国大车队里，我现在是一度被我想象为傲慢、无礼和自以为是的美国记者团的成员（事实上，随行记者团的成员是我共事过的最相互尊重的记者）。我们这些"气泡"里的人不用像本地记者一样提前几小时接受安全检查，只要在新闻发布会召开前几分钟走个过场就可以。我们不用抢座位，因为总有两排座位留给我们，我们总是能问上问题。

在黎巴嫩各处，原本在星期日中午家庭聚餐或惯常开车去光顾餐馆的民众，正打开电视电台，接收每天中午的政治新闻。根据政治立场的不同，他们可以打开偏向基督教和右翼价值观的黎巴嫩国家广播公司（LBC），真主党的喉舌阿尔-马纳尔电视台，或者比较中立的"黎巴嫩之声"。每个频道都会报道根据自己倾向整理的、往往相互矛盾的"事实"，但今天绝大部分频道都会直播希拉里的新闻发布会。

希拉里穿着亮蓝色的连裤套装，站在铺着木地板的新闻发布间里两根罗马式廊柱撑起的墙前，身前的讲台上放着一小面黎巴嫩国旗。希拉里微笑着面对电视镜头，她谈到黎巴嫩需要在不受外界干扰的情况下进行自由的选举。

阿尔-马纳尔电视台斥责希拉里在夏季大选前干预黎巴嫩内政。这真是讽刺，真主党自己也有外国背景。LBC里的评论节目则在谈论希拉里在大选前对黎巴嫩展示支持。发布会上，轮到我提问了。

"国务卿女士，欢迎来到黎巴嫩。我知道您不想猜测选举结果，但从现在的情况来看，叙利亚的盟友，包括真主党，很可能强势重返黎巴嫩政坛。您刚才谈到对黎巴嫩军方的支持是双方合作的基础，这种政治情势会如何影响这个支持？您会重新评估这种合作吗？"

"嗯，金，首先我想说很高兴这次出访能有你随行。你们中有些人可能知道，金是黎巴嫩人，她对于回归亲爱的祖国一直感到很兴奋。我也很高兴能成为她回归故国的目的之一。"

我感受到了一种恭维。她居然记得我，以及我们之间的谈话。她把我的内心想法在黎巴嫩国家电视台上，在所有本地媒体面前说了出来。我知道这只是个小插曲，但我感到在这个政治紧张、美国正力图推销亲西方政客的时刻，她也在利用我建立同黎巴嫩民众之间的联系。

很久之后，希拉里告诉我，她不假思索地说了这些话，因为她看见我历尽坎坷，最终和她一起重返黎巴嫩，很受感动。她说她看着我拿着麦克风站在那里，觉得我是代表黎巴嫩未来的符号。但在我后来问清楚她的真实想法之前，在她说出这些话的那一刻，我们之间的互动让我感到非常不安。在黎巴嫩，任何有一点点知名度的政客和记者，都会被自动分成两种人中的一种：要么是美国的傀儡，要么是美国的敌人——真主党、伊朗或叙利亚的代理人。希拉里漫不经心的一句话意味着我已经被打上了"美国"的污点——或者从另一种立场来看，我戴上了美国的光环。

发布会结束后，车队一路驶回地中海边的市中心。一度被内战战火摧残的奥斯曼帝国和法国托管时期的建筑物在大力修补下总算显露出一丝往日的辉煌，其余没法修复的建筑物则被夷为平地。市内到处可见空地和起重机的吊臂。哈里里的坟墓位于贝鲁特市中心，旁边就是他主持修建的黎巴嫩最大的清真寺，希拉里现在要去他墓前致意。当希拉里是第一夫人时，哈里里也在总理任上。克林顿将哈里里当作私人朋友，两人卸任后仍然保持着联系，在哈里里遇害前两个月还曾会面长谈。希拉里致献花圈时，哈里里的儿子萨义德始终站在一旁，他现在是父亲的政治接班人。

我们才刚抵达两个小时，现在就要离开了。但我想暂时离开"气泡"，去看看我的父母。刘易·卢肯斯把我的护照还给我，我从媒体专车里把行李拿下来。我的其他同事，希拉里本人、杰克·沙利文、休玛、杰弗里·费特曼和其他人一起坐进带装甲的汽车里。在警笛呼啸声中，黑色的汽车一辆接一辆开走。我看着车队开上通往机场的路，逐渐消失在山丘的另一边。

我突然感觉到一种奇怪的伤感，我似乎是被车队连人带行李遗弃在路边。

我很想像个小孩一样用力挥手道别，但他们都已经走了，都回家了。而我也回到我的家了。

我真的回到我的家了吗？

我站在布满碎石的路面上，右边是哈里里的坟墓，左边是某个黎巴嫩烈士的雕像，身后的大楼上挂着足有六到八层高的横幅，上面是著名记者盖布兰·图埃尼的照片，他也跟哈里里一样在2005年的一场汽车炸弹袭击中身亡。他是我家人的一个好朋友的丈夫。他的死也被怪罪到叙利亚头上。2005年到2008年，总共有9名政治家和知名公众人士死于炸弹袭击。国际间正在展开调查，试图找出这些案件之间的联系并找到真凶。真主党等叙利亚盟友将这种调查视作威胁大马士革的阴谋。但是西方仍然希望叙利亚能寻求同以色列维持和平关系，叙利亚的反对者们也担心地缘政治的需要将压倒法律与正义。

在新闻发布会上，有记者问希拉里是否会以牺牲黎巴嫩为代价，同叙利亚达成某种妥协。她回答，黎巴嫩早就应该获得应有的公正对待——逃避罪责的时代已经过去。

"所以我想向黎巴嫩人民保证：美国绝不会以出卖黎巴嫩和黎巴嫩人民为代价，同叙利亚达成什么协议。"希拉里情绪略微激动，手轻轻地拍着讲台，每个字都带上了着重语调。

"黎巴嫩饱受多年蹂躏，现在是黎巴嫩人民起来自己做决定的时候了。不论最终定论是什么，能做出决定的只能是将黎巴嫩当作祖国的人民。他们热爱这个国家，愿意为她献身，努力度过了艰苦的岁月。周边的情势非常复杂，但黎巴嫩人民有权决定你们的未来，我们坚信这一点。"

我很早以前就听过这种话了，或者说在1990年9月，我希望我自己听到的是这种话。一个晴朗的星期天上午，当时已经有一定政治敏感度的我正坐在父母的橄榄绿色"标致"牌轿车后座，听着电台里老布什总统的讲话。那天是内战最昏天黑地的时光里难得的一个休战日，我们正驶往贝鲁特东部的小山丘地区，到一个餐馆吃周日中午的家庭聚餐。我的两个姐姐英格丽德和奥黛丽已经到外国去上大学了，远离了战火与喧嚣。刚刚被任命为过渡总理的陆军将军米歇尔·奥恩[1]宣布，要对占领黎巴嫩的4万叙利亚驻军开战，打一场解放黎巴嫩的战争。其实这位将军的权力仅限于基督徒势力范围，他手下的军队也不过是已经四分五裂的黎巴嫩军队中的一小股派系，但他手下的士兵勇猛地与叙利亚驻军战斗，至少使他们无法再推进。在伊拉克的萨达姆给奥恩的军队送去了大批武器，有力地支援了他。世界各国本已厌倦了在电视上看黎巴嫩人自相残杀，但现在贝鲁特城内反复拉锯的战线正反映着各大国权力的博弈。

伊拉克刚刚入侵了科威特，一年前柏林墙已经倒塌，苏联正勉力维持国家团结，美国得以到处耀武扬威。电台里，老布什总统告诉我们，他将站在黎巴嫩人民的一边。

美国人总算听到我们的呼声了。他们要来帮忙了，一切都会变好的，我想。

我本来以为他的意思是，他会站在像我这样的人一边。我觉得他的想法对黎巴嫩有好处，但就在几周后，1990年10月13日，叙利亚军队攻进基督徒居住的黎巴嫩地区，沿路烧杀抢掠，遇有看不顺眼的人立刻抓来就地枪决。我们都相信这是美国和叙利亚之间的交易。这个富饶但反感叙利亚人的地区一直处在叙利亚控制范围以外，没有美国人的默许，叙利亚绝不敢这样闯进来。作为交

---

1 米歇尔·奥恩（Michel Aoun），马龙派基督徒，曾任黎巴嫩军队司令、临时政府总理，并曾在1989年对叙利亚军队发动"解放战争"。1990年叙利亚的入侵部队击溃其军队后，流亡海外，2005年回国。——译注

换，大马士革的独裁者哈菲兹·阿萨德则同意参加以美国为首的联军，入侵伊拉克解放科威特。美国当时希望建立尽量广泛的联盟，阿拉伯国家的参与非常重要。

美国人一边骗我们说会支持黎巴嫩，一边出卖了这个国家。我觉得被背叛了，非常愤怒，对美国的想象完全崩溃。我无法想象，在黎巴嫩的其他地区，某个街区里，听着另一个电台的人，会不会有不一样的看法。也许对他们来说，美国支持叙利亚入侵是好事，他们认为叙利亚的存在对黎巴嫩有利。不管怎样，看上去美国人都在按计划行事，在背后操纵各方势力。所以，只要美国人想终止战争，他们是有能力做到的。我当时还不懂得个中复杂的地缘政治玄机，还不知道美国如何努力地让俄罗斯、以色列以至叙利亚这一系列国家保持均衡。反正当战火平息后，我们能看到的就是叙利亚已经强占了黎巴嫩。

我们相信，既然美国是一切问题的根源，那她一定也是解决问题的关键。这两种想法交替地折磨着黎巴嫩人的头脑，时而带来希望，时而滋生失望。而我们之所以认为美国能掌控全局，拯救黎巴嫩于水火，是因为美国曾经成功地干预了黎巴嫩的内政。

1958年，美国发起"蓝蝙蝠行动"，14000名美国士兵进入贝鲁特。时任美国总统的德怀特·艾森豪威尔试图用这些军力维持黎巴嫩基督徒总统的统治，抵抗由埃及民族主义领导人贾迈勒·阿卜杜·纳赛尔支持、主要由穆斯林组成的反对派。当时华盛顿极其担忧"国际共产主义"的扩张，而纳赛尔一向亲苏联，这成为美国出兵的重要理由。

反对派被震慑后，全国选举中选出了较受广泛认可的总统。美国军队待了3个月，未放一枪就撤走了。这次美国国力的成功作用，深深地铭刻在许多黎巴嫩人和世界各国观众的脑海里。美国看来是个值得信赖可以成事的盟友，也是让敌人不得不畏惧的势力。苏联和共产主义当然也颇受欢迎，但美国大兵们看起来装备更好、更强大，也更炫目。

1982年，也就是我们家逃离加利莱·西曼的那一次，黎巴嫩遭受以色列入侵，总统再度向美国求助。那时的黎巴嫩同以往已经有了很大的分别，内战已经进行了7年。但人们都总觉得1958年的好事还会再发生。陆战队正在开来的消息传开后，奥黛丽欣喜若狂。当时她13岁，我只有5岁，我们对战争仅有的印象就是停电和宵禁。我姐姐对美国陆战队的幻想是，他们能带来嚼不完的泡泡糖。

夹杂着法国、英国和意大利士兵的美国部队，表面上是一支中立部队，其目的在于恢复黎巴嫩的和平，分隔交战中的穆斯林和基督徒武装分子，阻绝入侵黎巴嫩的以色列和叙利亚部队。这支部队也要确保巴勒斯坦武装分子按照承诺撤出黎巴嫩。在这个过程中，美国军队将会协助"好人们"——黎巴嫩总统和黎巴嫩军队——增强中央政府的统治力。但"好人"和"坏人"的界线正变得越发模糊。尽管"好人"通常说英语、打领带，但转过身来他们就可能变成"坏人"。总是面带笑容、士气高昂的美国陆战队受黎巴嫩的基督徒总统引诱，开始介入他与穆斯林反对派纠缠不休的冲突中。美国总把世界看成是泾渭分明、非黑即白的，但当时的黎巴嫩完全是一片灰色地带。到1983年夏天，为了支援总统及其军队抗击穆斯林，美国陆战队越来越多地开始参与交战——他们实际上已经选择靠哪边站了。立场偏左、亲叙利亚的《阿斯-萨费尔报》开始将美国陆战队称为"国际武装分子"。1983年10月23日上午6点20分，悲剧终于降临：一辆卡车满载着12000磅TNT炸药，闯进海军陆战队兵营，自杀式引爆，将兵营炸成一片瓦砾。

这次袭击造成美国海军陆战队自二战期间硫磺岛战役以来最惨重的单日损

失。事后，里根总统仍然重申支持黎巴嫩的立场。他表示美国人不会逃跑，因为美国从不向恐怖分子屈服。但4个月后，海军陆战队就撤走了。视美国为敌人的幕后策划者们欢呼雀跃，但数以千计的平民觉得自己被绝情地抛弃了。至于奥黛丽，她还在幻想着美国人带来的泡泡糖。

美国当然付出了很大的代价，但在当时我们无心去理解这些，我们依旧在地狱中煎熬，仍旧期盼世界能够伸出援手。对于我们来说，美国人先是做出了动听的承诺，吊足了我们的胃口，然后又决绝地放弃了承诺，把我们扔下不管。美国迟早要遭报应的。

对海军陆战队兵营的袭击，是这场穆斯林与西方，尤其是美国的冲突中的第一次正面交锋。早在1979年，双方就已经开始了前哨战。伊朗的什叶派激进分子发动伊斯兰革命，推翻了伊朗的世俗君主，也是美国的盟友、开明专制的穆罕默德·礼萨·巴列维国王。其后，对美国干预本国内政仍然感到愤怒的学生和武装分子进占德黑兰的美国大使馆，扣押了52名美国人作为人质，危机持续了足足444天。伊朗的新领袖鲁霍拉·穆萨维·霍梅尼更希望将美国彻底赶出中东，于是他与黎巴嫩的盟友联手，在4年后的10月给美国人送去了一次明确的死亡威胁。贝鲁特的爆炸袭击、伊朗的伊斯兰革命，加上仍然鲜活的美国陷入越战泥潭的记忆，使得世界各大媒体纷纷大肆报道"美国的衰落"。全世界的政客、评论家乃至街边小贩纷纷高呼：美国就要完蛋了。

黎巴嫩内战一直持续到1990年10月，叙利亚强行在黎巴嫩实现了和平。坦克车开始撤走，狙击手也偃旗息鼓。但黎巴嫩毕竟位于对美国有重要战略意义的动荡地区，即使是和平中也蕴藏着危机。当时，作为记者的我报道的全是以色列轰炸黎巴嫩电厂，真主党绑架以色列士兵，叙利亚扶植本国总统，政客和记者遭受炸弹袭击之类的消息。每次发生危机，所有的记者、朋友和家人都期盼华盛顿能表态或者制订什么行动计划。一如既往地，立场决定了每个人对各种消息的不同解读：要么是期待美国即将出手援助的信号，要么是发现美国恶毒阴谋的端倪。每天晚上的晚间新闻开头，说阿语的播音员总会宣布："今天，美国国务院发言人在华盛顿表示，黎巴嫩局势……"

我现在住在华盛顿，也因此结识了国务院发言人P·J·克劳利。克劳利是性情活跃、能说会道的爱尔兰人后裔。在克林顿政府时期，他曾经担任空军上校。我刚被调派到华盛顿时曾同他和其他记者在酒廊小酌，刚一开始我还很想知道有什么东西是我不了解而他非常清楚的。我当然知道美国和世界都在发生着变化。中国越来越成为美国真正的对手，土耳其急欲扩大在地区的影响力，巴西逐渐成为南美洲新的强权，俄罗斯正从苏联崩溃的阵痛中缓慢复苏。只是，人们仍然认定美国无所不能。

我们是不是一直没有从将美国幻想为超级大国的老印象中走出来呢？21世纪组成美国权力的要素到底是什么？美国权力是否足够灵活？又或者美国会重复过去8年的霸道作为，只是稍微放软一点？不仅是黎巴嫩，中东其他国家也都在密切注视着美国的一言一行，希望知晓美国的动机，找到关于未来的答案。

第四章 "禁止自然扩张"

在出访贝鲁特几周前，希拉里在一个挤满人的混乱房间里，面对一大群明显怀有敌意的阿拉伯记者和一小群同样抱怀疑态度的美欧记者宣布，将在埃及海边旅游城市沙姆沙伊赫召开国际会议期间，向巴勒斯坦提供总值3亿美元的援助。奥巴马上任伊始，以色列对加沙地带发动的"铸铅"行动刚刚结束，行动中有包括300名儿童在内的1400名巴勒斯坦人被杀，使得该地原本濒临崩溃的经济更加难以为继。以色列一直对加沙地带进行炮击，以报复对本土进行的火箭袭击，并一直封锁该地区。阿拉伯记者们不太在乎什么援助，美国以前也做过类似承诺，但巴勒斯坦人在以色列占领下的生活依然非常悲惨，援助不过是杯水车薪而已。

他们要问希拉里的问题很简单：一年之内是否可能出现一个独立的巴勒斯坦国？

这是希拉里首次以国务卿身份介入这场延绵数十年的冲突。其实，她与中东地区渊源颇深。她丈夫直到任期最后一刻也还在力促以色列与巴勒斯坦交好。总的来说，在解决冲突这个问题上，阿拉伯人并不信任美国，他们指责美国总是毫无保留地支持以色列。这并不错，但也不全对。这场冲突关乎一大片土地的归属，在冲突各方中都会产生深深的感情裂痕、不切实际的期望以及极端的愤怒。美国官员们通常会表示同情以色列的立场，活在国土被占的屈辱中的巴勒斯坦人因此觉得自己仿佛低人一等。但即使如此，也许阿拉伯世界也知道除美国外没人能将以色列推向谈判桌，因此他们仍然请求美国帮忙推进和平协议。阿拉伯各国对比尔·克林顿罕有地支持巴勒斯坦，并努力奔走促成中东和谈，记忆犹新。希拉里在和中东领导人们，包括埃及总统霍斯尼·穆巴拉克谈及以巴冲突时，回忆起了他丈夫为和平奔走呼号的日夜。然后，她开始与充满疑虑的听众交流。努力的目标仍然是一个可延续的巴勒斯坦国。

"你们都知道这是一个非常复杂、非常困难的议题。你们也应知道，我个人必定努力投入解决这一问题。我全心全意地相信，问题终将得到解决。我对此感到兴奋。这不仅是我的职责所在，更是我全心追求的结局。"希拉里说道。

1998年，一群来自巴勒斯坦、以色列、约旦、埃及和美国的青年在瑞士召开了一次史无前例的青年峰会，希拉里作为第一夫人对他们发表了讲话。她清晰地勾勒出了心目中的和谈结局：巴勒斯坦人应该有自己的国家。她比白宫方面更早公开宣布了这一点。尽管部分美国官员正在思考，巴勒斯坦人则在积极呼吁巴勒斯坦建国，但美国从未公开提及巴勒斯坦建国的计划。自以色列在1948年建国以来，巴勒斯坦人要么成为客居别国的难民，要么被以色列占领军挤压在两块领地里：一块是地中海边的加沙地带，另一块是在内地与约旦接壤的约旦河西岸及东耶路撒冷区。埃及和约旦曾在1948年强占这两块领土，但在1967年的"六日战争"[1]中，两片土地又被以色列所攻陷。数以万计的巴勒斯坦

---

1 即第三次中东战争。——译注

人自此成为以色列公民，至今巴勒斯坦人在以色列人口中的比例仍高达20%。在以巴之间斡旋的美国领导人以往从未提过关于和谈结局的终极设想，但希拉里却公开说了出来，对她来说这个结局似乎不言而喻。

当时的以色列总理大为光火——该国领导层一直公开反对巴勒斯坦建国。除了有人曾建议给巴勒斯坦人一小块边界还未确定、各区域之间相互割裂的领土外，以色列从未想过要给巴勒斯坦人提供什么东西。白宫迅速澄清，指出希拉里的看法并非美国的官方政策。后来担任纽约参议员时，碍于选区内犹太选民的势力，希拉里较少公开发表关于巴勒斯坦人苦难的看法，更多地与犹太方面的立场保持一致。而现在，作为国务卿的希拉里亲口告诉面前的阿拉伯记者们，巴勒斯坦的下一代有权获得一个更好的未来，巴勒斯坦的父母们也有权为下一代期望这样一个未来。她承诺，奥巴马政府将为和平及巴勒斯坦建国而努力。

"你们将会看见美国为此不遗余力。我真希望巴勒斯坦国明天就能建立起来。现实一点说，我希望今年底建国就能完成。我不会放弃，我们一定会取得进展。"

这番激情洋溢的讲话让阿拉伯记者们措手不及。布什政府执政的8年里，美国几乎没有向阿拉伯世界展示过任何感情。这样的煽情并非赖斯所长，也从来不是她的政策内容。房间里突然爆发出一阵热烈的掌声。在房间里听讲的美国官员，尤其是那些在中东事务上混迹多年、早已习惯用深厚的怀疑与讽刺面对变幻莫测的情势的官员们，当时就震惊了。记者们在新闻发布会上通常不会鼓掌，阿拉伯人更从不会为美国官员欢呼。这些掌声不仅体现着希拉里发自内心讲话时展现的魅力，也代表了房间里和整个中东地区的人们面对这场拖延不决的冲突，急切期盼出现新希望的心情，更反映了阿拉伯世界一直渴望美国，最好是无条件地站在他们这一边的情绪。尽管对美国仍然抱有怀疑，但阿拉伯世界仍然欢迎奥巴马当选。到目前为止，他们对美国的表态也很满意。

奥巴马上任第二天就表示，寻求解决长达60年的以巴冲突，符合美国的安全利益。从华盛顿到拉姆安拉[1]，人们的耳朵一下子竖了起来。美国总统很少在上任之初就介入中东问题，但更令人惊讶的是奥巴马的语调。过去40年，每一任美国总统所做的都是寻求"和平"。和平对区内人民有利，达成和平对大家都好。只有两任总统曾成功地使巴勒斯坦和以色列领导人在白宫草坪前握手：比尔·克林顿和吉米·卡特。其他总统费尽力气也未能再现这样的场面。但现在，奥巴马将以巴和平提升到美国国家安全的高度，等于将以巴和平视为最必要而迫切的目标。

2009年1月21日，奥巴马上任后第一次致电外国元首，就打给了巴勒斯坦总统马哈茂德·阿巴斯。这是前所未有、意义重大的姿态。78%的美籍犹太人都投票支持奥巴马，所以他觉得单靠自己的个人魅力就能取得突破，地区内似乎也出现了有利于他的因素。

奥巴马当选之前不久，以色列刚刚对加沙地带巴勒斯坦领土发动了大规模军事行动，使巴勒斯坦人对本已势孤力弱的阿巴斯的不信任进一步加深。自2007年以来，阿巴斯仅对巴勒斯坦领地的一部分，约旦河西岸拥有实际管治权。作为逊尼派政党和武装派别、被美国国务院列为恐怖组织的哈马斯则掌控着加沙地带。战争通常会造成外交上的机会，大家都会在战争中看到解决问题的需要。奥巴马看到了自己的机会，有迹象表明和平协议并非遥不可及。来自中间派前进党的以色列总理埃胡德·奥尔默特，在间或有美国支持的情况下，已经同阿巴斯断断续续地沟通达两年之久。他们在一系列事务，包括未来巴勒斯坦国的边界划定以及双方都宣称为首都的耶路撒冷的未来状态上都取得了实

---

1 拉姆安拉为巴勒斯坦建国前的民族权力机构所在地。——译注

质性进展。奥尔默特一度宣称他们"非常接近"达成协议[1]。但沟通随后陷入了停滞：奥尔默特面临贪污指控，被迫下台。也是隶属前进党的外长齐皮·利夫尼准备竞选总理，她与右翼利库德集团的党魁斗得不可开交。在国务院，许多美国官员都暗暗祈祷利夫尼能够取胜。2月10日大选结果揭晓，利夫尼和前进党赢得大多数国会议席，但距离绝对多数相差甚远，她不得不努力寻求建立联合政府。她的对手利库德集团趁机成功地拉拢了一众小党，结果到3月份，利库德集团上台。强硬的本杰明·内塔尼亚胡重新执政，出乎所有人的意料。

昵称为"Bibi"[2]的内塔尼亚胡正是1998年对希拉里关于巴勒斯坦建国的讲话大发雷霆的以色列总理。他也曾令比尔·克林顿大为恼火。1996年同克林顿初次见面的时候，内塔尼亚胡以说教的口吻对克林顿发表了一大通关于以色列与阿拉伯冲突的谈话。会面结束后，克林顿大动肝火，"他××的以为他自己是谁啊？现在哪个国家才是××的大国啊？"[3]

当时的国务卿玛德琳·奥尔布赖特认为内塔尼亚胡"好勇斗狠，忠于党派，非常圆滑"[4]，是个"能令人放松警惕，又时不时耍滑头"的男人，总会在谈判中耍些小手段。他在美国住过多年，曾就读于麻省理工学院。他利用自己的家族关系在美国发展关系网，同时也在美国的政治制度下活动，令国会总和

---

1 P.Beinart，《犹太复国主义的危机》（*The Crisis of Zionism*），New York: Times Books，2012.——原注

2 "Bibi"是《圣经》里摩西将犹太人带出埃及、带到以色列后分成的12个支派其中之一"便雅悯"的简称；"便雅悯"也是中文本《圣经》里对"本杰明"（Benjamin、Benyamin）的通译。——译注

3 A.D.Miller,《过度应许之地》（*The Much Too Promised Land*），New York: Bantam Books，2008.——原注

4 M.Albright,《国务卿女士》（*Madam Secretary*），New York: Hyperion, 2003.——原注

行政部门针锋相对。

内塔尼亚胡同他的前任伊扎克·拉宾截然不同。拉宾由于在和平谈判中作出让步，在1995年被以色列的激进右翼分子刺杀。克林顿和拉宾是亲密的朋友，这位以色列总理曾和巴勒斯坦领导人亚西尔·阿拉法特在白宫草坪前握手，还曾经与约旦签订和平条约。总的来说，拉宾是位言而有信、言出必行的政治家。而内塔尼亚胡则经常出尔反尔。克林顿的高级顾问拉姆·伊曼纽尔目睹内塔尼亚胡成功地打乱了克林顿为达成持久协议而做的努力。他从没公开发表意见，但心里非常郁闷。现在伊曼纽尔也回归权力中枢，当上了奥巴马的幕僚长。

内塔尼亚胡大概不会对克林顿政府有什么好印象。当他的执政联盟在1998年解体时，华盛顿呼吁提前举行大选，高级官员们都希望Bibi的对手、工党领袖埃胡德·巴拉克能胜出。以色列媒体猜测，克林顿也许在暗中积极协助巴拉克竞选。这种猜测后来得到了部分证实，一群与克林顿关系紧密的民主党竞选专家出现在以色列，并协助巴拉克竞选。

在希拉里非正式地表示要建立巴勒斯坦国两年后，比尔·克林顿本人也做出了同样的声明，巴勒斯坦建国遂成为美国的国策。但华盛顿方面坚持，国家边界、巴勒斯坦难民身份、安全协议等建国细节要由以色列和巴勒斯坦协商制定。但Bibi再次采取拖延战术，他甚至不肯完整地说出"巴勒斯坦国"这几个字来。他和先前的以色列领导人一直试图改变被占的巴人领地内的态势，试图让以色列多占土地。他们不仅在未来将成为巴勒斯坦国领土的地区内，大量建设以色列人定居点，还在西岸地带和以色列领土之间建立了隔离墙。后一个政策的支持者声称，隔离墙有助于保护以色列免受巴勒斯坦武装分子袭击。但巴勒斯坦的两块领地本来就不接壤，加沙地带和西岸地带被以色列领土所隔开，巴人未经许可不得进入以色列地方。巴勒斯坦方面抱怨，各方还在争论如何分配这张领土大饼时，以色列早就开始狼吞虎咽了。

Bibi这种极右翼的原教旨主义观点威胁着奥巴马的中东和平计划。伊曼纽尔建议奥巴马也采取强硬态度，向内塔尼亚胡表明谁才是超级大国。奥巴马的中东问题特使乔治·米切尔参议员以前也曾面对过这一切。克林顿政府末期，当和平开始失效、暴力冲突四起的时候，他受委托寻找解决办法。在长长的建议清单里，有一个选项是冻结定居点的建造。在希拉里的请求下，奥巴马任命米切尔为中东问题特使。尽管希拉里能对巴勒斯坦国问题发表热情洋溢的讲话，但她还不想过于陷入中东问题这个荆棘丛里。举止文雅、76岁的米切尔曾参与北爱尔兰和平进程，对细节和渐进方式抱有执着的态度。他把定居点的问题重新放在人们的视野之中。尽管伊曼纽尔不直接负责中东事务，他也希望向Bibi重申美国的老大地位，并一直鼓励将冻结政策放在以巴和谈首要地位。5月18日，内塔尼亚胡首次到访白宫，奥巴马总统向他表明了立场。

"我们要取得进展，就必须停止建造定居点，"奥巴马说，"我知道这很困难，但这是个重要的问题，我们必须要采取措施。"

内塔尼亚胡在公开场合宣称，他愿意考虑暂停建造新定居点，但已经在进行中的建设——学校的新运动场、建到一半的大楼、各家各户扩建房子之类的必须继续下去。他坚称，平民的生活设施总是在不断地扩张，这是很自然的事情。但在西岸的巴勒斯坦城镇里，已经散布着30万住在定居点里的以色列居民。尽管定居点不完全符合国际法，它们仍然在不断扩张。双方就像在拔河，巴勒斯坦和阿拉伯世界已经觉得美国站到了他们的一边，但现在以色列在另一边也开始发力拉绳，情势开始变得紧张。

5月27日，希拉里在国务院会见埃及外长艾赫马迪·阿布尔·盖特。她被问及对内塔尼亚胡"停建新点、续建现有建筑"提议的看法。

"总统已经对内塔尼亚胡总理清楚地表明了态度：他希望看到定居点建设完全停止。"希拉里说。穿着亮蓝色西裤装的希拉里不停地挥舞着手掌以加强语气。她脸上带着淡淡的、略带愤怒的笑容，一字一句地陈述她想象中奥巴马讲话的涵义。

"不是只停建某些定居点，不是只停建前哨站，更没有'自然扩张的生活设施'之类的例外。我们认为对解决以巴冲突的进程而言，最有利的办法就是彻底停止定居点的扩张。这就是我们的立场。"

站在她身旁的盖特外长一只手插在裤袋里，脸上带着得意的微笑。他知道奥巴马政府正促请以色列停建定居点，其实他不怎么同意这个政策。他认为这只是短期内的战术，长远来说必须要制定一个全面的战略，最好是美国人制订出一个详细的计划，然后马上开始执行。但他喜欢希拉里那种坚定的语气，这种强硬、有力而公开的声明，有利于在与以色列的艰难谈判中取得先机。

巴勒斯坦人觉得：终于来了，美国人终于知道要怎么办了，他们终于要告诉以色列谁才是老大了。他们认为希拉里的坚决态度不只是针对定居点问题，连"自然扩张的生活设施"也不容忍，这意味着一切工程的停工：不准铺煤渣，不准动起重机，不准开动卡车。"禁止自然扩张"成为巴勒斯坦总统和顾问们的口头禅，他们当然乐意采用华盛顿定下的高标准。美国人终于开了金口，而且是他们总统的旨意，现在就等着以色列乖乖遵守了。反正巴勒斯坦就集中精力处理国内事务，恢复经济活动，建立国家体制就行，以巴和谈就交给美国人去做。激进的哈马斯派别则摆出一副挖苦的姿态：他们说，美国完全是空口说白话，最终不会做出什么改变。

在华盛顿，各路分析家和积极分子提出了针对Bibi不停建定居点的惩罚措施：以停建作为援助的先决条件，宣布重新评估两国的战略关系，甚至抵制定居点出产的产品。奥巴马和希拉里的表态显示，奥巴马政府愿意对内塔尼亚胡摆出强硬姿态。之前有一些总统，如理查德·尼克松、杰拉德·福特和老布什也曾经玩过这一招——只要美国够坚定，以色列是愿意让步的。

以色列人非常愤怒。内塔尼亚胡尤其不喜欢在公众场合被动地听从命令，他不愿意再对另一个美国总统言听计从了。他有理由相信希拉里和伊曼纽尔有意要报复打击他，而且已经成功游说奥巴马也反过来针对他[1]。几天后，奥巴马重申了反对定居点扩张的政策，这一次他使用的是希拉里精心阐述的说法。

"我已经在公开和私下场合向以色列方面明确表示，冻结定居点的建设，包括冻结'自然扩张'设施的建设，是（以色列必须遵守的）义务之一。"奥巴马在全国公共广播电台（NPR）的采访中说。

就像1998年那样，希拉里比白宫抢先了一步——甚至比她自己的国务卿身份也快了一步。她的言辞比总统更为坚定，令白宫猝不及防。最后，复杂的政策被浓缩为一句简单的声明："禁止自然扩张。"

在接受NPR采访数天后，奥巴马旋即飞往沙特首都利雅得，随后转往埃及首都开罗。他在开罗的演说获得了听众的热烈欢迎。他再次承诺会为和平努力，对听众表示："我们所有人应当齐心协力，目标是有一天所有巴勒斯坦和以色列的母亲不用担心他们的孩子要在恐惧中成长。"他对以往总被美国简单地归结为支持本·拉登，因而感到疑虑的穆斯林世界保证，双方的关系会有新的开始。这些宏大的词汇，使得开罗美利坚大学讲堂里，乃至整个中东地区的听众对奥巴马政府的外交政策期望越来越高。然而，越高的期望也会带来越深的失望。问题是失望来得有多快，以及对美国的利益损害有多大。

---

1 Beinart，《犹太复国主义的危机》（*The Crisis of Zionism*）.——原注

第五章 你们会变得强大

就任美国国务卿9个月以来，希拉里已进行了14万英里的环球飞行。她在与亚洲、美洲、欧洲各地热情听众的互动中，锻炼着自己作为国务卿的言行和仪态。她偶尔也会有几次小失误，例如搞错官员的名字，或是错误地宣称美国同缅甸没有外交关系。她成功地恢复了美国同盟友的联系，修复了同俄罗斯等老对头的关系，还将她的外交网络和政策扩展到全球。是时候去迎接一些更严峻的挑战了。

10月27日，国务院再次向其他记者发送了"国务卿无公开活动安排"的电邮，那时候我们当然已经在飞机上了。这次要飞行17个小时，到达另一个需要进行突袭式访问的国家：棘手的巴基斯坦。巴基斯坦拥有核武器，是印度的邻国兼死敌，在1990年代曾经扶植塔利班在其西部邻国阿富汗执政，结果塔利班为"基地"组织提供了庇护之所。

奥巴马政府的巴基斯坦政策仍未尘埃落定，所以当我们开始登机时，希拉里的团队仍在紧张地制订访巴行程。出访用的"大书"现在变得异常混乱，希拉里总爱变更议程，而且永远不满足于"大书"里收纳的阅读资料。在巴基斯坦，先期出发的"线路"上的官员们还在落实希拉里每个会晤的谈话内容、公开见面会的地点和布置、要到访的清真寺，还有安全保卫的细节。同黎巴嫩和伊拉克一样，巴基斯坦在安全方面的隐患使美国官员们无法同当地民众充分互动，但国务院团队仍然想努力打造一次希拉里式的访问。

美国同巴基斯坦的关系已经千疮百孔，需要一些大胆的方式来修补。希拉里在其他国家如鱼得水地同普通民众交流，这就是其中一种很好的办法。以往从没有国务卿在巴基斯坦做过公共外交，他们一般忙于会见巴基斯坦军队的将领。赖斯甚至只在巴基斯坦待了一个晚上。巴基斯坦的官员们非常圆滑，而民众经常公开对美国表示敌意。而这次，三天内希拉里要在两个城市参加一系列同学生的见面会，会见部落领袖、妇女团体和商人，还要接受善于舌辩的记者们的采访。她等于是自愿充当一个沙袋，通过让民众直接对美国国务卿发泄内心对美国的失望和抱怨，舒缓一下巴国内的反美情绪。杰克·沙利文、休玛·阿伯丁和菲利普·雷恩斯对希拉里的做法感到忧虑，这实在是一次难言胜算的豪赌。然而，在巴基斯坦对美国抱有正面看法的民众比例已跌到19%的谷底，哪怕能多拉拢一个人也是好事。

奥巴马和他的国家安全团队正在探索全新的反恐战争策略，美军仍在阿富汗边境同塔利班和基地组织激战。奥巴马已经增派了一次部队，他还在考虑增援更多兵力。但如果美国想取得实质性进展，必须要有巴基斯坦的帮忙。巴基斯坦虽然在9·11后承诺协助美国对抗塔利班，但这个国家仍然是极端武装分子的藏身之所。此时奥巴马政府还在考虑如何处理同巴基斯坦的关系，希拉里的访问就是对新政策的实地测试。

巴基斯坦不算是美国的盟友，但也不能说是敌人。巴基斯坦希望同美国维持密切联系，但两国关系一直时好时坏。双方都对对方怀有深切的不信任。

1947年巴基斯坦宣告独立后,美国是第一批给予正式承认的国家之一。巴基斯坦独立是英属印度分治下的产物,巴基斯坦成为穆斯林国家,印度则成为世俗国家。华盛顿曾为巴基斯坦提供大笔援助。但在1965年,这个新生国家向边境地区克什米尔派出3万名士兵,进而引发了同印度的战争。此后,美国便切断了对巴基斯坦的经济和军事援助。1975年,援助恢复。但到1979年,由于美国担心巴基斯坦可能研发核武器而再次中断。苏联在1979年平安夜入侵巴基斯坦邻国阿富汗,美国在该地区的优先事项马上变为牵制苏联。为了防止共产主义扩张,美国默许了巴基斯坦的核武研发计划,努力同巴国领导人恢复关系。从1980年代开始,美国援助再度流入巴基斯坦。两国的情报机关开始合作,一起为阿富汗境内的反苏游击队提供资金和武器。游击队中的很多人是坚定的伊斯兰武装分子,他们期望将共产主义异教徒赶出自己的圣地。对他们来说,这场战争是一场圣战(Jihad)。数百万阿富汗难民逃到巴基斯坦,美国向巴基斯坦送去了总值560亿美元的经济、军事和食品援助。1989年,圣战游击队最终击败了苏军,迫使他们撤出阿富汗。

美国觉得任务已经完成,共产势力受到了沉重打击。但他们犯了一个致命的错误,将已经爆发内战的阿富汗彻底遗忘,丢给巴基斯坦去处理。为了逃避村庄和城镇里的交火,阿富汗难民继续流向巴基斯坦。巴国则不顾华盛顿的警告,继续埋头发展核武器。1990年,美国再度开始严重关切巴基斯坦的核武计划,再次切断了对巴基斯坦的军事援助,并大幅削减经济援助。9·11袭击使本已令人担忧的美巴关系再度紧张起来。不过当美国要求巴基斯坦总统佩尔韦兹·穆沙拉夫挑边站的时候,穆沙拉夫还是选择了获利更大的一边。美国再次提供了军事援助。巴基斯坦人对这种反反复复的关系感到疲劳。但这样的关系中蕴含着巨大的经济利益。经历多年的军队权力无限扩张,贪污腐败,逃税漏税，以及同印度敌对关系导致的消耗，使得债台高筑的巴基斯坦经济变得极其依赖外部支援，而军队将领们则贪婪地期望军事援助。巴基斯坦人希望援助绝对不要附带任何条件。就在希拉里到访几周前，美国国会通过了克里-卢格-伯曼法案，批准为巴基斯坦提供新一轮为期5年、总值75亿美元的非军事支援。援助的目的是在多年军事独裁统治后，巩固巴基斯坦的文官政府和国家制度（如果巴基斯坦人能证明他们确实在建立一个文官政府的话）。巴基斯坦抱怨这种援助是干预本国内政，但依然一分不少地收下了。这种自相矛盾的做法令美国头疼。虽然这段关系对美国来说非常棘手，但是没人敢冒再次让巴基斯坦放任自流的风险。

在飞越大西洋的飞机上，希拉里正在听专门负责阿富汗和巴基斯坦事务的外交老手理查德·霍尔布鲁克的简报。一同做简报的还有他的副手瓦利·纳赛尔，瓦利是政府外专家，也是广受赞誉的学者和作家，但他从未担任过政府职务，也没有随同希拉里出访过。瓦利出生在德黑兰，现在是中东地区事务专家和塔夫特（Tufts）大学弗莱彻法律与外教学院（Fletcher School of Law and Diplomacy）的国际关系学教授[1]。虽然他在1979年伊斯兰革命期间同家人一起离开伊朗到美国定居，但他的背景仍使他能从非西方的角度看待全球事务，使他的分析更为丰富。1989年，他在为关于巴基斯坦伊斯兰极端主义的博士论文做实地调查时，曾在这个国家住过一年，对巴基斯坦极为熟悉。那时候，美国大使馆的员工还能在巴基斯坦到处旅行，到田园牧歌般诗意的斯瓦特河谷观光，还能在奢华的鸡尾酒派对上同巴基斯坦人随意喝酒聊天。如今想来，真是令人感慨。

---

[1] 本书翻译之际，瓦利·纳赛尔（Vali Nasr）担任约翰·霍普金斯大学尼采国际事务高级学院（SAIS）的教务长，及布鲁金斯学会研究员。——译注

大约30年前，美国还在舔舐着越战留下的伤痕，苏联则在策划入侵阿富汗，伊朗的伊斯兰革命则进行得如火如荼。1979年11月4日起，美国人开始每天晚上看电视，关注被困在德黑兰大使馆的美国人质的最新状况。11月20日，在沙特麦加，一群枪手做出了震惊世界的行动，他们占领了伊斯兰世界最神圣的圣地——麦加大清真寺。第二天，在伊朗和巴基斯坦开始流传这样的谣言：美国策划了攻占大清真寺的亵渎行为，下一步美国就要侵占整个海湾地区。愤怒的反美群众在巴基斯坦各地攻击美国外交官员和学校。在伊斯兰堡的美国大使馆被群众包围一整天，并放火焚烧。这次事件导致3人死亡，400名美国人被迫撤出巴基斯坦。过了好几个小时，巴基斯坦警察才做出反应，开始控制人群。后来巴基斯坦官员又开始抱怨美国的撤侨是反应过激。但华盛顿一门心思扑在冷战和遏制共产主义上，认为巴基斯坦事件无关紧要。1980年代在沙特阿拉伯、伊斯兰堡乃至黎巴嫩的一系列事件中，已隐隐反映出伊斯兰极端势力在政治和军事上的崛起，正是这股浪潮催生了后来的9·11事件。但在当时几乎无人理会这些信号。不久之后，大使馆的生活和工作就恢复了正常，从伊斯兰堡到拉合尔的美国人继续和巴基斯坦人在灯红酒绿的派对上把酒言欢。

到2009年，美国大使馆仍位于原来32英亩的山丘斜坡上，但用层层护卫将自己与外间的危险隔绝开来。在一大片使馆专属用地中，每个转弯处都有检查站，大使馆则缩在一小块被围墙隔离的地方。几乎所有员工都居住在专属用地中。与在所有美国人会成为袭击目标的国家一样，这种与世隔绝的保卫方式切断了美国外交官与巴基斯坦平民的互动。美国对巴基斯坦的了解，大部分是来自能说英语的、思想上偏自由派的社会精英。这些精英们表面上对西方很开放，生活方式也很西化，但内心也有民族主义情结，对美国时常感到不满。缺乏沟通加深了巴民众对美国的不信任。因此，希拉里和她的团队能主动脱离保卫森严的使馆区，走出来同本国平民广泛接触，这令瓦利·纳赛尔非常欣喜。

弗雷德·克彻姆就没有那么兴奋了。1992年他曾到过巴基斯坦，他喜欢在脑海里预先形成对到访国家的大致印象，这样他能更有效地部署手下的特工对希拉里进行保卫。自从他上次到访以来，巴基斯坦似乎变得越来越危险了。美国外交官们持续受到袭击，2002年有一名美国记者丹尼尔·佩尔被绑架并斩首，还曾有记者被当街枪杀。第一次随希拉里出访亚洲后，弗雷德也在逐渐适应希拉里随时走出"气泡"同民众互动的行事风格。但特工的敏感神经仍然驱使他在嗅到危险的味道时尽量阻止希拉里率性而为。对他来说，像伊拉克或阿富汗这样驻扎着数千名美军的国家，是最有安全感的地方，而巴基斯坦的危险性太高则无法令他感到信任。只是这一次，希拉里的团队决意要让她走出大使馆，走进巴基斯坦的日常生活中。

每次在华盛顿的国务院办公楼出席风险评估会议，弗雷德都会带上一份关于目的地潜在风险事项的清单。每次有人提出要安排参观神殿或清真寺的行程，外交卫队的第一反应必定是：不行。休玛·阿伯丁明白他们在安全上的顾虑，但她也被这种刻板的态度激怒了。她时常没好气地说："在实地考察之前，或许你们应该先说'也许可以'吧。"

行程规划总是神秘兮兮地进行。我们得到的行程表上盖满了大大的"切勿丢失——机密"印章。按计划我们要在伊斯兰堡停留两到三夜，周末则要前往摩洛哥的马拉喀什。但这样看来行程中间出现了空白：我们要去哪里呢？在飞机上，随行记者们不停地猜测着目的地。是前往邻国阿富汗？还是回到伊拉克？还有人说要去埃塞俄比亚，又或者是阿联酋的阿布扎比？巴勒斯坦总统目前正出访波斯湾各国，也许希拉里要宣布以巴和谈方面的重大进展。

杰克·沙利文完全没有心思关注这些猜测，他的整个心思都在伊斯兰堡的行程上。无休止的出访规划，还有几周前刚刚从明尼苏达彻底搬家到华盛顿的公寓，都使他筋疲力尽。在我的座位上，我可以看到"线路"工作区域上的人们正忙个不停，他们正利用757飞机上的通讯设备同时呼叫"前方"和"后方"——伊斯兰堡大使馆和华盛顿国务院大楼，一遍遍核实行程的细节。超负荷工作的打印机吐出一片片文件，飞机上唯一随行的"线路"官员保罗·纳瑞恩在笔记本电脑上疯狂地打字。瓦利、保罗、杰克·沙利文和理查德·霍尔布鲁克在飞行过程中不停地制定和修改着政策。在贝鲁特和伊斯兰堡，我发觉有时候很容易忘记这个超级大国的外交政策制定者并非超人，而是有血有肉、会累会犯错的普通人。他们在复杂多变的环境中工作，经常要对选项做出取舍，更不可能掌握所有有用的信息。现在，他们连这次出访的"大书"都还没整理出来。

杰克·沙利文既对这次出访的潜在收益感到兴奋，也对安全隐患感到忧虑。他主要的工作是处理要点信息：国务卿要发表什么讲话？她要事先了解什么情况？她的讲话会引起怎样的反应？要怎样调整语句，为下一次出访铺路等等。整天埋首在思考、文件和电邮里的杰克，自然很少留意周围的人和环境，他总是被动地跟着前面的人下飞机，上车，走进大楼，走出房间。但这一次他是完全沉浸在自己的小世界里了：他没有发现弗雷德和他手下的特工在下飞机前都穿上了防弹背心，他对我们在伊斯兰堡郊区查克拉拉空军基地下飞机时扑面而来的星期三早上的炎热毫不在乎，甚至坐在希拉里车队的随员专车里驶向伊斯兰堡时，他的视线都没有离开手上的黑莓手机，哪怕是看一看在街道上严阵以待的巴国保卫人员。

我们到达后，保密措施就放松了。我打了个电话回贝鲁特的家，告诉我母亲我在巴基斯坦。我母亲显然不太开心。

"你干嘛总要到这些危险的地方去？如果有人要暗杀她，或者要击落她的飞机怎么办？她就是个大目标，你现在还跟着一个大目标到处跑，我不喜欢这种事情。"

我以前也想过这一点。还在贝鲁特时，我们随希拉里一行乘坐美国大使馆的车队，所有随行记者都没有闲着。我们的专车总是远远地落在后面：万一前面的汽车遭受袭击，后面的车队不能靠得太近。不过我母亲连我住在华盛顿这一点都要担忧。很多年前她听说华盛顿是美国的"犯罪之都"，当我刚搬到那儿的时候，她不停地问我住在那里安全不安全。我不清楚她有没有意识到这个问题很荒谬：我在战火纷飞的黎巴嫩度过了童年，现在来到一个街上不会出现坦克的城市，安全当然不是问题了。有一次我告诉她我要去墨西哥海边度假，结果直到出发前一天，她每天早上都打电话来说我简直疯了，劝我回黎巴嫩度假。那儿有最好的阳光和海滩，而且没有到处杀人的毒枭集团——黎巴嫩当然是没有毒枭集团的，黎巴嫩只是有内战而已。

战争使我们生出一种躲避危险的求生本领：我们知道狙击手的子弹可能从哪个方向飞来，知道如果东边向西边这里击炮的话要到哪里去寻找掩护。几年之后，我们又开始学到哪里躲避以色列的空袭。在街上见到黎巴嫩政客们的车队一定要躲开，因为他们往往是暗杀的目标。现在，我母亲担心我在华盛顿、巴基斯坦和墨西哥会放松警惕，失去这种求生本能。长时间的飞行、味同嚼蜡的空军飞机餐、时差和酷热天气确实令我的神经有所松弛，我开始逐渐信赖弗雷德和外交保卫队的安排。他的任务当然不只是保护记者，他要保护的是整个出访代表团，我自然也包括在内。在我的记忆中，在外国领土还没有发生过针对美国国务卿乃至美国总统的暗杀行动，我觉得待在"气泡"里总归比较安全，毕竟前路上或许就有瞄准我们的暴力袭击。

在降落到巴基斯坦的几小时前，离伊斯兰堡两个小时车程的白沙瓦刚刚发生炸弹袭击。炸弹夷平了一个妇女集市，炸死近百人[1]。这种炸弹袭击往往令当地的美国外交官茫然无措：袭击者既没有要求，也没有目的。整个国家似乎已经对暴力袭击司空见惯，仅仅是稍微停顿了一下，然后就一切如常。希拉里的团队完全摸不着头脑：这样的袭击到底能给谁带来什么好处？但显然，袭击的策划者有自己的一套逻辑：他们就是要释放仇恨，扰乱社会秩序。

巴基斯坦的电视台用分镜同时播放袭击后的惨状和希拉里到达的新闻，仿佛在暗示着两者之间的联系。对很多巴基斯坦人来说，这两者确实有关联。他们认为暴力袭击是美国施压，要求巴基斯坦清剿武装分子。巴基斯坦正在打一场跟美国人的战争，还付出了惨重的代价。巴基斯坦媒体大肆渲染报道，也在为这种想法添油加醋。

在中东，阴谋论的制造和散布可以说已经达到了艺术层次的高度，我已司空见惯。但我还很少见到这种完全是捕风捉影式的媒体报道。即使以中东的低标准来看，巴基斯坦媒体也可以称得上"厚颜无耻"。巴基斯坦全国发行量最大的报纸《国家报》（*The Nation*）在头版刊登文章，声称美国资助并扶植巴基斯坦境内的塔利班势力，以遏制巴基斯坦和协助印度。文章完全没有给出任何证据，没有引用任何文件，自然也毫无逻辑，看上去只是某个作者异想天开的产物。但这种文章现在白纸黑字地登在一份全国大报上，让数以百万计的读者阅读。很明显，文章无形中传递了一种"真相"。这是典型的巴基斯坦媒体空想式报道：不在乎事实，无需消息来源，有反美调子就行。不过巴基斯坦媒体即使能拿出最佳表现，也不过是通过喧闹和乱发议论来撑场面，巴基斯坦记者

---

1 关于此事的报道，请参见2009年10月28日《美国参考》报道：http://www.america.gov/st/peacesec-chinese/2009/October/20091029160756esnamfuak0.8320231.html。——译注

总会提出让人无语的问题。在希拉里与巴国外长的新闻发布会上，一名记者认真地提问，如果奥巴马未能为阿富汗带来和平，他是否会考虑退回自己获得的诺贝尔和平奖奖状？这令希拉里忍俊不禁。

巴基斯坦记者是希拉里公共外交的主要目标。以往出访，希拉里也曾几次接受当地媒体的采访。这一次到巴基斯坦，希拉里希望自己的信息能占用所有电波，登上全国所有报纸。她在出访前就接受了常驻华盛顿的2名巴基斯坦记者的采访，准备在她抵达当天就播放。在巴基斯坦的3天，她计划接受4次团体采访，来采访的包括7名电视台主持人、8名电台记者，还有5家报纸的编辑。她还计划与5名女性记者见面。

不过，采访者的问题往往只是长篇大论地倾诉他们对美国的不满。

他们表示，克里-卢格-伯曼法案的措辞简直就是在侮辱巴基斯坦，而且里面有美国的阴谋。为什么援助不是无条件的呢？他们宣称美国外交官们违反当地法律，清晨3点带着武器在街上逛。大使馆里一定有海军陆战队的秘密兵营。为什么美国不肯帮助巴基斯坦收复克什米尔？巴基斯坦国会一致投票谴责美国对境内目标发动无人机空袭，但这种空袭有增无减。显然，美国不尊重巴基斯坦国会。

记者们一次又一次地提及克里-卢格-伯曼法案，不停地提起两个词："尊重"和"信任"。希拉里面带微笑，耐心地回答接踵而至的问题。有时候，她也选择直话直说。

在美国大使官邸里的一次采访中，希拉里说道："巴基斯坦不一定要接受这笔援助。"巴基斯坦电视记者们呆住了。不接受援助？他们想都没想过这一点。

"我说得更清楚一点：你们不一定要接受这笔援助。事实上，你们根本没有义务接受我们的任何援助。没人说过巴基斯坦一定要接受美国的援助，然后美国才可以帮助巴基斯坦重建能源工业，提高学童就学率，改善婴儿和儿童的医疗卫生条件，没人这么说过。你们可以不接受援助。"

记者们没有死心，他们接着质疑，克里-卢格-伯曼法案里提供的75亿美元援助不过是杯水车薪。Aaj电视台的塔拉特·侯赛因用半是质疑、半是讥笑的语气说，美国从来没有认真援助过巴基斯坦。

"我给您摆些数字好了。你刚才谈到美国（对巴基斯坦）的民用和军事援助。可是美国在吉尔吉斯斯坦的一个基地——您知道吉尔吉斯收了多少费用吗？7亿美元！"侯赛因摇晃着手指说道。他说的是吉尔吉斯的马纳斯空军基地，美国自2001年起租用这个基地作为运送军事人员进出阿富汗的枢纽。

希拉里皱起了眉头，头侧向右边，脸上仍然带着冷静的微笑。

"不对。"

"7亿！"

"不对，我们已经重新谈判了租赁协议。对不起，你的数字错了。"

"所以你们把价钱压低了。"

"不，不是这个意思。"

问答顿时变成了你来我往的乒乓球赛。坐在房间后排的瓦利·纳赛尔不敢相信，一个巴基斯坦记者居然敢说希拉里引用的数字有误。

"吉尔吉斯确实收了美国7亿美元，或者您告诉我们一个准确的数字吧。"侯赛因手中挥舞着一支笔，用命令的语气说道。

"5000万美元。"

"但这只是一个基地啊！您知道美国在巴基斯坦占用了多少个空军基地吗？"

"那你知道我们给巴基斯坦提供了多少亿美元的援助吗？"希拉里的话明

显带着一丝嘲讽，但脸上依然挂着招牌微笑。

然后，侯赛因又开始抱怨在穆沙拉夫7年治下，美国提供的援助全都落入了巴基斯坦军队和美国承包商的腰包。

"嗯，好吧，但我得先打断一下——"穿着翠绿色套装的希拉里伸手打断了侯赛因，"我们可没有扶持穆沙拉夫上台。"

"你们为他背书，也支持他。乔治·沃克·布什还吹捧过他。"

"布什现在已经不是美国总统了。"

"但他在总统任上干了这种事。"

"布什，穆沙拉夫，都已经下台了。我对布什下台感到高兴，显然你对穆沙拉夫下台也感到高兴。"

"可是穆沙拉夫还在美国到处演讲，大谈什么民主。好吧，现在我们——"侯赛因还想做总结陈词，但希拉里再次打断了他。

"你看，我们可以无休止地争论过去。讨论往事当然很有趣，但过去已成定局。或者我们可以决定共同开创未来。现在我的意见是——我们要共同开创未来。我个人无法为美国过去在巴基斯坦所做的一切承担责任，正如你个人也无法为美国国内的一切承担责任。但我们可以一起努力开创新的局面。"

希拉里，胜。

在前往一个又一个采访和官方会晤的途中，我们看着窗外的伊斯兰堡街景。这座按照方块模式规划的单调的行政都市，总是弥漫着大兵压境的氛围。每隔几个街区就有军队的检查站，兵营拱卫着政府建筑物，甚至普通民房都由极高的、顶部带有刺的铁丝网围墙包个严实。

我们终于抵达总统官邸，进行希拉里今天的最后一次会晤。这时太阳早已经缩到城西北面的马尔加拉山后面去了。层叠形状的总统府看起来像个结婚蛋糕，像其他所有政府建筑物一样，带着这个国家已然逝去多时的富裕与祥和的气息。我们在媒体大巴上等候，希拉里则和随员穿过大厅，走过一系列在玻璃柜中展示的来自沙特、卡塔尔和阿联酋的国礼。升降机金色大门缓缓合上，他们将到楼上去同总统阿西夫·阿里·扎尔达里和总理优素福·拉扎·吉拉尼会晤。

一名巴基斯坦卫兵走上媒体大巴，要检查我们的证件，国务院的陪同官员拒绝了。我们与希拉里和其他官员属于同一个团队，因此无须再对我们进行安全检查。问题是，卫兵不会说英语，而陪同官员不会说乌尔都语。他们就在那里面对面地僵持着。我们这些记者都太累了，不想加入争吵。但这个场景犹如美国的权力和傲慢同来自小国的挑战正面对碰。我仿佛能听到他们的思维在无声地交锋。

"我们是美国国务卿的随员，她代表全世界最强大的超级大国。我们给了你们数以十亿计的援助。没有我们的支持，你们早就完蛋了。你当自己是老几啊？"

"我是巴基斯坦总统的卫兵，巴基斯坦是个拥有悠久文明历史的伟大国家。我们自己发展了核弹，我们一直把你们耍得团团转、不停地给我们钱花，而且我们本来就不怎么喜欢你们。 你又当你自己是老几啊？！"

最终巴基斯坦卫兵让步了。我们走下大巴，我们的手机和录音设备被没收。在其他很多国家，陪同美国国务卿出访意味着豁免安全检查，但在巴基斯坦是例外。我们不知道卫兵到底是不信任希拉里的安全保卫特工，还是压根就不信任美国人。

希拉里坚持要整个美国代表团包括随行记者，出席总统举行的欢迎晚宴。巴国政府各部部长、当地记者、政要和国会议员也将列席。我们收到的邀请函上写明晚宴开始时间是8点30分。我们在100英尺长、顶上挂着水晶吊灯的长方形房间里同部分宾客一起等候。大概我们又在遵守"希拉里式时间表"，或者在这里是"巴基斯坦式时间表"吧。

当我们在房间里踱步，或者尝试到官邸别的地方去散步时，侍应不停地对我们说："请上座，我们即将奉茶。"在房间门外大理石铺地的门廊两边的墙上，挂着巴基斯坦历任总统的肖像，第一幅就是一只手上拿着香烟的巴基斯坦国父穆罕默德·阿里·真纳。一座巴基斯坦雕塑家阿明·古尔基创作的抽象雕塑《启示》摆在正中，底座上镌刻着一行文字："神谕示凡人不能知之事。"

大概10点钟左右，希拉里终于现身了。白色的外套将她衬托得分外精神，休玛紧跟在她身边。我们纷纷走进门廊另一头的宴会厅。在这个淡绿色墙壁的房间中摆着21张圆桌，准备供200人赴宴。最大的主桌摆在正中，面对着房门，背后一个白色亭子下面放着一个讲台。

我们坐下来开始就餐。15道咖喱菜的晚餐，第一道是味道古怪的开胃菜，菜单上说是"奶油细面香肠沙拉前菜"。希拉里的座位在总统和总理两人中间，她的随员同外长和高级军官坐在一起。出席的高级军官包括三军情报局主管阿赫马迪·苏贾·帕沙、陆军总参谋长阿什法克·卡亚尼和空军总参谋长等。这些人都破例穿着便服。能把他们聚到一个宴会上，已经是一件了不得的大事了。

巴基斯坦的文官和武官很少相互沟通，更不认可对方的权力。自2008年穆沙拉夫的军事独裁政权倒台以来，华盛顿方面一直在努力平衡双方的关系。文官和武官总在相互猜忌，在无休止的政治斗争中试图压倒对方。希拉里尝试尽量缓和谈话的氛围，漫谈着她一天来的行程和对巴基斯坦芒果的喜爱。在她耳边，两名军官正在讨论在西北前线对塔利班发起的进攻。要截断流入阿富汗支援塔利班和基地组织的人员和武器装备，就必须在巴基斯坦清剿当地的武装分子。华盛顿一直在呼吁巴基斯坦采取更强硬的行动。只是，军队巨头们讨论的不是这次进攻对当地武装分子造成了多大损失，而是直升机飞行员接受的冬季气候下冰川地形飞行训练，应如何运用到守卫印巴边境的部队中去。美国官员们听着这样的对话，又好气又好笑。

戴着眼镜、黑色头发往后梳的扎尔达里总统站起来，开始发表演说。站在白色木制凉亭下的总统谈到全世界和他的国家都需要"疗伤"。他还对希拉里表示两国可以携手带来改变。妻子贝·布托在2007年12月被暗杀后，五十多岁的扎尔达里匆匆投入政界。据传其妻子执政的1990年代，他借助权势在所有有利可图的项目里贪污10%的资金，因而他有一个绰号"10%先生"。他曾被关押多年，面临包括洗钱在内的多项指控，但他一直否认所有罪名。布托自己也因面临贪污指控而自我放逐，流亡海外多年。她趁穆沙拉夫政权瓦解之际回国，试图争取最高权力。她被暗杀后，她的鳏夫成为接班人。2008年2月，他的政党巴基斯坦人民党赢得大选后，扎尔达里当上了总统。多年来巴基斯坦走马灯般轮换了好几个军人政权，但由于文官长期被排挤于政治系统之外，政局总是无法稳定下来。而当势孤力弱、组织混乱的文官接掌最高权力后，他们反过来将国家的一切问题归罪于军队干政，在军队仍可能发动政变的恐惧中惶惶不可终日。在这个军队和情报机关称王称霸的国度，美国愿意扶植扎尔达里当总统的唯一原因就是他的平民身份。

轮到希拉里发表讲话了。瓦利·纳赛尔先前已经同她对过几次稿，特别强调要突出几个要点，以传达愿意同巴基斯坦沟通和表达支持的信息。但就在晚宴前，扎尔达里向希拉里展示了一幅希拉里和布托在1995年的合影。当时作为第一夫人的希拉里和女儿切尔茜一同访问巴基斯坦。她曾和布托会面，也见过扎尔达里和他的子女。这幅照片，还有脑海中对布托被残忍杀害的回忆，使希拉里热泪盈眶。结果她扔开讲稿，开始即兴演讲。

"我们之所以投身政坛，服务公众，是因为我们希望子女后代能充分展现上帝给予他们的天赋……我们带来的信息很简单。美国已经准备好，也愿意同你们一起努力，并支持你们。"

在我坐的"古杰兰瓦拉"[1] 桌上，两名部长和三名记者一边礼貌地笑着，一边大嚼着南亚式大虾炆饭和用麦片拌肉碎煮成的大菜"哈瑞斯"（Harees）。他们对我说，希拉里确实是个了不起的人物，但她的讲话他们完全听不进去。他们说，当阿富汗战局明朗后，不管胜败如何，美国都只会同印度沟通。

"如果美国在阿富汗获胜，巴基斯坦就失去了战略意义，我们不能允许这样的情况发生。"其中一个人这样解释为何巴基斯坦军队不愿参与针对阿富汗的清剿行动。巴基斯坦正玩弄一项长期战略：对该国来说，最有利的政策是以武装分子的存在为借口，维持在阿富汗的影响力。我在脑海中思索着，这种终日恐惧邻国的心态要如何让美国人理解。美国人总是跑到国境以外，入侵或解放其他国家，然后回到被两个大洋包围的国土里，美国的南北邻国可能永远都不会攻击美国。

午夜过后，我们终于回到大使馆。自星期二早上从国务院大楼正门上车开始，我们已经马不停蹄奔波了足足32个小时。希拉里1995年访问巴基斯坦时，是住在伊斯兰堡的万豪酒店，而现在没有美国官员敢在使馆区以外过夜。万豪酒店也在2008年遭受炸弹袭击，造成56人死亡，超过200人受伤。现在酒店外围布满混凝土障碍物，带刺铁丝网和检查站。于是，希拉里只能在大使官邸里过

---

1 古杰兰瓦拉（Gujranwala）为巴基斯坦旁遮普省东北部城市名。——译注

夜。在休息之前，希拉里同杰克·沙利文、瓦利·纳赛尔、休玛和理查德·霍尔布鲁克一同总结了当天的行程。杰克重新阅览了希拉里在当天所作的所有讲话，以调整政策口径，为余下的访问行程做好准备。

在官邸旁边的棕色砖楼里，"线路"负责人保罗·纳瑞恩正在整理为希拉里准备的每日文件汇总。为了给大群随行记者中的某人腾出飞机座位，保罗只能一个人待在飞机上。他的同僚则乘坐民航机赶往我们待定行程的下一站。文件汇总是"大书"的浓缩版，这些文件装在科尔多瓦皮革封面的文件夹里，封面上印着"国务卿希拉里·罗德姆·克林顿"字样。出访中的每天晚上，休玛都要将文件夹交给希拉里。汇总的内容包括希拉里明天的演讲稿、会面中的谈话要点，这些除了印在纸上还要制成卡片，以做会面参考之用，以及简要的行程汇报、说明活动和会面的流程。明天，在拉合尔有10项行程。

随行记者团们逐个走到"睡舱"去。今天的"睡舱"是在官邸底部，足球场旁边两层访客住所里的简朴房间。在飞机上的时候，卡罗琳·艾德勒就已经给我们发放了装在蓝色透明塑料盒子里的耳塞，并因安排我们两个人挤一间房而道歉。

757专机将在吉尔吉斯的美军玛纳斯空军基地过夜。在基地里空军特勤队的队员可以更方便地护卫专机。早上，专机会飞来接我们，再飞1个小时前往旁遮普省的省会拉合尔。

拉合尔是人口达1100万的文化中心，但在星期四早上却似乎变成了空城。在希拉里所乘的礼宾车前座，弗雷德一边听着左耳里传来的特工们的汇报，一边扫视街道，检查着只有以他自己的专家眼光才能发现的安全保卫力量。在我们出发前，一名外交特工专门向我们讲解车队被袭击时的应付措施。外交特工队坚称，车队遇袭的可能性很低，但每个人都要做好准备以防万一。遇袭时特工队要优先保卫国务卿本人的安全，但如果记者们发现自己同主车队分开，也无须惊慌，布置在街道两旁的车队和特工会马上出来保护我们。

每个十字路口的建筑物空隙之间都有大幅黑色幔布遮盖，看上去巴基斯坦方面清空了车队路线两旁几个街区范围的居民。街上见不到一辆汽车，巴基斯坦士兵们背对着车队站在道路两旁。

1995年，希拉里曾到访拉合尔附近的一个村庄，还曾走进平民家中参观。而这一次，她在拉合尔大学政府学院礼堂对学生发表的演说，已经是她同巴基斯坦民众最近距离的接触。她站在讲台上，面带优雅的微笑，用温和的语气做了开场白。

"我非常尊重伊斯兰文化，因此到访巴基斯坦也是一份特殊的荣幸。陪同我出访的官员中有好几位是美国穆斯林，我想我也可以代表他们说，能来到巴基斯坦我们都很高兴。"她说道。她又向学生讲述了早上参观巴德夏希皇家清真寺的感受。这座保留着莫卧儿帝国时期荣光的精美建筑是世界第五大清真寺。

"站在清真寺里，每个人都不禁回想起巴基斯坦对人类思想和文化的贡献。"

她尽量安抚听众的情绪，展示自己对巴基斯坦文化和宗教的赞赏，并向他们保证美国将支持巴基斯坦。她着重强调，清剿武装分子不是为美国打代理人战争，而是为保卫巴基斯坦民主而战。

演讲行将结束，希拉里开始回答听众的问题。她一如既往随意地挑选提问者。

"美国这一次打算怎样向巴基斯坦保证？巴基斯坦可以相信美方的诚意，以及奥巴马政府不会像以往那样利用巴基斯坦去遏制阿富汗和苏联吗？"

听众爆发出一阵热烈的掌声。我不禁想起希拉里在贝鲁特用我的国籍借题发挥的情景。

希拉里已经充分掌握了表达"我已从错误中学习"的艺术。她利用这种技巧成功地把第一夫人时期的弱点，转化为总统竞选中可以宣传的强项。这种带有魔力的、让人倍感亲切的说话方式，被希拉里运用得炉火纯青。她对听众表示，美国在苏联撤出阿富汗后错误地转移了视线，没有继续关注这个地区。然后，她详尽地解释了为什么这一次美国的政策同以往不一样：美国准备长期扎根于这个地区。

很少有美国官员在全世界面前公开道歉。美国国内的共和党人不喜欢这种行事方式，但全世界都会因道歉而对美国产生好感。只是，希拉里无法掩盖美国所迫切关注的议题——找到本·拉登，打击塔利班和基地组织，确保美军可以顺利撤出阿富汗——都是短期性质的问题。瓦利·纳赛尔知道，唯一能说服巴基斯坦人的说辞就是美国确实愿意和巴基斯坦发展长远关系，如果美国能和巴基斯坦发展长远关系的话。不过，如果美国能释放一点点善意，巴基斯坦或许就会懂得顺势而为。

问答仍在继续。如果说希拉里会觉得巴基斯坦记者们的提问有点无理取闹的话，那么现在这群很少或根本没有机会同本地高级官员，更遑论同美国高官对话的学生们，简直是在对她开审判大会。

"我想问，为什么巴基斯坦和印度每次发生冲突，美国政府总是支持印度而非巴基斯坦呢？"

听众中又响起一阵雷鸣般的掌声。

美国国际开发署也成为学生们发难的目标。

"美国国际开发署确确实实背叛了巴基斯坦，这个事实不容置疑。1970年代你还在福特政府里当实习生时，还有后来1980年代、1990年代你成为第一夫人时，他们一直都在这样做。我的问题是：奥巴马政府同布什政府在巴基斯坦政策上最大的不同到底是什么？"

这个问题太尖锐了，连我都有种被质问的感觉。

杰克在礼堂的顶层看着楼下围得里三层外三层的学生，心想：我实在不敢相信我们居然让希拉里受这种折磨。

问答环节持续了超过1个小时。学生们用各种问题轰炸希拉里，发泄着内心的不满、恐惧和沮丧。这个长期处于不安全感之中的国家，仿佛借此进行了一场全国性的精神治疗。问答环节结束后，希拉里走进礼堂旁边的一个小房间里，接受巴基斯坦报纸编辑们的圆桌式访谈。又是一轮唇枪舌剑，希拉里连喘口气的时间都没有。

半小时后，我们开始上车。一直观察着整个圆桌访谈的瓦利走到刚才一直在外面收发电邮的杰克·沙利文和菲利普·雷恩斯中间，同他们说话。在希拉里出访的同时，世界各地也发生着许多事情。能暂时离开华盛顿的枯燥工作，全身心为希拉里谋划针对出访国的政策，当然算是一点放松。但在出访途中既要处理其他地区出现的紧急状况，又要规划下一轮出访。杰克和菲利普一边心不在焉地听着瓦利的谈话，一边在黑莓手机上打字。这是每个华盛顿官场老手的必备技能。

"哦，我差点忘了说，"瓦利突然补充道，"她刚才还说，她绝不相信巴基斯坦国内没有一个人知道拉登的藏身之处。"

杰克和菲利普差点把手里的黑莓手机掉到地上：希拉里又发表了一个重大声明。杰克马上致电白宫，同副国家安全顾问丹尼斯·麦克唐纳通话。杰克尽量将影响往好的方面说：希拉里的这次表态会引起很大反响，应该有助于推动巴基斯坦方面的行动。

他得到的回答是："行，保持这种态度，继续施压。"希拉里的表态确实同奥巴马政府的态度基本一致：本·拉登就藏身在巴基斯坦某处。现在再也不用回避这个问题了。

午餐后，我们前往旁遮普省长萨尔曼·塔希尔的官邸。官邸是一座英国殖民时代留下来的巨大白色建筑，四周点缀着带廊柱的圆柱拱廊、绿油油的漂亮草坪和棕榈树。塔希尔是一名敢言的自由派人士、白手起家的富豪，自1970年代起便同布托家族和巴基斯坦人民党有来往。在齐亚·哈克将军[1] 的独裁统治时期，他也曾吃尽苦头，曾被关在拉合尔堡[2] 的单人牢房中6个月之久。但这段经历更坚定了他同黑暗的独裁政治做斗争的决心。现在，他的新对手是宗教极端势力。

对于即将要迎接美国前第一夫人，塔希尔的妻子阿姆娜略微有些紧张。她曾在1995年到拉合尔女子学院听过希拉里的演讲，但也只是远远地望见她。当希拉里直呼她名字的时候，她马上就放松下来了，脑海里浮现出一个奇特的想法：她确实是个有血有肉的人。

希拉里也用她惯常的幽默感把夫妇两人逗得直乐。爱开玩笑的塔希尔说道："克林顿女士，我想您应该知道，当我住在伦敦的时候曾经参与过示威，对格罗夫纳豪斯广场上的美国大使馆扔过石头。"希拉里板着脸回答："不要紧，省长先生，我也扔过。"[3]

---

1 穆罕默德·齐亚·哈克（Muhammad Zia-ul-Haq）1978—1988年任巴基斯坦军人政权的总统，1988年8月17日因座机在飞行途中爆炸而身亡，一般相信是被刺杀。——译注

2 拉合尔堡（Lahore Fort）为拉合尔市内的一座古堡，始建于13世纪，曾为莫卧儿帝国时期的军事要塞。——译注

3 O.B.Jones, "How Punjab Governor's Killer Became a Hero", BBC 新闻，2012年，可查看http://www.bbc.co.uk/news/magazine-16443556。——原注

阿姆娜请求奉上一系列手抓小食，大部分都是巴基斯坦风味的食品，但她也特意添加了一些烟熏三文鱼三明治，以防本地食品不合希拉里的口味。虽然希拉里在演讲结束后已经吃了一顿丰盛的本地风味午餐，但当穿着红色束腰上衣、戴着浆洗过的穆斯林头巾、动作拘谨的侍应奉上小食时，她还是把咖喱三角饺吃掉了。在离开的时候，希拉里赞扬了正排成一排、笑容满面地欢迎她的厨师们。

"食物非常美味，感谢你们！"希拉里的赞扬使他们神采飞扬。这种情形本来不该出现：希拉里代表的是不受欢迎的美国。但它确确实实发生了：人性的魅力超越了政治的严酷和多年的不信任。

阿姆娜想：如果能有多一点这样的时刻，也许两国关系就会截然不同了。

她最终忍不住提出了要求："我很希望您能同我们和我们的子女们合影，不过您的随员拒绝了我的要求。"

希拉里高声说："啊，我可喜欢拍家庭合照了。"然后就同萨尔曼、阿姆娜以及他们的两个儿子、一个儿媳拍了好几张合影。萨尔曼和阿姆娜的女儿舍尔巴诺正在美国马萨诸塞州上大学。希拉里对他们的长子沙巴兹说她很喜欢他的名字。"沙巴兹"（Shahbaz）在乌尔都语里的意思是"鹰"。比尔·克林顿当总统时在特勤局的行动代号就是"鹰"，希拉里的代号仍然是"常青树"（Evergreen）。

希拉里满面堆笑，泰然自若地开始今天第八项行程——同本地商人的圆桌会谈。商人们迫切想知道美国这个巴基斯坦最大的贸易伙伴计划如何持续推进两国间的贸易，以及未来会提供怎样的援助。商人们提到了希拉里的一个心病，像巴基斯坦这样的发展中国家，精英们总喜欢偷逃税款。不过，这次希拉里是有备而来。事实上，这个心病也是促使希拉里出席这次圆桌会谈的原因。

希拉里想知道他们什么时候愿意开始向国库缴纳应交的税金，而不是眼巴巴等着美国来解决巴基斯坦的问题。她总是疑惑，为什么富有魅力、受过良好教育、又有企业家精神的巴基斯坦精英们总是不肯为了国家利益而放弃哪怕一丁点的财富。

希拉里认识到，出于对巴基斯坦崩溃的忧虑，美国和其他援助国多年来一直为巴基斯坦输血，从而也培养了这种依赖性的态度。这是一种相互依赖的关系。不过现在，巴基斯坦的未来应该由巴基斯坦人自己来决定了。

1965年，巴基斯坦还被视为晚近独立国家中的发展楷模。专家们预测巴基斯坦经济将会腾飞。而现在，由于税额豁免和猖獗的偷税漏税，尤其是商人和土地所有者的偷税漏税，巴基斯坦全国1亿4700万人口中只有大约300万人缴纳个人所得税，只有产油国能承受这样的狭隘税基，因为它们的石油能带来可观的收入。但对于背负550亿美元债务的巴基斯坦来说，继续放弃宝贵的收入来源，把仅有的资金投入到军队建设上而听任平民在停电中受苦，基础设施持续荒废，实在不是长久之计。

当希拉里用强硬语气同巴基斯坦商人对话时，随行官员和记者们一个个瘫在铺着硬垫子的木质椅子上。在这个宽大的、铺着木地板的地下接待室里，伴随着逐渐暗淡的阳光，众人昏昏欲睡。出访的第二天总是最令人难受：我的生物钟还处于混乱状态，不再按美国时间运作，又还没有调到出访地的时间。时差、酷热和重口味的咖喱午餐让我几欲呕吐。在我们离开旁遮普前，我在车上足足睡了一个小时。

傍晚，我们的飞机降落在伊斯兰堡。希拉里要前往军队司令部同陆军总参谋长卡亚尼和情报主管帕沙[1] 等高级军官会晤。媒体未被允许出席，于是我们出发前往大使馆区，那里有一场池畔烧烤晚餐等着我们。

希拉里希望同军官们在办公室以外的非正式场合会晤。于是，卡亚尼在自己的家中接待了她。卡亚尼也请求希拉里同他、妻子和子女们合影。他将希拉里视为说话有分量、能代表奥巴马和美国发言的人物。希拉里则将卡亚尼视为能深入交谈的伙伴。

会谈氛围坦率而友好。这样的会谈总会带上某种对抗情绪，毕竟美国和巴基斯坦在阿富汗存在着间接的斗争。但希拉里的心情由于两日来的接触而变得积极，她甚至没有动用印有谈话要点的卡片。她听过无数次关于背景情况的汇报，对议题已经非常熟悉。现在她能信口说出精确的援助数目，详细讨论有多少名中情局官员要进入巴基斯坦协助对本·拉登的追捕。

但是在所有的会谈中，巴基斯坦官员总是顾左右而言他，现在将军们也好不到哪儿去。当希拉里表示美国在缓和巴基斯坦同印度的关系这一点上与巴基斯坦有共同利益时，军官们不置可否。希拉里警告巴方，如果他们不对2008年孟买袭击的疑犯进行严肃的审判，可能会让恐怖分子在国外更加猖獗。军官们则大谈细节，回避她的忧虑。希拉里并不一定怀疑巴方官员的动机，但会谈结束后，希拉里不禁为他们缺乏担当、逃避历史责任的态度担忧起来。

在巴基斯坦的第三天，活动一如既往地进行。除希拉里外，其他所有人都已劳顿不堪。希拉里强打精神出席了同部落领导人的会晤和同女性记者的见面会。她手下的团队曾经期盼，这次同女性记者的会晤能像在首尔那次演讲一样

---

1 此处原文是"情报主管卡亚尼和陆军总参谋长帕沙"；但本章前文中两人职位刚好互相调转，疑为作者笔误。据查，卡亚尼确实担任过巴基斯坦三军情报局主管，但在2007年（即希拉里到访两年前）已调任陆军，后升任陆军总参谋长；帕沙则在2008年10月至2012年3月担任三军情报局主管。故酌情修改为"陆军总参谋长卡亚尼和情报主管帕沙"。——译注

引起热烈反响，促进女性之间相互交流认识。但是巴基斯坦妇女们却摆出一副咄咄逼人的姿态，不停地追问希拉里是否已经理解美国在巴基斯坦饱受批评的原因。她们对希拉里抱怨美国的无人机袭击行动，并质问美国为什么不强迫印度将克什米尔交给巴基斯坦。在巴基斯坦，每个人都对克什米尔念念不忘。民族主义似乎已经霸占了每个人的思维，使他们无法从别的角度去思考什么。

一些没有出席见面会的记者留在使馆区，开始写作反思希拉里三天行程的长文。每个出访目的地都有为方便我们写作而设立的工作间。这些工作间往往是临时征用来的、狭窄而又没有窗户的酒店空间。我们的发报中心被设在一个通风良好的大厅，往下看正好可以看到使馆区的泳池。到晚上，大厅里还会神奇地冒出许多小食。大厅里总是有互联网、电话线、打印机和很多个电源插座。早上我们也会阅读关于下一个目的地的新闻。我们刚被告知，下一站确实是阿布扎比，再下一站则是耶路撒冷。

到访问结束时，巴基斯坦媒体的调子已经明显变化，报纸标题也不再那么尖酸刻薄。美国和巴基斯坦的关系当然没有马上发展到如胶似漆，但希拉里的魅力攻势已经减轻了巴基斯坦的怀疑态度。

美国和巴基斯坦实际上处于交战状态，伊斯兰堡的代理人是武装分子。尽管没人公开这么说，但是每个人都心知肚明。但奥巴马政府希望相信，改变是有可能的。希拉里不会过高评价这次出访所取得的成果。美国和巴基斯坦的关系还需要长期的小心处理，改变总需要循序渐进地发生。但当飞机在查克拉拉空军基地起飞时，希拉里总体上感觉还不错。被人当出气沙袋当然很不好受，但这样的代价也值得。

在飞机的中舱，瓦利·纳赛尔情绪依然高涨，迫不及待地同同事们一起复盘出访过程。供出访巴基斯坦用的"大书"可以被扔到一边了，新的"大书"

即将制作出来。自从离开华盛顿以来，瓦利持续不停地为希拉里做情况汇报。现在，他忽然不再是希拉里需要的人了。

"来，各位，我们要为希拉里今晚同阿巴斯的会晤做汇报。"杰克说。巴勒斯坦总统阿巴斯准备在阿联酋机场同希拉里会晤。这次5个小时的行程又要把我们一头带进一堆纠缠不清的关系和有着不堪回首的过去的国家中。

瓦利已经在政府服务了10个月，现在他知道自己不会再贸然说"美国政府应该这样那样做"了。他逐渐认识到，作为全世界唯一的超级大国，美国要面对的情势多么复杂，要事无巨细地思考和应对全球事务有多么困难，要做成事情又要花多么大的力气。这样的时刻强迫众人保持清醒。一段行程结束，又一段行程开始；一个国家访问完毕，就赶往下一个国家。几乎没有任何时间去思考和复盘。

瓦利看着身边的人们忙碌地传递着笔记，不停地给华盛顿和阿布扎比打电话安排行程，心想：要是地面上的人们能看到这些内幕就好了。

"每个国家都觉得，美国人每天醒来后，脑子里一定只想着那个国家的事情。其实它们不过是美国整个战略地图上的一些小点罢了。"或者说，不过是一本"大书"里的几页纸罢了。

第六章　耶路撒冷的万圣节

当我们逆着时区顺序向东飞行的时候[1]，后勤主管刘易·卢肯斯从舷窗下方的舱壁上取下保密线路电话的听筒。他坐在自己的皮座椅上，开始给阿布扎比打电话。他可能要告诉飞机上的40个人他们要在飞机上过夜，这让他非常不安。阿联酋本周末将第一次举办一级方程式赛车，所以这个海湾小国吸引了全世界的目光，连美国大使馆也没法订到足够的酒店房间。

不过最后还是有好消息的：希拉里和她的随员可以住到豪华的酋长宫酒店里。美国驻当地外交官正在腾空其中一层做保密间，以便保罗·纳瑞恩和他的手下可以将情况编制汇总，并供希拉里的顾问在第二天早上开早会。许多标志被国务院专用封条黏在墙上，并有红色箭头指向各个房间。几名海军陆战队员将充当卫兵。希拉里出访时总会带一套保密通讯设备备用，以便在途中随时同华盛顿方面开秘密会议，现在刘易将保管这套设备。酋长宫里的房间不足以容纳整个代表团，最后大使馆终于在城市的另一头找到了一家新开张的酒店。酒

---

1 此处疑为作者笔误，阿联酋方位应在巴基斯坦西面。——译注

店还没正式开始营业，这次随行记者团就成了他们的第一批客人。只是酒店无法提供空间设立发报中心，于是我们就只能在房间里收发稿件了。

40多岁、长着蓝色眼睛、沉着镇定的卢肯斯已在国务院任职多年。作为一名外交官的儿子，他曾在海外住过一段时间。现在作为国务院执行秘书处的主管，他的任务是为国务卿和其他国务院官员打点一切旅行、通讯、会计和安全事务。没有他的帮忙，国务卿就只能坐在自己的办公室里无休止地同各国领导人开视讯会议。

变幻莫测、极其紧凑的出访行程，已经使这位两个孩子的父亲失去了许多享受天伦之乐的机会。但他也确实喜欢出访的挑战性。安排出访就像是努力地把许多动来动去的拼图凑到一起：国务卿想尽可能多地访问国家；飞行员们每隔24小时就要有15个小时的休息时间；车队没有足够的车辆装下40个人；阿联酋这种沙漠国家没有足够的酒店房间。而这一次出访简直像是魔方一样难以捉摸。

当我们从华盛顿出发时，卢肯斯没有发现在巴基斯坦和摩洛哥之间还有别的目的地。负责与他沟通行程的休玛·阿伯丁明知行程上可能有阿布扎比和耶路撒冷两站，却没有把这一点告知卢肯斯。当时，同阿巴斯和内塔尼亚胡的会面还未能彻底落实，一切都取决于中东问题特使乔治·米切尔参议员能否让任何一方做出让步，甚或只是某种承诺。休玛已经在国务院任职9个月，却仍然保持着竞选顾问式的作风——她希望保持足够的灵活性，哪怕最后一刻都能及时变更计划。休玛知道，如果她同卢肯斯说中途还要在中东停留，卢肯斯就会一个个地同当地美国大使馆联系、筹备行程，还要预订酒店房间、为车队订大巴，这样就会暴露希拉里可能同阿巴斯和内塔尼亚胡会面的计划。各方可能会因此产生不切实际的期待，万一会晤被取消，或者会谈没有实质性成果，报纸就会在希拉里踏上回程时大肆渲染她的"外交失败"。只是，原本严格保密、现在又突然张扬的中东行程，仍然引起了对希拉里意欲何为的猜测。也许以色列和巴勒斯坦之间确实达成了某种协议？不然希拉里到那个地区去做什么？美国以西西弗斯式的努力[1]不停推动着中东和平进程，每次宣布一项新计划或高官出访都会激发外界的极大希望。只是希望越大，失望也越大。

米切尔一直在努力劝说以色列方面暂停对定居点的扩建，以促使阿巴斯坐下来谈判。现在停建定居点已经成为巴勒斯坦方面提出的先决条件。在以色列仍然不停改变争议领土的"既定事实"面前，他们不愿意坐到谈判桌前。他们搬出希拉里"没有例外禁止自然扩张"的话，来为自己正名。以色列方面现在向米切尔表示，他们可以在10个月内停止建造新的定居点，但坚持所有已经开始动工的建设项目都要继续进行，并在会谈前几周又公布了数千项新的建设计划。这些建设项目又是所谓的"自然扩张"，以色列人现在利用这个漏洞持续扩建定居点。最关键的是，以色列不肯谈判关于被己方占领的东耶路撒冷的未来。以巴双方均宣称耶路撒冷是自己国家的首都，但只有以色列能在争议领土上大兴土木。米切尔现在最大的成就也只是获得了这么个半吊子的暂停定居点建设的承诺。这个承诺的条件同内塔尼亚胡早前在华盛顿的表态无甚分别，但好歹有一些实质性内容。现在的工作就是要劝说阿巴斯接受这个让步，以及保证内塔尼亚胡会信守承诺。希拉里仿佛在玩着三维的国际象棋，她同时还要劝说阿拉伯世界认可以色列提出的条件，这已经够艰难了。然后，还要支持阿巴斯开启和谈的决定，这更艰难。

我们在晚上抵达阿布扎比。只有平时一半规模的车队在停机坪上等候我

---

1 西西弗斯是希腊神话中的人物，因忤逆诸神，被罚每天将巨石推上高山山顶，而推上山顶后巨石马上滑落，又要从山脚重新开始推。"西西弗斯式"（Sisyphean）即形容永无休止而又徒劳无功的行动。——译注

们。由于很晚才落实这次出访,当地大使馆一时间无法凑齐足够的车辆将整个代表团送到市区。希拉里同她的贴身随员先上车出发,其余人员则在机场的贵宾休息室里等候。

第二支车队将我们送往酒店。酒店里没有发报中心,房间里的互联网连接断断续续,餐馆里也冷冷清清。卢肯斯总是最后一个离开机场,他将装有我们护照的锃亮金属箱子交给大使馆官员,由他们盖上入境许可章,然后将我们的行李运往市区。这时希拉里已经同阿巴斯交谈多时了。

在一间镶着金色墙板,顶上有耀眼水晶吊灯的会议室里,希拉里同她的代表团坐在铺着白色亚麻布、放着小束黄色和白色兰花的桌子前。坐在他们对面的阿巴斯显得灰心丧气,仿佛斗败了的公鸡。

巴勒斯坦现在又陷入了一片混乱之中。这确实有点咎由自取。2008年12月以来以色列对加沙地带展开的军事行动,主要是针对盘踞在巴勒斯坦领地东部的极端伊斯兰军事派别哈马斯。哈马斯是阿巴斯在政治上的对手,所以也不介意作为旁观者看着阿巴斯受以色列打击,但作为巴勒斯坦领导者的哈马斯的声誉也因此受损。一份联合国调查团出具的报告指责哈马斯武装分子利用平民作为肉盾,但以更严厉的口吻指控以色列滥用武力。为了修补已经受损的形象,阿巴斯希望联合国人权委员会能投票支持这份报告。巴勒斯坦官员还期望这能迫使以色列领导人接受国际法庭的审讯。但如果阿巴斯现在就提出推动联合国投票,以色列方面一定会大为恼火,米切尔费尽力气争取到的一点让步也会马上化为乌有。华盛顿必须促请阿巴斯重新考虑这个要求。在此之前,巴勒斯坦曾试图游说阿拉伯国家支持自己的诉求。在阿拉伯国家的授意下,阿巴斯在我们访问阿联酋的前几周宣布请求联合国推迟投票。但阿拉伯国家旋即痛斥阿巴斯背叛了巴勒斯坦人民。更糟糕的是,连巴勒斯坦人民也开始炮轰阿巴斯。在加沙地带，人们挂出大大的横幅，上面写着："叛徒马哈茂德·阿巴斯，你会被扫进历史的垃圾堆。"他向希拉里抱怨，连自己孙子的同学都质问孙子，为什么他的祖父要当巴勒斯坦的叛徒。阿巴斯深受打击，他自认忠于巴勒斯坦建国的目标，也致力于推动和平，理应得到更公正的评价。

希拉里被阿巴斯的故事感动了。在对话者面前，她总是先表现得像个普通人，像一位母亲。她会特别关心孩子们。她的同理心确实是真诚的，这也是巴勒斯坦和以色列之间最缺乏的感情。双方在很久之前就已经丧失了理解对方从过去到现在一切痛苦的能力。又或者他们从来就没有这种能力。当新生的以色列在1948年从英治巴勒斯坦中分离出来宣告独立时，阿拉伯人对纳粹屠杀犹太人的历史还非常陌生。经历过大屠杀后，犹太人复国的欲望和行动变得更为迫切，也更具侵略性。于是，他们几乎不会考虑建国行动给其他族群，包括25万流离失所的巴勒斯坦人造成的痛苦。直到今天，巴勒斯坦人仍然感到非常愤懑：为什么欧洲人造下的罪孽要由他们来承担后果？

我在贝鲁特经历过三次以色列进攻：1982年、1992年和1996年。当时，我也无法用同理心去理解另一方。我觉得根本没有什么"另一方"，我只知道我正受着战火的威胁，哪怕是在我居住的倾向自由化、比较西化的基督徒地区。这里的基督徒军阀曾经是以色列的忠实盟友，我在基督教学校里上的历史课也从来不会提到什么大屠杀。我模糊地知道二战期间欧洲曾经发生过屠犹事件，但总的来说我对大屠杀知之甚少，而周围的人则说这根本就是犹太人用来霸占领土的借口。在贝鲁特的时候我从没见过犹太人，曾经聚居在贝鲁特的犹太人社群要么主动搬到以色列，要么受战争的威胁被迫逃亡，总之是大批大批地离开了黎巴嫩。剩下的人也不敢公开自己的犹太人身份。对于一辈子活在中东阿拉伯国家里的人来说，以色列、犹太人都是千篇一律、没有血肉的符号，他们就是阿拉伯人不愿去了解的"另一方"。

在我20来岁的时候，我的世界观忽然被一段爱情彻底改变。我认识了一个北欧犹太男人，拍了好几年拖。他的四位祖父母有三位死在纳粹的集中营里。我同他父母交谈过后，终于认识到大屠杀不是什么遥远的历史，而是真实发生过的悲剧。大屠杀在他们家人的记忆中烙下了难以磨灭的伤痕，他们依然活在集中营造成的惨白空虚之中。他的父亲很喜欢我，但他很不愿意去黎巴嫩，更不愿意到贝鲁特去。对他们来说，我们反而成了"另一方"。

希拉里用同理心成功地使以巴双方开始打量"另一方"，缓和了冲突气氛，也许还能让其中一方回心转意。她很少说教、威逼，更不会直接发号施令，只是直接说出支持自己政策的种种依据。她促请阿巴斯看到以色列所提条件里蕴含的机遇。她说，以色列人每完成一栋在建的房子，就意味着下一栋新房子不能开工了。但阿巴斯只看到了以色列的方案与自己条件之间的差距——定居点建设还会继续，砖块会继续被运到西岸的以色列定居点，起重机还在把一块块石头吊起来。这幅景象太恐怖了，阿巴斯知道自己又会被骂成叛徒。希拉里强调，如果阿巴斯不答应这个部分冻结的方案，情况会变得更糟，他的位置也会更加危险。她偶尔会压低声音，希望用自己的信心感染阿巴斯。她说，这是一个好机会，你必须抓住，最重要的是向前走。她还利用阿巴斯的务实态度对阿巴斯说，只要能开始会谈，在以巴冲突核心问题，比如未来巴勒斯坦国的领土范围上，总会取得某些进展。

阿巴斯表示，无法接受将东耶路撒冷排除在谈判范围之外。这样他对巴勒斯坦人民，或者说他所控制的西岸地带的人民无法交代。耶路撒冷是圣地，丢了她，阿拉伯世界一定会对他大加挞伐。希拉里则表示，美国会竭尽全力保证以色列遵守约定，不在耶路撒冷附近新定居点的建设问题上表达任何挑衅的态度。

阿巴斯仍然觉得不够：以色列人需要做出更大的让步。

美国代表团既沮丧又有点困惑。人们总是高估美国人对任何一方施压的能力。阿巴斯最终拒绝了希拉里关于接受以色列条件，开启和谈的促请。但是，如果美国连她自己也劝不动，那她为什么又觉得美国有能力迫使以色列做出让步呢？巴勒斯坦确实是弱势的一方，当他们无法劝动以色列的时候，美国往往也会伸出援手。但巴勒斯坦总把美国想象成天降神兵[1]，仿佛一个全能的上帝，总会突然出手，无需巴勒斯坦动手便能解决问题。同时，他们又对美国的权力感到愤恨，不愿意被看成美国的小跟班。

同阿巴斯长达两个小时的会谈和先前6个小时的飞行，还有在伊斯兰堡的忙碌，使希拉里、杰克·沙利文、杰弗里·费特曼和乔治·米切尔都筋疲力尽。当他们回到酒店房间时，会发现在房间的床上放着一辆巧克力做的赛车模型，以庆祝周末举行的一级方程式赛车。阿联酋的一切事物都极其奢靡，酒店大堂的自动提款机甚至能提出金条来。

周六上午，希拉里将于酋长国的王储穆罕默德·本·扎耶德（Mohammed bin Zayed）——我们的行程表上将他简称为"MBZ"——会面。他渴望向希拉里展示阿联酋的繁华，并将其树立为本地区的模范。他邀请希拉里在亚斯总督酒店里极其摩登的"鹦鹉螺"餐馆进午餐。这座长形建筑有着圆形的屋顶，能俯瞰布满闪闪发亮的大游艇的船坞，仿照摩洛哥一级方程式赛道建造的阿布扎比赛道在建筑中间的空隙里穿过。酒店旁边就是法拉利主题公园，所有这些建

---

1 这里原文是"deus ex machine"，直译为"用机关跑出来的神"。在古希腊戏剧中，当剧情发展至胶着时，往往有扮演神的演员以起重机等机关突然下降至舞台上，迅速扭转形势，此即为"用机关跑出来的神"，后发展为西方谚语中的"天外救星"之意。——译注

筑都坐落在人工建造的亚斯岛上。全白色的餐馆里，放着仿佛从《杰森一家》[1]里直接搬来的塑料模塑桌椅。"MBZ"穿着白色长袍、戴着头巾，坐在希拉里对面的凹形座椅里，漫谈着伊朗、黎巴嫩、叙利亚、清洁能源和海湾安全问题。希拉里请求王储支持阿巴斯。坐在希拉里稍后放的杰克·沙利文、杰弗里·费特曼和其他人费劲地听着他们的对话，侍应不停地送上海鲜大菜。

轰隆隆隆隆隆隆隆，轰隆隆隆隆隆隆隆——"……和平进程……"轰隆隆隆隆隆隆隆，轰隆隆隆隆隆隆隆——"……但是，巴勒斯坦应该……"——轰隆隆隆隆隆隆隆。

明天是一级方程式正赛，而今天举行的是排位赛。赛车飞驰在带有21个弯道的阿布扎比赛道上，发动机的怒吼淹没了一半的对话内容。这个繁华而现代的中东城市弥漫着一种浓郁的未来氛围。

会谈结束后，代表团将要乘坐飞机飞向一块被历史和冲突压得疲惫不堪的土地。在阿布扎比的小假期结束了，工作还要继续。

万圣节[2]晚上8点左右，757专机降落在特拉维夫。数分钟后，希拉里的车队就将地中海甩在身后向内陆驶去，直指东面的耶路撒冷。车队在进城时分成了两队：记者们先到总理办公楼去，进行重重的安全检查。希拉里的礼宾车和几辆随员专车则在警笛声中驶向大卫城堡酒店，以色列内阁官员们正在酒店地下室的一个房间里等候希拉里和美国代表团。

埃胡德·巴拉克是以色列政坛上的老油条，曾在1999年的大选中依靠美国竞选战略家们的协助，大败内塔尼亚胡；现在他是内塔尼亚胡内阁的国防部

---

1 《杰森一家》（*The Jetsons*）是1960年代一部美国动画片，时空背景设定为未来世界和外太空，片中出现许多形状奇特的工具、家具和机器人等。——译注

2 万圣节日期为每年的10月31日。——译注

长。这个身材矮小但热情洋溢、被称作"以色列拿破仑"的男人告诉代表团，内塔尼亚胡态度已经软化，愿意开启谈判。希拉里和她的随员很想相信巴拉克的话，但美国官员们也预感以色列高层的态度可能很快又会变化——以色列高层政治总是变幻莫测。在内塔尼亚胡的第一个任期里，饱受这种变化折磨的美国官员曾将内塔尼亚胡形容成"公路上的减速带，把你震个不停，和你不停地讨价还价，直到以色列选出下一个对和谈更为认真的总理"[1]。

现在Bibi再次当选总理已8个月，同样的情景再次上演。奥巴马上台后致力于迅速为严肃的和谈创造条件，但现在情势逐渐不妙。伊曼纽尔曾建议对Bibi采取强硬姿态，现在看来效果不佳。华盛顿似乎又要静等Bibi下台。

2009年春天，Bibi上台后不久，一名美国官员微笑着对我说："内塔尼亚胡大概认为他可以死咬着自己的条件不放，把我们拖垮，但我们这次可是有4年任期的。"这名官员也曾在克林顿政府时期任职。他接着说："而且我们很可能还会连任4年呢。"

美国要做的就是诱使Bibi在已经做出让步的基础上再多走几步，以便为和谈创造更多条件。按照美国官员的惯常作风，他们采取的战略就是一个字："等。"时间表也是"等"。以色列的中左翼政客们也向巴勒斯坦发出了同样的信息："Bibi很快就会下台，我们会做出更多让步的，再等等吧。"

但是，美国国内刚刚重掌最高权力、以为可以像1990年代那样对内塔尼亚胡玩拖延战术的民主党人，显然低估了以色列政治在这些年的变化程度。全世界其他国家或许都会祝贺奥巴马当选，但以色列对他非常不感冒。他访问了开罗，却没有到耶路撒冷，这令以色列觉得他怠慢了自己。虽然奥巴马在国内赢

---

1 Beinart，《犹太复国主义的危机》（*The Crisis of Zionism*）. ——原注

得了78%的美籍犹太人选票，但以色列本国的政治光谱正缓慢右移，像外长阿维格多·利伯曼——这名以色列外长出生在俄罗斯——这样的极端保守派人士正在得势。

希拉里将同利伯曼和巴拉克会面。没人提到这一点，不过利伯曼自己现在就住在一个定居点里。当利伯曼开始抱怨温和伊斯兰政党执政的土耳其时，气氛紧张得令人窒息。希拉里正同土耳其外长艾哈迈德·达武特奥卢发展着良好的工作关系，利伯曼却警告希拉里说土耳其人都是极端穆斯林分子。希拉里则指出，以色列在本地区的所作所为也刺激了极端穆斯林的情绪。

当希拉里同以色列内阁成员在地下室会谈的时候，随行记者们正一个个穿过金属探测门，进入到总理办公室所在的砖石楼里。除了巴基斯坦和阿富汗以外，以色列是第三个要对美国国务卿的随行人员进行全面安全检查的国家。美国也许是以色列最重要的盟友、最大的金主，但对美国官员、哪怕是为国事到访的中高层官员，以色列都不提供任何优待。

10点过后传来警笛的呼啸声，表明希拉里的车队已经抵达。新闻发布会将在会谈之前举行，以便以色列媒体在当晚能发出部分消息。Bibi和希拉里先后走上比地面高出一点点的地台。地台布置很奇怪：没有扶手讲台，只有两支竖着的麦克风。Bibi站得离地台的前沿很近，灯光将他的影子打在前面第一排椅子上，记者们正等着提问。内塔尼亚胡打着蓝色领带，正与身后以色列国旗上的蓝色大卫星遥相呼应。

Bibi说："我同意我们应该马上坐到谈判桌前。我们对和谈的态度是：马上开始，持续进行。"在墙边站成一排的美国官员感到一阵厌恶。他们知道内塔尼亚胡口不对心，他不过是随口说说，好争取一个高贵真诚的和平缔造者的名声。他完全清楚巴勒斯坦在现有条件下无法马上开始谈判，只要他这么说他就是好人，巴勒斯坦就是破坏和平进程的坏蛋。美国官员们认为这是以色列精心设计的策略。Bibi继续说道："冻结定居点建设是巴勒斯坦人在和谈前提出来的新要求，过去没有这个条件照样也能谈判。"事实的确如此，只是在政治上处于弱势的阿巴斯不得不死抱着美国的这个态度而已。

希拉里一直板着面孔，像惯常那样机械地点着头。作为政治家，她深知Bibi要面对的情势。她刚刚同强硬派的外长会晤过，知道Bibi背后的右翼政党一直束缚着他的手脚。如果她能在公开场合对他的"让步"给予哪怕是一点点赞扬，都有可能促使他多退一步。毕竟，数月前他终于第一次完整地说出了"巴勒斯坦国"这几个字。但最关键的是，如果内塔尼亚胡在定居点问题上坚持不退让，美国没有任何替补政策可以执行。于是，希拉里试图在全世界媒体面前将内塔尼亚胡私下对她做出的承诺公开化。

希拉里说道："总理先生刚才已经谈到了在定居点政策上让步的具体细节，比如说不会开建新的定居点，这在前面两次和谈中是从未有过的。"

从事实的角度来说，这句话没错。但在中东推动和平进程，往往意味着在谈话的时候咬文嚼字，一字一词都不能轻易放过。在赞扬以色列放缓定居点建设进程之后，必须补充"但是以色列必须做出更多的让步，美国的立场一直未变——定居点是非法的"，否则巴勒斯坦方面就会表示不满。在谈过巴勒斯坦人民在以色列占领下生活困苦后，记得要说"但是以色列人也饱受巴勒斯坦火箭袭击之苦"，不然以色列方面也会大发雷霆。只是，现在以色列仍在继续已经开工的建设项目，不过是承诺不再开工新项目，美国就表示赞赏，这无疑代表美国已经从原本"彻底停工"的立场上后退了。

现在耶路撒冷是晚上11点，前一天我们到过的巴勒斯坦则是凌晨2点，别的什么地方大概已经是早餐时间了。我们已经连续奔波12个小时。希拉里知道内塔尼亚胡一定会滔滔不绝地说话，会面气氛将会非常紧张，所以想尽快进行会谈，于是将所有的"但是"都省去了。

"我知道您是个铁人，"希拉里脸上带着大大的笑容说，"所以尽管我们这么晚才开始会谈，会谈气氛一定会非常热烈，我们会谈到很多内容，我非常盼望马上开始讨论。"

新闻发布会结束，希拉里和内塔尼亚胡开始会谈。在狭小的新闻发布间里，记者们正在激烈地辩论刚才到底发生了什么。希拉里说的话是什么意思？美国是退缩了吗？内塔尼亚胡赢了吗？这是否意义重大呢？新闻电讯社的记者们开始发送只有一行字的紧急电讯 "快照"：

希拉里称内塔尼亚胡做出史无前例的让步。

希拉里的表态令她自己的团队也吃了一惊。原本的讲话安排里没有赞扬内塔尼亚胡的让步这项内容。事实上根本没有为希拉里安排书面的讲话稿，希拉里是在回答一个问题时做出这个表示的，她面前也没有放什么提示稿。希拉里经常凭直觉发言，但是中东国家如同亚洲国家在她处女出访时对她的率意表态所做的反应那样——总喜欢死抠原本的话语。任何细小的偏差都会马上激起惊慌、气愤、恐惧、沮丧乃至感觉被背叛等一系列反应。中东和平特使米切尔和中东事务专家杰弗里·费特曼立刻意识到要马上采取补救措施，安抚阿拉伯世界的情绪。但陪同希拉里坐在会议室里的两人无法及时得知希拉里表态在中东地区引起的轩然大波。他们忙着协助希拉里在Bibi面前坚持自己的立场。

美国人和以色列人分别坐在摆满小吃的矩形桌子的两边，无休止地对谈。内塔尼亚胡和希拉里都没什么动作。

希拉里对内塔尼亚胡说："我们需要提出什么条件，好让阿巴斯愿意伸出手让我们抓住，然后把他拉到谈判桌前。"内塔尼亚胡丝毫不为所动。

希拉里又说："目前，毫无作为所带来的风险远大于做出妥协的风险。"内塔尼亚胡依然不为所动。

我们坐在新闻发布厅不停地打着稿子，直到我们被告知是时候离开了。我们走到外面的停车场，走上黑色的客车，又等了一段时间。汽车发动起来，但驶到大门前又停下了，似乎我们又不能走了。午夜刚过，我们收到了菲利普·雷恩斯发来的电邮：

米切尔参议员及其随员将不会继续同我们一起行动，所以我们离开总理办公室后将马上返回大卫城堡酒店。国务卿将在酒店同米切尔参议员碰头，讨论本日一系列会谈的成果。

显然出现了什么紧急状况。我们开始意识到可能要在耶路撒冷过夜，甚至可能要睡在车上，之前没人替我们预订过酒店房间。刘易·卢肯斯和我们的行李还有护照还在特拉维夫机场等着我们。每逢这种闪电式访问，卢肯斯通常会在专机上等代表团回来，同时不停地与华盛顿方面电邮沟通。他还要指挥手下那个100人的秘书处替国务院大楼里的750名官员打点一切。

凌晨12点22分，雷恩斯再次发来电邮：

我们将飞往马拉喀什，预计早上6点钟到达。好消息是凌晨1点钟在飞机上将为大家送上薄煎饼和热巧克力。

在特拉维夫机场的停机坪上，我们专机的飞行团队大概正在搜刮一切能吃的东西。

我们的车队开到大卫城堡酒店。我们在酒店大堂一边等候，一边想尽一切办法找吃的。餐厅已经打烊了，不过酒店还是提供了几条长面包和三盘沙拉（给20个人分）。我们在夹层的咖啡厅里分散坐下吃东西，希拉里则在楼上同米切尔会谈。

到凌晨2点，我们一个个依然饥肠辘辘，头耷拉在椅子上昏昏欲睡。有些人在上网查马拉喀什的餐馆信息，明天好去大吃一顿。突然，大理石铺地的大厅里传来一个深沉有力、生气勃勃的声音。

"大家好！"希拉里正沿着楼梯走到我们这个夹层来，"你们在干什么？准备好去摩洛哥了吗？"她刚刚和精明的政客们连续开了5个小时会议，谈论的是对美国政府来说最棘手的问题，但此时此刻她仿佛开启了危机模式，肾上腺素快速上涌，使她依然精神焕发。

我们在早上6点抵达马拉喀什，马上到下榻的普拉美艾高尔夫度假酒店的泳池旁进早餐。我们刚刚走出一场噩梦，这一刻仿佛到了一处仙境。希拉里将在摩洛哥出席未来论坛峰会。随同美国国务卿出访，有时就意味着经历疲劳、豪华酒店和突发危机这三者的反复折腾。有一次到访泰国参加地区会议，会议结束后我们要穿着高跟鞋和正装，带着电脑包，在华氏90度[1] 和80%的湿度下走过一片沙滩才能回到酒店房间。

本地区早间报纸的头条不仅显示了希拉里的表态所造成的损害，还显示了以巴之间的分歧程度。以色列媒体喜形于色：奥巴马政府终于顿悟了。《国土

---

1 约摄氏32.2度。——译注

报》声称，希拉里"要求"阿巴斯"立刻"回到谈判桌前，显然美国已经接受了以色列关于重启和谈的先决条件。双方还达成"协议"，以色列可以继续建造已经动工的3000间房屋。以色列在这场拔河中胜出。

阿拉伯媒体则哀鸿遍野：为什么希拉里要赞扬这样的条件？它们齐声指责希拉里是要威迫阿巴斯重启和谈进程。它们还认为，希拉里的表态意味着华盛顿已经清楚地放弃了彻底冻结定居点扩张的要求。奥巴马显然是先做好了决定，再派希拉里来传达信息的。它们最后得出总结：这全是美国的阴谋。所有媒体的报道都没有觉察到，希拉里是从政治家的直觉出发做出表态的，从美国政府的角度摸索和谈的办法。

到了下午，阿拉伯联盟秘书长阿米尔·穆萨坐在酒店的咖啡厅里，一边吸着雪茄，一边抱怨这种令人沮丧的状况。他说他希望奥巴马不会甘心这样被以色列"扇耳光"。他把手中的雪茄高高竖起，做出一副夸张的姿态说："我真担心我们很快就会见到和谈彻底失败，现在到处都弥漫着失败的味道。"

他用一句"我仍然抱有很大希望"结束了谈话。尽管阿拉伯世界非常恼怒，他们仍然不想同一位看上去还比较支持他们、能用同情语气谈及阿拉伯人民苦难的美国总统太过疏远。要在以巴和谈上取得任何进展，阿拉伯世界的参与非常关键。希拉里必须确保他们不会再在背后捅阿巴斯的刀子。

星期一早上，菲利普·雷恩斯再次给随行记者团发来邮件：

仅用于通报行程，不准公开报道

现通知各位：明日离开马拉喀什后我们可能在埃及停留。行程仍未能确定，计划变化较多，因未知埃及穆巴拉克总统是否有空与希拉里会晤（总统目前不在开罗而在沙姆沙伊赫）。重申：此邮件仅用于通报行程，不准公开报道。

埃及的现代法老穆巴拉克自1981年来一直担任埃及总统。他是可靠的盟友，经常出面举办以巴和平峰会，他的支持非常关键。虽然他是独裁者，但这无关紧要。在这个地区，办事方式就是如此。

杰克·沙利文和杰弗里·费特曼同希拉里一起花了数小时润色一篇讲稿，内容是向阿拉伯世界保证美国并没有背弃他们。在那个星期天，希拉里坐在摩洛哥外长身边，逐字逐句地阅读这份文件。每个标点符号，每个"但是"的转折，每个附加警告都被认真修改。希拉里坚称，美国的立场没有改变，美国不认可持续扩建的定居点的合法性。

"当我认识到两国确实在采取措施，逐渐迈向和平协商解决问题的时候，我会给予积极的支持。我也会在公开和私下场合继续推动两方做出更多让步。"

与此同时，刘易·卢肯斯正在处理自己手头上的小危机：他又要紧急打点对一个新目的地的出访——酒店房间和车队可以预订，但是飞机上的午餐就没法安排了。原因很简单，食物短缺。

现在飞机服务员们都开始集中配给食品了。出访途中飞机餐都是在机上烹制。飞行团队在出发前会带上整个航程需要的所有补给，易腐烂的食品由干冰或者飞机上的冰柜保鲜。为防止当地补给品容易引发乘客的水土不服，飞行途中专机很少接受目的地补给。如果是长途飞行，飞行团队就要预先做好计划，在中途特定地点进行补给——哪怕是为我们加油的美军基地，短时间内也很难迅速为40人的团队置办好饭菜。

当我们从华盛顿出发时，飞行团队预计要在两个国家停留，总共飞行五段。他们按照这个数字精确地配备了三餐的补给品。但现在我们已经要前往第五个国家，飞行段数增加到八段。就餐计划也被彻底打乱，本来从伊斯兰堡出发后会提供一次晚餐、一次小吃，结果变成了一次晚餐加一次早餐。原定在离开摩洛哥时提供的早餐变成了到达埃及前的午餐。现在我们在回到华盛顿之前还要飞两段7个小时的航程。在飞往开罗的6个小时飞行中，我们每人只得到一片薄薄的奶酪三明治，外加大约五汤匙的番茄汤。酒也喝光了，没法打发时光。希拉里来到飞机尾舱，向我们分发了她在马拉喀什酒店拿的巧克力。

在前舱的"线路"团队成员保罗·纳瑞恩，其实飞机上根本没有他的团队，已经累得有些精神恍惚。当他听说下一站要到开罗时，他对自己说："大概是永远回不了家了。"从马拉喀什到华盛顿，要自东向西跨越大西洋飞行9个小时，结果现在反而要掉头往东飞5个小时到埃及。保罗想：好在地球是圆的，每个目的地都能这么转着圈儿到达。

希拉里在埃及同穆巴拉克总统和外长盖特会谈了数小时，向他们解释为什么她觉得内塔尼亚胡的方案值得考虑。但她花了更多唇舌劝说埃及支持阿巴斯，以帮助他在通往和谈的道路上做出一些艰难的抉择。

在我们飞回华盛顿的16个小时航程上，以及回到华盛顿后几周，我一直思考着我在出访途中见到的一幕幕戏剧性场面，以及它们所引起的失落。直到后来，我才知道希拉里与政要们谈话的详细内容，但在那之前我已经开始疑惑。也许各国和各国民众经常对美国感到失望的原因之一，是他们本来就高估了美国的能力和义务。世界各地的政府都本能而狭隘地追求自己的利益，同时却要求美国政府能放弃自己的利益去取悦它们。阿拉伯世界希望美国放弃以色列；以色列请求美国轰炸伊朗；伊朗总统马哈茂德·艾哈迈迪-内贾德想和奥巴马一起看到什叶派被拯救的那一天；巴基斯坦渴望美国将阿富汗拱手交给自己；印度期盼着美国支持自己对克什米尔的主权；日本又要美国帮忙抵抗中国。这些

国家似乎都忘记了，美国的多重利益也是有等级之别的，她也需要平衡各方的
诉求。

同时我也清晰地看到，美国的权力——不论是硬权力、软权力还是巧权
力——同各国人民对美国权力的期望相比，还有很大距离。美国官员对美国达
成目标的能力总有种奇怪的乐观态度，这也在加强着各国的幻想。这种距离和
盲目乐观其实一直存在，在当下这个快速变化的世界，美国权力正受到同以往
完全不同的挑战。

几周后，我坐在国务院大楼的阴暗工作间里，读着《时代》杂志记者
乔·克莱恩对奥巴马的采访。文末一句关于中东和平的话吸引了我的注意力：
"如果我们能及早预见双方所存在的这些政治问题，或许我们就不会先让各国
抱那么大的期望了。"[1]

我顿时感到迷惑不解。尽管我已经在华盛顿驻扎多时，每天出入于美国的
权力中枢，看过希拉里因为她在中国的讲话而饱受批评，见过杰弗里·费特曼
在摩洛哥忙前忙后处理危机，我有时仍然很难接受美国官员也是普通人这一事
实。但是，堂堂美国总统居然说自己没有想到一场延续了60年的冲突将会很棘
手，更没有想过自己的话会对冲突地区人民的期望有如此大的影响，仍然令我
震惊不已。

很多美国总统走进椭圆形办公室的时候都很自信，以为以美国的权力加上
自己的个人魅力，完全可以随心所欲。在这点上，奥巴马并不是唯一一个堕入
盲目乐观的总统。有时候刚好碰上好运气，总统们也确实能随心所欲，但更多
时候总统们只能带着或多或少的失落离开白宫。

---

1 J.Klein，"Q&A: Obama on His First Year in Offi ce"，《时代》杂志，2010年1月21日，
参见http://www.time.com/time/politics/article/0, 8599, 1955072, 00.html。——原注

哈里·杜鲁门曾经抱怨："人们总是不能明白为什么总统不能用他手上的权力去压服其他人。总统是什么？总统就是个带着光环的公关人物，天天忙着奉承、讨好和催促各路人马，好让他们去做自己的分内事，如此而已。"[1]

大概全世界人民都抱着这种想法：只要他们想美国总统干些什么，美国总统随便按个钮，就能满足他们的心愿。

很凑巧，当今美国在中东的困局，恰恰是源于杜鲁门总统在1947年所做的决策而引起的一系列连锁反应。在1945年5月，老迈多病的罗斯福总统去世后，当时的副总统杜鲁门接任总统职位。他在1948年就要面对大选，而他的民望惨不忍睹。同时，英国在巴勒斯坦地区的托管权将于1948年5月到期，英国要把巴勒斯坦交还给联合国管治。在1917年的《贝尔福宣言》中，英国已经对犹太人承诺，只要犹太人保证不歧视巴勒斯坦地区非犹太人族群的公民和宗教权利，英国就将在该地区为其提供建国用的领地。管治到期日迫在眉睫，联合国制定了一个分治计划，将巴勒斯坦地区平分给犹太人和阿拉伯人各自建国。

杜鲁门手下的国务卿乔治·马歇尔反对这个计划。他强调，这样的计划会威胁中东对全球的石油供应，进而危及援助二战后欧洲的马歇尔计划。国务院的近东事务主管罗伊·亨德森，也就是杰弗里·费特曼的前任也坚持反对犹太人建国计划。结果国务院接到数以百计的信件，指责亨德森偏袒阿拉伯人，要求将他开除。白宫和国务院在这个问题上产生了对立。在一次白宫会议上，亨德森又在发表反对犹太人建国的意见，杜鲁门的政治顾问大卫·奈尔斯转过身来对他说："你看，罗伊，现在对美国来说最重要的事情就是让总统能连任。"[2]

---

1 D.G.McCullough，《杜鲁门》（*Truman*），New York: Simon and Schuster, 199. ——原注
2 同前注。——原注

杜鲁门对于犹太复国主义势力不停地对他施压感到厌恶，但他确实需要犹太人的票。当他对美国派驻沙特、黎巴嫩和叙利亚的大使们解释自己对分治方案的立场时，他说得更为直接："对不起，先生们！我得回应数以十万计很关心犹太复国成功的选民，而我的选民里却没有数以十万计的阿拉伯人。"[1]

经过激烈的争论后，白宫最终选择在1947年的安理会会议上赞成联合国的分治方案。全球的犹太人欢呼雀跃，阿拉伯世界则警告分治就意味着战争。离计划实施还有6个月，国务院开始探索其他计划的可行性，包括由联合国暂时托管巴勒斯坦。尽管有国内选举政治的压力，杜鲁门却一直不肯表明他是否会在犹太人按分治计划建立国家后承认她。但直到1948年5月14日分治计划开始生效，美国仍未能形成除分治和承认犹太人国家以外的可行政策，于是杜鲁门只能在一份打好的承认新国家的声明上签字。他亲笔划掉了"犹太人国家"几个字，换成了"以色列国"。

自从美国承认以色列以来，两国关系一直在跌跌撞撞中发展，最后美国从同情以色列发展到全面支持以色列。出于对以色列请求的厌烦或者负罪感，美国每年提供数以十亿计的军事援助。美国和以色列也产生过许多冲突，特别是在以色列占据巴人领土建造定居点的问题上。1940年代以来美国、以色列和阿拉伯世界积累的矛盾还时常激化，有时候仅仅是习惯在作怪。就像处理家庭内部矛盾一样，各方总要找到互动的新方式。

阿拉伯世界习惯于把犹太人在美国的投票影响力和亲以色列集团的游说能力一概说成是阴谋。阿拉伯人高举双手指责美国处事不公平，同时哀叹己方的软弱无力。但就像在1948年一样，残酷的美国政治仍然容易受制于单一议题，

---

1 W. A. Eddy，《罗斯福会见伊本·萨乌德》（*FDR Meets Ibin Saud*），New York: American Friends of the Middle East, 1954. ——原注

可以是以色列，也可以是医疗保险和枪支问题。当倾向自由派的美籍犹太人开始逐渐把游说范围扩展到环保、教育等一系列议题时，右翼保守派犹太人则专注反击一切对以色列的批评，结果他们逐渐就只见树木不见森林——这样的做法，对美国乃至对以色列的安全来说，有什么意义呢？

在深入思考2009年美国这次推动中东和平的失败时，我发觉其中还有比美国国内政治、过分自信的总统、美以阿三方纠缠不清的关系更复杂的东西在起作用。华盛顿权力机构之间的互动使得情况更加难以掌控。

那年5月，当希拉里穿着蓝色套装同埃及外长一起在国务院大楼开新闻发布会时，她根本不相信自己在定居点问题上的强硬措辞能起作用。定居点确实是个问题，但她觉得将这个问题作为政策焦点并不明智。如果内塔尼亚胡拒绝让步，美国根本没有后备计划。而白宫内部的态度是，让以色列停建定居点是让各方回归谈判桌、迅速达成最终协议——各方都大致知道最终协议要包含些什么内容——的最快捷办法。所以奥巴马在2009年5月同内塔尼亚胡的首次会晤中强调，停建定居点是首要条件。其实就连"禁止自然扩张"这种提法也不新鲜。乔治·米切尔自己在2000年的一份报告中就提过这个问题。伊曼纽尔等白宫顾问主张对内塔尼亚胡要强硬的时候，公众舆论的态度还比较温和，白宫也没有具体的措施。但希拉里察觉到了白宫采取强硬态度的心态，于是自己加上了有力的措辞，在公众面前以不容置疑的姿态替她上司说话，结果说过了头。她知道奥巴马身边的顾问仍然在怀疑她的忠诚，她一定要反复表现自己的忠心。她的话束缚了奥巴马的手脚，奥巴马知道这位国务卿是前第一夫人，在政坛上的影响力可以媲美自己，也正在为美国奔走呼号，他不想釜底抽薪。除了赢得总统大选，奥巴马第二项最让自己满意的胜利就是把希拉里也争取了过来，他不想自己抹掉这项成就。

希拉里和奥巴马太想维护在世界面前的团结形象，太想避免布什政府时代的官员内斗了：当时，康多莉扎·赖斯和国防部长唐纳德·拉姆斯菲尔德在公众舆论面前针尖对麦芒，科林·鲍威尔只好明哲保身。要员们的内斗严重地损害了美国的形象和信誉。

于是，白宫没有收回希拉里的言论，也没有公开调整希拉里如此强硬的方针。奥巴马在下一次谈及定居点问题时还加强了希拉里的语气，他内心深处大概也认为美国在支持以色列之余应该要求多一点。新的标准一旦设定，便有了自己的生命力，结果无形中为这场大戏里的两个最主要对手提供了掩护。阿巴斯已经是以色列应付过的立场最温和的阿拉伯领导人，但他总担心自己会被打成叛徒，更不想自己在历史上留下一个出卖巴勒斯坦土地——哪怕是为了和平而出让——的骂名。内塔尼亚胡也一直在避免政治风险，他不想自己任内出现一个巴勒斯坦人国家。

鉴于巴勒斯坦和以色列领导人本来就没想着在任期内实现和平的状况，现在很难猜测如果华盛顿采取了不一样的措施，是否能打破数十年来无法动摇的以巴和谈僵局。但一个错误的开局对奥巴马政府的中东和平努力损害实在太大。几个月来，华盛顿一直努力调整中东政策的口径，然而哪怕是希拉里在耶路撒冷将内塔尼亚胡提出的条件盛赞为"史无前例的让步"，也无法弥补。到2010年末，阿巴斯和内塔尼亚胡终于愿意开始商谈，但到那时他们之间的鸿沟已经无法逾越，会谈在几天内就彻底失败。

整个2009年，希拉里和奥巴马都在相互适应着对方的工作模式，而希拉里更是花了一整年去赢得白宫的信任。她向新总统展示自己的忠心，力图打消一切关于她可能在实现自己的目标或自作主张推行政策的疑虑，以逐渐抹平竞选的痕迹。她在华盛顿保持低调，逐渐形成以国务卿视角出发的外交政策观点，消化着政策细节，适应国务院的运转。在白宫会议上，她总是以普通参与者而非带头人的形象出现，迫不及待地支持总统的立场。

世界各地的外长对于希拉里能如此忠于前竞选对手，都印象深刻。她比奥巴马年纪更大、也更有经验，但她从来没有表现出屈居人下的情绪，更没有将自己置于总统之上的野心。这等完美的政治和解，在其他许多国家简直不可思议。

在各国首都的公开活动中，希拉里仍然偶尔会提起那次失败的竞选。在新德里，希拉里恭贺一位刚刚当选某重要妇女权益组织的女士。她一边开怀大笑一边说："（比起我来）最起码你赢了！"

很难说这种笑声里有多少是真诚的祝贺，有多少还残留着竞选失败的苦涩。但希拉里也相信命运的安排：2009年的总统职位，显然与她无缘。在世界舞台上，在公众舆论面前，希拉里总是容光焕发，陶醉在各界的关注目光中。在菲利普·雷恩斯等精明助手的帮助下，她不仅修补着美国的声誉，更重塑着自己的形象。这帮助手们为她铺垫好一切，让她尽快从国内政治的失败阴影中走出来。到那年10月访问巴基斯坦时，希拉里的话语中已经找回了自信。

与此同时，奥巴马发现，他的激情演说并没有吸引世界各国立刻与美国开展合作。他更意识到，其他国家几年以来同美国针锋相对，不仅仅是因为之前几年的美国总统是乔治·沃克·布什，更因为美国是美国。希拉里对奥巴马的长篇大论并不感冒，奥巴马同样不喜欢希拉里的坦率直白。但是当奥巴马集中精力处理经济问题和更长远的连任问题时，希拉里这种务实、重视达成协议的外交方针正好有用武之地。希拉里重视外交活动和发展问题，但也没有忘记美国权力的军事后盾。她同国防部长罗伯特·盖茨站在同一战线上，共同支持对阿富汗大幅增兵的政策。她努力推动联合国更严厉地制裁伊朗。在这第一年里，她扮演了好士兵和好学生的角色，适应着自己的角色，成功地赢得了总统和他身边顾问的信任。她更多地还是个外围参与者，不会进入奥巴马身边的亲密圈子里去，两个人的关系无法达到那么亲密的程度。但她现在已经准备好当一个领导者，用更有力的语气表态了。

到2009年底，希拉里和奥巴马已经相互认可了对方这个盟友。在2009年12月的哥本哈根气候峰会上，两人携手合作应对混乱的多边世界的挑战。100多名各国领导人在丹麦首都的贝拉会议中心——这里也是每季度哥本哈根时装秀的举办地点——共聚一堂，试图达成一项新的应对气候变化的全球性协议。希拉里觉得这次峰会是她自中学二年级出席学生会以来所见过的最混乱的一次会议[1]。中国国务院总理温家宝[2]一直以准备不足为由推迟与奥巴马的会晤，却在私下与巴西、印度、南非等国领导人见面。[3]新兴国家不能理解，为什么全球变暖明明是富裕国家过去几十年无节制污染空气的恶果，却要他们冒着经济增长放缓的风险减排二氧化碳。（多年来，美国一直无视国际间的减排协议以保护其经济发展。）

奥巴马和希拉里推开一名站在中国代表团房间门前的礼宾官，拿出竞选活动中候选人的标准微笑，同每个人握手。众人都无视堆放在房间各处、刚刚在时装秀上用过的假人模特。奥巴马负责交谈，希拉里则不停地把文件传递给他，他们就这样同发展中国家谈判。两天来希拉里已经做了不少前期工作，于是奥巴马顺利地达成了许多协议。他们之间正逐步形成双人舞般的伙伴关系，但两人在对方出风头的时刻依然选择了刻意回避。

---

1 M.Hirsh, "Obama's Bad Cop", Daily Beast, 2010年4月22日，参见http://www.thedailybeast.com/newsweek/2010/04/22/obama-s-bad-cop.html。——原注

2 此处原文为"中国国家主席"，疑为作者笔误。——译注

3 此处删除40字。——编者注

The Secretary | 2

"先生，您来访的这段时间，我国正经历着严重的商业衰退。"少校说。

"经历着令人心惊胆战的危机。"上校说。

"经历着史无前例的经济停滞。"杰弗森·布里克先生说。

马丁回答："哦，我很遗憾。不过这应该不会持续太久吧？"

马丁实在是对美国一无所知。他应该知道，如果他相信这个国度随便某一个人说的话，那么他听到的永远是美国正在经历着商业衰退，经历着经济停滞，经历着令人心惊胆战的危机，不会有别的话。但作为一个集体，他们每时每刻都可以以福音书的名义赌咒，美国是这个星球上最兴旺发达的国家。

——查尔斯·狄更斯，《马丁·翟述伟》（*The life and Adventures of Martin Chuzz Cewit*），1844年

第七章　骆驼很丑

2010年情人节，正好是希拉里第一次出访——当时她是访问亚洲——整整一年，我们再次踏上征程。美国东岸正受到暴风雪的袭击，使出访准备变得更加棘手。"线路"上的先行团队和外交保卫队从华盛顿出发驱车往南6个小时，才找到一个在暴雪中仍然开放的机场。华盛顿的各国使馆大多关门不上班，国务院负责为出访团队包括记者们处理签证的官员不得不四处找人替我们的护照盖章。更糟的是，这次飞机上没有准备曲奇饼。

不过，这次我们可是要去见一位国王。

我们从华盛顿出发的时候被大衣、毛衣和耳罩包裹得严严实实，然后每停一站我们就脱一件衣服。专机在爱尔兰的香农机场降落加油，这里是欧洲最西端，也是跨越大西洋后第一片陆地。机场官员向我们谈起了其他来访者的趣事，土耳其外长达武特奥卢的飞机经常在这个机场起降。我们都喝了点酒，以便在未来7个小时的飞行里能够入睡。在卡塔尔短暂停留后，我们飞到沙特利雅得的卡雷德国王国际机场，走到皇室候机楼里，一股酷热扑面而来。

希拉里习惯把"气泡"想象成一伙跟着自己到处去的一队商旅，这令她想起一句古老的谚语：不管狗怎么吠叫，商旅总是要向前走的[1]。希拉里总说"气泡"是个会移动的探险队。商旅和吠叫的狗这两者，让人想起在沙漠中蜿蜒前行的一长列庄严的车队和骆驼，寓意我们不必理会琐屑的批评。希拉里已经锻炼出了厚厚的脸皮，她总是能很快地展开下一个话题，任何批评都不会太放在心上。不过她的团队总是敏感地保护着她，哪怕是她处在"商旅"中也是如此。这一次，希拉里觉得自己仿佛置身于某支摇滚乐队的巡演中。

沙特国王派来他的私人大巴，将希拉里接送至他在劳戴特·库雷姆的私人度假村。大巴停在贵宾候机楼外一列棕色和黑色多用途车组成的车队前头，另有一辆礼宾车也在车队里供希拉里选择。不过，沙特外长费萨尔亲王还是将希拉里护送上了大巴车，弗雷德·克彻姆紧随其后。希拉里和年迈的亲王面对面坐在两张宝座般的椅子上，身后的小厨房不停地奉上茶、小盘的坚果和海枣。外交保卫队允许希拉里不坐带装甲防护的美国大使馆礼宾车，这非常罕见。当利雅得的"线路"官员对休玛·阿伯丁说沙特国王要派私人大巴来接希拉里时，休玛的眉头紧紧皱成一团。她索要了许多张大巴内部陈设的照片，并同希拉里商议。希拉里觉得无所谓，既然费萨尔亲王这样请求，那就这么办好了。希拉里和沙特方面都想这次出访能顺顺利利地进行，他们也确实没有失手的余地：上次奥巴马同阿卜杜拉国王的会谈并不愉快。

沙特皇室同布什家族的暧昧关系已广为人知，但出乎意料的是沙特国王对奥巴马当选总统也表示大舒了一口气。

"感谢真主将奥巴马送到总统的位置上。"国王在奥巴马当选后数月对来访的美国官员说[2]。他说奥巴马给穆斯林世界带来很大的希望。美国和世界都需

---

1 中文意译为"我行我素、岂管他人"或"走自己的路，让别人说去吧"。——译注
2 来源于维基解密的电报。——原注

要这样一位总统。他只有一个请求：奥巴马需要在全世界恢复美国的声誉。奥巴马和国王先在伦敦会谈过一次，后来奥巴马前往开罗发表对穆斯林世界的演说时，也曾在利雅得同国王会晤。

在利雅得的会晤是在最后一刻加进奥巴马的行程中的，安排得很匆忙，准备工作更是糟糕。奥巴马已经被内塔尼亚胡在定居点问题上的顽固态度搞得灰心丧气，他和希拉里之前刚刚共同发出了要以色列全面停止定居点建设的要求，但内塔尼亚胡明显不想让步。奥巴马计划继续对以色列总理采取强硬姿态，但他需要营造有利于自己的形势，所以希望在别处打开突破口。希拉里和中东问题特使乔治·米切尔一同在埃及与奥巴马会合。奥巴马身边仍旧带着一群亲信顾问，包括忠心耿耿、作风泼辣的幕僚长拉姆·伊曼纽尔。

既然以色列对美国的压力无动于衷，那么美国也许可以先请阿拉伯世界对以色列提出比较优惠的和平条件，再以此为筹码迫使Bibi让步。这种措施叫作"信任建构措施"（Confidence-Building Measures，CBM）。如果和谈双方分歧太大，华盛顿往往使用CBM推动和谈继续进行。以色列迫切需要这样的姿态，以使自己少受邻国的觊觎，好运的话甚至可以被它们勉强地认可。阿拉伯世界的态度就没有这么正面了，这等于同敌国发展正常化的外交关系。以色列只同埃及和约旦两个阿拉伯国家有正常外交关系，这两个国家同时也和以色列签署了和平协议。另有几个阿拉伯国家偶尔同以色列有贸易往来。但在阿拉伯世界的大部分地区，甚至连长途电话都无法打到以色列去，一拨以色列号码，听筒里就会播出挂断音。

在国王农场的晚宴上，奥巴马甩开细节，直奔主题。他对86岁的国王做出了一长串请求。他希望国王能允许以色列国营航空公司艾拉（El Al）航空的班机飞越沙特领空，以及沙特能开始接待以色列贸易代表团。这些事项听起来很简单，但换个角度看，这无异于要求美国总统在伊朗总统马哈茂德·艾哈迈迪内贾德做出任何友好回应之前就与他握手言欢。在竞选中，作为候选人的奥巴马表示他随时准备同美国的敌人，朝鲜、伊朗、古巴等展开沟通。但作为总统，他在公众舆论面前一直小心翼翼。现在他却要求沙特展开双臂拥抱自己的敌人以色列。

国王顿住了。"谁建议您提出这些请求，谁就是沙特和美国关系的刽子手。"国王说道。他的语气中带着失落。但奥巴马并不准备两手空空地结束会谈。

君主，顾名思义就是一种传统的产物，历史的陈迹。在沙特，国王不仅拥有至高无上的权力，还是两座伊斯兰圣地清真寺的监护人。这种古老传统、保守习气和穆斯林正统思维的结合，产生了一整套拒绝承担风险、复杂难懂的外交政策。尽管阿拉伯国家之间矛盾重重、许多领导人野心勃勃地想争夺地区老大的位置，但沙特国王仍被视为典范，被尊为阿拉伯世界和逊尼派穆斯林利益的最终保护人。国王决不允许自己表现出对以色列妥协的端倪。美国总统在与沙特国王的会晤中也经常请国王帮忙，并提出各种承诺。阿卜杜拉国王清楚地记得，以前也曾经有美国总统请他带头实行这种CBM措施。

2003年，在埃及红海度假胜地沙姆沙伊赫举行的一次和平峰会上，美国官员请求阿拉伯世界的外长们在联合公报中承诺实行信任建构措施，并促进阿拉伯国家同以色列关系正常化。会谈一直持续到深夜。以色列人将关系正常化看成一种刺激，阿拉伯人则认为关系正常化是最终和平达成后对以色列的奖赏。但沙特人完全不想冒险。科林·鲍威尔威胁说，不达成协议，布什总统早上就不同阿拉伯国家领导人们见面。沙特方面则反驳：那么沙特国王也不现身好了。美国退缩了。乔治·沃克·布什总统对聚集一堂的阿拉伯国家领导人，其实主要还是对当时仍然是王储的阿卜杜拉说："如果我不相信我们能做到这一切，我今天就不会站在这儿。"[1]

最终，布什为和平做出的努力化为泡影，沙特方面表示爱莫能助。他们确实有理由保持谨慎。就算沙特向以色列示好，谁敢保证情况一定会改善呢？总有人要踏出第一步，但是阿拉伯世界很少、甚或永远不愿意充当这个冤大头。阿卜杜拉国王也许还会想起64年前他父亲同另一位美国总统会谈后的失望。这次会谈是两国建立正常外交关系的开端。

1945年2月14日，二战即将结束。在雅尔塔同温斯顿·丘吉尔和约瑟夫·斯大林会面后，罗斯福总统搭乘"昆西"号战舰从马耳他到达苏伊士运河的大苦湖地区，同当时的沙特国王阿卜杜·阿齐兹·伊本·萨乌德会晤。阿齐兹是沙特第一位国王，当时沙特刚刚勘探出石油，还没有人会预料到石油会给这个半岛沙漠国家带来多大的财富。罗斯福希望阿卜杜·阿齐兹能帮忙接纳犹太复国势力。他解释说，在纳粹统治下受尽可怕苦难的犹太人一直有在巴勒斯坦地区定居的情结。国王则反而建议，应该将"曾经压迫犹太人的德国人最好的土地和家园"划给犹太人和他们的后代[2]。国王同许多阿拉伯人一样不明白，为什么德国人的罪责要由阿拉伯世界来承担后果。

罗斯福抱怨国王未能提出有帮助的方案，结果国王逐渐失去了耐心。这次会谈没有达成任何结论，但罗斯福本人私下，后来又在一封信中向国王保证"美国在全面地征询犹太人和阿拉伯人双方的意见之前，其对于巴勒斯坦地区的基本政策保持不变"[3]。

---

1 M.Muasher，《阿拉伯世界的中心：缓和政策的保证》（*The Arab Center: The Promise of Moderation*），New Haven, Conn.: Yale University Press，2008，190.——原注

2 Eddy，《罗斯福会见伊本·萨乌德》（*FDR Meets Ibn Saud*）.——原注

3 同上。——原注

8周后，罗斯福猝逝，杜鲁门接任总统。萨乌德国王认为，他在"昆西"号战舰上所获得的承诺，代表美国而不仅仅是罗斯福个人的意见。作为沙特的绝对君主，萨乌德国王习惯了臣民将他的所有言语当作国家法律遵守。但他最终发现，杜鲁门并未在意罗斯福信件中的保证，更未同阿拉伯世界充分沟通，就着手准备承认以色列，国王大为光火。但这次1945年的会晤，毕竟成为了美国和沙特友好关系的开端。这次会谈中两国达成了一项心照不宣、一直延续至今的协议：沙特向美国提供石油，美国向沙特提供安全保障和军火。

我挤在装甲汽车的最后座。汽车行驶在直路上，引擎单调的轰鸣声使我昏昏欲睡。希拉里在国王的私人大巴上，一边同费萨尔亲王聊天，一边看着路旁一个个骆驼集市和马场。行驶了一个小时后，原先一望无际、布满棕色碎石的沙漠开始出现星星点点的绿色灌木丛。我们正接近国王位于劳戴特·库雷姆的绿洲度假村。眼前先是出现一点点绿色植被，然后是单棵单棵的合欢树，再后来是一丛棕榈树，树下有一个像是小型马戏团驻扎的地方：一个六瓣大帐篷，周围是升起的拖车，以及一圈小帐篷。

帐篷里铺有游牧部落地毯，并有空调调节气温。我们在其中一个帐篷里吃着海枣，吹着空调的冷风。希拉里则在其中一辆装有镀金的德国高仪牌水龙头的半拖车里休息。休息完毕后，希拉里左手拿着她的小手提包走进了大帐篷，她的议员尼娜·贝赫伦丝紧跟在身后。大帐篷严格地说是一座建筑物，只是顶上铺了帐篷帆布。希拉里踏上82英尺长的地毯，走过一面挂着一个大电视、旁边围着32个小电视屏幕的墙，走向国王。希拉里稍稍向右边侧着脸，略带羞涩，亲切地对老国王微笑着。国王蓄着浓密的黑色胡子，穿着传统的黑色宽袖长袍，就是阿拉伯大袍，戴着红白格子相间的头巾。

希拉里开腔道："能见到您是我的荣幸，国王陛下。"

国王握着希拉里的手，询问她丈夫的健康状况——比尔·克林顿上星期刚刚在纽约做了心脏手术。我们都坐下来，等着两人做正式会谈开始前的嘘寒问暖。两个人的客套话说得特别多。更特殊的是，记者们居然被允许看着两个人寒暄。国王以优待整个代表团的方式，向希拉里展示他的好客。但这种慷慨也表明，国王暂时还不想提起在闭门会议时要严肃讨论的话题。希拉里坐在松软、有点褪色的青绿色沙发上，啜饮着浓烈的阿拉伯咖啡，摆出优雅的姿态，用魅力打动着国王。她向国王讲述了大巴上费萨尔亲王所说的一个笑话，然后提起了路上见到的骆驼。

"我想您知道，国王陛下，王子殿下觉得骆驼是种很丑的动物。"希拉里咧嘴笑着，指向坐在她身边的萨乌德王子。

"我认为王子的说法对骆驼很不公平。"国王回应。他提到他有一次曾经从骆驼背上翻了下来，引来了希拉里惊恐的目光。好在他后来澄清，那已经是几十年前的事了。

希拉里其实要向国王请求许多方面的帮助，但她使出惯常的招数，在对话者面前不慌不忙，先通过私人谈话建立关系，再提出请求。她认为美国人从来没反思过自己单刀直入的会谈方式是否会被其他国家的人们所接受。在有些国家，惯例就是正式会谈开始前要先来一大段冗长的寒暄，比如各自问候对方从父母到远亲等一众家人的健康。希拉里认为，花一点时间去了解对话者，不仅是展示尊重的方式，也是更巧妙地建立友好关系的办法。现在是21世纪了，美国不能直接走进会议室就提出一长串要求。20分钟过后，"骆驼外交"逐渐落下帷幕，希拉里和国王从沙发上站了起来。

希拉里说："国王陛下，请允许我介绍我的随员。"她一个个地介绍杰弗里·费特曼、杰克·沙利文和休玛·阿伯丁，休玛的母亲是沙特吉达市一所女子学院的创办人之一，至今仍然住在那里。在房间后方，国王的礼宾官示意大家都站起来，排成一列。希拉里介绍完最后一名随行官员后，发现随行记者团的成员们正羞怯地站成一列。希拉里对国王能接待美国媒体成员表示感谢，然后向国王一个个介绍我们，说出了每个人的全名和所属媒体。希拉里穿着深海军蓝色的套装，戴着珍珠项链，头发吹得整整齐齐。当她看到有一位女性记者特意戴了阿拉伯头巾来会见国王时，不禁笑了出来。接下来是大使馆的工作人员，希拉里之前没有见过他们，因此她那值得夸耀的记忆也不起作用了，但她还是大略地介绍并赞扬了大使馆在利雅得所做的工作。

午餐时间到了。国王缓缓走出接待大厅，希拉里跟在身旁。大概是由于长袍底下现出的黑色运动鞋的缘故，国王每走一步路都略带点蹦跳。这位身材高大魁梧的老国王有背部顽疾。门厅对面的宴会厅已经准备好开始午宴。在宴会厅的墙边，一张长长的自助餐桌上堆满了美味食品——野鸡肉、龙虾、烟熏三文鱼卷，还有三种不同的烤羊肉。在正中的U形桌上，镀金的暖炉里热着传统的贝都因菜式。在每个碟子边都放着带香味的宝格丽牌[1] 双手清新剂。国王在U形桌的顶部坐下，希拉里坐在他右边。突然，在U形桌中间的空隙里，一个液压升降台升起一个柜子，中间放着一个大电视，其他坐在U形桌两侧的人因而看不到国王和希拉里的身影了。足球比赛的旁述声音在大厅里回响，把我们的谈话声通通淹没。整个午宴氛围变成像是一边同家人吃饭一边看球赛。希拉里将三种烤羊肉各尝了一点，国王通过自己的翻译、沙特驻美国大使阿德尔·阿尔·朱拜尔同希拉里谈话。更多的食物和甜品从厨房里冒出来。在离开宴会厅的路上，侍应们拿着古龙水给我们喷手。

---

1 宝格丽（Bulgari）是意大利著名的奢侈品牌。——译注

国王、希拉里和他们的贴身顾问走进宴会厅旁边的一个小房间里，开始正式会谈。在外面较大的休息区里，带着枪、穿着黑色或白色长袍的卫兵们不停地为记者们和没有参加会谈的官员们送上一杯又一杯茶。

房间里的会谈进行得很顺利，时间远远超出了原定的一个半小时。希拉里对谈话一向顺其自然，更不会匆匆结束同一位国王的交谈。陷入僵局的以巴和谈进程，对巴勒斯坦总统阿巴斯的支持，对伊朗的制裁，伊拉克局势的稳定——每一样都是重要议题。谈了一段时间后，国王和他的随从们开始有点坐立不安。

"您介意我吸烟吗？"国王问道。

希拉里说："国王陛下，请自便。"但她还是忍不住指出，吸烟危害健康。国王取出了一个喷枪形状的打火机，点着了烟。

美国希望鼓励逊尼派主导的沙特同伊拉克总理诺里·马利基发展更为友好的关系。伊拉克的人口中有近一半是逊尼派，但马利基属于什叶派。美国即将从伊拉克撤军，什叶派神权国家伊朗正蠢蠢欲动。逊尼派和什叶派的矛盾已经延续多个世纪。在伊拉克，自美军入侵以来派系间的冲突已经夺去了数千人的性命。整个中东地区都在这种派系冲突中惴惴不安。逊尼派的阿拉伯国家不仅相互斗争，也同伊朗斗争，在混战中争夺本地区的领导权。这些国家经常玩弄美国，诱使美国给自己提供更多武器和支持。他们非常清楚，美国对于历史上同伊朗的恩怨一直不能忘怀，愿意不惜一切代价阻止德黑兰的伊斯兰教士扩张权力。美国希望沙特能向马利基示好，以此遏制德黑兰。

双方的谈话都需要冗长的翻译，因此使得会谈的时间加倍。尼娜·贝赫伦丝将希拉里的话翻译成阿语给国王听。国王是个没有接受过正式教育但富有魅力而朴实的阿拉伯人，他表示他不想再理会伊朗的领导人。

国王的翻译官朱拜尔大使说："国王陛下很遗憾地表示，他已经对马利基完全失去了信心。"

其实国王说的是："马利基是个大骗子。"这种粗俗的、发自内心的情感被翻译丢失的情形，大概在外交会谈中很常见吧？

国王表示，美国应该对伊朗展示更强硬的态度，然后他又请希拉里帮忙为沙特学生发放更多的赴美签证。这是他个人非常在意的话题，每次他同美国官员会面都会谈起这一点。他对9·11袭击发生后美国大学里沙特学生的数目急剧下降表示非常遗憾，他坚持认为美国同沙特应该保持紧密的关系，而将更多沙特学生送到美国历练是很重要的一环。他手下的驻美大使朱拜尔就在美国生活工作了很多年，几乎已经成了美国人。闭门会谈4小时后，希拉里终于站了起来，脸上带着大大的微笑。什么是"顺利的会谈"，这就是了。

"商旅"坐车穿越沙漠返回机场。机场里很不寻常地建有一个设备齐全的新闻发布间，同声传译等配备应有尽有。希拉里和费萨尔亲王在机场召开了新闻发布会，记者的提问大多是关于伊朗的问题。华盛顿希望推动对伊朗实施更严厉的制裁，记者们追问沙特是否支持这一政策。

"制裁是一项长远的措施，我方认为对伊朗应该采取快速见效、而不是渐进的政策。"费萨尔亲王说道。沙特的外交辞藻总是非常晦涩，简直有种滑稽的味道。沙特方面的意思是不支持美国在联合国推动对伊朗的制裁？或者是婉转要求美国采取更有力的措施，比如军事打击？有个记者问，沙特是否会向中国提供更多石油，以降低中国对伊朗原油的依赖。费萨尔外长的回答就像中文[1]一样晦涩。

---

1 在美国俚语中，说某人的话"听起来像中文"是揶揄对方说话晦涩难懂的说法。——译注

"我确信中国会严肃对待作为安理会五大常任理事国之一的责任，他们自己会依照义务行事，无需沙特为他们提建议。"

他的意思是不是说沙特不会以原油为筹码推动中国支持对伊朗的制裁（我们现在都无法确定沙特是不是支持制裁）？他的话也可以理解为隐晦的威胁：如果中国不按照"负责任的世界大国"的义务支持制裁，可能会激怒其最大的原油供应国——沙特。伊朗石油当然对中国也很重要，但伊朗只是中国第三大石油来源。

新闻发布会结束后，费萨尔亲王送希拉里离开，"线路"上的官员把希拉里遗漏在讲台上的私人耳机取走。我们跟在官员后面匆匆赶往专机。专机往南飞行一个半小时，到达红海边的港口城市、保守宗教文化氛围较少的吉达。希拉里将在当地的达尔·阿尔·赫克玛女子学院出席公开见面会。休玛·阿伯丁高兴地和母亲相聚，并会在自己家过夜。

沙特阿拉伯是伊斯兰教的发源地，宗教氛围浓厚，因贝都因的历史传统而形成了父权制社会。这里的文化习俗对大部分西方人来说非常奇特，特别是在女性习俗方面，有些沙特妇女同自己的父亲和丈夫一样持保守态度，不愿改变现有文化。但也有更多的沙特女性非常反感日常生活中森严的男女界限，以及对女性活动自由的限制。从旅行到开公司，女性做每件事情都要先得到男性监护人的同意。当然，确实有数以千计的妇女在规矩的空隙中努力拼搏，得以成为成功的商人、医生和律师，该国银行的资产中也有一半为女性所有。但女性不能开车，还要经常戴着黑色的面纱——这是沙特妇女受压迫的两个最明显事例。而在西方听众那里，沙特女性权利的话题则往往被简化为他们最喜欢提到的面纱问题上。

2005年，在布什政府里专责公共外交事务的卡伦·休斯也曾经在赫克玛学院发表演说。当她谈到驾车是美国女性权利中很重要的一部分时，听众纷纷表示抗议。其中一个学生说："我不想开车，因为我已经有自己的司机了。"[1] 另一个说："美国人总是觉得阿拉伯妇女活得不开心，其实我们都很开心。"[2]

在沙特，有些针对女性的规矩看起来像是中世纪的产物，但这个国家的女性当然不是一群整齐划一、戴着黑色面纱、总是受压迫的冷漠人群。沙特妇女有时候也会公开反抗这些规矩，并集体开车上街抗议，但在外人来说教时她们又非常气愤。她们对休斯表示，这方面的改变当然会发生，但她们才是改变的缔造者。阿拉伯世界很反感美国在陷入伊拉克僵局后还在对他们灌输自由之类的说辞。

希拉里准备用埃及诗词和她的副幕僚长作为开场白。休玛·阿伯丁前半生都在阿拉伯世界度过，她的母亲萨雷哈·阿伯丁博士将希拉里介绍上台。希拉里介绍了休玛，激起了雷鸣般的掌声。希拉里谈及先前会见的女性律师和医生身上的活力与生气，并赞扬沙特国王致力于推动妇女教育权。

"毫无疑问，我相信为年轻女性提供教育，不仅仅是道德上正确的事情，它更是任何社会要进一步挖掘社会人群的潜力、更好地实现集体利益的重要途径。埃及诗人哈菲兹·伊布拉西姆说过：'母亲即教师，贤母可强国。'"

不知道听众还记不记得4年前同卡伦·休斯的不愉快摩擦，或者有没有要对另一个教育他们女性应该开车的美国领导人挑刺的冲动。不过如果有的话，希拉里很快就彻底解除了他们的武装。她赞扬沙特妇女们取得的成就，哪怕对她来说可能都是一些小事，并在其中加入了源于西方文化背景但非常坚定的呼

---

1 I.Malsang, "*Arab Women Happier than US Thinks, Saudi Students Tell Bush Aide*"，法新社，2005年9月29日。——原注

2 N.Kralev, "*Hughes Asked to Correct Misperceptions in U.S.*"，《华盛顿时报》（Washington Times），2005年9月28日。——原注

吁，希望沙特妇女们争取更多权利。这令听众们非常受用。希拉里本来想顺势进行一番关于女性权利的对谈，但不知为何学生们没有领会到她的提示，提问中反而充斥着标准的外交议题：伊朗、以色列及希拉里的国务卿生涯。其中一个问题最清楚地反映出这个地区对美国的想象。

有一位听众用英语问："大家都知道，美国在政治、教育制度和经济等方面可以说是完美无缺。但为什么美国的医疗制度会这么糟糕？奥巴马总统承诺过会改进这个问题。那到目前为止美国政府都做了些什么呢？"

稍后又有听众问，万一共和党籍的前阿拉斯加州长萨拉·佩林当选美国总统，她是否会考虑移民到加拿大或者俄罗斯？这个问题令希拉里大笑起来。世界各国都在密切关注美国国内政治，这些女生们显然也不例外。一个国家越感到自己的命运受美国国内政治的影响，其对美国政治的知识就越多。阿富汗的部族领导人和巴基斯坦警察甚至知道很多美国国会议员的名字，因为他们反对或赞成过的某些法案对自己所在的城镇产生过影响。

见面会结束后，希拉里被一群想要和她合影的学生包围。这时候就用得着休玛在礼仪方面的指导了。很多来听讲的女学生都戴着笼罩整个面孔的面纱。她们被带到远离男人视线的角落里，掀开面纱，露出自己的脸孔来同美国国务卿合影。

5天的出访行程已经结束。我们的车队到达机场，驶到停机坪上，却没有在专机前停下来，而是一直开到贵宾候机楼前面。希拉里当然有自己的专机，但美国这个超级大国的经济状况却不容乐观，4架老旧的757专机只能轮换着执行任务和整修。国会拒绝拨款升级机队，所以飞机偶尔会出故障。现在刚好就是飞机出了岔子：燃油阀坏了。当天晚上美国中央司令部司令大卫·彼得雷乌斯将军也从利雅得乘机返回华盛顿，他的飞机可以先飞到吉达来接走希拉里。6个小时后，757专机上的国务院徽记被取下来，贴到新飞机上。一开始徽记背面的魔术贴不起作用，不过尝试了几次后，徽记终于贴了上去，希拉里得以启程回华盛顿。

其余的人只能搭乘民航班机返回华盛顿。民航班机要在欧洲多国首都转机，转乘的飞机到达前我们只能在机场乱转，一逛就是好几个小时。周三下午，我们终于抵达华盛顿。我的耳边回响着希拉里在出访中的一句评论："我们可没有什么随手一挥就能变出奇迹的魔法棒。"

美国当然没有什么魔法棒，但希拉里的这句话带着令人无法抗拒的真诚。美国领导人很少、甚或完全不会谈及美国权力的局限，哪怕是用荒诞自嘲的语气去谈。希拉里的这句话，同奥巴马在谈及以巴和谈问题时后悔把期望提得太高的表态，也有着本质区别。这句话不是在承认美国的失败，而是试图调和世界各地的人们，甚至包括美国人或者说尤其是美国人，对美国权力不切实际的期待同美国权力的实际局限之间的鸿沟。世界上的许多国家仍然盼望着美国能越俎代庖，帮他们搞定闹事的邻居，或者给他们零花钱，而另外一些国家则觉得自己在任何方面都要比美国出色。

第八章　土耳其回旋舞和巴西桑巴舞

在华盛顿外交关系协会（Councilon Foreign Relation, CFR）的办公楼里，艾哈迈德·达武特奥卢坐在主席台上，看着下面挤满人的会议室。外交关系协会是在华盛顿的众多智库之一，经常举办关于国际事务的会谈。这位土耳其外长此行是要向美国听众推销本国的外交手段。很多人对于这个在世界舞台上快速崛起的国家很感兴趣。华盛顿总共有近300家智库和研究中心，这使得我总觉得每天都在出入于一个庞大的大学校园，所有的思想和意见每天都在一大群专家听众面前相互交锋和接受检验。我想听什么就去听，一场接一场地听。话题从美国医疗保险制度的未来一直延伸到中亚—高加索地区的伊斯兰金融发展。

每一个国家领导人、政治顾问、反对党领袖，或者未来的美国和其他任何国家领导人，每个在华盛顿出席官方或非官方会议、刚好有话要说的人都想挤进交流圈子里来。越卖力地在这里推销关于某个议题的一种政策或理论，就越容易吸引政府内部决策者的注意。不像巴黎、伦敦，尤其不同于莫斯科和北京，华盛顿这里的公共舆论同政策结合得非常紧密。政府同智库之间的旋转门意味着一个人今天还是布鲁金斯学会的中国问题专家，明天就可能摇身一变当上国家安全会议的亚洲事务主管。

达武特奥卢很受华盛顿智库的欢迎，来访时经常在城内的不同智库发表多场演说，预订座位的听众数目往往超出场地限制。达武特奥卢身材矮小，头顶黑发，戴着无框眼镜，黑白相间的胡子下面总是挂着微笑。他一直洋溢着乐观的情绪，也正如他所代表的国家那样，充满活力，总在前进。

昨天也就是2010年4月12日，他刚刚出席了本地一个核安全峰会。伊朗是峰会的主题。这个国家一直暗中扰乱美国在黎巴嫩、阿富汗等国家施行的政策，现在则忙于提炼浓缩铀。《核不扩散条约》规定各国都有权发展民用核设施，但伊朗的离心机显然正将铀矿提炼到越来越接近核武用料的浓度。德黑兰方面坚称，他们只是想发展核能发电。但西方对此表示怀疑，伊朗对本国发展核武器的计划一直秘而不宣，直到2002年一支被放逐的武装分子向全世界揭示了其中一座主要核武工厂的所在地，才真相大白。由于伊朗违反条约，联合国已经对其实施了三重制裁，但伊朗的离心机仍在运转。美国现在希望推动新一轮的制裁。

作为伊朗的邻国，土耳其发现了充当东西方沟通人的机会。达武特奥卢在核安全峰会上同希拉里会晤；土耳其总理雷杰普·塔伊普·埃尔多安则与奥巴马和巴西总统卢拉·达·席尔瓦展开三方会谈。巴西和土耳其都是安理会非常任理事国，现在正图谋加入世界大国的行列，也同伊朗有贸易往来。他们当然不想伊朗拥有核武器，他们认为更密集的会谈可以打破目前的僵局。卢拉和埃尔多安同奥巴马会谈了15分钟，极力劝服他先尝试他们的外交途径。奥巴马并不太信服他们的说辞，但也没有一口回绝。毕竟现在的世界是多元世界，他的政府一直宣称奉行多边主义的外交政策，他希望鼓励其他国家尤其是新兴国家，负起在自己的地区维持和平的责任。

严格地说，土耳其是大中东地区唯一一个成功的、或至少是可持续的发展典范。仅仅10年前，土耳其还在混乱中停滞不前，反复的军事政变使国内政治动荡不安，一位年迈而毫无魅力的总理下台、马上又会冒出一个一模一样的总理来。但土耳其成功地顶住了2008年金融危机的冲击，目前经济仍以每年7%的速度增长。土耳其现在是世界第十七大经济体，伊斯兰世界里运转良好的民主典范。埃尔多安总理秉承平民主义，思维具有前瞻性，达武特奥卢外长则具有深厚的学术背景。两人都充分调动了土耳其的民族骄傲和昔日荣光，土耳其人自认为是奥斯曼帝国的后代，而这个帝国的领土一度从奥地利维也纳延伸到今天的东非。

达武特奥卢总是活力充沛。他在所有重要场合都会现身，对每一个议题都胸有成竹。他在讲话中经常不经意地说出"我刚刚到访了……"或者"明天我会去……"之类的词句。他也跟希拉里一样在爱尔兰的香农机场降落加油，紧随希拉里的脚步，或者在希拉里之前到访世界各国首都。土耳其政府备有一支专机队供本国高级领导人使用，达武特奥卢似乎把其中一架飞机当成了自己的家，乘着它在全世界往返，协助解决从巴尔干到以色列、从叙利亚到伊朗等一系列的危机。土耳其现在的领土横跨东西两方，因此土耳其希望成为两方之间的桥梁，尤其是帮助美国与（达武特奥卢坚持认为）美国并不了解的国家沟通。

这一天在华盛顿，达武特奥卢滔滔不绝地谈着他心目中双边关系的典范——美国同土耳其的友好关系。他认为，不同于以往的全球性大国，美国不仅在历史上而且在地理上都与世界其他国家明显区隔。这种区隔能给予美国安全保障，却使美国缺乏战略深度。土耳其作为地区性大国，有六个相互之间差异巨大的邻国，还有深厚的历史和身份积淀，而且土耳其还是个穆斯林占主流的国家。这些都是美国没有而土耳其拥有的资本，在解决地区各国的矛盾上能发挥很大作用。达武特奥卢认为这些资本使得土耳其拥有"战略深度"。他非常重视这一点，以至于将这个词作为他一本论土耳其独特性的600页大书的题目。美国需要土耳其，达武特奥卢认为这一点不言而喻。

美国和土耳其自1952年便成为盟友。冷战期间，两国均慑于苏联的战略扩张，土耳其为了自保而倒向美国。两国关系一直很紧密，但土耳其目睹巴西、印度等国强权的崛起后，也跃跃欲试，希望发光发热走上自己的道路。当然，土耳其从来没有对美国俯首帖耳，而且现在他们尤其不愿意再服从美国的领导。他们也不惧怕或多或少地激怒美国人。

2009年4月在法国斯特拉斯堡的北约峰会上，奥巴马政府第一次感受到土耳其的硬气：土耳其反对任命丹麦前首相安德斯·拉斯姆森为北约秘书长。2005年，丹麦一家报纸登出揶揄伊斯兰先知穆罕默德的漫画，在穆斯林国家掀起示威浪潮，使整个国家成为争议的焦点。土耳其方面很不满意拉斯姆森在处理危机时的表现。令他们更不能容忍的是：拉斯姆森允许库尔德工人党——土耳其的一股民族分离势力的一个电视台在丹麦发送广播。土耳其人在谈判方面毫不退缩，奥巴马不得不向他们保证，拉斯姆森将任命一位土耳其官员担任副手。

每次我们随同希拉里出访，与埃尔多安会谈，他那群不苟言笑、像夜店保安一样腰板直挺的保镖，总把外交保卫队和特勤局的特工映衬成一群刚出来创业的理工宅男。土耳其保镖经常同妨碍他们工作的其他安全保卫人员发生冲突，有一次甚至把两名联合国保镖打得要送院治疗。还有一次他们阻止一位美国大使进希拉里和埃尔多安会谈的房间，双方差点挥拳相向。隔天，土耳其主要报纸上充斥着各种报道，赞扬土耳其保镖们在傲慢的美国人面前维护了本国的民族尊严。这一次土耳其人大概又要抗拒美国了，但他们可能会触动美国的国家利益。

过去6个月，希拉里一直努力游说中国和俄罗斯支持联合国对伊朗实施第四轮也是更严厉的制裁，但巴西和土耳其的态度是可免则免。奥巴马在竞选期间承诺会与美国的敌对国沟通，在就职演说时则呼吁敌对双方"松开握紧的拳头"。奥巴马也许以为自己的个人魅力足以改变国家间外交的走势，但在现实政治面前他的希望被撞得粉碎。美国仍在寻求与德黑兰接触，但也在幕后做其他准备，以防外交途径失败。俄罗斯方面也许并不喜欢伊朗，更不太在乎他们的内贾德总统，但他们同伊朗一样抱有对西方的抵触态度。莫斯科很喜欢扰乱华盛顿的外交，于是现在和伊朗人一起对美国搞起了小动作。上次访问莫斯科时，希拉里公开表示国际间对伊朗实施制裁已经达成共识，但坐在她身旁的俄罗斯外长谢尔盖·拉夫罗夫却直接说，他不认为有必要实施更多制裁。俄罗斯最终总会投票支持对伊朗的制裁，但在这之前一定会先把美国搞得焦头烂额，将整个进程拖延数月，还会出面要求联合国将决议的文辞大大软化，一直软化到根本不会对伊朗有什么伤害的程度。俄罗斯方面还帮助伊朗在东南部的波斯湾沿岸城市布什尔建造民用核反应堆。

在同伊朗的关系上，没有人比美国有更深的历史情感创伤：美国无法忘怀从1979年的人质危机到1983年的贝鲁特海军陆战队兵营爆炸这一系列事件。人人都记得，布什政府曾经以伊拉克拥有大杀伤力武器为理由入侵该国，事后却一无所获。因此美国对伊朗发展核武器的警告，除了欧洲和以色列附和以外，其他国家大多对其抱怀疑态度。但在2009年9月，奥巴马政府同法国和英国一起公布，伊朗多年来一直在伊斯兰圣城之一的库姆隐藏着核设施。俄罗斯方面大为惊讶：为什么自己的情报机构竟然没有发现伊朗这个核设施？但他们看到了美欧方面公布的证据，确实无可辩驳。俄罗斯震怒了：同一阵营里的伊朗竟然一直在欺骗自己，隐瞒事实。

在美欧公开库姆核设施之前，伊朗已经表示愿意同"5+1集团"的国家——包括安理会五大常任理事国美中法英俄加上德国，讨论其核计划的内情。现在，"5+1集团"希望利用全世界对伊朗的愤怒，压迫伊朗在日内瓦会谈上做出妥协。但伊朗更喜欢漫长的谈判：会谈可以争取时间，暂时躲避新的制裁。

五大常任理事国提出"冻结换冻结"的方案：伊朗冻结所有提炼活动，联合国就冻结所有制裁。这个方案是一种比较模糊的政策，是试图建立互信的中间步骤。伊朗建有一个医疗用核反应堆，现在迫切需要更多的高浓度浓缩铀，但伊朗本国的产能无法及时满足需求。为了安抚国际间的紧张情绪，也为了便于伊朗向全世界展示其发展核能的和平性质，"5+1集团"提出了一个方案：伊朗将1500公斤低浓度浓缩铀（Low-Enriched Uranium, LEU）[1]中的1200公斤交给六国，六国委托俄罗斯和法国进一步提炼，再将提炼好的铀交还伊朗用于医疗反应堆。如果伊朗只能保有300公斤LEU，其核武计划的进展将会大大受阻。伊朗方面最初答应了这个方案，但表示会谈结束后还要仔细研究。结果他们一直都没有做出明确答复。伊朗内部的保守派和极端保守派在尖锐对立的同时，也极其不信任外部世界，他们担心浓缩铀一旦交出去就会被六国扣留。俄罗斯感到愤怒，伊朗明显在质疑他们的诚信。几个月前拉夫罗夫一口回绝的制裁，现在似乎成了可以接受的方案。

土耳其方面开始焦躁不安，他们自己并未发展核能，也不想区内任何国家拥有核武器。但他们也对制裁可能引发的反应感到忧虑。埃尔多安和达武特奥

---

1 LEU中铀-235（原子弹中进行有杀伤力核反应的铀同位素）浓度约为3%～4%，远低于制造核武需要的高浓度浓缩铀中90%的浓度。——译注

卢开始游说各方。他们多次出访伊朗，试图充当美伊之间的调解人，并劝服伊朗接受这个方案。另一方面，土耳其同巴西一起开始修改六国方案的条件。

大概是出身学界的关系，达武特奥卢显得平易近人，没有土国官员常见的民族自尊心的棱角，但他坚信土耳其必须达成这一使命。在华盛顿外交关系委员会的听众面前，他用近乎完美的英语讲述他在发展土耳其与邻国的友好关系上做出的努力，他称之为"零麻烦邻国"政策。达武特奥卢挥舞着双手，一边不停地用左手食指指点江山，一边加强语气谈到土耳其希望为本地区包括伊朗在内的国家带来"稳定、和平、繁荣的新纪元"。

达武特奥卢说："我的主张是外交，外交，外交，更有效率的外交。在伊朗出现的军事紧张、经济危机，都会影响作为邻国的土耳其。"他丝毫不隐瞒他要阻止联合国通过新一轮制裁的动机。土耳其在这一点上存在重要的利益：土耳其经济正在稳步增长，而制裁将影响其经济的发展。自埃尔多安所在的温和伊斯兰政党"正义与发展（AK）"党2003年在土耳其上台以来，两国关系一直蓬勃发展。2000年土伊贸易总额为10亿美元，现在已上升到100亿。伊朗是土耳其第二大能源供应国，也是土耳其同亚洲大陆国家贸易往来的主要陆上通道。以往，伊拉克曾是土耳其最大的贸易伙伴，但伊拉克在1990年海湾战争后被重重制裁束缚，连带土耳其经济也一度大受打击。

另外，土耳其也自觉总被排除在关于制裁的讨论之外。联合国安全理事会中，美、中、法、英、俄五大国是常任理事国，其余十个非常任席位则由其他193个成员国轮流占据。土耳其目前是非常任理事国之一，但在外交关系协会的会议室里，达武特奥卢则抱怨完全没有人将制裁方案的细节告知土耳其。

"直到现在，没有人来给我们做简报，没有人征求过我们的意见，我们压根儿不知道制裁方案的内容……大概五大常任理事国互相之间会征求意见，我们当然不反对这样做，但我们现在都不知道制裁的内容。"

　　也许希拉里能回答他的问题。外交关系协会的研讨结束后，达武特奥卢第二天将到国务院大楼同希拉里会谈。2009年希拉里首次出访土耳其时见过他，当时他还是埃尔多安身边的顾问，替他谋划铺垫土耳其的外交政策和在本地区的角色。希拉里非常赞赏他的智谋，也敬重他的观点和精力。尽管两人有时意见不一，希拉里还是把达武特奥卢当成重要的工作伙伴。达武特奥卢每次与希拉里会晤都能提出许多创见，且坚定地维护土耳其国家利益，这令希拉里非常高兴。此外，与达武特奥卢发展工作关系，也是将土耳其维持在西方体系内，维系美土亲密关系的计策。达武特奥卢是与希拉里会谈最多的外长之一。

　　土耳其一直想加入欧盟，但欧洲尤其是法国一直犹豫不决。土耳其人觉得这是一种冒犯：欧洲的土地都曾经被奥斯曼帝国征服过，现在这些"老欧洲"国家反而想把土耳其排除在欧盟之外？土耳其的精力一度转向东面，试图与约旦、黎巴嫩和叙利亚建立免签证区，以重建昔日奥斯曼帝国的部分领地。他们一直坚守自己穆斯林国家的身份，毫不掩饰地批评昔日盟国也是军事盟友的以色列对巴勒斯坦人的压迫。既要成为地区性强权，还要沟通东西方，土耳其不可避免地要同与美国敌对的国家和势力发展关系，包括伊朗这样的国家，还有巴勒斯坦的极端派别哈马斯组织。土耳其似乎在逐渐摆脱美国的控制。华盛顿认为土耳其是重要战略地区中的北约盟友，绝不会轻易放手。

　　希拉里和达武特奥卢互相可以直呼名字，开场白也总是相互问候对方家人的健康。达武特奥卢当上祖父后，希拉里在公众场合同他拍掌相庆。达武特奥卢则在镜头面前赞扬希拉里的领导力远远超越国务院的传统机制。他们关系融洽，总能花很多时间谈遍各种议题。两人口若悬河，会谈有时候气氛激烈，比如这一次，对伊朗的外交是个复杂而敏感的问题。

希拉里同达武特奥卢先在国务卿办公室里花了几分钟寒暄，然后领着各自的团队穿过大厅走到会议室，开始谈正事。在四面桃色墙壁的会议室里，美国和土耳其官员各自坐在长桌的两边。国务院新闻发言人P·J·克劳利对会谈内容做了详细笔记，以便稍后对记者发布可以公开的部分谈话细节。希拉里在与各国外长会晤后，通常会在办公室一侧的蓝色圆形房间——条约间里召开小规模的新闻发布会。但现在希拉里同达武特奥卢都没有兴趣接受记者的提问，所以P·J会在每日例行简报会上回答我们的问题。

"两分钟后召开简报会，两分钟后。"国务院记者团工作间的喇叭里传来这样的公告，表明P·J正往发布厅走来。例行简报会一般在中午左右召开。希拉里同达武特奥卢的会谈原定持续45分钟，结果足足进行了快两个小时，接近下午3点钟才结束。五六个记者从工作间的隔间里站起身来，转过角落走了大概30步，走进发布厅。

其他几十名记者，主要是为国际媒体工作的记者早就在发布厅等候了。每个带媒体证的记者都可以出席发布会，每人可以问一个问题。有时候会有刚才那样的广播通告简报会开始，但简报会不同于新闻发布会，不是公布什么新消息——比如中东和平进程的新突破也好，中国又发生了什么也罢——的场合。世界各国媒体的记者都在关注，美国对于自己国内政治哪怕是最细微的发展有什么表态，打算做什么。发言人一般会点到所有举手提问的记者（除非某名记者已经预订了日后的专访）。简报会会全程录影，片段提供给全世界的新闻社。各国官员可以仔细研究简报会过程，研究美国对国际事件的反应以及对本国最新情况的评论。然后在日本、的黎波里或者伊斯兰堡等地的晚间新闻就会听到播音员说出这样的内容："今天美国国务院祝贺日本新首相当选"或"巴基斯坦炸弹袭击造成50人死亡，美国表示哀悼"，等等。以往我和朋友们在贝鲁特时看过很多集电视剧《白宫风云》（*The West Wing*）里的新闻简报会情景，但能够亲身出席还是让我非常激动。我们在电视上看到国务院发言人谈及黎巴嫩局势时，总是认定美国官员一定就黎巴嫩局势开了会议，详细讨论了情况，谨慎地起草了表态，从没想过仅仅是因为发布厅里有人举手提问。后来我自己做过好几次试验：先在简报会上提出关于黎巴嫩局势的问题，然后看黎巴嫩本地新闻对简报会情况的报道——这时候其实美国根本没有什么实质行动。每次我对黎巴嫩，还有别的国家的民众说起简报会运作的流程，他们脸上总是难掩失望之情。这真实地反映了世界各国的人总是执着地认为本国是美国最关切的国家。

P·J站在正面有国务院徽记的淡褐色讲台后面，手上拿着一杯水，快速地翻阅封皮上贴着波士顿红袜棒球队贴纸的白色文件夹。文件夹里按地区和议题划分了区间，附有详细的谈话要点。文件夹为P·J提供了一个可视化的信息源，以便他清晰表述美国在特定议题上的立场，或对我们公布最新动向。不过根据参加发布会的记者情况，有时候记者所问的问题可能同发布的新消息完全无关，简直就像电视上的政治知识问答比赛。有时候文件夹里没有添加新内容，P·J就只能从记忆中搜索那些他已经好久没有提起过的美国国内事务的立场了。

这一天，美土会谈直到简报会快结束的时候才被P·J提起，记者们的关注焦点是有无迹象表明土耳其会支持美国推行的对伊朗新一轮制裁。P·J说土耳其确实提供了帮助。是吗？P·J说，是的。他谈到土耳其一直在接触伊朗，并表示美国和土耳其的目标一致：不让伊朗成为有核国家。

一名土耳其记者提问："国务卿是否有向土耳其外长出示制裁决议的草案？据外长说，他们现在都还不知道草案的内容。"

"（这次会谈）主要内容是对伊朗的战略选择，而不是制裁的细节。"

"但是就在昨天，达武特奥卢还抱怨美方没有把草案交给他们。他昨天发表演说抱怨说美国不告诉土耳其制裁计划。"

P·J回答："美方在会谈中保证，在制裁决议草案达成之前，会继续与土耳其讨论，并密切咨询土方的意见。"

40分钟后，所有人都没问题可问了，于是我们离开发布厅。这时候我们浑然不觉希拉里和达武特奥卢已经谈到了非常重要的内容。他们承接了奥巴马、卢拉和埃尔多安在核安全峰会上的讨论。目前还没有消息泄露出来。不过埃尔多安和卢拉并非仅仅笼统地提出要同伊朗增加外交接触，而是提议切实地去做。

P·J的用语很精确：希拉里同达武特奥卢的会晤确实没有谈及对伊朗制裁的细节。我后来得知，会晤中谈及的是一项协议的细节，协议要求伊朗做出让步以避免受到制裁。

谈话开始时，达武特奥卢按照惯常的套路，向希拉里解释为什么土耳其比美国更了解伊朗。他说："我们已经同伊朗交往了好几百年，作为伊朗的朋友，我们可以用西方不敢用的直率口气对他们放话。"他坚持，土耳其外交政策的原则是要为地区带来公正和对未来的希望，因此土方不能用美国的方式公开训诫或威胁伊朗。

土耳其还在努力寻求重新激活日内瓦会谈上提出来的协议——伊朗交出1200公斤低浓度浓缩铀（LEU），然后拿回用于民间设施的高浓度浓缩铀（Highly-Enriched Uranium, HEU）。伊朗对土耳其表示，他们愿意将LEU运出来，前提是他们要先得到用于医疗反应堆的核燃料。六国集团表示无法接受。要生产伊朗需要的燃料起码要用一年时间，这期间伊朗的离心机还会继续提炼出更多的高浓缩铀。但达武特奥卢认为，接受伊朗的方案仍然是建立互信的第一步。

达武特奥卢说，这个交易不错，会有效果的。他争辩说，你们美国人不能期望伊朗会乖乖把铀交出来，你们要理解他们的想法。他也坚称，土耳其会在谈判桌上摆出强硬姿态，严厉束缚伊朗。

希拉里很清楚达武特奥卢的心思：他想保护他的国家免受制裁和冲突的伤害。她不同意土耳其外长提出的方案。会谈开始变得像充满讨价还价的集市。国务院的核事务专家鲍勃·伊恩霍恩被叫到会议室，向土耳其人解释为什么他们的方案有问题：现在的重点已经不是伊朗何时把铀运走，何时给他们运回去。日内瓦会谈已经过去将近6个月，这期间伊朗的离心机一直在工作。伊朗当年10月份有1500公斤LEU，现在肯定已经拥有更多。原定运走的1200公斤LEU已经占不到伊朗LEU总数目的80%，现在可能只占50%而已。就算现在执行日内瓦方案，伊朗仍然有足够的LEU可以用于发展核武。在日内瓦会谈上，俄罗斯方面拒绝了按LEU总数运出特定比例的方案，现在连他们也开始倾向赶紧定好固定的比例，马上将铀运出来再说。对六国集团来说，最关键的是要阻止伊朗将铀矿提炼到20%的浓度。这种浓度的铀生产得越多，伊朗就离核武器越近。

希拉里和伊恩霍恩认为，如果土耳其要按照这个方案行事，他们得要求伊朗运出比1200公斤这个数目多得多的铀。希拉里对达武特奥卢表示：如果土耳其自认有能耐做到这一点，那我们欢迎，但现在美国比较怀疑有没有可能。秉持着一贯的正面、积极的态度，达武特奥卢觉得这个回答不算是否定了自己的方案。

美国人在谈判桌上经常举止粗野、态度强横，但也有表现得很有礼貌的时候。奥巴马在几周前同卢拉和埃尔多安会晤时，就已经表现出了鼓励全球大国共同负起领导责任的态度。他现在试图再次推动这一点。4月20日，卢拉总统接到一封来自白宫的信件，里面再次解释为什么他和埃尔多安的方案不可行，因为这个方案无法成为信任建构的措施，至少美国和六国集团这样认为。但为了给对方鼓劲，奥巴马的信件末尾还是提到同伊朗达成某种妥协的可能性，包括土耳其作为伊朗信任的国家可以以第三方身份暂时保管1200公斤LEU。"1200"这个数字简直成了国务院官员脑海里的咒语。当他们阅读这封信件时，他们警惕地发现这个第三方协议的约束条件非常模糊，更让他们忧虑的是奥巴马亲笔写下了接受运出1200公斤铀的可能性。

美国官员们内心深处或许都不相信这些新兴国家能同伊朗谈成什么。华盛顿仍在继续同莫斯科和北京磋商一份联合国制裁决议的文稿。但到了5月13日，华盛顿各机构都感受到了情况的迫切。希拉里亲自致电达武特奥卢，声明1200公斤的数目并不够，美国及其盟友不会接受任何包含这个数字的方案。这等于说，希拉里公开反对白宫给卢拉的信中的方案，她与总统唱了反调——她从来没这样做过。但现在确实需要一些紧急修补漏洞的措施。希拉里表明，美国不会放缓推动制裁的脚步。她最后表示，土耳其和巴西的外交努力可以告一段落了。

但现在达武特奥卢已经听不进去希拉里的说辞了。土耳其人面前放着一封美国总统的来信，白纸黑字地写着"1200"这个魔力数字。他们坚信自己能负担起托管铀元素的责任，决心向华盛顿证明土耳其是个值得信赖的中间人、不可或缺的问题解决者和新的世界大国。有了奥巴马的信件，他们等于获得了同伊朗谈判的保证。他们现在一门心思推进同卢拉一起设计的方案了。

巴西在这个方案里到底有什么得益，还不得而知。这个拉美大国同伊朗的贸易额不断增长，所以制裁也会影响巴西的经济。但在华盛顿看来，巴西的态度明显是坚持自作主张，这个叛逆的国家想借此向美国泄愤。1960年代世界上出现反对美帝国主义的不结盟运动，巴西就是成员国之一。巴西外长塞尔索·阿莫林和总统卢拉（此人以前是工会领导人），仍然本能地用第三世界的意识形态去看待美国。他们坚信巴西将会崛起，并视美国为阻碍巴西成为世界大国的障碍。金砖五国（BRICS）——巴西（Brazil）、俄罗斯（Russia）、印度（India）、中国（China）和南非（South Africa）是快速成长的新兴经济体集团，而巴西则是打头的"B"字国。俄罗斯以外的其他四国也一直在试验它们的政治影响力。外交事务评论家、专栏作家法瑞德·扎卡利亚[1]称这是"世界其他国家的崛起"（Rise of the Rest）。俄罗斯以外的其他四国（BICS）抗议说，二战以来设立的国际制度，从联合国到国际货币基金组织都是历史的陈迹，已经不符合当今世界的现实。法国和英国早已丢失了庞大的海外殖民帝国，苏联已经解体，美国也不再是超级大国。中国和俄罗斯是安理会常任理事国，现在巴西、印度和南非也希望得到常任理事国的地位。同土耳其一样，金砖国家认为自己要得到应得的国际权力，现在看来他们有机会了。

5月15日，卢拉总统抵达德黑兰，出席发达国家与发展中国家峰会。伊朗并不是不结盟运动的成员，但由于一直对抗美国霸权，伊朗也享有荣誉性的席位。达武特奥卢在同伊朗外长马努切赫尔·穆塔基通过电话后，信心满满地踏上飞往德黑兰的飞机。在德黑兰，穆塔基、达武特奥卢和巴西外长阿莫林三人花了18个小时商谈细节。周日（16日），三人觉得协议几近达成，达武特奥卢打电话请埃尔多安飞来德黑兰。

---

1 法瑞德·扎卡利亚（Fareed Zakaria），美籍印度裔人，哈佛大学政治学博士，现任CNN节目主持人、《时代》周刊自由编辑等职，是美国著名政治评论家、节目主持人和作家。——译注

周一早上，三方达成了协议：伊朗将1200公斤LEU运往土耳其托管，以换取核燃料。这些LEU仍然是伊朗的财产，伊朗可以随时要土耳其交还。看起来，这些美国以外的新兴势力在一个具有重大国际后果的议题上开发出了新颖的外交模式。

埃尔多安在德黑兰表示："我的期望是当这项协议达成后，无须再对伊朗进行制裁。"他同巴西总统卢拉及伊朗总统内贾德合影。身材瘦小的内贾德出身平平，但立场极端保守。他站在肥胖的卢拉和高大的埃尔多安之间，抓起他们的手在空中挥舞着，仿佛在庆祝胜利。他成功地把巴西和土耳其争取到了自己一边，打破了国际间的既定格局。

土耳其人经常吹嘘，他们的总统是唯一一个可以先到伊朗会见最高领导人、精神领袖阿里·哈梅内伊，再飞越大西洋到华盛顿在白宫同奥巴马会谈的国家领导人。美国确实需要土耳其，她扮演的角色无人能替代。但在这张合影中，埃尔多安显得有点局促不安。他很少露齿而笑，站在内贾德身旁的时候只是嘴角微微上扬应付。

几个小时后，华盛顿的人们从睡梦中醒来，发现电视屏幕上出现一副胜利者姿态的内贾德，以及三方达成协议的消息。在白宫、国务院大楼和国会山，官员们看着站在伊朗总统身旁的埃尔多安，仿佛是看到了犹大——美国盟友和死敌竟然可以称兄道弟？似乎有谁头脑发热以为世界其他国家可以加速崛起，结果把局势搞得一团糟。土耳其在签订协议之前根本没有知会美国，事实上土耳其也无意通知美国，因为希拉里和达武特奥卢在5月13日才刚见过面。这一切就像某个16岁、只有学徒牌照的少年不顾车内一定要有成年人监督的规定，自己开着新车跑出去兜风[1]。

---

1 这里是引用美国对于驾驶执照的相关规定作比喻。——译注

　　奥巴马政府过去8个月来致力于劝说莫斯科和北京支持对伊朗的制裁，现在他们也进退两难。一名官员告诉我，如果土耳其确实同伊朗达成具有严格约束力的协议，迫使伊朗交出80%的浓缩铀，很难预测华盛顿的反应会是什么。也许美国会愿意在外交途径上赌一把，暂时接受土耳其和伊朗的协议，前提是如果伊朗拒绝运出相应数目的铀，俄罗斯和中国支持原定的制裁。但现在这一切都只是假设了。

　　总之，美国和土耳其在这一次联合演习中是双输的：土耳其无视希拉里关于"1200公斤"这个细节的警示，美国则不相信土耳其能促使伊朗达成任何妥协，结果匆匆发出了一份措辞模糊的信件。只有巴西人得偿所愿——把美国拖进麻烦之中。伊朗则哄骗了所有人；国营的《卡伊汗报》（*Kayhan*）刊登了评论文章，炫耀伊朗的精明手腕，并强调伊朗没有签署任何协议，只是做出了没有约束力的口头承诺。文章说，进行核燃料交换之前还需要做出"适当的安排以及签署书面协议"。内贾德抓住了巴西和土耳其提出的方案，将其转变成机遇：他慢慢争取着时间，拖延了制裁，还使国际间现成的外交渠道一片大乱。

　　美国方面强忍怒火，尽量谨慎地回应这一事态。站在讲台后面的P·J表示认可巴西和土耳其的努力，但美国仍需要时间研究协议的细节——这其实是一种外交说辞，潜台词是："这个协议真的糟透了，但我们不能明说。"记者们随即发出连珠炮般的问题，打头阵的是美联社的马特·李。

　　"为什么美国竟然可以接受（这样的协议）？"

　　其他记者紧随其后。

　　"为什么美国不直接拒绝这份协议？"

　　"巴西和土耳其同伊朗协商时知会美国了吗？"

P·J竭力在维护美国外交政策的同时又不刺伤高傲的土耳其人。但土耳其作风一向粗犷，他们没有留意到美国回应中隐含的冷漠。俄罗斯方面则更为直接，迪米特里·梅德韦杰夫总统表示这样的协议无法满足国际社会的要求，会继续推动在联合国的制裁。

第二天，也就是5月18日星期二早上，刚从德黑兰乘机返回伊斯坦布尔的达武特奥卢兴高采烈地召开了新闻发布会。他对记者表示："昨天达成的协议标志着我们跨过了建立互信道路上很重要的一个心理关口。"

他补充道："制裁以及对制裁的讨论，会破坏互信的气氛，过分激烈的表态也会激起伊朗公众的反应。"在他看来，土耳其外交胜利了：伊朗不会受到制裁。

但几个小时后，华盛顿时间早上10点，希拉里做出了反击。在德黑兰宣布胜利后，希拉里在国会山公布，她已经为美国政府达成了过去数月来的目标——同俄罗斯和中国在新一轮制裁上达成了一致。这将会是目前为止伊朗面临的最严厉、最全面的制裁。

希拉里对参议员们表示："我们尊重土耳其和巴西方面的朋友，但现在俄罗斯和中国都同意加入我们，而且我们最早本周也就是今天就会行动……这将向伊朗施加他们先前极力避免的压力。"

消息跨越大洋传到土耳其，美国人不高兴了。记者们纷纷打电话给土耳其外交部的官员询问他们对希拉里声明的看法。

其中一个官员对记者的回答是："你不是开玩笑吧？这下麻烦了。"几小时后，希拉里从国会山回到国务院大楼，达武特奥卢马上打来电话。依然情绪高涨的土耳其外长花了45分钟试图向希拉里解释，为什么协议是个重要的成就。

　　希拉里简明扼要地回答：我不同意。土耳其感觉被美国在背后捅了一刀。美国、俄罗斯和中国最终跨过了各自的分歧，这令土耳其人倍感愤怒。他们大概在想：昔日的强权居然还在左右着世界局势，真跟冷战时候一样残酷。

　　几周后，联合国安理会开会表决制裁议案。每个国家仿佛都在重温新旧势力矛盾不断的过去。尽管各国做了大量的游说，土耳其和巴西还是投票反对制裁。美国勃然大怒，在公开场合明确表示对土耳其这一北约盟友的行为感到失望。土耳其对于投反对票也倍感折磨，但现在他们也是左右为难。土耳其一直极力争取伊朗的信任，现在不能突然又在联合国投票支持惩罚他们，这样他们作为调解人的信誉就荡然无存。他们被迫同新盟友、任期只剩6个月的卢拉总统保持步调一致。土耳其对于巴西的小动作感到愤怒，并批评巴西人在这其中的角色。几个月后，一位土耳其官员对我抱怨："卢拉在安理会上丢下一个'不'，转身就走人了。现在谁还记得他干了什么？但是我们就很难对美国人说不啊。"

　　华盛顿同其拉美后院国家，例如巴西的关系一向很重要。但土耳其是北约成员，是美国在中东地区的可靠盟友，更是许多美军基地的所在地。美国不允许土耳其在伊朗核问题这样具有重要战略意义的议题上同美国唱反调。两国之间的信任消失了。现在许多国家都觊觎着世界权力的馅饼，于是权力越来越分散，日益强大的中国显然不是唯一的原因。奥巴马政府试图利用这些新兴国家的权力，鼓励他们负起全球事务上的责任，同时确保美国处于外交网络的中心。但这最后一点其实更重要，美国这个超级大国还没打算放弃权力。这需要一个完整的学习过程，而在关键议题上的第一次演习显然是全面失败的。跟中国打交道似乎都比跟其他新兴国家交往容易，最起码中国是个可预测的对手。

美国仍然拥有世界上最强大的军事力量，比排在她后面三位的国家的总和还要强大，而且这项优势一时半刻应该不会易手。但单靠军事权力不足以施展美国的影响力，特别是军队预算还在被不停削减的时候。美国需要重构她的整个外交系统。

美国经常——特别是在攸关国家安全的时候——无视二战后自己设立的一系列多边国际机制，采取单边政策，不过美国也经常纠集其他国家一起行动。但现在有越来越多的国家需要召集到一起，其中的折冲樽俎非传统多边机制所能应付。从上任第一天开始，希拉里和国务院就努力将美国同大小国家的关系制度化，第一步就是对亚洲和东盟的外交，还有同东盟的友好合作协议。在希拉里的整个国务卿生涯里，国务院总共设计了25个这样的制度化倡议，将美国置于一整张外交大网的中心，并鼓励其他国家投入到全球事务的管治中。除了已有同中国的双边战略对话，又同南非和印度建立了这样的对话机制。印尼和尼日利亚这样稍次一等的国家则被囊括进多边工作对话中。国务院推行的全球性计划涉及各个议题：创业、公民社会、新生儿健康、气候变化、反恐，等等。其中许多计划都依赖于某个特定的重要伙伴：可能是土耳其，也可能是挪威，还可能是非政府组织或者企业——它们都是新制度下的利益攸关者。每一天，国务院都致力于同世界每个角落的国家、组织和人群建立联系。即使是各方在伊朗核问题上僵持不下的那几天，国务院仍然宣布数日后将在佐治亚州亚特兰大举办"美国—巴西反种族民族歧视和促进平等合作计划研讨会"。外交不再只是领导人之间的正式会晤，它将要跨入新的领域。

希拉里不停地同全世界接触，试图维护美国依然大权在握的形象。她的出访加强了各国人民的这一印象，美国在各个层面依然非常重要，并逐渐将其转化为现实。但是，虽然科技发展已经可以将地球缩成地球村，希拉里很快又会发现，各国外长仍然希望和她面对面交谈，以确保他们的国家依然在华盛顿的计划中有一席之地，或者放心地同美国达成协议。希拉里仍然需要出访，出访每一个相关的国家。

第九章　游园会上见[1]

一阵细细的春雨湿润着上海市区重重叠叠的前卫摩天大楼，在黄浦江的灰色江面上激起阵阵涟漪。2009年11月希拉里上次访问这个城市时，也是下雨天。站在一座建筑前的希拉里在大风中用双手紧紧抓住深蓝色的雨伞，像个教练一样呼喊着，组织手下的官员参观这座代表美国的建筑——美国在即将有189个国家参展的上海世界博览会的展馆。现在是2010年5月，她要来验收成果，确保美国展馆顺利建成。她踏出车门，头上罩着一把红、白、蓝三色伞，上面印着"上海世博会"的字样。两座卵形的、中间底部有玻璃通道连接的巨大钢制建筑出现在她面前。建筑师的设计理念是模仿一只张开翅膀欢迎来客的鹰。但在我们看来，这座死气沉沉、令人不安的碉堡，倒是更像美国在有敌意地区建设的大使馆。不管怎样，美国馆算是建成了。

世博会是19世纪创始的活动，当时的意图是展示工业成就和创新，并让处在世界各个遥远角落的国家相互交流。随着时间流逝，举办世博会越来越变

---

1 这一章的标题原文Meet Me at the Fair是一部1953年的美国电影的名字。——译注

成一个国家打造品牌、改善自我形象的方式。对于中国来说，2010年上海世博会同2008年北京奥运会一样都是重要的机会。这个昔日的"中央帝国"意图借此展示她正逐渐开放，并和平崛起为新的世界大国。中国共产党也想趁全世界陷入经济衰退时，展示自己的经济成就。中国在为世博会而美化上海进行的建设上就花了超过450亿美元，而光是中国馆的建设就花了2亿美元。每个参展商都期望，来参观世博会的数以百万计的中国游客在受到触动后能到他们国家游览，买点他们国家的产品，或者在展馆的贵宾房里达成商业交易——反正要把中国源源不断的人民币吸引到处于经济停滞中的国家来。这样的叫卖成本不菲，各国都期望这项投资能有好回报。而美国，则差点错过了参加叫卖的最后一班车。

1990年代初，美国国会决议，行政部门不能再动用纳税人的公帑参加国际会展。国会议员觉得这样做毫无意义。可以有例外，但不能太多。于是有一段时间，美国要靠私人企业的资助才能出席各种国际展览。希拉里在2009年初上任国务卿时，美国的2010年世博参展计划还处于混乱不堪的状态。美国经济在2008年金融危机后严重衰退，国会难以被劝服动用政府公帑参与国际会展，私人企业也不愿意为这一趟到遥远国家的公费旅游花钱。

但就像昔日富裕家庭不肯为女儿的婚礼大张旗鼓就会被指指点点一样，美国缺席世博会只会加重各种认为美国已经衰落的想象。这家人的有限财力也许应该花在更为迫切的用途上，但如果仪式操办得寒酸，则预示着家族地位的衰落。众人都会说这家人的闲话。每一天，空置的美国馆用地仿佛都在呼唤着数以百万计的游客：美国失踪了。甚至连北京都不想美国衰落的话题被炒得过热：中国认为美国在金融危机后确实衰落了，但中国人仍然希望聚齐全世界的所有国家，美国的缺席会令北京举办万国盛会的荣誉受影响。

2009年2月，希拉里上任后第一次出访访问中国时，国务委员戴秉国和外长杨洁篪请求希拉里确保美国会出席世博会。美国必须要做点什么了。世博会149年的历史中，美国只在2000年的汉诺威世博会缺席过一次。1990年代是美国的黄金时期：美国富裕而强大，自认管治着全世界。克林顿政府也认为无须为美国在全世界大做广告，克林顿本人在出访德国时甚至当面拒绝了出席世博会的邀请。

显然，时代不同了。希拉里本人当然不会相信什么美国衰落，但她决意要反击这种论断。希拉里找来两名克林顿时代的竞选筹款专家帮忙，然后他们就开始到处打电话筹集建设美国馆所需的6000万美元资金。他们的努力终于取得了成功：现在美国馆的外墙上用红色大字标着"美国（USA）"字样，数千名中国游客正排队等待入场参观。我们直接穿过了排队人群，进入6万平方英尺大的碉堡中。

我们的第一感觉是仿佛被时空转移到了典型的美国会展中心。一个机库般庞大的空间里，白色的墙壁上闪烁着美国馆赞助商的标志——联邦快递、美国航空（American Airlines）、通用电气和百事可乐。几百名游客站在猩红色的地毯上咧嘴笑着，不停留影。希拉里要求在她来访期间美国馆继续对公众开放，营造一种真实的开明、随和的气氛，反映美国的核心价值观。[1] 希拉里这种做法无疑传递出一个强有力的信号。聚在一起的游客几乎全是中国人，他们仔细地听着两名穿着牛仔裤的美国人在手提式扩音器里对他们解说。

这两人是160人的美国"学生大使团"成员。这些美国学生不仅能说中英双语，更深受中美文化的影响。在酷热中排队等候很久，有时要排足足三小时，

---

1 此处删除31字。——编者注

游客们发现微笑着的美国青年居然能用中文问候他们，显然非常高兴。这是希拉里最喜欢的场景——出色的公共外交。

"你很厉害！"学生先用中文后用英语翻译，"You are awesome！"

中国听众呆住了。这些中国游客来自这个庞大国家的各个角落，其中有些人以前从没见过外国人，遑论说外国话。他们尽最大努力用生硬的英语回应："You are awesome！"

"Nong lau jie guen eh（侬老结棍额），"另一名年轻的女学生又用一种语言说出了"你很厉害"。游客们忍不住发笑了。一个外国人居然能说上海话！然后，在美国学生带头下，每个人都用英语喊出："China. Is. Awesome（中—国—很—厉—害）！"学生大使们身边总是围着一大群游客，他们仿佛把学生当成了明星，每个人都想同他们合影。

突然，我们左方红色墙壁的屏幕上现出洛杉矶湖人队的篮球明星科比·布莱恩特的脸孔。他用中文问候游客们："Ni Hao（你好）。"场馆里的游客们被惊得沉默下来。然后短片里播放了大街上的美国民众鹦鹉学舌地用普通话说"欢迎（Welcome）"。中国游客们看着屏幕里的美国男女努力尝试、最终勉强说出"Huan Ying"二字的情景，忍俊不禁。著名花式滑板选手托尼·霍克在片中表演了一个特技，然后在镜头面前说起了很流利的中文。他几天前刚到北京主持伍德沃德（Woodward）滑板中心的开幕典礼，可能借机学了点中文。冬季奥运会奖牌得主关颖珊滑向镜头，说着广东话。红色消防车前的白人、西班牙裔和亚裔消防员、公园里不同肤色的几十个学童、一个黑人店主、股票交易所里的经纪，所有这些人一一出现在屏幕上，每人都用中文问候游客。中国游客使劲地拍掌。

在下一个由花旗集团赞助的大间里，巨大的希拉里头像投影在墙上。

"Ni Hao（你好），我是希拉里·克林顿。"投影中的希拉里说道。人群中爆发出热烈的掌声，伴随着惊呼声。

希拉里在短片中说："当您在美国馆参观的时候，您能随时感受到美国的价值观：多元、创新与乐观主义。"下一个短片主题是儿童的创造力，不过讲话的是雪佛龙、通用电气、百事公司和强生集团的代表。在短片结尾，奥巴马总统出现，并向观众传达欢迎信息。观众里有些中国人站起来，背对着屏幕，把相机交给别人，请他们给自己拍同奥巴马的"合影"。

整个美国馆的精华是在辉瑞（Pfizer）集团赞助的大间里播放的一部短片。内容是一名小女孩如何将一个垃圾场成功转变为花园。小女孩撒着娇成功地劝服了社区里的每个人伸出援手，这是一次社区人员通力协作取得的成功。在播放中的某个时刻，影院里的座位会突然摇动，四周还会喷出淡淡的香雾，这令中国观众很惊喜。

随行记者团的成员不耐烦地翻着白眼。在媒体老手的挑剔眼光中，这些主题宏大空洞、故事情节单纯、动不动就出现美国国旗迎风飘扬的幼稚短片简直不值一提。给私人企业做的插入广告使所有片子的格调都粗俗不雅。这些短片制作粗糙，不谈历史，不谈民主，不谈宪法，不谈美国历史传统，不谈美国科技创新，甚至不谈美国的旅游胜地。乔治·华盛顿不见踪影，拉什莫尔山[1] 无处可寻。除了不停浮现的企业标志和肤浅的娱乐，这些片子可以说毫无内容。

美国媒体对美国馆提出了尖刻的批评。艾尔扎·凯伦在《华盛顿邮报》上撰文批评，"在审美上的缺失，有时候确实是权力与财富的标志，例如有钱人比尔·盖茨可以穿着牛仔裤去会见英女王而毫不在乎形象。但看看美国对世界

---

1 拉什莫尔山（Mount Rushmore），即俗称的总统山，位于美国南达科他州，开凿有华盛顿、杰斐逊、罗斯福和林肯4名美国著名总统的头像。——译注

传达信息的三部短片吧，它们到底表达了什么？美国人不会说外语；美国人靠大公司过活；美国人如果要建花园，那是因为一个小女孩把我们统统搞得不好意思不帮她。"出访代表团里的美国官员也丝毫没想到私人企业竟在美国馆里大做广告，仿佛他们把美国外交承包给了这些企业。

但是在美国馆外的游客长龙，却是整个世博园区里第二长的——仅次于中国馆外的队伍。是因为外墙上"USA"三个字的吸引力吗？中国游客参观过美国馆之后会失望吗？或者他们在美国馆里感受到了美国人自己无法感受到的一些情绪？我一开始对美国馆这种蠢笨的推销口吻感到厌恶。但后来马上觉得，也许是我在美国已经待得太久了，反而失去了局外人的视角。

当我们向中国游客提问时，他们大多带着礼貌的微笑回应，不过有些人难掩对白开水般的美国馆的失望。他们说，比如沙特馆里的IMAX 3D影院就很刺激。但似乎大多数人对美国馆的印象还算正面。一对年轻夫妇说被"美国的人性化"触动，另一个男人说他看到美国小女孩如此有雄心，觉得很感动。在中国尽管近年来经济蓬勃发展，仍有数以百万计的国民没有分享到发展成果。以儿童为焦点的美国短片，对中国人来说很新奇。在中国，一个小女孩如果能鼓动一群大人为一个目标而努力，那简直是天方夜谭。

但我也确实感觉到，这些短片也提供了一扇窗户，展示了许多中国人和世界其他国家的人民难以想象的生活常态：公路非常安全，整洁的街道两旁种着绿色的树和草，人民热情友好。最重要的是，他们显得无忧无虑。当然，这些都是电影情节——美国人当然不是无忧无虑地活着。他们夜以继日地工作，缺乏健全的医疗保险，还面对失业危机。但短片里显然有令人羡慕的东西。我尝试代入中国人的心态：于是我回想起1996年初次到美国时的情景。我姐姐住在旧金山市，我们开车穿过旧金山市奥克兰湾大桥，行驶了半个小时到加州大学伯克利分校的校园参观。一大群学生在地毯般的绿草上玩球。其他人躺在草地上或聊天或学习，书本散落在他们身旁。他们在太阳底下懒洋洋地躺着的姿态，整个场面呈现出一种美好的宁静。四周一片祥和，真像电影里的情景。但这是真的，我能感受得到。我想，这大概就是无忧无虑的感觉了吧。有一刻我突然感觉到自己的羡慕转变成痛切的嫉妒和恨意。我从来没有享受过这样的生活。在黎巴嫩，哪怕是在地中海边拥有高档公寓的富人们也从来没有这种无忧无虑的感觉。[1]

中国人在美国馆里接触到的美国，不是那个被骄傲的中国民族主义者质疑、总是狮子大开口、远隔着太平洋对中国人说教的美国，而是中国人哪怕在本国蓬勃发展后仍然盼望移民的目的地，是无数人为[2]之向往的美国。

在美国馆的纪念品商店里，几乎每件东西都是中国制造。中国女经理请希拉里在她的自传《亲历历史》上签字，并将手中的数码相机递给收银台后的同事，请求同希拉里合影。相机不知怎的自己关机了。经理赶紧一把抓过来，不停摆弄着。希拉里脸带微笑。相机又能工作了。收银员尝试给两人合照，但是屏幕突然又黑了。经理又拿过相机来捣鼓，不拍到同希拉里的合影不罢休。希拉里笑着说："你在弄相机的时候我先帮你签名吧。"最后，相机终于拍下了两个女人的身影。这期间，希拉里身边全是相机镜头，一大群记者在捕捉着她的一举一动。很难说希拉里什么时候会失去耐心和热情，开启政客的敏感神经。

在世博园区的另一头、整个园区的主入口处，总面积等于1000个英式足球场的中国馆横跨黄浦江两岸。政府为了在上海市这个较贫困的地区建设世博园

---

1 此处删除180字。——编者注

2 此处删除19字。——编者注

区，拆迁了超过18000户人家和200多座工厂，再用推土机把整个地区推平。[1] 但在园区里参观的时候无法感受到这一点。

我们的车队蜿蜒穿过无数在小雨中满头大汗的游客队伍。园区里的电瓶车队载着富有或有权势的中国游客来往。我们一钻出车门，站在巍峨而华丽的"东方皇冠"形状的中国馆脚下，顿觉分外渺小。[2] 中国馆高度似乎是附近其他展馆的三倍还多。木制支架按传统造型组合在一起，看起来像是个倒立的、尖端埋在地里的金字塔，又像是古代帝王的冠冕。这次展会的主题是"城市让生活更美好（Better City，Better Life）"，鼓励外国设计师们拿出节能环保的展馆方案，但中国馆更像是富强国力的建筑，设计中透出一股爱国主义的自豪。

希拉里乘坐贵宾电梯直通"皇冠"的顶部，其余人则和中国游客一起排队进场。如果像希拉里这样的要人到访中国或其他国家的展馆，安全保卫部门通常会封闭整座展馆或至少是展馆的一部分区域，但希拉里的团队坚持要求安保部门不要因为她的到访而封闭展馆的任何部分。

上海市长韩正引领着希拉里参观中国馆的主要展区，也是本馆的精华所在——长长的、流动的屏幕上，引人入胜的动画展现了一幅12世纪的画卷，描绘着文化勃兴的宋代的生活。在光线暗淡的房间里，这幅《清明上河图》的一切细节一览无余：船夫在河面上撑船，商旅穿过树林，妇女们带着刚买的商品从市场上回家。当卷轴从白天转入黑夜时，楼房上点起盏盏灯笼。在400英尺长的流动屏幕边缘，有一条浅浅的水沟，模拟画卷中的汴河。

弗雷德和他手下的特工努力挡开人群，维持着他们的"钻石"阵型——总

---

1 此处删除19字。——编者注
2 此处删除30字。——编者注

是守护在国务卿四周的四名特工组成的队形。中国极端重视警察保卫力量，而且希拉里身旁还围着共产党的本地官员，但在这个似乎走不到尽头的光线暗淡的大厅里，人群很可能失去控制、到处挤压，威胁"万年青"的安全。在吃过一顿口味难以形容的中国炒菜午餐后，希拉里继续参观园区里的中国各省区展馆，身穿传统服装的女礼宾员无声地对访客们微笑着。偶尔有小群游客对着我们的队伍喊："希拉里，我们爱你！"希拉里摆出标志性的微笑，挥手回应。在离开前，希拉里同本次世博会的可爱蓝色吉祥物"海宝"合影。根据展会网站介绍，海宝身上的天蓝色——正好与希拉里今天穿的外套颜色相同——代表"自由与想象力"，显示着"中国的崛起与未来"。

除了看上去像是美国卡通人物Gumby[1]的"海宝"显得比较廉价以外，中国馆的其余部分都像博物馆一样恢宏，同美国馆简直是天壤之别。两个展馆都代表着各自国家的历史、价值观和对世界的态度，但更多地体现着两国当下的境况。中国馆周围还有许多中国各省区的展馆，以及展示"国家造船公司"乃至中国那"光荣的"新式铁路的建筑——尽管中国高速铁路设计上的缺陷曾经酿成许多意外。

我们问希拉里，她对参与筹款建造的美国馆观感如何。

"不错吧。你们能想象我们缺席这次世博会吗？"

反正，世博会就是一场炫耀会，美国也是整个作秀的一部分。

接下来的6个月，中国馆将会接待1000万名参观者。美国馆则是第二受欢迎的展馆，迎接了700万名游客。考虑到中国有主场优势，美国馆的成绩已经很惊人了。华盛顿与北京共享了世博会的舞台，也日益分享在世界舞台上的表现机

---

1 美国1950年代一部粘土动画中的主角；海宝与Gumby的相似度曾引起关于海宝是否抄袭Gumby的争论。——译注

会。现在世界对两国的爱、恨和关注几乎是均分的——原因却大不相同。

两国正为伊朗（在中国的原油供应国中排名前列）和朝鲜（贫穷而不安分的中国盟友）争论不休，伊朗和朝鲜也都在世博会建立了展馆。事实上，朝鲜是第一次出席世博会，而场馆是由中国出钱建设的。朝鲜馆旁边就是伊朗馆，两个馆共同矗立在园区一个冷清的角落里，它们代表着"邪恶轴心"[1]三分之二的势力。展馆外没有游客长龙，很显然不论他们展出什么，游客都没有兴趣。朝鲜民主主义人民共和国（Democratic People's Republic of China），简称朝鲜（DPRK），骄傲地宣称自己是"人民天堂"。只是朝鲜馆中央那个带小天使和红绿灯饰装点的喷泉，使得这个馆不像人民天堂，更像拉斯维加斯。场馆里陈设有草地，一座小桥跨过模仿朝鲜大同江的小溪，播放着儿童短片，偶尔穿插导弹声控的场面——这些都无助于改善朝鲜的形象。墙壁上挂着朝鲜自1994年以来的领导人金正日的头像，还有形同空城的平壤的照片，仿佛时刻提醒着——其实已经提醒得够多了——朝鲜并不是一个人民生活幸福的国家。朝鲜馆规模很小，空空荡荡，从入口走进去马上就可以看到出口。偶尔有几个人走进这座被霓虹灯照亮的建筑后，似乎都直接往出口走去。

在旁边，中国的第二大原油供应国[2]的展馆比朝鲜馆吸引了较多游客。场馆的设计理念是反映伊斯兰传统建筑风格的。里面装点着波斯式的喷泉，每天有6次传统伊朗乐队的表演，顶层的伊朗地毯正在降价促销。一面墙壁上挂着大大的伊朗政治和宗教领导人祈祷的场面，里面的人物包括精神领袖哈梅内伊和总统内贾德。场馆里也展出了伊朗的经济科技成就，包括医疗设备、用激光

---

1 2002年时任美国总统的小布什提出"邪恶轴心"（Axis of Evil）概念，将伊朗、朝鲜和伊拉克指责为"资助恐怖主义的政权"。——译注

2 第七章中，作者曾称伊朗是中国第三大原油供应国，此处略有出入。——译注

而非铜线作琴弦的竖琴和一只山羊模型。山羊模型边的解说牌自豪地宣称："只有美国、英国、加拿大和中国等少数几个国家成功地克隆了山羊。"但是作为"克隆羊俱乐部"的一员，伊朗仍然不满足，还想发展核武来巩固自己的权力。

希拉里有时是个特立独行的外交官，总是刺激着她的对手超脱既有的外交模式，获得与众不同的效果，或者诱使对方说出真实的想法。但在世博会园区，她收起了自己的外交创意，没有访问朝鲜和伊朗场馆。因为风险实在太高了。伊朗正面临制裁，无心在这种非正式场合与美国接触。朝鲜被指责在2009年3月击沉了韩国的"天安"号战舰，造成46名水兵死亡。平壤否认了一切指控，中国宣称战舰是触发了美国水雷，俄罗斯则态度暧昧——冷战的思维似乎挥之不去。各方只能等待国际调查公布结果。

在我们到达中国参观世博会的同时，国际调查结果公布："在对所有相关事实进行中立、秘密的调查后，我们得出结论，韩国的'天安'号战舰是被朝鲜鱼雷的爆炸所击沉。所有的证据均有力地表明，鱼雷是由朝鲜潜艇发射的。其他解释均不足信。"

朝鲜人恼怒地反驳。在朝鲜国营电视台的新闻里，感情夸张、经常用抑扬顿挫的激昂语调赞扬金正日的新闻播音员，换上了仇恨的语气，尖着嗓子向全世界发出警告。报纸上也充斥着谩骂文章。

"我们已经警告过朝鲜叛徒集团，不要对伪海军战舰'天安'号的沉没妄加评论。我们更严正警告过美帝、日本政府以及他们纠集的乌合之众不要轻举妄动。朝鲜叛徒集团捏造的所谓'阴谋论'和装腔作势来恫吓朝鲜的爱国者，全世界都会看到他们将付出沉重的代价。"

世博会是一次愉快的文化外交插曲，但明天在北京，希拉里将要和中国人一起试图解开这个乱绳结。

我们即将于星期天到达中国首都北京，保罗·纳瑞恩正在召开最后一次准备会议。他是这次出访的"线路"先行官员，已经在北京打点了两周。这是他就任两年来最长的一次前站工作周期。这一周来他工作了130个小时，向华盛顿发出了数以千计的邮件，睡得比以往任何一次——甚至包括去年秋天从巴基斯坦到摩洛哥再到埃及的混乱旅程都少。"线路"官员在每次前站工作都要同大约20名大使馆官员开两到三次准备会议，确保各项工作都按时完成，并料理每个细节。而这一次前站工作开了四次准备会，还要占用一个体育馆来开会。保罗再次浏览了会谈安排的细节。他瞄了一眼行程安排，看到超过300名的代表团名单，心想：这一定是搞错了吧？我们不可能带这么多人出访的。

其实没有搞错，美国的出访代表团规模一向庞大，但这一次可以说是耸人听闻。美中战略经济对话（US-China Strategic and Economic Dialog）是两个世界大国之间一年一度、有时话题会很沉重的外交接触。战略经济对话是持续两天的恳谈会，两国之间任何需要相互协调的话题都可以搬上桌面讨论：气候变化、伐木、教育交流、中国人民币汇率等。美中两国以这种方式相互调适，在可以合作的方面开展合作，在有分歧的方面继续磨合。布什政府时期也举行过战略经济对话，但是在奥巴马政府时期，会谈的话题变得更加包罗万象。

确实有几百名美国官员要到北京来：每个机构，每个部门，每一位高级官员都渴望同美国的金主，也许是下一个世界性的超级大国——中国会谈。更重要的是，他们希望在美国最重要的双边对话中发出自己的声音。如果某个部门的领导不参加双边会谈，美国庞大的官僚系统可能就会自动过滤掉他的意见。另外，如果中国方面不能在充斥着几十个美国政府机构、300名官员的大房间里听到某个部门的声音，他们就会以为这个部门无足轻重。如果中国人忽视了这个部门的存在，这个部门就真的要退出双边关系的舞台。战略经济对话里，最重要的是塑造双方的相互理解。

美国一直执着地要压过中国一头，其他事情似乎都不重要。最新调查表明接近一半的美国人[1]认为中国已经或者正在超越美国成为世界第一强权。美国民众只需要看看数字：中国的经济仍然以奇迹般的10%年率增长，而美国经济则在2%～3%的增长中步履蹒跚。他们买到的东西似乎全是中国货。美国在两场战争上烧钱，中国则用金钱投资非洲。中国繁荣发展，美国则一蹶不振。这样的焦躁情绪让无数住在城郊的美国父母从午夜睡梦中惊醒，然后赶紧为子女张罗上中文课。但美国表现更多的似乎是偏执，而不是受到了激励。美国的神经过敏加重了美国的担忧。经济增长的差异是事实，但美国似乎总是想象自己正在滑进更深的衰落中。奥巴马在每年1月份的国情咨文中甚至都接连提到中国的高速火车和新机场。这种比较是希望激励美国人开始脚踏实地、迎头赶上，但出来的总是反效果：让更多美国人更感沮丧。1980年代，美国也曾经担忧会被日本超过，结果这个亚洲新兴的经济巨人后来迅速衰落了。但这一次美国人觉得噩梦会变成现实——中国会一口吞掉美国。

同一个调查显示，有63%的中国人认为中国已经或正在超越美国成为世界第一强国[2]，他们对于世界关注中国的态度比较矛盾。官方的《环球时报》在奥巴马某次演讲后发表评论文章，指责奥巴马是运用"打压"的战略，"加强和利用美国公众对未知的恐惧"来应付中国。

两国关系重要性的最佳标志，或许就是美国驻中国大使馆的面积——她是

---

1 *"China Seen Overtaking U.S. as Global Superpower"*，皮尤民意调查中心（Pew Research Center），2011年7月13日，http:// www.pewglobal.org/2011/07/13/china-seen -overtaking -us –as-global -superpower /.——原注

2 同上。——原注

全球最大的美国大使馆。保罗的第一次准备会议是在大使馆里的一个小房间，有几十名大使馆员工参加。但每时每刻都可能有新的大使馆员工向保罗要求加入会议：某人是车队中某辆大巴的向导；某人又说自己要为在机场等待希拉里的接待团队安排餐饮等。于是保罗被迫把最后一次准备会放在大使馆体育馆召开，出席的统共有200人。他给所有人叫了比萨外卖，会议整整持续了3个小时。为了安排车队，要腾出整整一个团队的人手去干活。通常，谁坐什么车之类的安排是附在美国的代表团成员收到的每日小型行程表中的。但这一次车队的大巴数目极多，乘客名单又有32页厚。为了整理好300份行程表，不得不动用了铁丝订书机。保罗同国务院和财政部的同事仔细地安排了每个细节。而跃跃欲试、办事严谨的中方人员则更为严格：他们在半夜2点同保罗会谈，再次检查了整个安排。

保罗总是在细节上花费大量精力。前站工作人员的任务之一就是保证会谈形式不会限制会谈内容。两天的对话里，总共安排了100个小时的会谈[1]。但如果保罗和他的团队做了惹怒中国的事情，比如要中方在一天内印好4000份证件或者在他们走出办公楼的时候不小心踩坏了花坛，所有的会谈成果都将化为乌有。在中国，形式总是比内容更重要。对面子的追求是中国人最大的行动力。"面子"的概念包含了名声、名誉和自豪感。在中国，对于避免"丢脸"的偏执甚至比阿拉伯世界更严重。保罗当然希望做好会谈各方面的工作，确保国务卿和其他美国官员以光彩照人的面目出现，但对于美国人来说，一些小过失不会被当成攸关国家尊严的问题。

现在，天安舰事件威胁着数周，确切地说是数个月来的准备工作。双方已

---

1 此处删除49字。——编者注

经为中美双边关系中的每个议题都安排了数小时的会谈时间，但现在世界各国最关注的问题就是朝鲜半岛的紧张局势。华盛顿希望北京承认朝鲜击沉了韩国军舰，并好好训斥平壤的"敬爱领导人"金正日。现在世界各国的目光都注视着中国。他们会如何应对这次国际危机？是确实转变为负责任的世界大国，好好责备自己的盟友一番？还是依然死抱着面子不放？

对于这一代中国领导人来说，天安舰事件是前所未见的国际危机，他们必须小心翼翼地处理。朝鲜自1948年起就是苏联盟国，并在1950年代的朝鲜战争后成为中国的保护国。中朝关系是冷战的遗产：朝鲜半岛局势延长了中国和美国之间的虚拟战争，维持着各方势力的均衡。美国的军力是中国的7倍，但朝鲜的核武发展和导弹试射使得华盛顿必须保持警惕。

二战结束后，苏联领导人约瑟夫·斯大林扶植了朝鲜第一任领袖金日成。北纬38度线南边的韩国则投入了美国阵营。但在1950年，金日成决意要将朝鲜半岛统一在自己的麾下。他认为朝鲜军队可以开过三八线长驱直进，美国人连派兵支持汉城（今首尔）领导人李承晚的时间都没有，他成功说服了中国领导人毛泽东。更关键的是，朝鲜使中国相信，战争的罪魁祸首是美国扩张的图谋，而不是朝鲜的行为。

毛在美国军队接近三八线之前已经在思考进兵朝鲜半岛的事宜[1]，不过在美国军队逼近鸭绿江后他才开始采取行动。毛希望确保朝鲜不会落入美国人之手，以防美国帝国主义势力在被胜利冲昏头脑之后觊觎中国[2]。毛也希望借此动员中国的民众，维护自己在内战结束后的中国的合法性。中国虽然在朝鲜损失

---

1 基辛格，《论中国》（*On China*）。——原注
2 沈志华（Neil Silver翻译英文版），《毛泽东、斯大林与朝鲜战争》（*Mao, Stalin and the Korean War*），New York: Routeledge, 2012. ——原注

了数以万计的士兵，但成功地迫使美国在三八线签订了停战协议，维持了朝鲜政权。共产中国激发出了新的民族自豪感，并维持了国家统一。数十年后的今天，中国对朝鲜战争的调子仍然未变：朝鲜是受欺负的邻居，美国是欺负人的帝国主义。

美国在全世界有50多个正式军事同盟，还有无数合作计划，同世界上许多国家紧密来往。而中国的盟友却是战略上的负累，中国的许多盟友，比如尼泊尔和柬埔寨都是弱国，她最亲近的盟国则是对自己毫无助益的国家：朝鲜和缅甸。朝鲜正变得越来越反复无常。一方面，朝鲜将中国视为自动提款机，而北京为了维持朝鲜政权也提供了大量食品和援助；另一方面朝鲜却向美国频送秋波，希望直接同华盛顿会谈。美国坚持同朝鲜的会谈必须让中国、日本还有其他国家参与，但朝鲜只想同美国做交易。让中国稍感安慰的是，缅甸似乎还能比较安分地待在自己的阵营里。

在上海机场，我们专机的前头还有十几架飞机排着队起飞，我们只能坐在座位上慢慢等。国务卿专机很少要求地主国机场提供优待，但中国人显然不想让美国国务卿在烈日下闷在铝合金机舱里。于是专机直接滑行到排队飞机前头，起飞前往北京。两小时后专机降落在北京，这时发生了连保罗和他团队的周详计划都无法预料的一件小插曲。

通常，外交保卫队的特工和随行记者团会先从专机尾门走下飞机，这样弗雷德和他手下的特工可以在地面上布好防线，随行记者团中追拍希拉里一举一动的摄影团队也有时间摆好器材，拍摄她从前门走出来挥手致意的场景。而在这几分钟里，希拉里在休玛的帮助下会在自己的私人座舱里最后整理一下仪容，确保形象光鲜。

但在北京，机场地勤人员发现舷梯同前门对接不上，液压升降臂一直无法提升到位。伴随着对讲机里叽叽喳喳的叫喊声，地勤人员跑前跑后试图解决问题。没有意识到出了问题的中国官员们还在排成一行等待迎接贵宾。地勤团队开来第二副舷梯，但中国舷梯似乎硬是和美国飞机门过不去。中国官员们开始坐立不安：他们觉得丢中国脸了。所谓事不过三——第三次舷梯终于成功与机门对接，美国驻华大使洪博培（Jon Huntsman）亲自走上舷梯，迎接希拉里下飞机。数秒后弗雷德和休玛才钻出来，这样确保了摄影记者可以拍到只有希拉里一人的场景。

中国国务委员戴秉国为希拉里举行欢迎晚宴。一如既往地，晚宴汇聚了丰盛的餐点和娱乐节目，绝妙地展示着中国人的慷慨。中国安排的第一次晚宴通常只用于闲话家常并享受娱乐，官员们询问希拉里旅途如何，对上海有何感觉。

自2009年第一次访问亚洲以来，希拉里已经逐渐掌握了同中国官员对话的技巧，懂得如何诱使中国对话者跳出传统的外交辞藻。希拉里用亲切的语气对戴说，她知道未来两天将会讨论很多重大议题，不过她希望先同中方初步谈谈几件重要的事情。韩国总统李明博将在第二天对全国发表演说，希拉里期望戴秉国能告知美方，中国对现时情势有何看法，准备采取什么措施防止天安舰事件造成的紧张局势升温。她还想知道最近刚刚到访北京的金正日的身体状况和思想动向。戴一如既往地不愿多谈。中国人总是不想过多地谈论朝鲜的情况，他们知道美国官员会马上将他们说的话透露给媒体，然后媒体就会大肆报道。

第二天的战略经济对话在后勤保障上完美无缺，但会谈气氛免不了忧虑和紧张。中美之间的会谈往往变成比较温和的拔河比赛。中国人压低人民币汇率，使其商品能以低廉价格吸引全世界的顾客。华盛顿认为这是不公平行为，经常促请北京将人民币升值。但现在欧洲陷入经济危机，希腊无法偿还债务，欧元岌岌可危，中国担心危机会使本国出口受到很大打击——这时候不适宜再升值货币，将出口产品价格推高。美国坚称，欧元区的危机不会影响全球经济增长，但美国财政部长蒂莫西·盖特纳却准备飞赴欧洲大陆，催促欧洲赶紧振作起来，以免危及美国本已缓慢的经济复苏。

天安舰事件当然也是会谈重点。一整天来，中国人在会谈中对事件几乎一言不发。第一天会谈结束后，希拉里召开了新闻发布会，赞扬了刚刚对全国发表演说的韩国李明博总统在事件中展示了明智而谨慎的领导力。记者追问中国会对不听话的朝鲜采取什么措施，希拉里则呼吁中国负起责任来。

希拉里回答说："中国理解韩国的行为，也理解美国对于维护朝鲜半岛和平稳定的责任。"她也赞扬了中国以往在应对朝鲜"挑衅"方面同美国的合作，并表示现在正与中方商量如何协力解决危机。天安舰几乎成为了战略经济对话里的又一项分议题。

希拉里也对日本方面的一项重要事态做出了评论。

"鸠山（由纪夫）首相做出了艰难的但也是正确的决定，同意在冲绳岛内为普天间基地寻找新的地点，我对此表示赞赏。"

鸠山由纪夫首相刚刚宣布，遵守同美国的协定，会在冲绳岛内重新安置普天间基地，这是一年半来美日双方密集谈判的成果。2009年2月希拉里访问日本时就同日本民主党（当时是反对党）展开了谈判。天安舰事件和中国日益强硬的态度使日本感受到东北亚地区内存在的威胁。2010年早春，距离冲绳岛几百英里的外海，一架中国直升机在一艘日本驱逐舰上空飞过，另外有10艘中国海军战舰在南面从非常接近日本列岛陆地的海面上驶过。中国正在展示自己的实力，日本则忽然觉得自己处于危险境地。日本必须取悦美国以维持他们提供的安全保障。

希拉里继续说："我以前也曾从政，深知鸠山首相做出这个决定要顶着多大困难。鸠山首相勇敢而果决地遵守了承诺，对此我表示感谢。"昔日在政坛上沉浮时，希拉里也曾做过许多艰难的妥协与抉择，这成为她在外交上的关键优势之一：她能体会各国领导人的艰辛，谈话中往往使对方觉得自己受到充分尊重和理解。这当然不是说各国领导人会听从希拉里指示出卖国家利益，但这种同理心有时确实能推动他们下定决心同美国合作。

希拉里再次表示："这一决定将是美国继续与日本发展在亚洲的同盟关系的基础。"事实上，奥巴马政府一直在默默地巩固着美日之间的同盟关系。

在北京会谈了两整天后，将在天安门广场旁边的人民大会堂举行结束仪式。双方都极力向世界展示两天的会谈取得了实质性的成果。于是中方举行了一个盛大的签字仪式，双方签署了几项关于核安全、生态环保合作和传染病防治的备忘录。在高到屋顶、顶部印着"中美战略经济对话"（US-China Strategic and Economic Dialogue）字样的蓝色背景板映衬下，中美双方官员陆续坐在前面的长桌子上，在协议文件上签字。希拉里站在签字官员身后，脸上带着浅浅的微笑。她右手边是美国财长盖特纳，左边则是中国副总理王岐山和国务委员戴秉国。签字结束后，这四位高级官员在长桌子上坐下，各人面前都摆着麦克风。绿色桌布上的鲜花散发出花香，四人凝视着前方一排排的记者。这一切都像是个新闻发布会，但这里是中国，规矩是不能在这种场合对中国高级官员提问，只能听他们发表声明。稍后希拉里和盖特纳会在下榻的酒店召开真正的新闻发布会。

戴秉国赞扬会谈"圆满结束"。这在中国词汇里是什么意思呢？大家在每个议题上都取得了一致同意？没有大的争吵？甚或干脆是回避了分歧较大的议题？光从戴的讲话很难听出什么来。戴就像个商业巨头，不停地说着要加强合作以达成目标，保持沟通的精神和原则，以及谨慎处理敏感议题的需要。讲稿里塞满了"尊重""互信"和"核心利益"这样的词汇。

戴补充说："在中美关系这艘巨大的航船上，中美两位乘客只有互相帮助，才能使船乘风破浪地前进。"

与此同时中国的海军战舰却动作频繁。先前已经有中国直升机飞越日本驱逐舰的事件；中国战舰驶过日本列岛南端；在南海，中国海军也使越南、马来西亚和菲律宾惴惴不安。

我们在周三早上醒来，这时出访已经持续了一周，都想着赶紧回家。但代表团还要短暂到访首尔。美国在本地区最亲密的盟友——韩国，希望在天安舰事件后得到美国的抚慰。希拉里在青瓦台同李明博总统共进午餐，但没有对媒体发表声明，于是我们守候在韩国外交部大楼外面，等候新闻发布会。这时随行记者团又收到了电邮，告知希拉里两周后要出访拉丁美洲——菲利浦·雷恩斯和她的团队总是无休止地在出访前、出访中、出访后安排下一次出访。

新闻发布会结束后，我们赶紧上车，开到机场同专机会合。我们的稿件已经通过电邮、广播和电话传遍全世界。现在要搭16个小时飞机回家，也就是说有16个小时可以好好补觉。有些官员的精神还处于兴奋状态，想同我们分享他们对这次成功出访的看法。通常记者都会无休止地缠着官员要求通报情况，但现在我们只想好好清静一下。

两名官员还是穿过了"线路"工作区域，来到尾舱向我们介绍他们从中国官员那里得来的只言片语。其中一个站在走廊上，另一个则靠在扶手边，站在后排的记者也伸长脖子听他们的报告。

这种通报都是在"幕后"进行的，也就是说我们引述消息的时候不能透露官员的姓名，只能说他们是高级官员。这种匿名的做法使他们可以畅所欲言，如果情况发展未如预期，他们也完全可以否认自己的表态。这种通报不可避免有倾向性：官员们希望将故事打造成对自己有利的样子，引用自认合适的事实来塑造自己版本的叙事。但他们也可以公开谈论会谈内容、理想目标和存在的障碍。当然会有例外情况，但总的来说，官员不会在通报里说谎，如果实在无法透露情况，官员们会选择忽略记者的问题，或者扯开话题。即使是在"幕后"进行的通报会，美国官员的直率话语大概也会激怒通报中提及的国家——像巴基斯坦、俄罗斯、中国这类国家。在这些国家里，信息不流通，舆论与官僚的接触受到严密监控，政府经常推出与现实完全不一致的说辞。

飞机在太平洋上空飞行的时候，我们得知中国可能放弃先前的谨慎态度，与国际社会一同谴责朝鲜在天安舰事件中的不光彩角色。本周末，中国总理温家宝将前往韩国出席一个峰会，预料他会对韩国的人命损失表示哀悼，并接受国际调查团对天安舰事件的定论。官员告诉我们，中国方面对朝鲜反复无常而不负责任的言行非常失望。这一代中国领导人没有前代领导人那样对平壤的历史记忆和感情，他们只是觉得这个盟友和老迈多病的领导人金正日使中国进退两难。

我们还得知，中国军队——中国人民解放军终于向美国国防部长盖茨发出邀请，请其访问北京。盖茨一直试图访问中国，但军力强大的解放军在中国内政外交政策上同样拥有巨大的影响力，过去一段时间解放军一直以拒绝盖茨来访和减少中美军队交流的方式表达对美国的不满。

希拉里在出访中总是鼓励美国与各国政府和人民增进交流，但她也明白有些人有时需要展示一下实力。希拉里专注于外交和发展问题，她在内阁中的盟友盖茨则负责安全与军事。这两位部长级官员在华盛顿结成了攻守同盟，经常在议题上采取同一立场。希拉里在出访中国的代表团中特意带上了多名高级军官，以促使中方重启军队层面的沟通。飞机上的官员展眼舒眉告诉我们，解放军很快会有时间接待盖茨的来访。

记者们对此拭目以待，显然这次幕后通报是要放出积极的空气，我们不相信事情会这么顺利。我们清楚地看到，中国人确实对希拉里和代表团微笑额首，但在涉及美国核心利益的议题上丝毫不让步，希拉里和代表团其实是两手空空地踏上返程。

如果说美国是不情愿地当上了世界大国，中国则不确定自己这艘崭新的航船是否禁得起全球事务的风浪。他们宁愿置身事外，坐在用"正规"事务和"全面"词汇打造的遮阳伞下面看风景。星期天，温家宝总理在韩国对丧生水兵的家人致以哀悼，并警告局势升温可能引发冲突，呼吁各方克制。但他没有表达对事件的遗憾，更没有公开指责朝鲜这个盟友，而盖茨的访问要到半年后才会发生。

从中国回到华盛顿后，我回想起在飞机上的谈话。我和我的同事都猜对了：那些正面消息都只是官员们的一厢情愿。但直到2010年底，我才会理解，为什么美国官员们当时会如此乐观。

第十章　海上见

　　2010年夏天，天安舰事件的余波仍未消除。朝鲜半岛南北双方在联合国安理会各自报告了本国眼中的事件经过和调查结果。韩国及其盟友希望向朝鲜传达一个清晰明确的信号：他们不会容忍朝鲜的胡作非为。但没人知道具体要怎么操作。作为常任理事国，中国可以否决任何谴责朝鲜的联合国决议。美国驻联合国大使苏珊·赖斯探索了其他可能方案，并由国务院亚洲事务助理国务卿科特·坎贝尔（Kurt Campbell）飞赴首尔同韩国方面商讨。安理会则做出了妥协，在一份主席声明中谴责了对天安舰的袭击，但没有点名指出朝鲜是策划者。这种主席声明并非安理会的决议，因此没有约束力，也无法触动朝鲜。

　　希拉里一边应付着其他国际危机，同时飞行21000英里出访拉丁美洲和欧洲，一边不断关注事件发展并与身边官员讨论。她认为是时候更有力地支援韩国了。但如刘易·卢肯斯所说，地球是圆的，每个目的地都能绕着弯到达，于是我们先在巴基斯坦和阿富汗停留。

　　希拉里在伊斯兰堡的行程又是一长串的公共外交活动。她一直在未雨绸缪，试图与文人政府、军队和巴基斯坦公众都维持良好关系。希拉里认为美国有必要向巴基斯坦民众展示，她不会再像以前讨好军政府领导人那样，将两国关系限于领导人间的来往。但做巴基斯坦的盟友是很累人的事情。华盛顿一直承诺发展长远关系，但巴基斯坦方面总是心存疑虑。希拉里有时会问国务院里的巴基斯坦事务专家瓦利·纳赛尔："美国明明给了巴基斯坦所有答应给的钱，为什么他们还要对我们大加斥责？"或者直接问他美国做出某项行动或倡议，巴基斯坦会如何反应。瓦利总是无法做出清晰的、明确的回答：本来巴基斯坦就无法提供这样的答案——在这个国家政治行为并非由理性或者说西方式的理性所指导。

在阿富汗首都喀布尔，希拉里出席了一个国际峰会，以示对总统哈米德·卡尔扎伊的支持。我们在喀布尔的停留短暂而令人窒息。"气泡"只在美国大使馆区和一两个外部地点间来回，总统官邸和阿富汗外交部都只在五分钟车程以外，全程用重型装甲车接送。希拉里只能在大使馆里会见少数使馆官员认为可以带进使馆的"真正的"阿富汗人。我们要睡在茅屋里，在越南战争时期他们被昵称为"烈酒（Hooch）"。只是在阿富汗，帐篷都架在室外的半拖车上，里面寒冷彻骨。

这是美国极力想从中脱身的国家，我们的短暂停留似乎也反映了这一点：快进快出，全身而退。阿富汗不是美国所着眼的未来，它是痛苦、血腥而让人受伤的过去，还是伊拉克之外另一个财富无底洞。美国在这两个国家的军事占领多年来一直消耗着金钱与士气。一如既往地，美国大兵一踏上这两个国家的土地，就开始寻找退路。这个不情愿的超级大国本来就没有想过长期驻留，但恰恰是这种心态反而令美国无法快速撤离：军事行动准备混乱，目标不清，甚至连成功也难以定义。阿富汗—巴基斯坦问题特使理查德·霍尔布鲁克曾经说："等你成功了，自然就会知道成功是什么样子了。"但绝大部分美国人没有这份耐心。美国人性情坦率、讲究效率、注重结果，他们更认为每个问题都有解决办法。在伊拉克、巴基斯坦、阿富汗乃至整个中东以及其他许多地区，很多词语都无法死抠本意：时间可以随意延长，"明天"意思是未来某时，"是"有时候意味着"否"，"否"有时候又包含"是"。

最终，当阿富汗或者别的什么地方问题尚未解决、甚至真正的困局还未完全展开时，美国人就走人了，他们开始着手解决下一个问题。而先前国家的人马上会觉得自己在一瞬间同时遭到入侵、放弃和背叛，进而将美国视为毫无耐心、薄情寡义的盟友。这同美国在那个国家投资、使用和浪费多少钱无关，更与美国士兵的死亡人数无关。

那些国家的人就是想美国做得更多，就像我和我们一家人在贝鲁特时所期望的那样。

在飞往首尔的专机上，我们简单吃了一顿晚餐：熏鸡沙拉配沙漠甜瓜和西瓜。记者们在卫生间附近的角落与官员们聊天。希拉里的女儿切尔茜和副幕僚长休玛·阿伯丁都将在那年夏天结婚。休玛给我们讲了两人挑婚纱和安排宾客名单的趣事。

早上7点多一点，飞机降落在首尔。我们浑身瘫软无力，连首尔早晨灰红色的晨曦都觉得太过刺眼。接下来还要面对11个小时的工作。希拉里的行李、黑色衣物包和较大的红色储物包被专人抬到红地毯上，再送进礼宾车。两排穿着传统韩国服装——黄色丝绸裤子、黑色外衣和红色水袖的士兵在红地毯两旁列队护卫。

几分钟后，希拉里出现在机舱门的舷梯顶部。她在降落前换上了红色外套和蓝色女装裤，脸上的太阳镜在阳光下闪出反光。韩国驻美大使上前迎接她。

她对于访问首尔感到非常兴奋：这又是奥巴马政府亚洲政策中一个精心设计的步骤。

我们在酒店稍事休息，然后将驱车1小时前往朝韩双方非军事区（Demilitraized Zone，DMZ）。卢肯斯和他的团队护送行李到达时，我们已经出发多时。应付这种旅行的一个小技巧是随身带好洗漱用品和换洗衣服，再把剩余的行李交给后勤团队打包。这一次，卢肯斯的团队提前20小时就帮我们打包好了行李。

在酒店外，我们的车队增加了好几辆车：美国国防部长盖茨也加入希拉里的出访团队，他们将分别展示美国权力的软硬两面。美国国防部长和国务卿很少一起出访，以往更没有一起去过非军事区——美国正以前所未见的方式展示在亚洲的存在。韩国官员选择搭乘速度更快的直升机，但希拉里不喜欢坐噪音大、飞行时劲风扑面的直升机，所以能不坐就不坐。大使馆为代表团租用了媒体大巴，挡风玻璃上贴着绿色的"外国游客"字样。这种警告似乎有点怪，但韩国是世界上民族同质性最高的国家之一，外国人以往经常会感到被歧视，而韩国人正在努力展现更友好的一面。今年晚些时候，二十国集团（G20）峰会将在首尔举行，韩国文化教育部刚刚开展了一项新课程，向本地学生宣传国际通用礼仪。课程中使用的教科书指导学生们如何"扮演好国际公民的角色"及"与外国人交流"[1]。

如果挡风玻璃上的绿色字样是希望提醒本地驾驶者让不辨方向的外国游客先通过的话，那它一上场就彻底失效了。代表团车队刚从酒店出发，一长串本地车流就插入车队几辆大巴的空隙中，把末尾的几辆车同前头的车队隔开

---

1 《韩国先驱报》（*Korea Herald*），2010年7月22日。——原注

了。我们的大巴司机并非大使馆雇员，尽管有警察护送，他们还是不敢随便闯红灯。

大巴上的媒体陪同官疯狂地给前面车队里的同事发邮件，告诉他们记者专车被落下了。没有记者，这次重要的访问就没法留下图片记录。这个消息最终传给了希拉里所乘礼宾车里的弗雷德·克彻姆。在他的安排下，前头的车队在高速路上龟速行驶，等待我们赶上去。

"线路"官员伯纳黛特·密汉也在我们的媒体专车上，这是她第一次参与前站工作。她刚刚从迪拜搬到华盛顿。在漫长的车程中，她与团队里的其他同事一样，脑海里充斥着各种想法：她电话里有没有存前面非军事区的接待官员的电话号码？有没有带稍后新闻发布会要用的翻译耳麦？有没有告诉希拉里，到达非军事区时盖茨也会上她的车？有没有检查非军事区里"自由屋"[1]的洗手间干不干净、门有没有打开？有没有告诉在非军事区的陪同官员将望远镜递给两位美国高官时记得先把盖子打开[2]？有没有带上介绍下一个访问地点的介绍文件……她在脑海里成百上千次地反复想着这些细节。昨天晚上，她也是辗转反侧，不停回想着这次访问的每个细节安排，每一个不起眼的细节都可能变得重要。两位美国高官的来访一定是明天媒体重点报道的事件，任何细节都可能产生难以预估的影响，而她就是负责处理细节的人。

美国官员认为视察朝韩边界是要传递明确的信息：不仅是展示美国在亚

---

1 "自由屋"（Freedom House）是韩国在非军事区建设的一栋三层建筑物，为非军事区景点的行政办公楼和游客驻足之地，也用于举行南北双方红十字会交流、离散家庭团聚见面等。——译注

2 经常被媒体嘲笑智商低下的美国前总统小布什访问非军事区时，陪同的美军军官未将望远镜镜头盖打开就递给小布什，小布什随手举起，被记者抓拍，留下一张小布什举着未打开镜头的望远镜观察朝鲜的图片。后在互联网上流传，被视为小布什留下的笑料之一。——译注

洲的影响力，更要直接触动朝鲜的神经。这种大摇大摆的行为背后其实挫败重重。过去一年多以来，奥巴马政府一直试图劝服平壤重新坐到谈判桌前，讨论放弃其核武计划的事宜（2009年以前朝鲜多次变换了核设施所在地的地名）。2009年以前，就已经有过很多轮谈判磋商了，但"亲爱的领袖"金正日一直很顽抗，不肯放弃手头上的筹码，小心翼翼对待"放弃"这个手段的影响力。如果朝鲜没有核弹，世界不会给他更多关注。美国要他放弃核武，他则要求丰厚的回报，比如同美国的长久友好关系。他用各种稀奇古怪的行为，比如突然试射导弹或击沉韩国战舰来吸引美国的注意力。

非军事区是一个两英里宽的缓冲带，中间就是朝韩军事分界线（Military Demarcation Line，MDL），是世界上仅存的两条冷战时代将统一国家划为南北两半的分界线之一（另一条是分割塞浦路斯岛的"绿线"[1]）。世界的其他地区也有许多局势紧张的边境线，比如黎巴嫩—以色列边境和印度—巴基斯坦边境。在瓦嘎[2]口岸，印巴双方军官每天都会上演同一幕滑稽剧：每天傍晚，穿着华丽服饰的双方人员先是相互直视，然后在号角声中动作夸张地关闭口岸闸门。两边的村民和游客一边看热闹一边大声鼓掌和欢呼。

但军事分界线把朝鲜半岛上的同一个民族分隔得太久了，两边的人群已经变得截然不同，几乎可以说是变成了两个民族。贫穷的北方受尽饥荒折磨，科学家们甚至发现，北方人的平均身高比南方同胞们矮了好几英寸。与此同时，南方的韩国发展成世界第十四大经济体，富足的韩国人们平均身高比原来又

---

1 冷战时期希腊和土耳其均试图争夺塞浦路斯，并爆发过冲突；1974年联合国划定"绿线"，派维和部队进驻，绿线南部为希腊族裔居民，北部为土耳其族裔居民。——译注

2 瓦嘎（Wagah）口岸是印巴两国唯一的陆路边境口岸，印巴双方均派服饰华丽的卫兵驻守在闸门两侧，每天晚上口岸关闭时双方卫兵夸张的正步和关门动作是当地一大看点。——译注

增长了几英寸。如果晚上从天空中俯瞰，朝鲜一片漆黑，仅有平壤发出一点亮光。在谷歌地图上查看，朝鲜的地图一片空白，毫无信息。韩国地图则纵横分布着橙黄色的方格，显示着高速公路和街道路线。

像在瓦嘎一样，南北双方的士兵也在长160英里的军事分界线的其中一点上面对面地驻守——在已经无人居住的板门店村，设置有共同警备区（Joint Security Area, JSA）。板门店村又被叫作停战村（Truce Village），是横跨军事分界线的环形地带，我们现在就正随希拉里和盖茨前往这个地方。尽管道路两旁有翠绿的植被，整个地区仍然显得冷清而荒凉，仿佛四处都布满敌意。路旁不断出现地雷区的警示牌。阵阵小雨增加了绝望的气氛。

其他车辆在山丘下的"村庄"里等待；希拉里和盖茨的礼宾车则直接开上山丘，驶到欧勒德（Ouellette）观察站[1]。这是分界线南方的一个小型前哨站，建有可以俯瞰北方的瞭望塔。弗雷德坐在前座上，眼睛警惕地扫视着四周。联合国驻当地部队的美国和韩国士兵一直处于高度戒备状态，但弗雷德才是希拉里人身安全的负责人。朝鲜人民军的士兵对南边的动作非常敏感。共同警备区多年来也曾发生多宗暴力冲突，其中最血腥的便是1976年的"斧子谋杀事件"：一支美韩小分队进入共同警备区想伐倒一棵阻碍视线的白杨树，但朝鲜士兵将小分队所用的斧头抢去，砍死两名美国士兵。事件发生后，军事分界线的规定即被延伸到原本是共同使用的共同警备区，现在朝韩双方士兵都不准越界。1980年代以来，流血事件不再发生，但北方的行为反复无常。天安舰事件和国际社会谴责接踵而来，朝鲜更是高度紧张。

---

1 欧勒德观察站是以朝鲜战争中美军士兵约瑟夫·欧勒德（Joseph R.Ouellette）的姓氏命名。欧勒德于1950年9月3日在朝鲜战场阵亡，后被追授美国军队的最高荣誉——荣誉勋章（Medal of Honor）。——译注

希拉里举着一把黑色的伞，拾级而上直至观察站。观察站周围围着一圈矮胸墙，附有伪装网。盖茨紧随其后，两人分别同驻守观察站的哨兵握手。弗雷德走到楼梯一半处便停下，以免出现在镜头中。阵雨稍微停歇，雨伞被放到一边。两位美国高官拿起望远镜，记者们抢拍了这一完美画面：美国的和平使节和战争代表，一个戴着红色珊瑚项链，另一个打着颜色相同的领带，站在自由世界的前沿，举着望远镜向远方窥探，背后的旗杆上飘扬着联合国天蓝地球旗、美国星条旗和大韩民国太极旗。

在山丘下的停战村里，一排天蓝色矩形带窗平房刚好被军事分界线平分。共同警备区里的韩国士兵在平房的南边站岗，蓝色的房子掩盖了他们半个身影。这种只对北方暴露半个身形的站姿，目的是万一发生冲突时使北方士兵难以瞄准，并及时向南方发出信号。被称为"国军预备姿态"的跆拳道式站姿则是随时投入战斗和找掩护的准备姿势。只要共同警备区里有访客，韩军哨兵便会摆出这种姿态，甚至在平房内也是如此。

盖茨、希拉里和韩国官员一同进入同一座平房：当年的停火谈判场地，南北双方的停火谈判就是在铺着绿色桌布的桌子上进行的。平房开有南北两道门，分别通向双方。

在平房里，一名韩军哨兵以"国军预备"姿态肃立，背对着通往另一边"人民天堂"的蓝色房门。如果朝鲜真是人民天堂，那又怎么会有人想要逃到南方呢？但这名哨兵正是把守着南方边境的第一道防线。哨兵紧握拳头，在室内也带着太阳眼镜，不苟言笑，像是个机器人。对于朝鲜人来说，他显得冷酷无情：正是敌人的形象。无数人伤亡换来的军事分界线在这个房间里刚好从一座桌子中间穿过，显得有点滑稽；但人命的伤亡却是真真切切的。

在窗外，一名身材罕有地高大的朝鲜士兵向屋内张望，大概是在好奇屋内为什么会发出阵阵喧哗。板门店是个著名的旅游景点，同当年柏林墙的查理检查站（Checkpoint Charlie）[1]有得一拼。但没有游客会像这个代表团一样坐着防弹汽车、被一帮保镖簇拥着来访。朝鲜在这里部署的是精锐部队。这名高大的士兵大概已经从上级那里得知，种种迹象显示对面会有一个高规格代表团来访。我禁不住想，他会不会认出希拉里？他看过她的照片吗？他对外部世界了解吗？他在想什么？

朝鲜士兵天天在部队里接受教育，说美国针对朝鲜有一大堆阴谋，大概现在他只会想着确保没人会踏入北方领地。不过在某几分钟内，他无法阻止希拉里和盖茨做到这一点：他们踱步到了平房内的朝鲜一侧，法律上他们是站在朝鲜领土内的。他们都没有回头看朝鲜士兵，只是盖茨脸上带着恶作剧式的微笑，似乎差点就想回头看看。

车队回到首尔，我们被安排参观面积2万平方英尺的韩国战争纪念馆。纪念馆既是博物馆，也是储存历史记忆之地，纪念着朝鲜半岛数个世纪来的无数战争，最近一次就是1950年爆发的朝鲜战争。战争造成了数以十万计的伤亡：有4万名美军死亡或失踪，韩国也至少损失了45000名士兵，联合国军其余国家也共有数以千计的伤亡。据信，中国和朝鲜军人的死亡数字共达70万[2]。

韩国人用类似华盛顿那宁静的越南战争纪念碑的方法，纪念那些为保卫韩国而战死的士兵。在一个户外长廊里，石墙面前放着一个个高大的黑色面板，镌刻有每个阵亡士兵的国家或所属的美国州。

---

1 查理检查站（查理Charlie的C即第三号的意思）是柏林墙建成后东西德之间3个检查站之一，专供非德国人在两德之间往来。——译注

2 原文如此，此处提供的各方伤亡数字同各国的官方数字均有较大出入。——译注

代表团一行到达后，盖茨、希拉里和他们的随从在博物馆里的一个小房间内短暂停留了一下，他们将要对主纪念碑献上制作精巧的花圈和徽记。尽管他们早已收到自己团队发来的对献花流程的简介，希拉里得到的是按惯例缩短了的简介，伯纳黛特还会为他们再介绍一次整个流程。

在美国政府内阁里，国务卿的位阶高于国防部长。但盖茨为人非常随和，毫无怨言地跟随希拉里的行程。希拉里可以一天不停地活动，中间只在礼宾车里啃个苹果或者三文治，直到就餐时间甚或直到一天活动结束才吃饭：她不需要在固定时间进餐。不过这次盖茨提出了一个要求：他希望空出20分钟来吃午饭。两份便餐已经准备好：盖茨的是汉堡包和炸薯条，希拉里的是鸡肉三文治。伯纳黛特自己刚刚吞下了一包什锦果仁，现在两位部长一边吃东西，一边听着她关于献花过程中上台、钟声和引导绳索之类的介绍。

在房间外面，随行记者团也在听着流程简报：图片和影像摄影师可以知道主要人物会怎么移动，而我们这些文字记者则是要避免出现在镜头中。

第二天早上，希拉里和盖茨在非军事区用望远镜张望北方的照片占据了韩国报纸的头版。美国的核动力航母"乔治·华盛顿"号也在南部港口釜山停泊。几天后，8000名美国和韩国士兵将展开代号"不屈精神"的大规模军事演习，参演的包括美国航母和韩国空军与潜艇。另外还有25800名美军士兵常驻于韩国。

韩国人今晚大概能睡个好觉了。他们的强大盟友已经伸出援手，令人放心的兵力增援和安抚语言使韩国鼓起勇气直面好战的北方邻居。这些动作似乎都只是作秀，但地区局势确实在发生着难以觉察的变化。

先是阿富汗，又到巴基斯坦，再到韩国，现在我们还要前往越南。这次出访就像是参观美国过去和现在的战区。奥巴马政府认为太平洋地区对美国的未来至关重要，希拉里则进一步认为，在历史中能学到很多教训。

希拉里说："我们见证了韩国努力迈向正常民主国家的进程，先前这个国家充斥着政治不稳、政变、贪污腐败、丑闻，应有尽有。"

"我们有必要提醒自己，有很多国家经历过重重波折，而美国与他们结盟也远远超过8年时间，我们必须要认识到阿富汗局势中的……相关利益。我们曾经放弃了这个国家，结果令自己受到重创，这不能再重演了。"

希拉里总是观察敏锐、注意细节，但她也不会丢掉宏观的视野。成功可能在几十年里都难以实现，但希拉里相信只要细心、努力，成功一定会到来。越南曾经是美国的死敌，现在却准备迎接希拉里，庆祝同美国建交15年。东南亚似乎比巴基斯坦和中东更容易淡忘过去。

希拉里在越南的出访又被一大堆字母缩写包围。ASEAN和TAC又回来了。希拉里遵守了2009年2月的承诺，签署了美国与东盟的友好合作条约，并已经出席过多次亚洲地区峰会。在这个象征性姿态受到社会重视的地区，美国的好感正因此上升。与此同时，区内一个巨人的苏醒也促使各国逐渐向美国靠拢。

数十年来，中国在南海、南沙（Spartly）和西沙（Paracel）群岛的主权问题上同东南亚各国冲突不断。中国军队在1974年从南越手中取得了西沙群岛西部岛屿，又在1988年的一场海战中击沉了3艘越南社会主义共和国的战舰。最近中国又宣布将开发对这些群岛的观光旅游。越南非常愤怒，因为她从未认可中国对西沙群岛的主权。南海是巨大的优良渔场，海底还被认为藏有丰富的石油和天然气。繁忙的海上交通也是为中国的繁荣经济输血的重要管道。2010年3月，中国在白宫对美国官员表示，美国不应插手南海争端，他们会逐个与争端国家解决矛盾。5月的战略经济对话上，中国人再次对希拉里做出了同样表示。中国正将南海上升到与台湾和西藏同等的国家核心利益的高度，并向其他国家发出明确信号，要他们退出南海利益的争夺。

越南、菲律宾、马来西亚和其他东南亚国家希望得到有力的支援。美国看到了遏制中国的机会。在其中一次会谈上，希拉里、杰克·沙利文和科特·坎贝尔同其他亚洲国家的代表详细研讨了应对中国的对策。策略是先由亚洲国家表态反对中国的扩张，希拉里则压轴出场。峰会上，亚洲国家的外长们一个接一个愤怒声讨中国在公海上咄咄逼人的行为。中国外长杨洁篪被打了个措手不及。随着会议的进行，他也越来越愤怒，到希拉里发话后，他已经怒不可遏。到杨外长发言时，他仍对总共12个亚洲小国纷纷在南海问题上指责中国感到愤愤不平[1]。

1949年以前的中国地图似乎已经将南海的大部分都归入中国主权范围内，现在中国铁了心要夺回领土。在过去几年，中国在这方面的语气也越来越强硬。北京也许不想中国当一个世界超级大国，但在利益要求上也越来越不含糊。奥巴马上台前后，中国态度谦恭，并相对合作地使权力过渡得以顺利进行。现在中国政府则看到了机会：奥巴马政府在世界事务上放出一副重修旧好的姿态，希望与昔日敌国多交流，希拉里在人权问题上放软了身段，还有最重要的2008年金融危机。考虑各方因素后，中国觉得现在可以对美国颐指气使了。北京的官员们经常辩论美国是否已经衰落，现在他们大概觉得美国真的衰落了。而这次美国在幕后策划的在外交会议上针对中国的集体行动让中国猝不及防。

---

1 此处删除41字。——编者注

希拉里在会议结束后的新闻发布会上说："美国一如区内其他国家，认为在南海区域的航海自由、亚洲公海公地财产对各国开放及对国际法的尊重，符合其国家利益。"这还只是个开头。

她继续说："美国支持推行合作性的外交进程，以便各声诉国在不受外力胁迫的情况下共同解决各项领土领海争端。我们鼓励各方尽早达成全面的行为准则。美国愿意协助推行符合《中国—东盟2002年联合声明》准则的倡议和相关的信心建构措施。"

美国人也会协助推行倡议？中国大为光火。美国在中国的后院同韩国举行联合军事演习，现在又介入到亚洲大家庭的内部争议中来。美国本该从全世界退缩的，现在却在太平洋耀武扬威。一定有什么地方搞错了。

中国这个"亚洲巨人"与14个国家接壤，但环顾四周，她没有真正的朋友，没有共享价值观的邻国，甚至没有可靠的帮手。中国仿佛站在拥挤的房间里，却无人理会的人。20世纪，中国先后与日本、印度和俄罗斯发生战争，这4个国家也是相互不喜欢、不信任的。巴基斯坦算是一个朋友，但它自己也麻烦多多。朝鲜和缅甸则完全不被国际社会看成正常国家。

中国共产党最重要的任务是保证自己的生存。中共领导人要让13亿人有饭可吃、有房栖身、高高兴兴。中国常用民族主义的话语，将对现时制度的批评指责为外国人一直在密谋的分裂中国的阴谋的一部分。中国在南海争端上的强硬姿态使得这套话语更为可信，帮助共产党塑造了强大的形象，有助其牢牢抓住权力。中国官员似乎不愿意或者说不能向邻国放出安抚性的姿态，以使它们冷静下来。现在美国突然成了更有吸引力的超级大国。中国失去了抢夺地区领导权的机会。在其他各国眼中，中国没有变成足以抗衡美国的地区霸权。

　　美国的精密外交政策加上中国自身的失误，使得亚洲政策成为奥巴马政府外交中的亮点。但这个好消息鲜少吸引国内媒体的注意。报纸头版似乎从来不喜欢登载这个混乱世界中的好消息。甚至关注世界其他地区和热点的美国官员也没有及时认识到亚洲方面的胜利。

　　与此同时，美国的国内情势也不容乐观。

第十一章　成功乃成功之母

枯黄树叶开始徐徐飘落，2010年秋天的华盛顿笼罩在一片萧瑟气氛中。报纸上充斥着凄凉的消息：民众因付不起房贷而丧失对自己家园的所有权；许多城市拼命设法平衡收支；华尔街高管们取得数以百万美元计的分红，而各种工业却要挣扎求存。

华盛顿是首都，因此在经济危机中受到的打击比其他地区要轻。餐馆里依然食客满座，还有新店开张；新的住宅大楼工地热火朝天；各类国际机构吸引着数目稳定的游客来访。但美国全国都在惶恐这个国家到底要往何处去，华盛顿人也无法置身事外。我的美国朋友们不仅担心工作不保，更忧虑美国的未来。美国到底是个怎样的国家？现在很难说她还是以前那个充满机遇的国度，那她到底代表着什么呢？逆潮流而动的极端右翼组织茶党（Tea Party）在全国吸引了越来越多的支持者。美国的第一位黑人总统似乎没能团结或转变这个国家。事实上，美国的民意分化程度同以往无异，政治上两党分歧也丝毫没有消减。失业率徘徊在9%的高位，时刻提醒着人们奥巴马重振经济的计划正逐渐走向失败。2008年金融危机对美国乃至对全世界的打击程度之深，出乎所有人原先的预料。要修复多年来的创伤，需要耐心而持续不断的努力，但失业的、沮丧的人们不愿意等待了。

2010年11月，美国国会中期选举中，美国选民们展现了他们在国内政治上的焦躁情绪。美国人似乎习惯于用会计式的抠门去计算时间：一旦发现某个选项没有效果，就马上放弃，另选新招。选民们两年前投票给"改变"，现在他们再一次要求改变了。民主党在众议院损失了足足62席，失去了多数党地位，在参议院也仅占微弱多数。虽然民主党先前在两院都占多数地位，但奥巴马还是颇费了一番力气才使自己的医疗保险改革计划通过国会表决。未来两年他的施政大概会更加艰难。

全球各地似乎也正陷入混乱之中。这个世界上，危机总是突然而至，战争、经济衰退和地震不会守规矩地一个个排着队来。但这一次，全世界不知道为什么都陷入了茫然无措的绝望中。

11月中的一天，我下班后前去同一位美国高级官员见面，想私下里谈谈美国外交政策的情况。这样的非正式交谈是驻华盛顿记者们的生活常态：早餐、午餐、咖啡茶聚、酒吧小酌、晚餐，任何可以与人交谈的时间都可以私下约见官员们。如果需要快速地回应或想在稿件中简短地引用某人的话，记者们还经常打电话和发电邮去询问官员们。但是要让官员们对自己产生信任感，并愿意给出自己所知的比官方声明更有意义的信息，记者还是需要多与官员们认真地面对面交流。对于美国主流大媒体的记者来说，安排非正式会谈是很简单的事情，其他人（特别是外国记者们）就需要花点心思了。官员们也愿意同媒体交流，这样可以在记者们的稿件中传递出自己的信息。有时候官员想放些什么风声出来，还会主动邀请记者会谈，所有的消息来源都在意自己的利益。记者的职责则是自己分析不同的消息，从中整理出事实来。在黎巴嫩和巴基斯坦这样的地方，整理事实会更加困难，因为还需要判断官员所说的到底是事实抑或干脆只是造谣。而美国官员的私下谈话则有着难以置信的可信度，明显透露出决策机器核心的状况。在飞机上希拉里也经常跟我们闲谈，我们不能在稿件中引用她的话，但有助于我们认清事态的发展，使我们的报道更加全面。国防部长盖茨在他的飞机上也经常这样同记者交流。

而较低级别官员对记者们做的"幕后通报"则让我们洞悉他们的想法、动向，有时候还能猜出他们在隐瞒什么消息。欧洲和阿拉伯外交官有时候也会对记者说："某某事我们还是私下谈吧。"但他们往往只是将公开声明再重复一次。有时候，美国外交官的"幕后通报"也是索然无味的，可能是会谈正处于关键时期，或者官员们没有值得鼓吹的成果，或者他们同其他国家的官员一样暂时不想公开敏感信息。奥巴马本人经常单独或者在接待外国领导人来访的新闻发布会上接受采访和回答问题，想专访希拉里和盖茨则比较难。但如果总统与外国领导人谈到的问题比较重要，而且希拉里这一类高官也要出席的话，记者们还是有机会接触到他们的。美国电视台还会经常播放漫长的国会听证会，会上经常能见到从内阁部长到中情局局长再到高级军官这些高官们。

但在中国这类[1] 国家，记者几乎无法接触到有实质决策权的官员，很少有人知道决策层的内幕。记者们有时能采访较低层级的办事人员，或者刚刚同高层官员会谈过的外国官员——我们每次出访中国都是这么做的，但要专访国务委员戴秉国、安全保卫机构负责人周永康乃至国家主席胡锦涛，则根本不可能做到。在统治中国的实际权力中枢——中共中央政治局常务委员会的九名委员中，只有温家宝总理偶尔接受外国媒体采访，并定期举行新闻发布会——频率

---

1 此处删除4字。——编者注

是每年一次。

窗外一阵冷风卷起阵阵灰尘。我在星巴克点了咖啡，同某官员面对面坐下。中期选举失败的阴影似乎也深深地渗透进了国务院的外交决策机构和白宫之中。

官员说："我们好像是绝望地用口香糖和橡皮筋把整个外交政策勉强粘在一起。情况很糟糕，糟透了。"

他一样样地说了国务院最近的挫折。尽管在白宫和中东地区都举行了关于和谈的峰会，推进中东和谈的努力依然没有效果。以色列一直很刺头，连完成本国义务都要求各方做出回报。官员还抱怨说，最重要的是以色列根本不在乎自己阻碍和谈的行为也会影响美国在中东地区的声誉。巴勒斯坦方面拒绝对任何压力做出让步，甚至连让步姿态都不愿做，活生生把自己搞成了希腊悲剧式人物。阿富汗总统哈米德·卡尔扎伊又露出了反复无常、言而无信的本性。巴基斯坦一如既往地两面三刀，一边伸手拿美国的钱，另一边在每件有益于美国的事情上都拖后腿。伊朗？还是别提了。美国所谋，皆无所获。好像每个国家都要耍弄一下美国，试试美国权力的限度，看看自己能占什么小便宜。

官员说："成功乃成功之母。"他的意思是，相反的命题也成立：一旦有一丝失败的苗头，整个系统可能就会崩溃，美国的威望就会进一步萎缩，权力也会遭到削弱。奥巴马政府花了两年，试图为美国在21世纪继续发挥影响力打下基础，但现在这个基础依然非常脆弱。除亚洲以外，美国在其他地区还没有取得什么成功。如果情势继续恶化下去，甚至现在取得的成功也可能会化为乌有。

回到家，我感到阵阵不安。"用口香糖和橡皮筋"的说法，让我对官员的这种坦率感到震惊。我知道美国不可能轻描淡写就把事情做成，我亲耳听希拉里说过美国"没有魔法棒"，两年来我也看着美国官员为实施美国外交政策做了许多脏活累活。但"口香糖和橡皮筋"这种说法太脆弱、太直白了。这就是"衰落"的样子吗？我想起了在贝鲁特的童年时光，那时候美国也是处处受打击，报纸上天天说着美国衰落了。我们那时候是猜错了，但是现在我们猜对了吗？美国确实在变得更糟糕吗？站在黎巴嫩看着美国大使馆的废墟，觉得历史正在自己的国土上展开。强大的美国正在衰落是一回事，但在华盛顿从一个手握权力却不知从何下手的美国官员口中听到这些话，感觉则完全不同。

我读了前国务卿玛德琳·奥尔布赖特的回忆录，发觉她在1998年写作的时候也流露过类似的绝望情绪。"我环顾世界，似乎要么看到僵局，要么看到危机。美国权力纵然强大，也无法只手遮天。朝鲜、塞尔维亚、以色列和巴勒斯坦、印度和巴基斯坦、伊拉克、俄罗斯、非洲各国的领导人——甚至我们自己的盟友对我们的请求也是熟视无睹，或者满怀敌意。我个人的信心一下子被拉低了。"我觉得很惊讶，华盛顿有很多官员总是很怀念克林顿政府时期，觉得那是美国霸权和权力难觅对手的黄金时期，苏联倒台后的那十来年根本就是美国主导的单极世界。

我更深入地思考了美国外交的历史。1975年初，那时候亨利·基辛格还是美国国务卿，美国外交在全球，特别是在亚洲似乎也是节节败退。越南战争结局惨不忍睹，红色高棉即将占据整个柬埔寨。美国的重要朋友沙特费萨尔国王被一名皇族成员刺杀。1973年10月第四次中东战争后，以色列继续为所欲为，给美国带来不少麻烦，气得尼克松总统几乎要不顾国内政治后果同以色列方面摊牌[1]。在中东战争期间，美国和沙特自1945年杜鲁门政府以来达成的"石油换

---

1 基辛格，《动荡年代》（*Years of Upheaval*），New York: Little Brown, 1982. ——原注

武器"协议第一次破裂。沙特和其他阿拉伯产油国决心以石油作为武器惩罚美国，报复其对以色列的军事援助。这些国家实施了石油禁运，使得油价翻了两番，导致美国本土加油站大排长龙。

往回推到1950年，已经有声音提出对美国衰落的警告。其中有一份重要的国家安全会议文件认为，美国不仅没有足够的军事和财政资源实现所有的战略目标，而且在日渐崛起的苏联面前，美国恐怕会经历严重的相对衰落。中国的毛泽东主席坚信美国一定会衰退，无法再承担起全球事务的重担，更难以继续在资本主义世界维持霸权[1]。这些话听起来都太熟悉了。

对于美国衰落的讨论似乎形成了一种循环：美国自己的信心时起时落。很难说美国势力是直线上升或者下降，但确实有无可辩驳的迹象表明，美国，尤其在经济上不再是以往的那个巨人了。二战后美国国内生产总值（GDP）一度占全球总额的50%。1970年代西欧逐渐崛起后，这个比例下降到25%，此后就一直在这个数字上徘徊。其他经济体的崛起通常是对美国有利的事情，它们要同美国开展贸易，并为美国公司提供新市场。但毫无疑问地，其他国家在逐步走向经济繁荣，人口脱困后，自然也会希望在国际经济利益上占到更大的一份。

如果美国对世界事务的影响越来越小，那对我有什么冲击呢？如果美国权力衰落了，我的生活会变得更好吗？黎巴嫩呢？中东呢？像世界上许多人一样，我经常觉得美国人应该退回国内，处理好本国的事情，也让我们自己处理自己国家的事情。但我很少思考，哪个国家或者什么势力能取代美国成为超级大国。我不确定身边那些老是责骂美国的人有没有认真想过这个问题。至于那

---

1 O.A.Westad，《全球冷战：对第三世界的干预与我们时代局势的起源》（*The Global Cold War, Third World Interventions and the Making of Our Times*），New York: Cambridge University Press, 2005. ——原注

些希望本国政府从全球退缩的美国人，似乎更加没有想过。如果中国独占了南海的商船航路，导致大米或者iPad的价格大幅上升，美国人会接受吗？如果土耳其和巴西默许了伊朗的核武计划，使伊朗成功发展出核弹，进一步加强对黎巴嫩的渗透，我又会怎么想？大概人们已经习惯于认定美国的权力是与生俱来的，难以想象没有了美国的世界会是怎么样，或者无法想象美国万一"退回"国内会有什么深远后果。

只是，美国成为超级大国的时间还不长，并未圆熟地掌握管治世界的艺术。从人类历史的角度来看，60年只是一瞬间而已。美国还在走向成熟，逐渐巩固自己超级大国的地位。但美国权力到底是良善的还是恶毒的呢？美国的历史污点确实罄竹难书：在拉丁美洲策划过政变，在阿拉伯世界支持过独裁者。但为什么还有这么多国家和人民期盼美国向他们伸出援手呢？

我个人很欣赏经常打交道的一些美国官员，美国外交官身上有种别国官员没有的真挚。但他们的工作使美国在全球成为支持良善一方的势力了吗？当然，他们最主要的工作还是保护美国国家利益，但国家利益和道德原则必然冲突吗？

在美国，日常生活中不会出现我在黎巴嫩经历过的，也是其他国家的人民司空见惯的那种恐惧。这里是法治国家，不会有暴徒在午夜突然把人从家里揪出来，不会有人私设刑堂杀人，不会有恐怖分子将人斩首，更不会有武装分子在市场里引爆炸弹。住在这里，我觉得很安全。但在承受美国外交政策后果的国家，人民可能正经受着莫大痛苦——正如我在黎巴嫩经历的那样。在自己政府统治下受苦，和承受美国外交带来的痛苦相比，哪个更令人难以接受呢？在伊朗德黑兰臭名昭著的埃温（Evin）监狱[1]里受尽折磨的囚犯，和在关塔那摩湾

---

1 埃温监狱是伊朗专门关押政治犯的监狱。——译注

基地关押多年还未受审判的犯人相比，哪个更凄惨呢？住在被叙利亚军事占领的黎巴嫩，和住在天天要担心美国士兵在晚上突击搜查的阿富汗相比，哪个更糟糕呢？在乌兹别克[1]监狱里受严刑拷问，和在阿布格莱布监狱里受美国士兵虐待相比，哪个更让人生不如死呢？

这些想法在我脑海里翻腾着，总是迫使我试图将美国权力逐渐简化，还原到一组很难定义的价值观上去。但我也深知，世界并非善恶分明、黑白界限清晰，而总是有大片灰色地带。我那些问题的答案大概会很复杂，但归结起来，似乎最明显的分别还是对法律的依赖。有许多美国军官热心地为关塔那摩湾的囚犯充当辩护律师，这让我感到震惊。我曾经问一位布莱恩·米泽中校，他为什么能帮一位被控协助过本·拉登——美国头号公敌的疑犯，他的回答是：每个疑犯都应该受到公平审判。理论上，这个说法是成立的。但是在黎巴嫩，没有律师敢为一名被控协助以色列——黎巴嫩的敌国的人辩护，因为律师和疑犯可能都会被控叛国罪。在叙利亚[2]或俄罗斯这样的地方，除非一个人有钱行贿或有权有势，否则法律不过是一纸空文。如果法律不能保护普通人免受政府暴行的伤害，其所产生的无力感足以彻底毁灭一个人的心气。我想起：巴西拒绝谴责伊朗人用投石处死妇女，[3]俄罗斯不停追杀流亡海外的记者。这些国家难道会帮助别国的异见人士避难吗？也许没有国家，包括美国在内有义务管治世界。但我很难想象如果现行体制下的中国成为美国那样的超级大国，那世界会变成什么样子。

也许权力较为平均地分配给世界各大国的多极世界确实会好一些。权力制

---

1 此处删除3字。——编者注
2 此处删除3字。——编者注
3 此处删除10字。——编者注

衡总是防止一家独大的最好方式。1998年，美国霸权正处于巅峰的时候，一位法国外交部长曾经将美国比作轧路机，称其为超级权力中心。美国的骄矜使得布什政府恣意妄为。美国一向有不愿意随便出兵干涉外国的传统，但伊拉克战争是个例外。美国热心地一头扎进本可避免的战争中。随着权力格局的转移，帝国或朝代的终结前后总是伴随着暴力的蔓延。目前为止，甚或此后几十年大概没有国家能超越美国的实力，所以世界权力的争夺可能不是"美国vs中国"或"美国vs金砖国家"，而可能是"美国vs没有挑战者"。新兴国家们抗拒美国的安排，试图在世界事务上争取更多的领导权，但同时它们互相之间也矛盾重重。它们也许不喜欢美国，但它们更互相看不惯对方。除非美国能继续保持一定的优势，否则这样的多极化世界可能会演变成僵局型世界。

想到这里，我心目中美国衰落的图景突然变得灰暗起来。但美国衰落似乎已经不可避免，或者说人人都觉得不可避免。

现在的情势已经够糟糕了，但接下来这次虚拟风暴将会撼动整座国务院大楼，卷裹着它里面的机密文件吹向全球每个角落。

2010年夏天，一个名叫"维基解密"（WikiLeaks）的组织已经开始在网上发布国防部内部关于伊拉克和阿富汗战争的电文和视频。这些信息展示了未加修饰的最残酷的战争场面。机密日志揭示了联军在阿富汗遭受的失败，并表明平民伤亡比官方公布的数字要多。这个组织的宗旨是要揭露政府黑幕，并警告他们所泄露的信息足以构成战争罪行的证据。事实上，许多这些电文和视频都已经在公众媒体上流传了很久，不过维基解密将它们集中到了自己的网站上，以便网民更方便地接触。维基解密曾经宣称，国务院是他们的下一个揭黑目标。2010年10月底，风暴来临：有消息称维基解密接触到了25万份机密外交电文。

被怀疑泄露电文的驻伊拉克美军列兵布拉德利·曼宁已在2010年春天被捕。一个同外交无关的人员居然能阅读并泄露机密外交电文，这令国务院官员们大为光火。自9·11袭击以来，美国政府一直鼓励内部各机构之间相互公开更多信息，因为政府各机关缺乏沟通是造成未能及时发现袭击迹象的原因之一。政府内部设置了一个名为SIPRNet的新网络系统，在系统中国务院和国防部官员可以相互查看对方部门的机密文件。这些电文是美国驻各地外交官发回国务院大楼的通信，其中内容包括同当地官员或异见人士的谈话、对政治局势的分析和对当地政权稳定性的判断等等。这些信息能为参与外交决策的官员提供更细致的视角。但美国的外交官们禁不住疑惑，为什么一个普通美军列兵能接触到诸如中央司令部指挥官大卫·彼得雷乌斯同也门总统在首都萨那的会谈报告和伦敦使馆发给希拉里的英国政治形势报告这类机密电文呢？

国务院大楼内，没有人确切地知道到底有哪些电文被泄露。官员们的心情在沮丧和难以置信间来回摇摆——"情况应该没有那么糟吧？"中情局设立了专门的调查小组，名为"维基解密专案组"（Wikileak Task Force），不幸的这个小组的缩写正是"WTF"[1]，正好概括了美国官员们的心情。杰弗里·费特曼和科特·坎贝尔等高级官员连日来同所负责区域的美国大使馆一同调查泄露的具体电文，以及其对美国同所在国关系乃至对国务卿希拉里本人形象的损害。随着调查深入，问题的重要性渐渐显露出来。这是一次影响深远的危机，非美国驻各国大使们甚或专责各地区的助理国务卿们所能解决，奥巴马政府的最高层官员也要做出努力。美国驻各国首都的大使分别致电驻在国外长，警告他们维基解密可能带来的危险。

---

1 "WTF"也是英语中粗言秽语"What the Fuck"（我操、搞什么鬼）的常用缩写。——译注

大约11月中旬，风暴终于登陆。《纽约时报》的高级编辑们知会白宫，他们已经接触到电文。维基解密将机密电文捅给世界各大媒体，使这些来路不明的文字一夜之间占据了世界各国报纸的头版。国务院官员软硬兼施地请求维基解密和媒体不要公布电文，但它们充耳不闻。国务院决定同想要公布电文的媒体合作，以便在美国外交政策的机密内容大白于天下的同时不会造成人命伤亡。美国派驻各地的外交官同异见人士、人权分子和反对党政要们紧急见面。在公布的电报中必须隐去他们的名字，以防他们的生命受到威胁。维基解密的创始人、头发染白的澳大利亚人朱利安·阿桑奇最初反对隐匿相关人士的名字，他对《纽约时报》记者德克兰·沃尔什说，他认为那些同美国外交官会谈的人是"告密者"，如果被杀是罪有应得[1]，他还表示在感恩节[2] 周末将会公布全部电文。

希拉里回到纽约州查帕奎镇的家中与家人共度感恩节假期。感恩节周的周二晚上，她乘坐一架民航机离开华盛顿特区，身旁随从只有两名专责保护她的外交特工。不论是在国务院大楼、车队还是专机里，希拉里总有办法同世界各国的领导人们会谈。她有时会在右耳戴着耳机，在国务院大楼七楼踱着步，听情况汇报，最后确认某项协议的细节，或者初步了解出访目的地的情况。我亲眼看过希拉里同对话者拉家常，也见过她在全世界的外交专家和决策者中间游刃有余，并成为绾结重要联系的人。如果说华盛顿是全球外交网络的中心，那么希拉里个人则是外交世界里人际关系的重心之一。从她上任第一天起，她就致力确保各国外长能轻易接触到她，她深信人与人交流的重要性，更深知这样

---

1 D.Leigh and L.Harding，《维基解密：阿桑奇对政府秘密开战的内幕》（*WikiLeaks: Inside Julian Assange's War on Secrecy*），New York: Public Affairs, 2011. ——原注

2 感恩节为每年11月的第四个星期四。——译注

的接触可以带来政治资本。她同世界各国外长、总统和王子们的交情，有新近建立的、有延续数十年的，这样的交情确保危机发生时希拉里拥有许多渠道，可以畅通地了解最新信息。

基辛格认为："在提出要求前先建立关系非常重要，这样在谈判时或者危机发生时对方会给你一定的尊重。在作为国务卿出访的时候，其中一个最大的问题是随行的记者们总想马上得知什么结果，以免白跑一趟。但有时最好的成果不是什么结果，而是确保下一次会谈时会得到对方的理解。"

现在轮到希拉里向各国外长们请求理解了。她非常严肃地对待这项工作。各国对维基解密电报反应如何仍然不得而知，她认为减轻损害的最好办法是利用自己的魅力和恳切。希拉里认为各国总统和外长们都期望亲耳听到她的意见，于是她开始进行这项工作。确保道歉工作的顺利很重要，否则问题可能会变得更棘手。她知道自己不会独立承担这项工作：总统、副总统、国防部长都在同自己最熟悉的领导人沟通。

感恩节前一天11月24日晚上6点31分，希拉里坐在查帕奎镇房子二楼的书房，开始打感恩节周末的第一个电话。她通过书房里的保密电话联通国务院电话连接中心（State Department Operation Center, OPS），再与日本外相前原诚司通话。当时是东京时间早上8点31分，他们谈了大概15分钟。6点48分，希拉里打出第二通电话，这次是打给韩国外长金星焕。接下来是澳大利亚外长陆克文（Kevin Rudd）。电文还未公开，没人知道各大媒体会透露多少信息出来，所以希拉里是在以坦率的态度做着预防性的外交。不过在随后与国务院较低级别官员的会晤中，陆克文曾勃然大怒。他在泄露的电文中被描述为言行粗鲁、感情用事、控制欲极强的领导人，而现在这些电文公然登载在美国报纸上。他没有指责阿桑奇，反而责怪美国政府的安保措施出了问题，以致电文泄露。

周四，感恩节当天是家庭聚会、开吃火鸡大餐的神圣日子，希拉里没有打什么电话。周五早上，希拉里再次开始忙碌，早上7点她就打电话给中国外交部。OPS会给国务院不同层次的官员们发电子邮件，内容包括突发新闻、必读的报纸文章等。而关于国务卿通话记录的邮件则只发给她最贴身的顾问。周五这天，他们的邮箱里塞满了OPS发来的邮件。

早7点33分：国务卿与阿联酋外长曼苏尔·阿勒纳哈扬通话

早7点37分：国务卿与阿布扎比王储阿勒纳哈扬通话

早8点17分：国务卿与德国外长韦斯特威勒通话（注：他在泄露的电文中被描述为——立场反美、阻碍美德关系发展、精力过剩却资质不足、对于国际事务毫无主见）

早9点01分：国务卿与法国外长米谢勒·阿利奥马里通话（注：她的上司，法国总统尼古拉·萨科齐，在泄露电文中被描述为"穿着所谓新衣的皇帝"）

…………

以下还有长长的一串记录。当然国务院还有其他外交事务要处理，但维基解密事件是当天的重点。星期六任务稍微轻松，早上9点刚过，她便致电加拿大外长劳伦斯·坎农。他对希拉里表示：你不用担心，你可以看看我们的外交官在秘密电文中对美国说了多少坏话。

周日，每个人都屏息静气等待电文的发布，维基解密宣称他们会在下午3点开始"大量发布"电文。但在午餐时间前，希拉里的黑莓手机上就收到了这样一封邮件：

自：OPS警报

发送时间：周日，2010年11月28日，下午1时10分

主题：《耶路撒冷邮报》和德国《明镜》周刊刊登含有机密电文内容的文章

本日下午约1时05分，《耶路撒冷邮报》和《明镜》周刊分别刊登文章，内有引用国务院机密电文评论各国领导人的内容。《耶路撒冷邮报》宣称相关内容转引自《明镜》周刊的文章。

希拉里又开始在电话前忙碌起来。她不停地对各国领导人重复同样的话。在一次谈话中深入探讨一个问题，再在下一次会面中谈另外一些问题，这是外交上的典型模式。但现在希拉里手头上有一串长长的名单，每同一个人谈完话，她就要马上打给下一个人做一番相同的谈话。不管她说得好不好、对方满意不满意，她都要马上打给下一个人。她就这样一个个地同各国领导人磋商，用相同或者略加改变的话语安抚对方的情绪。总括式的道歉、正式研讨会议、在联合国开会发表道歉声明，这些都无法达到效果。不过希拉里运气不错：根据事先安排，她即将前往欧洲参加欧洲安全与合作组织（Organization for Security and Co-operation of Europe, OSCE）的会议。

感恩节后的周一下午，我们按计划踏上旋风式访问的旅途，第一站是在哈萨克斯坦首都阿斯塔纳召开的OSCE峰会。数十名各国领导人将会出席，他们全都在泄露的电文中被提及过，包括德国总理"不粘锅"安格拉·默克尔和意大利总理"一无是处"西尔维奥·贝卢斯科尼。没有了电话线和地理距离的缓冲，希拉里要花更多心思表达美国的歉意。在登上专机之前，希拉里还要细致

考虑如何同一个咄咄逼人、永远自豪、在7000封泄露的电文中被提及的国家的代表面对面地沟通维基解密带来的影响。

这个国家就是土耳其。土国外长达武特奥卢早就计划访问华盛顿，美土双方当然有许多议题要磋商，但现在维基解密在自负的土耳其人眼里是最迫切的问题。被泄电文中，关于土耳其的报告异乎寻常地多，这既反映出土耳其对美国的重要性，也透露了美国对于这个盟友某些动作的忧虑。

犹记得2010年春天，达武特奥卢试图将土耳其打造成美国和伊朗之间的重要调解人，反而把局势搞得一发不可收拾。在泄露的电文里，美国外交官将他描述为"将土耳其妄想成奥斯曼帝国的、极其危险的大伊斯兰主义者"。当时，达武特奥卢还是土耳其总理的顾问，电文中也把埃尔多安本人指责为野心勃勃，总相信是真主委派他领导土耳其的狂人。幸运的是，这些电文都是在布什政府时期发出的，希拉里可以设法同它们划清界限。但希拉里还是花了45分钟同这位她曾努力与之发展关系的外长会谈，向他保证奥巴马政府确实珍视同土耳其的关系。他们将随从屏退，只将自己关在房间里谈话。土耳其方面一直在改进以纸面文件为主要沟通手段的外交通信系统，但现在他们嘲讽美国人，也许还是用传统的、不会出维基解密这种乱子的通信方法比较好。幸好，达武特奥卢尊重希拉里本人，也尊重双方的工作关系。会谈后他很快公开宣称，泄密事件不会影响美土之间的关系。

国务院还有另一重担忧：如果没有隐去适当的内容，泄密电文除了伤害各国领导人的感情，还可能暴露异见人士、政治活动家甚或机密线人的的名字，或被人从电文内容中解读出谁同美国人谈了话。电脑专家们编制了一整套程序，找出可能暴露的各国相关人员。大部分人对联络他们的美国官员表示，他们所在国家的政府早已经了解他们的言行，所以泄露电文影响不大。但对某些人来说，虽然政府早已在监控他们，泄露的电文还是使他们情势更加危急，于是他们要求美国帮助他们潜逃。国务院制订了详细计划，以帮助这些人编造表面上无关紧要且可以证实的出国借口。而对另一些人来说，国务院官员认为，甚至联系他们提供帮助都可能使他们置于更危险的境地。比如在一些国家，由于信息闭塞，决策层的内幕消息很难传出来，于是泄密对美国外交官们的消息来源造成更大损害：对他们内部运作稍有了解的记者和大学教授们都是在冒着丢掉饭碗的危险向外交官提供信息。

对这些相关人士来说，这次泄密事件打破了他们与美国外交官之间建立的信任，尽管这并非美国有意为之。以后还有人敢对美国外交官透露信息吗？电文一公布，马上被公众当成美国外交的神圣指导原则，但事实并非如此。它们只是在特定情势下分析一国状况、供华盛顿决策层参考的文件。事实上，美国驻各国的大使们经常抱怨这些宝贵电文被国务院置之不理，丢进回收垃圾箱里。国务院故作姿态，没有承认维基解密公布的电文确实是外交密电，其实每个人都知道电文的真实性，但不需要在公众舆论面前承认这一点。希拉里和其他官员在谈到维基解密时总是用"据称被偷盗的电文"这一描述。

所有有志于揭开美国政府黑幕或抗拒美国影响力的人都赞扬维基解密的"义举"，美国的敌国则寄望于泄密电文成为对霸权帝国的致命一击，再次向全世界展示美国的衰落。美国的对手甚至某些盟友则幸灾乐祸——战无不胜的美国似乎也不是那么厉害。还有许多人表示难以置信：堂堂美国居然无法保密一堆电文？但最广泛的共识是认为这次事件将对美国声誉和权力造成沉重打击。希拉里在当年早些时候曾发表过一次措辞强硬、广受欢迎的演讲，提倡互联网自由，但现在她表示不认为维基解密的举动是在推动言论自由或信息公开。在早上与达武特奥卢的会谈结束后，希拉里在条约间召开了小型新闻发布会。

希拉里说："我注意到有些人可能错误地认为这种行为值得赞赏，现在我要澄清一下：这种行为将无辜的相关人士置于危险境地，完全不值得赞美。破坏国家间的和平关系，危及各国共同维护的安全，更不是什么见义勇为……历史上当然有以揭露黑幕和罪恶为目的而公开政府秘密行为的例子，但维基解密并不是这样的事件。"

我们没有像往常那样乘坐先于国务卿专车出发的车队前往安德鲁空军基地，而是先在二楼办公室的隔间里发出了关于希拉里对维基解密表态的稿件。然后大约下午两点，在晴朗的12月天气中，我们登上客车同国务卿的车队会合，一同驶往专机。机密"大书"向代表团官员们分发完毕，刘易·卢肯斯确保我们的行李顺利上机，我们按照惯例迅速在停机坪完成了座位分配摇奖，然后登上专机。

专机将跨越11个时区，向处于"未来"的东边飞去。16个小时后，周二下午，专机降落在下着雪的阿斯塔那机场。我们坐在大开暖气的车子里驶向酒店。哈萨克斯坦近年因开采石油而收获大笔财富，路旁的景象让我们目瞪口呆——这确实是"未来"式街景。原先疏疏落落的首都天际线，现在充塞着全球知名建筑师设计的摩天大楼。其中有一栋英国建筑师诺曼·福斯特设计的商场大楼，外形呈紫色蒙古包状，里面有带棕榈树的假沙滩。接着又看见一栋火箭形的建筑。还有一栋大楼被我们手上的酒店旅游指南称为本市"最傲慢"的建筑，没有人知道文字翻译到底出了什么问题。铺着地砖的国家广场上，还坐落着一座仿制白宫的建筑，不过穹顶为蓝色，上面还有尖塔[1]。

周三早上，被我们戏称为"道歉之旅"的一天拉开帷幕。早上，出席峰

---

1 此处当指位于阿斯塔那的哈萨克总统府阿克奥尔达宫（Akorda Palace）。——译注

会的各国领导人先拍了大合照。希拉里神情轻松，同周围的领导人闲聊着。这些人在外泄的电文中无一幸免地遭到了美国外交官或尖刻或诙谐的描述。在庞大的大会堂里，高大瘦削的"线路"前站官员从摄像师人群中走出来，站在出口旁边，向希拉里使了个眼色。她开始向出口走去，身旁的其他官员和弗雷德·克彻姆紧紧跟随。"线路"前站官员身上总是有容易辨识的衣物——某种式样的领带、色彩艳丽的手袋等等，总之是让希拉里可以一眼发现的标志，以便引导她自然地离开现场到达下一个地点，这样她不用招手示意，更不用茫然无措地到处找人。

休玛·阿伯丁每天都将当日行程做成简报呈给希拉里。希拉里那本科尔多瓦皮革封面的"简报集"里面总有一份"缩略版简报要点"，里面列明当天要参加的所有活动的简略介绍。只要大略知道当日行程，希拉里绝不会花太多时间去询问或担忧活动细节。自从当阿肯色州州长夫人的第一天起，这些年来希拉里逐步学会了在脑海里摒除"我现在要去哪里""午餐怎么办""我要坐哪里"之类的问题，只有这样才能将全副精力放在实质性会谈上。比如这一天在阿斯塔纳，会议要持续18个小时，有11项主要活动，还有好几次单独会晤。

希拉里信任身边的随从，依靠他们安排繁忙行程中的细节。她个性随和，因此哪怕团队出了差错，中间要花几分钟时间重新布置，她也能冷静对待。她合影时经常调整众人的位置，她自己犯错时会发笑。在会见政治活跃分子或自尊心受损的各国领导人羞于启齿时，她也总能主动开启话端。

国际峰会总要在全体大会上抛出所有议题，然后各方纷纷举行双边会谈具体磋商，行程非常紧凑，需要精力高度集中。在一年一度的联合国大会上，希拉里一般要在5天内出席60场会谈——单边的、多边的；单独出席的、同奥巴马一同出席的。这样巨大的工作量，要求一个人脑海中具有强大的同时处理多重任务的能力，以便及时理顺每个国家和相关议题。OSCE峰会规模比联合国大会小得多，但要求同美国进行双边会谈的国家每天都在增加，而且不论有多少其他迫切需要商议的问题，每次会谈开头必谈维基解密问题。维基解密用挤牙膏的办法一点点发布相关电文，因此国务院无法确切知道阿桑奇手上到底有多少机密电文，有时只能猜测驻某国使馆的电文到底有无泄露。因此希拉里在某些会谈中只是大略谈及事件的影响，不去触碰还需要保密而维基解密未泄露的信息。

希拉里没有忽视维基解密事件，没有装出一副没事发生的样子，更没有因为这些电报出自上届政府外交官的手笔就推卸责任。泄密确实是美国的错，她本人对此也非常愤怒。她尽最大努力解释每封电文的语境，以及写作的背景和原因。但她最用心的一点还是试图以同理心去理解对方作为政治人物的立场。她总是说："我明白的。""我明白你的感受。""我也被这样骂过。"俄罗斯外长谢尔盖·拉夫罗夫跳过了维基解密事件，单刀直入谈起了正经事。令人意外的是，在莫斯科，连民族主义情绪最浓厚、最喜欢批判美国的俄罗斯政客们都对维基解密事件态度冷淡。哈萨克斯坦外长更表示，他很高兴地发现泄露的电文显示他对美国外交如此重要，以至于大使馆人员详细地记录了他常去的夜店和餐馆，他说这正好帮自己做宣传。面对格鲁吉亚总统米哈伊尔·萨卡什维利和英国副首相尼克·克莱格等来自盟国的领导人，希拉里则竭尽全力安抚他们受损的自尊心，并承诺继续巩固盟友关系。

在与希拉里会谈后，情绪稍微缓和的各国领导人陆续离开。但有一个人要求美国公开道歉。言行花哨的意大利总理西尔维奥·贝卢斯科尼满怀伤感地向希拉里倾诉他对美国的爱慕，以及阅读电报时所受的伤害。他还给希拉里带来了礼物：那不勒斯E·马里内拉（E.Marinella）公司的工匠手工制作的丝巾。他谈到他父亲带他到二战时期为解放意大利而阵亡的美军墓地参观，让他在心里树立了对美国的牢固信念。从个人角度讲，贝卢斯科尼素有大开淫乱派对，与未成年少女发生性关系的丑闻，因此希拉里或许并不欣赏这位意大利领导人。但作为政治家，希拉里同情作为美国盟友的贝卢斯科尼。她对贝卢斯科尼说：我会支持你——先将摄影摄像记者们叫进来，然后我公开感谢意大利和您本人对美意关系做出的贡献。随行记者团马上收到电邮，希拉里将要发表公开声明。摄像队、摄影师和几位文字记者赶忙冲进两人会谈的房间。

希拉里说："美国政府高度重视与贝卢斯科尼总理和与意大利政府的关系。从克林顿政府到小布什政府，再到奥巴马政府，没有其他盟友、没有其他领导人像贝卢斯科尼总理这样一如既往地坚定支持美国政策。"

"没有其他盟友像××这样"，美国官员们对多少个国家说过这句话了？加拿大、荷兰、英国、法国、意大利、印度、菲律宾、韩国。如果把奥巴马和希拉里以及他们前任所发表的将不同国家称为"最佳盟友"的声明编辑在一起，一定很滑稽。但这确实是一个很吃香的说法，从侧面反映出各国的敏感和不安全感。维基泄密似乎使每个国家都陷入慌乱之中，所有相关人士都仔细钻研着电文，看看在成为美国"好盟友"这一点上自己的国家有没有达标，或者美国人私下里怎么评价他们。他们确实是美国的"最佳盟友"吗？

华盛顿的官员们经常被嘲笑为"索引扫描式读者"。他们习惯于拿起一本书时先快速浏览索引，找到自己的名字，再翻到相关段落，看看书里怎么描述自己。接下来也许还看看索引里有没有提到同事们的名字，再看看相关段落。如果书里对自己的描述比同事们的好，那便值得庆祝了。如果索引里没有他们的名字，他们就不会花钱买那本书。

维基解密泄露的电文几乎成了国务院"出版"的 《世界大事指南：美国与各国关系及各国领导人八卦大全》。所有国家都赶紧做了个"索引扫描"：哪个国家被提得最多？哪个国家被赞扬得最多？哪个亲密盟友国在电报里被贬斥？美国外交官如何评价各国领导人？各国开始暗中较劲，他们一方面抱怨泄密电文中泄露了本国的信息，另一方面为电文中多次提到本国、证明本国重要性较高而扬扬自得。

我看到一个阿斯塔纳本地非政府组织的主管扎乌里什·巴塔洛娃正兴奋地等待与希拉里的会谈，便上前问她对维基解密事件有何看法。她对我说："这些电文证明，美国在地缘政治上仍然扮演非常重要的角色。"她的表态简洁而敏锐，我不禁思索世界上还有哪个国家要求派驻每一国的外交官都发电回国随时报告情况。中国？也许吧。但这些电文揭示出，不管美国衰落不衰落，她依然在许多地区有着重要的战略利益。

各国对大批电文泄露的反应也反映出它们的处事风格。有些国家彻底封锁了维基解密网站，由于[1] 媒体受政府严密监管，平民无法在媒体网站上读到任何维基解密电报，政府认为这些电报揭露了太多外交内幕，扰乱人心。在巴基斯坦，内阁官员们最初愤怒地否认维基解密的行为是抹黑本国、削弱政治和军事方面合法性的阴谋。几天后，一些伪造的电文开始在巴基斯坦报纸上流传，其中"美国外交官"赞扬了巴基斯坦的军队，并批评印度军方傲慢自大、狭隘自利，而且滥杀无辜。当这个骗局被揭穿后，一些巴基斯坦报纸马上刊登声明向读者道歉。但很多其他报纸，例如《国家报》（读者大概记得这份报纸在希拉里访巴时期的虚假报道让我大惊失色）依然连续多天刊登文章，引用假电文揭

---

1 此处删除2字。——编者注

露"印度的真面目"。

星期四早上7点钟，我们的车队从阿斯塔纳的酒店出发，驶过空无一人、白雪覆盖的街道。757专机的除冰系统出了故障，因此我们的出发时间被稍微推迟。专机起飞后，飞向南方的吉尔吉斯斯坦。希拉里与吉尔吉斯斯坦总统会晤，并召开新闻发布会，然后花了1个小时出席与当地学生的见面会，探访了美国大使馆。随后我们前往马纳斯空军基地，希拉里与驻当地美军握手。随后我们又登上专机，往西飞1小时到达气候更温暖、政治也更高压的乌兹别克斯坦。我们在希拉里会谈场所外等候的时候，凶神恶煞、穿着黑色皮衣、比俄罗斯人还带有苏联气息的政府保镖一直盯着我们。希拉里与当地独裁总统伊斯兰·卡里莫夫会谈，这样的会谈中价值观总会让步于国家利益。美国一直忧虑过分依赖巴基斯坦作为进出阿富汗的唯一陆上通道，而乌兹别克斯坦也是阿富汗的路上邻国，可以作为另一条路线。不过要达成这样的协议，希拉里只能忍痛在价值观上妥协一下了。她的补偿方式是在大使馆里另外与本地的活跃分子见面。在乌兹别克斯坦首都塔什干停留仅仅4小时后，我们又登上专机，往西南方飞行5小时，到达巴林。我们抵达首都麦纳麦时已近当地时间午夜，而在阿斯塔纳，时间是凌晨3点。顺便说一下，我们从阿斯塔纳出发的时候当地气温是华氏20度[1]。我们赶紧脱下大衣、手套和帽子，沿着舷梯走到停机坪上，华氏60度[2]的温和暖风扑面而来。

在飞机上，我详细地研究了维基解密泄露的电文——现在这些电文几乎成了外交界的八卦专栏。我浏览着组织已经公布的电文，逐渐发现了一个共同主题：世界各国其实仍然依赖美国的帮忙来解决问题。各个国家和领导人不只

---

1 约摄氏零下6.5度。——译注
2 约摄氏16度。——译注

是想美国表达关注、派人出访来拍个照，他们更希望美国做出行动。美国忙着推进自身的国家利益，但许多其他国家却等着美国帮忙推进自己的国家利益。电文中揭露了阿拉伯国家其实很担忧伊朗发展核武器，但却不敢公开他们的想法——这样他们的领导人会被人民看成是为虎作伥，将美国的愤怒强加在另一个穆斯林国家头上。电文中，沙特驻美国大使朱拜尔引用沙特国王的话，私下建议美国直接采用"斩首"方式攻击伊朗核设施。但如果美国确实对伊朗发起袭击，这些阿拉伯领导人又会马上公开谴责美国的帝国主义暴行。另外，巴基斯坦官员私下里要求美方多发动无人机袭击，但在自己的国会里却又公开反对这些行为。也门总统阿里·阿卜杜拉·萨利赫则有相反的请求：他一面要求美国多派无人机攻击威胁他统治的"基地"组织武装分子，另一面公开宣称这些袭击是由也门军队发动的。这样既可以塑造自己的强人形象，又避免了可能刺激人民倒向武装分子一边的反美情绪。

在巴林，希拉里第一次做了明确表示：她不会寻求连任国务卿的职位。她说自己已经厌倦了走政治钢丝的日子，希望离开媒体的聚焦。尽管没人相信她的表态，次日各地报纸还是大幅报道了这一消息。

一周的出访结束，在返回华盛顿的漫长飞行中，我靠阅读更多电报打发时间、调整时差。对于历史学家来说，这些电报简直是一座宝库。令我难以置信的是，电报中显示，连中国似乎也希望美国帮忙驯服盟友。中国显然对朝鲜的胆大妄为越来越忧虑，却又不肯公开批评朝鲜，反而希望美国继续在该地区进行军事演习、展示力量，以震慑平壤，缓和朝鲜半岛局势。我突然想起了那年夏天在离开首尔的专机上，美国官员在"幕后通报"中告诉我们，他们对于中国会对朝鲜采取更强硬态度感到乐观[1]。那时候我和我的同行们还嗤之以鼻，现

---

1 参见本书第九章。——译注

在看来不得不说美国官员的态度有几分道理。中国当然不会背弃朝鲜，但连她也希望美国帮帮忙，让神经错乱的"伟大领导人"金正日冷静下来。

电文中还有很多关于各国领导人生活习惯的有趣内容，但除此之外没有什么意外惊喜——没有美国策划政变的苗头，也没有从未公开的对某国的秘密武器援助。美国的公开表态和其外交官的实际作为，中间似乎没有什么鸿沟。这些电文描绘了一个四处忙碌的超级大国，时而循循善诱，时而恳切请求，时而开口保证，时而以力压服。美国外交官以敏锐的观察力和诚实的笔触，记载了突尼斯政府的腐败，埃及令人沮丧且本来就没什么大动作的政治改革，以及世界上许多独裁领导人的奢靡生活。他们也致力于推进本国的利益，电报中详细描述了中国在非洲收购资源、扩展影响力的政策，以及中国和巴基斯坦的关系。看完电报，我的感觉是，最大的反差反而存在于某些国家领导人的公开表态与私下里同美国外交官的谈话之间。

显然，这些被泄露的电文密级很低，既不是最高机密，也不是中情局密电。连国务院大楼里的官员们都承认，他们不可能知晓美国在世界各地的所有作为。舆论一直怀疑美国在伊朗秘密策划政变。美国官员很快会公开承认使用无人机袭击多国目标，但这早已经是公开的秘密。美国媒体多年来一直在揭露中情局利用秘密航班押送囚犯到秘密地点进行审判。1971年，一大批1960年代的美国国防部文件曾被公开，揭露了美国政府一直持续而有系统地向国会及公众发布关于越战决策过程的假消息，引起轩然大波[1]，但现在时代不同了。

意大利外长弗朗哥·弗拉蒂尼曾断然宣称，维基解密事件是"外交界的

---

1 这批国防部文件（Pentagon Papers）涉及美国国防部1945～1967年在越南的一系列军事和政治行动。1971年《纽约时报》首先揭发了文件的存在及美国政府的丑闻。至2011年6月，这些文件已全部解密。——译注

9·11袭击"。也许事件发生后一段时间，世界各地的人们确实不太敢再对美国外交官畅所欲言，威权国家的异见人士们也避免同美国外交官接触。但总的来说，正如国防部长盖茨简明扼要地总结的那样，世界外交大势不会受到太大影响的原因是：美国太强大，无法忽略。

"事实是：世界各国同美国发展关系，不是因为他们喜欢我们，不是因为他们信任我们，更不是因为我们能保守秘密，而是因为这样对他们有利。"泄露的电文展示了美国多年来在世界各地构建的社会网络、工作联系、攻守同盟和伙伴关系。在过去两年，奥巴马政府、尤其是作为国务卿的希拉里，正是在这些关系的基础上，不为人知却又有条不紊地加强着美国与世界各国的接触，确保美国在21世纪仍是各国不可或缺的伙伴。

在接下来的几个月里，每当美国政府发布一份公开声明或阐明某个立场，人们总会马上查阅维基解密电报里的相关内容，比较美国的公开表态同私下言行的差别。泄露的电报成了理所当然的参考资料。直到2011年春天，维基解密仍然在持续发布电报，希拉里也在四处打电话给领导人修复关系。而这个春天，也注定会发生不寻常的大事。

The Secretary │3

你们美国人有一种天赋：你们的愚蠢举动永远不是一望即可知的愚蠢，而是搞得极其复杂，复杂到我们这些旁观者总觉得自己可能觉察不到美国的真正动机。

　　——迦玛尔·阿卜杜尔·纳赛尔（前埃及总统），1957年

第十二章　"我要的是突破"

我本来不想管推特（Twitter）上的消息，但其中的某些传言吸引了我的注意力。我在贝鲁特同家人度过了2010年的圣诞节。地中海边的慢节奏生活充斥在家庭午餐、晚餐和社交中，中间的空闲时间也用来喝咖啡聊天。重新回到以黑莓手机连接起来的、快速多变的华盛顿政治世界，我有点不适应。2011年1月4日，已经进入新闻界的忙季：象牙海岸（科特迪瓦）局势越来越不稳定；中国外长杨洁篪到访；希拉里发表声明谴责刺杀旁遮普省长萨勒曼·塔希尔的事件——他被一名保镖在拉合尔开枪打死。希拉里致电给塔希尔的妻子阿姆娜，向她和子女们致以哀悼。读者大概记得2009年10月希拉里和塔希尔一家曾在拉合尔见面，并高度赞扬了塔希尔在当地推行宗教与政治宽容的政策[1]。作为坚定的自由派分子，塔希尔强烈反对当地伊斯兰教提议对渎神行为处以死刑的法案。他的立场要了他的命：保镖后来在审讯中供称，他认为塔希尔成了"叛教者"，所以要杀死他。巴基斯坦国内持续不断的问题令华盛顿愈加头疼。而在

---

1 参见本书第五章。——译注

伦敦的BBC编辑自然要求我报道美国对每件世界大事的反应。

　　我本来想关掉页面不看，但推特上不停地出现新的状态：为什么美国不对突尼斯的局势表态？突尼斯？我有点摸不着头脑。我最近一直没关注这个北非小国，但似乎推特上的突尼斯人一直在呼吁美国表态，也许这是他们吸引美国注意的唯一方式。于是，我马上搜索了关于突尼斯的新闻。2010年12月19日，一名26岁的突尼斯男人穆罕默德·布阿齐兹在南部城镇西迪博兹得（Sidi Bouzid）自焚，由此引发的抗议浪潮在突尼斯逐步升级。布阿齐兹靠贩卖水果和蔬菜为生，还要供养母亲和6个小兄弟。突尼斯警察没收了他的大车，还不停推搡和侮辱他，他在绝望中愤然自焚以示抗议。自焚在世界各地都是极其具有冲击力的行为，但由于伊斯兰教义禁止自杀，这一行为对当地民众的震撼尤其巨大。但各大媒体很少报道布阿齐兹的行为。我几天前还待在1500英里以外同突尼斯隔海相望的地区，却没人提及过当地发生的事情。在阿拉伯世界，民众抗议总是忽然而至，然后无声无息地消散。但在突尼斯从未发生过大规模的民众抗议。这个高压警察国家自1956年脱离法国殖民统治独立以来，只经历过两任总统。现任总统宰因·阿比丁·本·阿里已掌权20年，期间全然不顾民众疾苦。

　　布阿齐兹刚刚在医院里伤重不治身亡。我在推特上询问一名用户名为"@ferjani9arwi"的网友，为什么他/她希望白宫马上表态。回答是"美国必须支持人权""美国沉默＝更多人被杀被关"。但美国的表态真的那么重要吗？另一名突尼斯推特用户"@amieleuch"宣称："对宗教信徒来说，一切都要听从真主的旨意；对于世俗民众来说，一切都源于美国的授意。"

　　1月4日，国务院举行例行简报会。我举手提问。

　　"在突尼斯发生了持续的，嗯，某种骚乱，我想问……"

"哪个国家？"

"突尼斯，突尼斯。我想问美国国务院对此有何评论？"

发言人P·J快速翻阅了手头上的文件夹，没有关于突尼斯的内容。

"嗯，其实我今天没有收到关于突尼斯的消息更新。所以我暂时记下这个问题，稍后答复。"

美联社的马特·李嘲笑着插话："你们上次更新突尼斯的消息是什么时候？"

第二天的简报会我们又问了同一个问题，这次P·J拿出了新消息。他表示，美国对突尼斯的贫富差距状况表示关注，美国驻当地大使馆也已经向当地美国公民发布警告消息。6日，国务院紧急召见突尼斯驻美国大使，杰弗里·费特曼向大使表示美国谴责突尼斯政府以武力镇压示威。国务院也严厉指责突尼斯当局在网络上攻击当地人的脸书（Facebook）和推特账户。欧洲各国反应则截然不同。法国外长米谢勒·阿利奥–马里对这个法国老殖民地兼后院国家表示，愿意派遣法国防暴警察协助平息示威。突尼斯局势持续不稳，不过全世界暂时都不知道如何应对抗议者的诉求，而其他地方发生的大事也往往淹没突尼斯的新闻。1月8日，一名独行枪手在亚利桑那州的图森（Tucson）市枪杀了国会众议员加布莉埃尔·吉福兹（Gabrielle Giffords）和另外6人。南苏丹正式脱离苏丹独立成新国家，也吸引了世界的关注。757专机又要准备行动了。

1月9日周日当地时间晚上11点，专机降落在阿联酋的阿布扎比。这次，国务院事先为我们订好了住处[1]，伯纳黛特·密汉也不用到处忙着张罗租车，而是留在飞机上作为"线路"团队的一员。

---

1 参见本书第六章中希拉里出访阿联酋时的情节。——译注

我们的酒店——酋长皇宫酒店，就像是一条单调的沙漠道路尽头突然出现的光彩夺目的海市蜃楼。这座顶部带有数十个穹顶的棕色建筑，风格介于印度皇宫和带两英里长私家海滩的清真寺之间。我的房间钥匙是金币形状的。为给顾客的香槟酒、鱼子酱和其他美食撒金箔，酒店每年要用掉10磅黄金——在这个国家，黄金一向被认为是强力春药。酒店还提供量身打造的豪华假日套餐，价格100万美元。这是阿拉伯式"1%"的象征，而其余99%的阿拉伯人，则过着像布阿齐兹那样的生活，为了工作和尊严终日挣扎，乃至被迫自杀以示抗议[1]。

到周一早上，抗议的暗火已悄然蔓延到整个中东北非地区。阿尔及利亚的抗议中有3人死亡。在沙特首都利雅得，250名大学毕业生发起了抗议。当天阿联酋的英文报纸《国家报》（The National）在头版用了"愤懑的一代"（The Frustrated Generation）的大字标题，并报道了相关事件。阿联酋国小但富足，尽管在现代化的外表下也有侵犯人权和监控言论的恶习，但这个国家暂时还不需要担心"愤懑的一代"作乱。阿联酋报纸一边用英文报道中东各国的骚乱，一边发评论文章提醒富裕的海湾国家有义务同贫穷的北非国家发展更多贸易关系，帮扶他们的经济。其他阿拉伯国家的报纸——许多受到政府控制——害怕激起本国民众的愤怒，只好对抗议浪潮略而不谈。但同时他们似乎也忽略了这种做法根本无效：像半岛电视台（al Jazeera）和阿拉伯卫星电视台（al Arabiyya）[2]这些私营卫星电视台早已经播出了大量抗议示威的片段。

---

1 "1%"和"99%"是2011年9月份在美国兴起的"占领华尔街"（Occupy Wall Street）运动的口号之一。"1%"和"99%"分别代表手握财富、在经济危机中依然日进斗金、生活奢靡的权贵及其他辛勤工作却损失惨重的美国平民，以示对美国贫富差距悬殊和社会不公平的抗议。——译注

2 两个电视台分别位于卡塔尔和阿联酋，这两国均是较为富裕的阿拉伯海湾国家。——译注

《国家报》的第二版登出了2009年4月希拉里同阿联酋外长阿卜杜拉·本·扎耶德酋长会面的照片。照片里的她还是这次同我们一起从华盛顿乘专机到访阿联酋的女国务卿，但现在的她看上去有种不同的气质。她的发型没有了总统竞选时期的锐利，变得更为柔和，长而轻柔的发线更能衬托出她的脸庞。切尔茜请求希拉里在自己的婚礼前把头发留长，希拉里也喜欢这个发型。希拉里偶尔还穿着单色女式裤装，但也开始更多地穿更时尚华丽的套装。

这位昔日饱受媒体反复拷问的政治家现在已经放松下来，远离了美国国内政治中惨烈的选举斗争后，希拉里反而可以更多地呈现本性，让世界看到真正的自己。民主党和共和党人都赞扬她在全世界的努力，各国领导人，甚至是那些对美国心怀不满的人似乎也总是很欢迎她的来访。她在国务卿任内到底做成了什么，这点确实有人提出疑问：中东和谈毫无进展，伊朗还在不停提炼浓缩铀，巴基斯坦依然一团糟。其实许多前任国务卿也未能取得什么明显的成就，但希拉里坚信，她的成功虽然不那么显而易见，却会更持久。外交老手们总是贬斥希拉里在公共外交方面的努力，但希拉里认为这是维持美国领导权所必不可少的步骤。

从华盛顿出发前，美国官员告诉我们，这次出访完全是围绕与当地公民社会接触的目的展开。以往对公民社会的公共外交总是每次出访的附带行程，但希拉里想将公民社会变为这次出访的中心。在阿联酋这种国家，同外长会谈的中心议题不是伊朗就是伊拉克，但希拉里还安排了同当地妇女以及绿色新能源研究中心的学生的见面会。这次出访的每个行程，包括临时附加的行程，公民社会都必定是主题词。

为了保密，前往也门首都萨那的计划按照惯例没有在发给我们的行程表中印出来，但我们都盼望着早日到达也门。也门是目前为止希拉里还没有访问过

的少数国家之一。到访也门前一天，在阿联酋迪拜的晚宴上，希拉里问随行
记者团中有哪些人到过也门，对这个国家印象如何。她总是热心地征询贴身
顾问圈子以外的人的意见。摄影师斯蒂芬妮·辛克莱尔曾到过也门，拍摄关
于当地童养媳的专题照片，揭露这一丑恶现象，希拉里耐心地听她讲解了自己
的经历。

在萨那机场，我们刚从舷梯走到停机坪，就看见停机坪上还有另一架飞
机，红色的尾翼上涂着白色新月标志。土耳其人也来了！不过来的不是达武特
奥卢，而是他的上司土耳其总统阿卜杜拉·居尔。我们的车队穿过宽阔且空无
一人的街道驶向萨那市中心，头顶上飘扬着欢迎居尔总统的标语，而没有任何
关于希拉里来访的标语，因为希拉里是秘密到访。而居尔已经到访两天，我们
到达时他刚好离开也门总统萨利赫的总统府。居尔在这里签订了数十项协议，
内容覆盖促进两国贸易、访客免签证等。当也门学生在见面会中唱起为一战中
在也门阵亡的奥斯曼帝国士兵而作的颂歌时，他几乎热泪盈眶。土耳其的"零
麻烦邻国"政策显然正逐渐扩大到邻国以外的地区。

在希拉里所乘坐的SUV的前座上，弗雷德神经依然紧张，不过他基本满意
他所看到的安全保卫措施。2000年他曾参与过处理"科尔"号驱逐舰在也门被
炸弹袭击的事件，对也门有大概的认识，但这一次这种大致认识无助于减轻他
对安全的担忧。也门比巴基斯坦还难应付。尽管巴基斯坦政府对美国有诸多不
满，但他们绝对不想有人袭击美国国务卿的车队，也有足够的能力和控制力确
保希拉里的安全。但在也门，总统萨利赫本人对希拉里来访的态度，与希拉里
的安全程度无关——因为萨利赫根本无法有效管治整个国家。部落经常绑架
西方记者，基地组织一直策划袭击美国大使馆，连政治上的反对派也时常诉
诸武力表达愤怒。2009年，也门当地恐怖组织曾经训练了一名"内衣炸弹客"

（Underwear Bomber）乌玛·法鲁克·阿卜杜穆塔拉伯，在他内衣里缝上炸弹并让他登上一架飞往芝加哥的班机，幸好引爆没有成功。

在这种对某个国家的突击式访问中，大使馆通常没有时间为专机上的"线路"官员订好酒店，清空一层安全保密房间和建立流动办公室。于是在希拉里出席活动的时候，所在国大使馆人员会陪同他们短暂参观所在的城市。但在也门，弗雷德不允许任何留在机场的随员踏出机场以外，他已经动用了所有资源保护"万年青"的安全，不能再有其他事情牵扯精力。于是伯纳黛特只好同其他人，包括保管我们护照的刘易·卢肯斯留在飞机上。空军特勤队的"渡鸦"队员在烈日下守护着专机，等待出访代表团回来。

也门是世界上最贫穷的国家之一，尽管贪污腐败非常猖獗，萨利赫的官邸比起其他海湾产油国来还是显得寒酸。但这座官邸的品位同我们所见过的产油国官邸一样高（或者从另一个角度来说，一样低）。高大的精致雕花木门遮掩着光线阴暗、铺着地毯、没有窗户的门厅。两边墙壁前排列着带玻璃的木柜，陈列着各国要人来访时赠送给萨利赫的礼物。绝大部分礼物都是枪支，其中有一支镀金的MP59毫米冲锋枪，是伊朗在1986年赠送的礼物。希拉里送的是一个银盘，大概是暗示萨利赫，如果他能听从美国的吩咐，他就能得到更多好处。

希拉里做过第一夫人、参议员，现在又是国务卿，曾经在镜头面前同数不清的各国政要微笑合影。绝大部分时间，她的微笑是真诚的。她有一套同性格各异的政客——从言行粗鲁的俄罗斯前总统叶利钦到沉默寡言的韩国总统李明博——交朋友的本领。她往往在会面前并不喜欢来访者，但在会面中逐渐理解和同情对方国家的历史和情境，在会面结束后便会对其印象良好。有时同名声不那么好的领导人会面，希拉里也会勉强挤出笑容，同时尽力将精神集中在会谈目的和内容上。

希拉里同随员一同走进一间1980年代装修风格的房间。希拉里坐到一张铺着已经褪色的粉红和土黄色坐垫的椅子上。也门的本地记者一拥而上，推开随行记者团的成员，甚至几乎也将弗雷德和他手下的特工推开，为的就是拍下这个历史性的场面。阳光透过茶色玻璃和粉红色、绿色的窗帘射进房间。一架老式电视机安静地躺在角落里的木制电视柜中，全然没有一年前沙特欢迎晚宴上那部电视机的喧闹[1]。希拉里和萨利赫之间的木雕茶几上放着一座两匹马构成的银质雕塑。

希拉里从未与这位也门总统会面过。萨利赫曾经在2000年到访白宫，与克林顿总统见面，但也从来没见过希拉里。希拉里看着对面的萨利赫，简直是长期在位的独裁者的典型形象。狡猾而无情的萨利赫告诉希拉里，管治也门就像是在毒蛇头上跳舞，他正是掌握了这一套技巧，才统治了也门30年，并且活了下来。

1978年，也门已经经历了20年的内战，萨利赫成为北也门的新总统。他主持了1990年南北也门的合并，用高超的政治手腕处理了部族之间的政治矛盾，以高压手段镇压了反对派，并逐渐发展出一整个恩惠网络，使受惠者永远忠于他。他还打开国门接收在阿富汗击退苏军后撤回国内的伊斯兰武装分子。1994年，内战再度爆发，他便派这些武装力量去攻击南也门的世俗部落。在这个阿拉伯世界最贫穷的国家，美国官员的唯一关注焦点就是反恐。美国将也门视为打击基地组织的战争中不可或缺的伙伴，一年给予也门3亿美元的反恐援助。但萨利赫总是不满足，经常警告（或者说威胁）美国，如果不给他的国家更多援助，也门很快会沦落成索马里那样的"失败国家（Failed State）"。尽管他的微笑、他的从政历史、他傲慢的言行和他对本国人民人权不屑一顾的

---

1 参见本书第七章。——译注

态度使他透出一种独裁者的气度，与他交谈的美国官员总感觉他身上围绕着不详之气。

在外面阴暗的大厅里，墙壁上挂着一幅土色基调但已经褪色的萨利赫画像。画里将他神化成一位指挥载满人民的船只驶离波涛汹涌的大海的船长。画布上的一个角落用阿拉伯文写道：您带领我们穿越叛乱的海浪，驶出变乱的风暴。不过也门人民对萨利赫可没有这些文字说的那么尊敬。在快速谈完打击恐怖势力的相关事宜后，希拉里在余下的会谈时间向萨利赫详细解释，为什么他应该同反对派沟通，开展改革，善用财政收入。希拉里并没有假装对也门复杂的部落政治关系了然于胸，而是用政客式的口吻向萨利赫解释他从这些改革中能获得的好处。萨利赫坚称，他与其他阿拉伯领导人不同，他是会倾听人民呼声的。希拉里说："这样啊，我们大使馆的官员经常同本地公民社会组织的活跃分子见面，我等下就要会见他们，听听他们的说法。"

一如其他渴求美国关注的领导人那样，蓄着黑色小胡子的萨利赫或许正沉浸在接受美国国务卿来访的荣耀中，希拉里的这些话大概全被他当成了耳边风。2000年以来他曾5次到访白宫，而现在美国的使节希拉里·克林顿正坐在他官邸的粉红色沙发上。他不停地感谢希拉里到访本国，反复说这是"历史性"的来访。负责反恐事务的美国官员经常同萨利赫会谈，他显然觉得这使他有本钱与美国讨价还价，因此自鸣得意。自1990年11月詹姆斯·贝克（James Baker）来访后，希拉里是第一位到访的美国国务卿。当时也门是联合国安理会的非常任理事国，贝克来要求萨利赫支持联合国通过决议授权联军打击在科威特的伊拉克部队。贝克警告，如果也门对决议投反对票，美国将取消每年7000万美元的援助。当时伊拉克领导人萨达姆也在极力拉拢区内各国，试图构建一个反美联盟，第一个拉拢对象就是萨利赫。长期与萨达姆关系良好的萨利赫觉得，美国取消援助也不是什么大不了的事情。

但在美国逐步削减对也门的援助后，萨利赫的国家陷入了更严重的贫困，两国的关系也逐渐恶化。同样的事情也曾经发生在巴基斯坦身上。美国无法再同陷入麻烦的也门接触，于是逐渐失去了对也门事态的控制。这就像是一个恶性循环：美国不可能无休止地援助这样的国家确保她国内政治的稳定，但美国先前提供的援助已经让这些国家养成了依赖，更滋长了其国内的贪污腐败。美国最重视的援助项目也许并非这些国家所急需，傲慢的美国也经常对这些国家的人民的诉求充耳不闻，她总觉得自己最懂国家发展的要诀：经济繁荣和民主政治必须符合美国口味。各国开始将援助看成是理所当然，当美国以这些国家不遵守附加条件为理由削减援助时，他们就抗议这一决定。美国以外的国家似乎很难明白美国国会的运作方式及其在行政部门预算问题上的巨大权力。

午宴后，希拉里站在官邸大门外的梯级上，却没有以往热情洋溢的样子。她摘下了自己的珍珠项链，换上了萨利赫送的阿拉伯传统风格项链，这是她在公开场合唯一肯对这个傲慢得令人生厌的领导人做出的友好表示。她例行公事般地对萨利赫的招待表示感谢，并向媒体简要介绍了会谈内容。萨利赫站在她身边，戴着太阳眼镜，不住地打量着她。希拉里讲完后，没有记者提问。

1990年贝克来访时，萨利赫曾带他参观萨那城的中心区——露天的商贩市场。此后，基地组织、"科尔"号驱逐舰袭击事件、9·11和"内衣炸弹客"接踵而至。我们确实游览了市场——只是全程只能坐在带重装甲的汽车里。在我们到达前一天，外交保卫队的特工们为了测试游览路线，开车穿越商贩市场的重重人群和大车。车队足足花了1小时穿越商贩市场，这段时间足够让有心人发动针对车队的袭击。外交保卫队竭尽全力开辟出车队前行的道路。幸运的是，居尔先前已经用同样的排场游览过市场，因此外交保卫队的行动没有透露出希拉里到访的消息。一如既往，我看不到弗雷德布置的保卫人员，但我知道他们无处不在：房顶上，街角边，穿着当地服装混在人群里。

车队穿越市场的时候，小孩们挥着手对我们喊"阿兰，阿兰（Ahlan）"，即"欢迎"的意思。腰带里别着传统阿拉伯匕首的男人总给人一种危险的感觉，现在却个个咧开嘴笑着。在这个被美国媒体夸张地抹黑，而且像巴基斯坦一样有理由对美国感到愤怒的国家里，这是很少见的热情态度。大概他们只是觉得这个场景很滑稽——我们的车队艰难地挤过上坡的小巷，重型装甲汽车同路边建筑物的墙壁只有不到1英寸宽的距离。

在大使馆，也门人的表现同萨利赫截然相反。在大使馆见面会中，他们提出了我们跟随希拉里出访两年多来所听到的最有思想深度和政治敏锐度的问题。不论是年轻的还是老迈的，是学生还是国会议员，他们似乎都很清楚国家的病根所在，并提出相应的药方。他们对美国官员提出的援助要求非常精细。这里没有夸夸其谈，没有怨毒仇恨，更没有说教训诫，只有事实交流。萨利赫说他跟其他阿拉伯领导人不同，某种意义上，他说对了：尽管他以独裁铁腕管治人民，但也门人民没有失去活力。事实上，萨利赫一直未能完全整合也门的整个传统部落社会，也门人的活跃思维正是这种混乱的意外成果。也门女性非常善辩，与希拉里谈话的每个人都严厉批评萨利赫，并令人吃惊地一致赞赏美国。他们感谢希拉里带来了具有深远影响的美国援助，并希望美国能加大援助力度。他们认为一党统治正是滋生恐怖主义的温床——美国不是正努力打击恐怖主义吗？那就应该协助也门结束一党独裁。他们还对美国的外交政策发表了意见。有一个人向希拉里询问奥巴马为何不关闭关塔那摩湾监狱，并表示"想听到真诚的答案，而不是官腔"。"线路"官员向见面会主持人示意，时间差不多了，但希拉里明显很享受在阿拉伯世界自由交流的感觉，她干脆自己当起了主持人：

"啊，先不要结束，我再回答两个问题吧，就两个问题。"

有人告诉希拉里，像他这样在海外学习和生活过的也门人，回到也门会遭受当地人的白眼，认为他们是西方的"入侵者"。他想知道，美国如何促使当地人认可这些海外归来的人，将他们也看成建设国家的一分子。最后提问的是一位女士，她说打击恐怖主义的关键在于保卫人权，所以美国与其向恐怖主义宣战，还不如向侵犯人权的行为宣战。

也门是个贫穷的农业国家，人口中文盲比例极高，失业率更高达40%。今天在大使馆与我们见面的这些人不过是也门的少数社会精英。本地的狂热民族主义分子根本无法通过大使馆的安全审核，不能同希拉里见面。今天出席的人都是在美国实施的海外交流项目和支持的非政府组织工作中同大使馆人员熟稔的，大部分贫苦也门人的意见无法通过这些渠道表达给美国官员。即使是同样只能组织部分社会精英与希拉里见面的伊拉克，情况也同今天大不相同。不过希拉里显然对她所听到的也门人的意见感到非常高兴。

"哇，我在到访也门之前就已经对这个国家抱有很大期望。今天同你们谈过后，我的期望更大了。最后这两位提问者真的让我看到了也门的未来。"

夜幕即将降临，希拉里又前往下一个目的地。在阿曼待了一夜和一个半天后，希拉里乘专机抵达卡塔尔首都多哈。然而，就在这3小时航程以外的贝鲁特爆发了危机。真主党及其政治盟友一直威胁要退出黎巴嫩联合政府的内阁，使其倒台。当黎巴嫩总理萨阿德·哈里里走进白宫首次与奥巴马总统会晤时，真主党和盟友宣布退出联合政府。当哈里里从白宫走出来时，他的身份已经变成了"前总理"。真主党、叙利亚和伊朗都觊觎着黎巴嫩的政治真空。希拉里在多哈的第一次会晤原本是与海湾国家外长的常规会谈，现在变成了关于黎巴嫩局势的紧急磋商。一如既往地，逊尼派国家的君主们害怕什叶派的伊朗扩展影响力，因此非常担忧黎巴嫩落入真主党之手——他们认为真主党是内贾德和哈梅内伊的代理人。

曾经有一段时期，在贝鲁特每天甚至每小时都发生着东方与西方、美国与伊朗、反美与反伊势力，以及什叶派与逊尼派的斗争。自1983年的自杀式卡车袭击以来，战事一直起起落落。

希拉里在与卡塔尔外长共同召开的新闻发布会上回答了4个问题，全部是关于黎巴嫩局势以及叙利亚和伊朗的动向。根本没人关心突尼斯的事情。在外国看到黎巴嫩的危机，反而更令我揪心，我打了电话给母亲。

我试探着说："所以，政府内阁是倒台了吧？"

我母亲像往常一样用荷兰语回答："我的女儿，我们已经好几十年没有什么政府了。倒一个政府，来一个新政府，对我们都没影响，我们都是将就着过日子而已。"在黎巴嫩的40年生活，使我母亲变得愈发坚韧。尽管黎巴嫩近年来局势大致平静，但自来水和电力供应几乎没有保障。道路上到处都坑坑洼洼，堆成山的垃圾污染着海岸线。官僚吃回扣、要贿赂成风，但黎巴嫩人只是逆来顺受。我们自己买发电机，雇卡车从蓄水池拉水倒进自家的水库，对垃圾眼不见为净。就像区内其他国家的人民一样，我们习惯了过苦日子。如果被打败了，我们就沉默地忍受。我的家庭比较幸运，过得比其他人好些。我在叙利亚乃至中国都体会到了这种逆来顺受的情绪。如果人民整天忙着挣扎求存或者喂饱子女，又或者异见人士（哪怕是有一定社会地位的异见人士）可以被侮辱、折磨乃至处决，那他们又怎么敢随便起来反抗政府呢。

在叙利亚占领时期的黎巴嫩，我有时候会听政要们私下抱怨，他们受大马士革的颐指气使，觉得非常郁闷，这令我很不满。我问他们为什么不挺身反抗，回击叙利亚的侮辱，甚至觉得他们就是懦夫，只想着保住自己同占领者沆瀣一气所得来的权力，但前总理拉菲克·哈里里的被刺改变了我的这种想法。哈里里遇刺后，许多公开批评叙利亚干预黎巴嫩事务的政治家和记者也遭受炸弹袭击身亡。一群有望在未来接掌黎巴嫩的精英被消灭了。调查仍在无休止地进行，还没有人被定罪，但真凶是谁，黎巴嫩人都心知肚明。有一位当地政要的妻子告诉我，每天上班时她都会接到叙利亚情报人员打来的威胁电话（他们的口音很容易辨认），如果她丈夫继续公然指责叙利亚，晚上他就会躺在棺材里被送回家。

这些被刺杀的精英不是完人，他们不是坚定的民主主义者，也有贪污受贿的劣迹。但在这种情境下，谁掌握真理，谁对谁错，谁好谁坏，都不重要——有一方愿意为了利益而大肆屠杀，那么他就是掌权者。

凌晨2点钟，我们下榻的多哈酒店，在预先做过安全保密准备的房间里，希拉里和她的团队要暂时忘却贝鲁特的危机，总结当天的世界大事。美国官员不管是在世界各地酒店的临时工作间里、在国务院大楼七楼、在白宫西翼、在国防部，还是在某架757专机上——总是要面对一个接一个的危机，处理一件又一件的紧急事务，他们必须时刻保持精神饱满。以往，华盛顿的官员总是在晚上6点30分停下工作，看看晚间新闻，再等第二天阅读早报新闻看有没有值得关注的大事。现在全球新闻都是24小时轮流播放，这样的日子就一去不返了。每一条推特状态，每一篇博客文章，每档早午晚间新闻都有可能包含公众关注焦点或预示着危机。危机爆发后没过5分钟，大嘴评论员们就会宣称美国政府束手无策。在这种情形下几乎没有时间进行长远的考虑。不过就像政府里的每个人一样，希拉里、杰克·沙利文和团队里的其他人都在竭尽全力地工作。

公众舆论经常批评希拉里没有集中精力处理某一个议题，使之成为任内的突出成就。另一方面，当康多莉扎·赖斯在任期即将结束时为以巴和谈奔走、不停与各方商讨诸如检查站的搬迁和某地军事行动的暂缓等细节问题时，她又被批评为毫无宏观视野，只懂得每个月穿梭来往于中东和美国，而且一事无成。希拉里刻意摒弃了过分深入某个议题的风格，原因之一是她手头上的问题都无法轻易解决。将自己的名声押在必然失败的努力上，总不是明智之举。另外希拉里也相信某些方法，比如加强公民社会组织运作和妇女权利能更持久地给其他国家的民众带来实效，更为强大的公民社会和人权力量进而又能长期有效地化解当地的冲突。但她也要处理整个宏观图景——美国在世界上的位置。美国的权力大于其成功与失败冲抵之和。

杰克·沙利文同希拉里的其中一名讲稿写手丹·施韦林一同坐在随员办公室里，润色希拉里要在本地峰会上发表的演讲稿。每年一度的未来论坛（Forum for the Future）会吸引大批政府官员、商业巨头和来自八大工业国及中东的公民社会组织领导人出席。希拉里想趁机提醒众人，地区里有某些逆流正蠢蠢欲动。1月3日，杰克和丹·施韦林已经同休玛·阿伯丁和杰弗里·费特曼在希拉里的办公室里碰过头，策划这次行程。希拉里提出了同样的要求：公民社会必须是行程的重中之重。

2010年夏天，奥巴马指示美国政府各部门检讨对中东的政策。中东地区充斥着武装冲突和独裁者，但有不少独裁者却是华盛顿的亲密盟友。他们确保本国的稳定，美国则向他们提供军事和经济援助作为交换。并非美国盟友的政治势力也往往成为美国运作的中东政策里的一分子。

但美国很清楚，这些想象出来的"稳定"全无现实根基。赖斯过去曾多次向中东国家表示，他们有必要推进改革，不能总是认为稳定压倒民主。但在美国陷入伊拉克战争泥潭后，中东各国领导人和民众都无心再听美国说教了。美国也开始意识到，以后要再和埃及的穆巴拉克和也门的萨利赫等独裁者结盟，其成本可能会激增。总统亲令进行的检讨得出了初步结论：美国必须更坚定地要求中东各国推行改革，找到突破口，同当地公民社会更紧密地合作，并支持政府内部的改革派。不过这次检讨没有达成任何政策决议，也没有制定任何具体计划，美国并不着急——阿拉伯国家做事总是慢吞吞的。

希拉里个人对这样的结论感到失望。作为国务卿，她已经在中东往返两年有余，亲眼见到中东国家漫无目的地缓缓前行。她阅读过所有关于本地区经济停滞、人口增长的联合国报告。她一直在恳求该地区的领导人努力推进改革，并向他们解释为什么更开放的政治社会制度会让每一方得益。她受够了阿拉伯官员把她的话当耳边风，她的告诫全被当成了噪音。在针对本次出访的会议中，随着身边随员越来越深入探讨在中东地区面临的挑战，希拉里的情绪也越来越激动。

"我要的是突破，"希拉里说，"得想办法让这个地区的人民觉醒起来，现在他们根本就是坐在定时炸弹上。"

大概连希拉里也不知道她的话多么具有前瞻性。现在，杰克和丹·施韦林正在多哈的酒店房间里设法将希拉里的信息形成文字：这样的说法会不会太严厉？这个比喻会不会太老旧或者太尖刻？伯纳黛特·密汉走进房间来取文件。杰克和丹趁机给她说了自己的想法。杰克说："你有什么意见？"

伯纳黛特想了几秒钟。自离开华盛顿以来她几乎没有睡过，现在她脑子里唯一想着的就是有没有为代表团早上出发准备好足够的缩略版行程简介。然而，就在这单调冗长的文书工作中间，希拉里的副幕僚长突然问她对某个关键政策演讲的文辞有何意见。伯纳黛特突然想起了她来这里工作的目的，以及这份工作的意义。

她说："我喜欢这句话。很强硬，但言辞很好。"

1月13日早上，我与随行记者团的同行们一起与阿拉伯联盟秘书长阿米尔·穆萨喝咖啡。这一次穆萨没有吸雪茄，不过他一如既往地发表了一大堆空洞的声明。

穆萨说："本·阿里已经表明会举行国会选举，他确实在认真地寻求解决僵局的方案。他还未同任何突尼斯官员就局势会谈过，不过就在我们即将离开餐厅时，他表示未来几天内会致电突尼斯外长。"

希拉里即将出现在论坛峰会上。在重新阅读讲稿时，希拉里决定采用杰克和其他官员绞尽脑汁想出来的几行字句。她不觉得中东会很快陷入混乱状态，但区内的年轻人比例确实在增加，失业率也在上升，由此形成的社会真空却不断有极端伊斯兰武装势力来填补——这里简直是一触即发的火药桶。是时候抓住阿拉伯领导人的衣领或者对某些人来说，是要抓住他们罩在阿拉伯长袍外面的宽松黑色罩衣的金边——大声地把现实情况告诉他们了。

希拉里开始对出席论坛的听众发表演说："在很多地方、很多方面，中东地区的根基正在逐渐瓦解，陷入流沙中。"底下一片静默。

"那些死抱着现存体制不放的人，或许可以暂时避免总体危机的爆发，但苟延残喘终究无法维持。"依旧静默。

希拉里才刚开了个头。她接下来说，中东各国领导人必须听到人民的呼声，将公民社会视为伙伴而不是洪水猛兽。要为平民创造上升机会，还要打击腐败。

"要领执照，就要疏通很多人。要开公司，又要疏通很多人。要维持公司，还要疏通很多人。要出口商品，再要疏通很多人。等到终于把全部人都疏通好，利润也没剩多少了，公司也不值得开了。"

当被问到美国为何无法阻止以色列在约旦河西岸扩建定居点时，她环视着大厅，大厅里坐满来自美国盟国——巴林、约旦、沙特、摩洛哥的官员。

希拉里说："美国不同意很多国家的政策，也经常公开反对他们的政策，但我们也没法阻止他们。"

她补充道："为了维护全世界的和平、安全与繁荣，一直以来美国都承受着不成比例的沉重责任。我多么希望美国能明确告知很多国家，他们应该负一些什么责任。"

希拉里有理由表达她的不满：美国和欧盟一直是巴勒斯坦的最大金主，有时还要请求沙特等国家伸出援手。过去几年，沙特一共承诺向巴勒斯坦提供20亿美元的援助，但到目前为止实际只提供了三分之一的款项。许多阿拉伯国家都是如此：口惠而实不至。美国经常要发表公开而详细的声明，列出美国政府对巴勒斯坦政权提供的款项，以此来迫使阿拉伯国家掏出他们承诺过的钱。

发表完演说后，希拉里在峰会的活动告一段落。车队已经等在酒店外，准备载我们去大使馆振奋当地美国官员的士气。不管行程有多紧凑，每次出访必定有到美国驻当地大使馆同员工见面的行程。希拉里非常重视同大使馆员工的见面，每次都摆出招牌式的热情对大使馆官员的努力表示感谢。她强烈地意识到，美国大使馆里的官员才是在当地真正实施美国外交政策的人。在这个人人都质疑美国权力还剩几分的非常时期，他们需要加强自己的信念，并分享她的激情，以继续努力推进美国的利益。

在我们离开后，埃及外长盖特也发表了谈话，谈到了他自己关于改革迫切性的看法。

"不论是历史还是当代政治情势都证明，任何改革都是进化式的、渐进式的、缓慢的。而这种渐进性是改革成功和可持续的前提，同时也是在改革同时保护社会稳定和团结的必要条件。"

这一晦涩的声明表明，埃及领导人们似乎根本不了解民众的需求以及改革的迫切性。他们的昏庸导致他们无法预料到后来埃及局势的重大转折。

回华盛顿的飞行要持续12小时，中途会在爱尔兰的香农机场加油，晚上飞抵美国本土。在专机前舱，官员们正在修改希拉里明早要发表的关于美中关系的演讲稿。在小憩时间，杰克来到尾舱同我们闲聊，谈到了希拉里演讲的内容，以及为下星期中国国家主席胡锦涛来访的准备工作。我们还谈到了几周前突然去世的理查德·霍尔布鲁克。没有了这位阿富汗和巴基斯坦事务特使的奔波，美国在这两个国家的政策很快会失去明确方向。不是每个人都同意霍尔布鲁克的观点，甚至奥巴马政府内部对于他的任命都有许多争议，但他确保了美国政府持续关注这两个国家的局势。霍尔布鲁克去世后，瓦利·纳赛尔和其他阿富汗—巴基斯坦事务团队的人很快就会被调到国务院内外的其他岗位上。美国的关注焦点也会改变，关注程度会降低。如果代替霍尔布鲁克的人资历不足，巴基斯坦人很可能会再次觉得被美国抛弃。

在发表了关于美中关系的讲话后，希拉里在上午10点30分同马来西亚副外长会面，11点与奥巴马共同会见巴基斯坦总统扎尔达里，下午1点则会见进驻阿富汗的联军各国的所有阿富汗和巴基斯坦事务特使。这些特使都是来出席下午稍晚时候在肯尼迪中心举行的霍尔布鲁克追悼会的。希拉里和比尔·克林顿，还有其他来向霍尔布鲁克致意的人都致悼词。自从希拉里当上国务卿以来，克林顿夫妇很少能在同一个公开场合出现。虽然他们每天都会通电话，但要协调两人行程以出现在同一地点，几乎不可能。

那天，2011年1月14日星期五，在突尼斯突然发生了一件大事。总统宰因·阿比丁·本·阿里在夜色中乘坐飞机仓皇出逃，寻找流亡国家。如同所有世界大事发生时一样，奥巴马和希拉里分别给在华盛顿和其他地区的记者发去了电邮声明。

"在突尼斯，抗议浪潮和骚乱持续数周后，本·阿里总统于今天较早时候乘坐飞机离开。美国将持续关注突尼斯局势的发展。美国谴责所有的暴力行为，呼吁各方克制。"

没有人知道他们正在见证历史，甚至没有人知道本·阿里的出走意味着什么。不过在国务院和白宫，所有相关人员马上拨打了"+20"国际区号开头的电话：开罗吗？我们有麻烦了。

第十三章　　"这与美国无关"

埃及总理艾哈迈德·纳齐夫和情报单位主管奥马尔·苏莱曼已经无心再听美国人说教。2010年10月，埃及举行了充斥着舞弊的国会大选。这几个月来，美国官员不停致电他们，甚至直接同埃及总统穆巴拉克会谈，促请他们注意到大选后进行政治改革的迫切性。2011年新年，在亚历山大港的炸弹爆炸事件导致20名埃及本土基督教徒（Coptic Christian）死亡。　国务院例行简报会上，埃及记者恳请P·J和美国设法保护埃及的少数族群。穆巴拉克一如往常，对外界的意见充耳不闻。现在，美国抓住突尼斯示威浪潮的机会，再次促请埃及尽早改革。美国官员警告埃及，称埃及可能是下一个突尼斯：你们不觉得应该尽早开放社会政治体制吗？埃及的回答是：不。埃及官员坚称，埃及有自己的国情，不会发生这样的动乱。美国再问：为什么不会？埃及再回答：埃及反正有自己的国情。

本·阿里出走后10天（1月24日），希拉里到墨西哥展开一天的访问，行程上塞满了官方会晤和民间见面会。1月25日凌晨2点，希拉里乘专机返回安德鲁空军基地，当天晚上她要出席奥巴马在国会宣读国情咨文的会议，并向白宫传达自己的意见。奥巴马的顾问决定在国情咨文中隐晦地提及中东情势，并讨论是否明确对突尼斯的形势表态。当天晚上奥巴马的说法是："美国将与突尼斯人民站在一起，并支持全世界所有人民的民主诉求。"不过希拉里今天第一项活动是上午10点30分同西班牙外长特立尼达·希门内斯见面，并在条约间召开小型新闻发布会。这种简称"记者会"的小型发布会上，记者的问题可以不限于会谈内容。

当天早上，埃及各地已开始出现示威游行。2004—2005年，曾有小部分埃及人打着"受够了"的旗号，发动抗议穆巴拉克独裁统治的小型示威。穆巴拉克自1981年以来一直连任埃及总统，每次选举总能得到难以置信的98%的支持率。穆巴拉克还极力扶植自己的儿子接掌权力。"受够了"运动逐渐平息后，另一个抗议运动又在兴起：2008年，脸书上出现了一个运动专页，呼吁全国工人在4月6日罢工支持纺织业工人。这个运动组织效仿塞尔维亚的非暴力学生组织"反抗！（Otpor！）"。"反抗！"是当年将塞尔维亚统治者斯洛博丹·米洛舍维奇赶下台的示威发起组织之一。"4月6日"的一名成员后来出席了2008年12月国务院组织的一次青年论坛，他对美国官员表示，计划在2011年发起抗争，目标是用议会民主制取代穆巴拉克政府。根据维基解密泄露出来的外交电文，美国官员当时认为这是非常不现实的目标。从2008年12月到2011年1月，"4月6日"一直没有什么大动静。但现在埃及8000万人口的不满和怒火被邻国突尼斯的布阿齐兹事件彻底点燃，学生们也抓住机会开始动作。

"4月6日"的一名成员，戴面纱的年轻女学生阿斯玛·马夫兹自己制作了一段视频，呼吁所有关心国家未来的埃及人在1月25日走上街头示威。她将视频上载到Youtube，迅速吸引了无数人点击。数以千计的埃及人觉得自己终于有了代言人，于是上街示威。某些示威的规模为埃及数十年来所未见，示威人数第一次超过了维持秩序的警察人数。但要等一天之后，全球各大媒体才会注意到这些抗议示威同以往的不同之处。在开罗即将进入新一天时，国务院正在召开早间新闻发布会，一位记者问希拉里对埃及暴力镇压示威的看法——目前已有3人在与警察的冲突中死亡，49人受伤。

"埃及政府毫无疑问是美国非常有价值的盟友，华盛顿是否担忧埃及政局不稳？"

这个问题实际上是问：有8000万人口的埃及过去30年都是美国的忠实盟友，其强大的军队每年接受美国超过10亿的军事援助，而现在却要担心基本的政治稳定？希拉里的回答斩钉截铁。

"美国支持世界上任何一个国家人民的言论和集会，这是他们的基本权利。美国呼吁各方克制，不要使用武力。但目前我们的判断是埃及政局依然稳定，政府正在寻找适当方式满足民众的合法诉求与利益。"

埃及是北非的庞然大物，其人数众多的军队和警察一直严密控制着全国，所以很难说埃及政府已经发生"不稳定"，因为这个说法不完全准确。埃及确实爆发了示威，美国也很关注，但埃及终究不是也门，穆巴拉克的统治力量可以渗透到尼罗河边的每个村庄，和杂乱无章的开罗城内的每个贫民窟。埃及政局过去一直稳定，埃及一直是美国的盟友。另外，由于埃及与以色列关系较好，她过去一直是（现在也仍然是）中东地区同以色列脆弱和平的基石。克林顿政府时期，希拉里就认识穆巴拉克夫妇，并认为这两人都是美国的朋友。尽管希拉里总是不按套路出牌，但现在公开将埃及政局描述为"稳定"也于事无补，反而显得多此一举，又对美国声誉有害。几天后，副总统乔·拜登（Joe Biden）在一次电视访谈中还称，穆巴拉克不是独裁者，不应该下台。华盛顿始终无法接受穆巴拉克突然下台造成的后果。美国官员认为，埃及街头的示威还不能说明这个国家即将发生彻底的转变。穆巴拉克政府贪污腐败，侵犯人权，利用警察武力镇压反对力量，但穆巴拉克本人不是像伊拉克的萨达姆那样的铁腕独裁者，他只是个年已八十有二、固执而贪婪的法老式领袖而已。最重要的是，美国倾向于不进一步排挤穆巴拉克。埃及还没发生示威的时候，穆巴拉克也没有听从美国建议推行改革，现在美国不能冒险切断所有同穆巴拉克沟通的渠道。但希拉里第二次在公众舆论面前谈及埃及局势时，她就没再提"稳定"，反而促请埃及政府尽快实施改革，并表明美国支持全世界人民的民主诉求。

到这里，埃及的许多示威者马上得出了结论——美国根本不支持他们。他们是希望美国立刻抛弃穆巴拉克，无条件地站到自己的一边来。他们相信美国必能实现口头所承诺的价值观，站在历史、人权和自由的正确方向上。在开罗的解放广场（Tahrir Square）上，一名中年的大学工程科教授阿卜杜拉·阿尔·穆尔霍尼说，他一直希望整天大谈自由民主的美国能支持示威人士，而不是帮助独裁者镇压他们。在过去，美国政府很乐意迅速发声支持一些美国不喜欢的独裁国家的民众示威（例如乌克兰）。但美国从未处理过如此棘手的埃及局势，尽管奥巴马宣称美国的中东政策已经过时，但新政策一时还没形成。而在抗议浪潮初起时，美国也不确定埃及人民想走多远：他们是要把穆巴拉克赶下台，还是只要求大规模改革？他们是要穆巴拉克现在下台，还是可以等到下次总统选举把他赶走？街头的这数十万人，可以代表埃及的几百万、几千万人吗？现在一切都还没弄清楚。而刻意避免布什式大打自由牌风格的奥巴马也暂时不想挺身支持埃及民众。接下来数周，示威浪潮继续在埃及各地蔓延，而美国官员则密切关注事态发展，试图从开罗街头的示威中寻找应对方法。

在白宫西翼、国防部五角大楼、"雾谷"的国务院大楼，到处都有美国官员要在未能全面掌握情况的时候就要做出艰难的决定。他们对阿拉伯世界里终于冒出"人民的力量"感到欣慰，但在如何处理这股力量上却左右为难。美国外交官带着兴奋和难以置信的情绪告诉我，他们总是激动地盯着电视屏幕看着抗议进展，但在策划应对措施方面却毫无头绪。过去几十年，世界各地的示威人群大多是喊"美国去死"，美国官员倒还能泰然处之。他们已经习惯了这样的抗议声浪，甚至将其当成理所当然的、令人害怕却又熟悉的背景音——大概跟我儿时在黎巴嫩听惯了炮弹爆炸声的心态一样。但现在横幅上没有了美国，反而打出"人民要求现政权立刻倒台"之类的内容。美国官员在私下里一直对我表示："这根本与美国无关，这是埃及人民在表达对未来的诉求。"然而，世界上的每个人都想知道华盛顿要如何应对埃及局势：是放弃穆巴拉克，还是继续支持他？现实大概没有这么是非分明。

　　美国政府各部门频繁开会商讨，官员之间争论激烈。争论的焦点不是穆巴拉克要不要下台，而是何时下台，如何下台。政府里的理想主义者和务实主义者发生了矛盾。很多官员不想埃及出现人民和执政者持续对峙的局面，也担心穆巴拉克过早下台造成埃及整个制度崩溃，陷入权力真空。穆巴拉克经常警告说，万一他下台，极端伊斯兰分子会马上掌权。埃及的穆斯林兄弟会曾经鼓吹暴力夺权，现在逐步转化为和平的政党，但仍然受穆巴拉克政权打压，也不被美国接受。赖斯在2005年曾经表态，美国过去没有，未来也不会同这个伊斯兰组织接触。埃及的邻国以色列也对伊斯兰分子可能取代穆巴拉克感到忧虑。以色列同埃及维持着冷淡的和平关系，穆巴拉克在过去30年只访问过以色列一次，不过两国间的和平协议一直持续有效。但是，几十年来美国和以色列似乎都不明白，这些西装革履、说着英语、天天警告没有他们的管治国家就要陷入混乱的独裁者，其实正以自己的高压统治助长极端伊斯兰思想的传播。以色列其实是同穆巴拉克个人、而不是同8000万埃及人达成了和平协议。而穆巴拉克本人一方面煽动反美和反以色列情绪，一方面又在美国和以色列面前以此作为维持自己管治的借口。

奥巴马身边较年轻也比较理想化的政策顾问——比如萨曼莎·鲍威尔（Samantha Power）更强调历史潮流的必然性：美国无法阻止历史前进，美国更不能做出要逆潮流而动的姿态，这会严重损害美国的声誉。奥巴马综合了各个派系的观点。美国需要继续倾听埃及人民的呼声，并让他们自己设定改革目标，同时极力劝诱埃及领导人顺从民意。希拉里和盖茨则代表政府内较为传统的一派。他们极力避免未来的不确定性，因此不想操之过急。他们认为，美国经常被指为背弃盟友，这次如果急于驱赶穆巴拉克下台，各国就会得出清晰而可怕的结论：美国绝对不值得信赖。对于美国不肯无条件支持穆巴拉克，沙特方面已经怒不可遏。沙特国王亲自致电穆巴拉克表达他的支持。沙特新闻社报道，国王在通话中表示："某些渗透者们打着言论自由的旗号打入团结的埃及人民内部，图谋制造不稳，威胁埃及人民的安全。"

阿拉伯国家的统治者们经常将国内问题怪罪到外国势力，确切地说是西方势力头上。埃及外长盖特深信，既然"4月6日"组织的一名成员出席了美国国务院组织的青年峰会，那么华盛顿一定是整个示威浪潮的幕后黑手。解放广场上的示威者也不想美国过于公开地支持示威活动，这样会坐实政府指责他们为西方代理人的指控。

领导人还沉浸在自己编织的"外国干预"的谎言中，但人民已经觉醒了。现在的问题是要找人叫醒穆巴拉克。希拉里建议秘密派人去开罗会见穆巴拉克，当面劝告他在情况失控之前平稳下台。2011年晚些时候就要举行总统大选，美国已经明确表示这次大选不能舞弊，一定要公平进行，穆巴拉克和他儿子都不应该参选，还要开放其他候选人参与竞争。埃及还有时间做好准备，举行一次完整的民主政治演习。

希拉里提名前美国驻埃及大使弗兰克·魏斯纳[1]作为密使。他随即着手准备飞往开罗。同时，1月28日星期五，穆巴拉克宣布免去内阁所有成员职务，并任命情报部门主管奥马尔·苏莱曼为副总统，但这些姿态丝毫没有改变政权本质：穆巴拉克还是幕后老大。同一天晚上，奥巴马在华盛顿发表演说。

"今天，穆巴拉克总统对埃及人民讲话时，承诺建设更开放的民主政治和更繁荣的经济。我刚刚与结束了讲话的穆巴拉克总统通话，我促请他信守这些承诺，采取切实步骤和行动实现这些目标。"

周日，作为华盛顿向穆巴拉克施压的第二步，希拉里用一整天时间接受了美国5个著名星期日电视访谈节目的采访。她在采访中表明，穆巴拉克必须倾听人民的呼声，必须举行全国性的对话，并呼吁各方确保"有序过渡到民主体制"。这又是一个新的外交辞令。不过"有序过渡"的具体步骤应该由埃及人民自己来决定。周一，1月31日，国务院例行简报会上，有记者问P·J·克劳利，美国政府是否乐见穆巴拉克寻求连任。回答是："这是埃及的内部事务。"美国官员在公开场合总是谨言慎行，避免给出华盛顿正在操控埃及政治，实现自己目的的印象。他们希望埃及人民相信，美国不会将自己的利益置于他们的政治诉求之上。

在幕后，美国继续温和地劝说埃及领导人。魏斯纳飞抵开罗，与穆巴拉克会谈，传达了华盛顿的指示：为了埃及的前途和未来，总统最好下台。但老迈而执拗的穆巴拉克充耳不闻。这个古代法老王一般的老人已经黔驴技穷，只懂

---

1 确切地说此人姓名应该是弗兰克·魏斯纳二世（Frank George Wisner II）。其父弗兰克·魏斯纳（Frank George Wisner）曾在中情局任职。——译注

得顽固地往一个方向上走。

在白宫和国务院，美国官员越来越担忧，因为开罗街头的抗议者开始将矛头指向特定的人物：穆巴拉克掌权那么久，他就该下台。苏莱曼是穆巴拉克的走狗，他也该下台。抗议者似乎丝毫没有思考过，穆巴拉克背后有一整套治国机器和体制，就算穆巴拉克下了台，这部机器也可以大致维持完整，并顺畅地运作。在周日的访谈节目上，希拉里警告，如果赶走了穆巴拉克，换来的却是军事独裁，这将毫无意义。美国深知埃及军队的力量：像巴基斯坦军队一样，作为一个利益集团的埃及军队在现存体制中有庞大的既得利益，而且还有美国每年10亿美元的军援资助——美国这笔投资倒是划算，因为就在今天埃及军队承诺不会向人民开枪。但谁知道明天军队会不会变卦？美国对一个主权国家的军队影响力，终究很有限。

民主共和两党的参议员共同呼吁穆巴拉克下台，并公开要求奥巴马政府促请其辞职。美国的一些盟国对奥巴马如此拖拉、不肯明确要求穆巴拉克下台感到愤怒。如果我还住在黎巴嫩，大概我也会这么想，并认为美国就是狭隘地追求自己的利益，不愿意践行原则。但在华盛顿工作数年、亲身目睹了美国外交的运作后，我逐渐开始理解复杂的决策过程，也明白美国确实要权衡各方面的考虑。我同一位朋友就美国政府的谨慎态度发生了争论。美国一直试图加强民众的力量，但又确保不过分操纵整个进程。做不到的承诺就不乱下。不推动埃及民众做出过分急切的行动，因为美国无法时刻照料埃及人民，在警察对示威民众或逮捕、或杀害、或双管齐下时，美国无法及时伸出援手。这算是负责任的态度吗？1991年海湾战争结束后，美国曾经鼓动伊拉克境内的什叶派起来反抗萨达姆的统治，但同时又不愿或不能对其提供援助和保护。萨达姆残酷镇压了什叶派的起义，造成数万人死亡。

美国大概终于理解了其公开表态所具有的能量。美国表达的支持态度往往被误解，美国领导人一旦暗示了点什么，世界上就会发生奇怪的事情，例如格鲁吉亚总统以为美国会支持他，于是急忙同俄罗斯开战。奥巴马政府认为中立的态度才是上策。如果美国在抗议发生后急忙宣称穆巴拉克应该下台，但穆巴拉克赖着不走，同时更加血腥地镇压示威者，造成更多人命伤亡，那么美国一定会被指责为无力阻止穆巴拉克。其实，这时美国最多只能呼吁各方停止使用暴力而已。美国不能直接出兵，切断军事援助也不会有即时效果，只能作为最后的保留手段。

2008年5月，黎巴嫩曾经陷入新一轮暴力冲突浪潮，亲西方和反西方示威分子在街上爆发冲突。美国做出了几项道义性的声明后，贝鲁特的自由派势力自以为得到了支持。但当他们微不足道的军队被叙利亚和伊朗支持、武装到牙齿的真主党打败后，又指责美国背弃了自己。那他们到底要美国怎么样呢？我问过许多人，得到的回答五花八门。有些政客严肃地回答，他们曾经请求美国派轰炸机空袭叙利亚总统巴沙尔·阿萨德在大马士革的官邸，甚或最好再派陆战队进入贝鲁特。像这样对美国权力有离奇幻想的国家，绝对不止黎巴嫩一个。

世界各国都在热切期盼美国出台对埃及的政策，而美国官员却觉得两眼一抹黑。其中一个对我表示："我们从未遇到过这样的情况，不知道会不会变成1989年，甚或1979年。"他说的是1989年东欧剧变和1979年伊朗人质危机。在这两件轰动世界的大事里，美国都扮演了重要角色，却无法独力左右事件的后果。两次危机的结果截然不同：欧洲变得更为民主开放，伊朗却变成政教合一的国家。暂时还没人知道埃及革命的结局会如何，但华盛顿的机构已经有声音警告，美国在中东的影响力可能会大受削弱。毕竟，一个美国盟国的人民赶走了该国独裁者，很可能被其他国家解读为他们拒斥美国领导的世界秩序。叙利亚和伊朗这些本来就不满美国在该地区影响力的国家，大概正在窃喜不已。

在贝鲁特，我的一些自由派朋友认为埃及示威背后是争夺中东领导权的大战，一旦美国在该地区的影响力被削弱，真主党势力可能会变得更强大，伊朗也会更深入地渗透黎巴嫩。伊朗的精神领袖哈梅内伊正有此意，他的推特账户"@khamenei_ir"上公开发布了一条信息："阿亚图拉哈梅内伊说：某超级大国的权力已经衰落，其在本地区的霸权即将终结。"

让我尤其感到意外的是，大家都在谈美帝国的终结之类的，几乎没人关心中国对埃及局势的态度。对比美国，中国对穆巴拉克没有那么大影响力，但埃及街头的示威者似乎没有要求也没有获得中国和俄罗斯的认同。北京一边保持沉默，一边忙着封锁国内的互联网连接。[1] 这种面对国际危机，第一反应是偏执地控制国内舆论的做法，实在没有超级大国的气度。甚至欧洲国家大多也沉默不语。尽管人们对美国权力的想象已经大大落后于时代，但美国的表态，美国做与不做什么，还有着巨大的影响力。

然而，一位美国官员却向我抱怨："矛盾就在这里。一方面，人们指责美国总是操控所有事情，到处施展霸权。另一方面，人们又指责我们无法操控所有事情，霸权得还不够彻底。现在只能由埃及人民自己做出对未来的抉择。"不管华盛顿做了什么，世界的期待总是与美国的政策相反。

美国真正能做的，大概也就介于霸权和无霸权之间。所以美国只能每天观察埃及街头的示威者，分析他们的诉求。当示威者群情汹涌时，美国的态度也更强硬。当示威者稍为平静时，美国就放软身段。华盛顿的每个相关官员每天都在打电话给每个认识的埃及官员沟通，并期望穆巴拉克发表下一次演说。但

---

1 此处删除62字。——编者注

穆巴拉克的反应似乎总是跟不上形势。

2月1日，穆巴拉克终于宣布，他不会寻求连任，却没有表明他儿子会不会参选。他暗示会进行某些对话和改革。在开罗街头，示威者的态度出现分化。穆巴拉克做出了姿态，似乎听到了民众的呼声。有些人不相信他，另一些人则比较乐观。在华盛顿的美国官员觉得事态可能很快平息下来。"法老"已经宣布要退出政坛，也许他需要一点时间去落实转变，现在没必要穷追猛打。

但奥巴马希望确保穆巴拉克信守承诺。他希望穆巴拉克清楚地表明他未来的动向，以确保权力过渡马上开始，切实完成，不会成为穆巴拉克赖在台上的借口。开罗的街头示威如果持续数月，对各方都不利。奥巴马和穆巴拉克通了电话，用英语交谈了30分钟。奥巴马对老总统展现了尊敬，但在要求上寸步不让。他对穆巴拉克说："您已经领导您的人民很长时间了，您确实是个尽忠职守的领导，但局势不能再这样动荡下去，您必须同反对派领导人展开会谈。"奥巴马试图刺激穆巴拉克对埃及的热爱与骄傲，穆巴拉克的一生都奉献给了埃及政治，他当然不愿意看到国家动荡。

"您不了解我的人民，他们知道我能恢复稳定。"

"可是如果您的想法是错的呢？"

"我说了，您不了解我的人民。"

"我们24小时后再谈吧。"

"不，不，我们几天后再谈。您会看到一切恢复正常的。"

"也许您是对的，但我说的是，如果您错了怎么办？您的风险也很大。"

奥巴马尽量表现得对穆巴拉克尊重而同情，试图向这位老得可以做他父亲的领导人解释，他虽然已经维持了几十年的统治，但不意味着他能永远维持下去。但穆巴拉克这个老顽固就是不听，"我了解我的人民，您不了解"。

这是奥巴马和穆巴拉克最后一次通话。通话结束后，心怀沮丧的奥巴马发表了一次讲话，他希望确保穆巴拉克信守改革承诺。在这次语气强硬的讲话中，奥巴马用强烈的措辞公开了对穆巴拉克的态度。

"我已直接同穆巴拉克总统本人通过话。他认识到目前情势不可能继续维持，必须进行改革。我很清楚我的信念，我也向穆巴拉克总统表明了这一点，有序的权力交接必须切实进行，必须和平进行，也必须马上进行。"

结果第二天，亲政府暴徒骑着马冲进示威人群，对示威者大打出手，造成3人死亡，1500人受伤。这次惨烈的袭击事件是整个示威的转折点，也使得穆巴拉克"只有自己能维持稳定"的说法成为一句空话。解放广场再度塞满愤怒的示威人群，他们明确要求穆巴拉克下台。以往关于穆巴拉克还有时间渐进地交出权力的设想也化为泡影。

希拉里致电数天前刚被任命为副总统的情报部门主管奥马尔·苏莱曼。她的态度很明确：美国无法容忍这种局势。苏莱曼向希拉里保证这样的袭击不会再发生，他一定会设法遏制暴力事件。希拉里告诉苏莱曼：覆水难收，如果你当上过渡总统，你必须切实推行权力交接，决不能做些表面改革又赖在台上10年不走。必须马上推行真正的改革。

现在希拉里每天都前往白宫与奥巴马单独会面。有时也会见国防部长盖茨和国家安全顾问汤姆·多尼伦（Tom Donilon），有时又4人一起碰头。希拉里经常说，任职国务卿期间最让她意外的事情是要经常往白宫跑。现在她有一半时间要在白宫里度过。奥巴马身边有一大群总和他站在同一阵线上的贴身顾问，但在过去两年他也越来越多地咨询希拉里的意见，而希拉里也越来越自信地向总统发表意见和提出建议。在奥巴马任职的第一年，希拉里大部分时间在内阁里扮演一个听话好兵的角色。现在她变得更务实，也更积极地发出自己的声音。在国家安全会议上，通常先由国家安全顾问简介本日议程，不过如果会议重点是外交政策，奥巴马会在贴身顾问发言完毕之前就征询希拉里的看法。如果希拉里没有出席，奥巴马甚至会说："我想知道国务卿对这个议题有何看法。"他们当然不会总是意见一致，而奥巴马也始终握有最终决定权，不过希拉里逐渐成为固定的咨询角色。更重要的是，她是政策的实际执行人。如果奥巴马想做成什么事，他也要先确定希拉里有没有信心带来期望中的效果。

希拉里在埃及问题上始终着眼于长远，将其放进美国的世界地位这一宏观图景中考虑。她警告说，美国的动作不能太大，以防其他国家觉得美国又在抛弃盟友。她绝对支持赋予人民更多政治权力，进行政治改革，但她几周前在多哈刚刚发表过演说，谈到中东的选择不是要么改革要么维持稳定，而是要么改革要么陷入混乱。现在已经露出了混乱的苗头，就有必要保持小心谨慎。美国也必须注意自己的声誉，既要顾及价值观也要考虑国家的信誉。美国向埃及提供的援助多是军事援助，但在重大动乱后还必须提供经济援助以恢复社会元气。而美国也需要处理自身的经济衰退问题，万一力有不逮可能很快要去请求沙特帮忙支援埃及经济。在恳求沙特富豪们掏腰包之前，最好不要在埃及政局上操之过急而激怒他们。希拉里还提及了以色列也担忧穆巴拉克下台后埃及局势不稳。

2月5日，也就是奥巴马宣称权力交接必须"马上开始"的几天后，（前）埃及问题特使魏斯纳在慕尼黑一个研讨会上发表谈话，提出个人观点：让穆巴拉克暂时留任，主持整个民主转型进程，这可能是最好的选择。这确实是奥巴马任命魏斯纳时要他向穆巴拉克传达的信息，但现在情势已经大大变化了。一时间，各种阴谋论说法在全世界不胫而走：魏斯纳的讲话到底意味着什么？奥巴马不是说转型应该马上开始吗？不是说穆巴拉克本人应该马上下台吗？为什么现在又要把他拉回来？美国人到底想干什么？这肯定再次证明了美国的变幻无常——说一套做一套。美国领导人宣称支持埃及人民，其实一直在暗地里保护自己的盟友，这样两边下注，谁赢他们就帮谁。埃及外长盖特在接受美国公共电视台（PBS）采访时抱怨，美国的态度含糊不清，连埃及领导人也搞不清楚美国的意图。

事实上，奥巴马政府一直在小心翼翼地注意表态的腔调、信息的方向，但在埃及问题上其回应和表态总是含糊其辞、混乱不堪。只是人们经常忘记：美国官员并非神通广大，他们手头上没有精密的计划可以按部就班地执行，甚至他们内部对于何谓最佳政策也没有一致意见。美国也不像中国那样，决策权力高度集中，官员在公开和私下场合都紧跟党的路线。每个美国人都习惯于发表自己的意见，在外交上就很难形成清晰一致的讯息。像魏斯纳这样的"临时工"或者是已经完成任务，仅以个人身份活动的人当然可以自由发表意见了。当时也在慕尼黑研讨会上的希拉里听到这个消息后非常不满。她取消了晚宴约会，试图修复美国的形象。众人的不同表态导致美国政策显得难以预测，也使奥巴马恼怒。白宫发出了明确指令：没有批准不得随意发表对埃及局势的意见，讲话时要同政府定下的政策要点一致。

在不屈不挠地同美国人周旋多时后，穆巴拉克终于向军方保证，2月10日晚上他会发表演讲宣布辞职。在抗议示威浪潮蔓延时，埃及军方一直密切关注事态进展，因为他们也认为自己的权力受到了威胁。埃及将领对美国官员表示，他们已经准备好迎接穆巴拉克致辞。中情局局长莱昂·帕内塔在当天早上的国会听证会上表示"穆巴拉克今晚非常有可能下台"。

但希拉里相信，穆巴拉克一定会留一手。穆巴拉克第一次对埃及国民的讲话，对辞职的态度非常晦涩，所以希拉里坚信这一次讲话也不会有新意。在和身边顾问的谈话中，希拉里说，她无法想象这个老顽固会突然站起身对大家说："我要走人了。"这不符合他的个性。

希拉里在国务院大楼7楼的办公室看完了整个演讲。电视机通常是静静地待在她办公桌右手边墙壁的隔板后面，很少打开。这次为了看穆巴拉克演讲，希拉里开了电视。穆巴拉克的演讲转弯抹角，整整7分钟根本没人知道他到底想表达什么。不过中间他确实提到"根据宪法将全部权力转交给副总统"。而在解放广场上，几乎没人认真听他说了什么。示威者怒吼着、哭叫着，往日高喊"我们要这个政权倒台"的示威者开始高唱"我们要弄懂这个讲话"。穆巴拉克讲完后，我问身边的国务院官员，对穆巴拉克的态度是否满意。

其中一个人回答："我们还在分析他传达的信息。"

稍后，帕内塔向国会澄清，他先前的表态是基于从媒体上得来的消息而做出的。他是大大地出了一回丑：连中情局局长都依赖媒体新闻来做判断，那地球就有麻烦了。但有麻烦的其实是穆巴拉克，帕内塔确实知道穆巴拉克答应要辞职，但"法老"食言了。

奥巴马在从密歇根州返回华盛顿的空军一号上看完了穆巴拉克的演讲。穆巴拉克在演讲里特意向他喊话："不论对方是谁，不论在什么情况下，我现在和将来都不会忍受外国的发号施令。这是一种耻辱。"

天啊，穆巴拉克到底在干什么？

当天晚上，白宫发表了奥巴马总统的书面声明。

"埃及人民被告知，权力交接将会发生。但现在还不清楚埃及政府的权力过渡是否马上进行，是否切实有效，是否足以满足人民的诉求……因此美国促请埃及政府迅速解释，即将推动何种转变。"

声明的关注点终于转到了埃及人民身上，至少表面上是如此。

"埃及人民已经清楚表明他们不会忍受现状的延续。埃及已经改变,未来在埃及人民手中⋯⋯在这艰难的时刻,我很清楚埃及人民将会坚韧不屈。埃及人民也应清楚,美利坚合众国永远是他们的忠实朋友。"

稍后,美国国防部长盖茨致电埃及国防部长穆罕默德·坦塔维元帅,告知他现在情势非常危急:穆巴拉克必须马上下台,军队要开始接手维持秩序,管理权力过渡进程。美国将随时提供指导,协助埃及军队完成这一史无前例的使命——建立埃及的民主政体。

许多美国官员担忧埃及军队为维护自己的权力和利益,会无所不用其极,但美国暂时无法忧虑这一点。如果示威人群得不到穆巴拉克下台的消息,整个埃及可能会彻底陷入无政府状态。军方是美国目前唯一可以依赖的力量。埃及将领也许不愿意听美国人指指点点,但美国只能依靠他们维持整个国家机器的运转。

看来,要穆巴拉克自己说出辞职的话,真不符合他的作风,他派了其他人代言。2月11日,华盛顿时间上午11点,开罗时间晚上6点,希拉里抵达白宫开会。在开罗,75岁的奥马尔·苏莱曼穿着蓝色西装、打着领带,站在总统官邸里一个铺着木地板的大厅中,面对照相机和摄影机镜头以及镁光灯的闪光,目光呆滞,面无血色,他只讲了35秒的话。"总统已经辞职,三军最高委员会接掌权力,"苏莱曼说,"愿真主保佑每个人。"

埃及人民赢了。

解放广场上,埃及人哭着、庆祝着,发泄着数十年来的愤懑,所有的沮丧、屈辱、腐败、镇压和贫穷都要结束了。一名妇女说,他们所有的美梦都成真了。很少有人停下来静心想一想,军队接掌最高权力是否值得庆祝。他们总觉得革命是解决所有问题的万能灵药,却没有意识到革命仅仅是在整个国家揭开了一层帷幔，让人们看到了多年来被政府宣传机器所掩盖的问题的严重性。

当天国务院的例行简报会被取消。在这种重要时刻，要由白宫先表态。不管希拉里在国际舞台上是多大牌的明星，在美国总统才是老大。苏莱曼发表讲话后4小时，奥巴马走到白宫大理石铺地的门厅前。这几周以来，美国国家利益和美国价值观在华盛顿的每个办公室、在每个人的脑海中、在奥巴马的心中，乃至在开罗街头展开了激烈斗争，情势简直是跌宕起伏。

总统开始讲话："在我们的一生中，只有极少的机会能有幸见证重大的历史事件。今天，就是其中一个机会。这是一个历史性的时刻。埃及的人民发出了他们的呼声，埃及政府回应了他们的呼声。从此，埃及的一切都与往日不同了。"

其实，每一个地方的一切都将与往日不同：埃及、中东、美国，皆如是。

奥巴马在演讲结尾中说："'Tahrir'在阿语中的意思是'解放'。这个词代表着我们灵魂深处对自由的渴望。这个词将永远使我们铭记埃及人民的历史性成就，埃及人民所支持的价值，埃及人民如何改变了他们的国家，进而改变了世界。"

在解放（Tahrir）广场上，有大屏幕直播奥巴马的演讲。兴奋的支持者纷纷在手机上打字，向别人发送他讲的话。他们最初对美国似乎不愿帮助他们感到失望，而现在则骄傲地认为这位仍然受他们尊敬的美国总统认可了他们的努力。但这是埃及人民的胜利，他们自己用双手争取来了这个胜利。

在整个过程中，希拉里都没有致电穆巴拉克或他的妻子苏珊妮·穆巴拉克。穆巴拉克夫妇也没有打给她。这就是政治。希拉里并非冷酷无情，只是注重现实利益：民主力量汹涌而至，独裁领导人就要丧失权力。希拉里是个政坛老油条，自己也尝过丧失权力的滋味。对于一个无法延续过去30年统治而被迫下台的老领导人，她不会流下同情之泪。

同一天晚上，在群情激奋的开罗以西1080英里，耶尔·伦姆佩特、她的丈夫和其他一些朋友目不转睛地看着电视屏幕。她刚刚调离在埃及的美国大使馆岗位。事态进展之迅猛令她呆若木鸡。她想起了她在当地的朋友曾痛切地对她表达在穆巴拉克统治下生活的不满。她想：现在他们一定兴高采烈吧。耶尔现在是新建成的美国驻利比亚大使馆的副馆长。

她说道："这种事情没有发生在这个国家，真是遗憾。"然后屋子里的人关掉电视机，到街上一家中式餐馆里吃晚饭去了。

1小时后，利比亚国营电视台的新闻简报播送了穆巴拉克辞职的消息。比穆巴拉克更富有话题性的煽动家穆阿迈尔·卡扎菲已经统治利比亚长达42年。他喜欢穿紫色或蓝色的带肩章的军装，随身带着黄金权杖，身边总是围着一大群女保镖。但他坚信利比亚人民爱戴他，不会被外国阴谋家利用。他相信自己比东边（埃及）和西边（突尼斯）邻国的领导人地位更优越，因此无须担忧。

2月14日，即穆巴拉克辞职3天后，阿拉伯世界唯一的岛国、由逊尼派君主统治着的什叶派占多数人口的巴林爆发示威。多年来，什叶派在就业和其他社会权利上一直备受歧视，现在他们上街发泄心中的怒气。巴林政府的血腥镇压令人目瞪口呆。但希拉里只是谨慎地评论了事态。

"巴林过去多年是，现在也是美国的盟邦和朋友。每个政府都有责任为国民提供安全和政治稳定的保障，但美国呼吁各方克制。"

当美国观察巴林局势时，她看到的不仅是街头上要求政府保护自己权利的示威者，更看到了背后影影绰绰的伊朗。美国犹豫了。以什叶派为主的伊朗多年来一直试图控制巴林，但巴林是美国第五舰队的锚地，也是美国在中东地区军力布置的重要一环。像巴林和面积较大的邻国沙特这种逊尼派主导的君主国，多年来一直是美国阻挡伊朗在中东地区扩展影响力的重要屏障。不论真实存在抑或只是幻觉，对遏制什叶派的重视使得美国别无选择。在埃及，美国还可以押注在自己支持的军队上，让他们出面收拾残局，但巴林很可能成为第一块倒向伊朗阵营的多米诺骨牌。对伊朗的恐惧蒙蔽了美国的思维，她绝不愿意冒险协助巴林人民推翻现政权。

每个国家发生革命后，都会给奥巴马政府带来新的议题、新的难题，都是对美国在中东地区、在21世纪继续使用手中权力的挑战。每一次这样的革命，都在测试着作为世界领导者的美国应对挑战、扩展权力的能力。

第十四章　萨科齐的战争

2月18日晚上，的黎波里东部市郊、规划杂乱无章的苏夸·朱马地区，耶尔·伦姆佩特在准备上床就寝时听到远处传来了枪声，这已经是连续第二天晚上出现枪声了。那天早上，这位美国外交官曾就此向利比亚官员询问，但利比亚官员轻描淡写地回避了问题。他们说："就是几个兴奋过度的'沙巴布（Shabab）'开枪发泄而已。"

"沙巴布"在阿语中的意思是"年轻人"，通常用于描述在街头成群结队、大吵大闹、到处闹事、整天闲逛、没有工作的年轻人。他们喜欢调戏女孩，经常抽烟，偶尔也会打枪玩玩或者宣示自己的领地。黎巴嫩、约旦、巴勒斯坦领地——凡是年轻人没事可干、国家又听之任之的地方，都可以看到很多"沙巴布"。但在这个卡扎菲铁腕统治的利比亚"民众国（Jamahiriya）"应该没有这么多"沙巴布"才是。

凌晨3点，耶尔家里的电话急促地响起——利比亚的手机网络已被切断，来电的是大使馆的一名司机。

他说："我正在市中心绿色广场。我刚刚看到15个人在我面前被杀。革命开始了。"电话挂断了。

18日当天晚上整夜都传来枪声。早上，耶尔开着自己的SUV前往大使馆上班。往日15分钟的路程才开到一半，耶尔突然发现路边墙上出现了阿拉伯文的标语，反卡扎菲的涂鸦，还有丑化卡扎菲的漫画。看来司机的话不假：革命确实开始了。各种情景在她脑海里翻腾：形势会怎样发展？卡扎菲会使用武力镇压吗？会不会有几百万人上街示威？耶尔唯一能确定的是，利比亚的情况与埃及不同：这个国家没有权力制衡，没有政治制度，有的只是一个自己搞出3本充满律法和口号的绿皮书[1]（Green Book）的独裁者。她要同大使馆的官员开始商讨应对策略，还要开始考虑腹中婴儿的安全，现在离她第一个孩子的预产期还有一个月。

美国大使馆的工作还处于起始阶段。1979年，麦加大清真寺事件发生后，愤怒的民众焚烧了美国驻巴基斯坦大使馆，利比亚暴徒也开始攻击的黎波里大使馆，美国被迫将其关闭。1969年卡扎菲上台以来，利比亚先后发动对埃及的战争，支持全世界的反西方武装势力，制造大杀伤力武器，逐渐成为国际社会的弃儿。卡扎菲自称"人民兄弟般的领导人"，其最臭名昭著的恶行是策划了1988年在苏格兰洛克比上空发生的泛美航空103班机爆炸案，造成270人丧生。到1990年代末，卡扎菲逐渐开始改弦易辙。2005年，他宣布利比亚将销毁所有大杀伤力武器，并承诺赔偿洛克比空难的受害者家属。2008年，美国将利比亚剔除出支持恐怖主义国家的名单，并重开的黎波里大使馆。但不同于其他美国大使馆，的黎波里使馆里没有海军陆战队士兵守卫。卡扎菲坚决拒绝美国陆战

---

1 "绿皮书"是1970年代末卡扎菲撰写的3本从政治、经济、社会角度论述"民众国"制度的书，包含其文章和语录，提出一种"第三世界理论"，多年来被视为利比亚"民众国"制度的思想核心。——译注

队士兵进入利比亚，美国也无法同这个经常突然发作的神经质领导人争论，只好就此作罢。在布什政府时期，国务院总是对卡扎菲的古怪行为处处忍让。对这个连呼吸都受领导人控制、社会严密到连犯罪也不会出现的国家，这未尝不是一个好主意。但维基解密事件成了第一个揭示这种让步或许并不明智的信号。卡扎菲发现新到任的美国大使吉恩·克雷茨在电报中提到自己的健康状况以及身边性感妩媚的护士，勃然大怒。卡扎菲的保镖开始整日跟踪克雷茨，为保护大使的人身安全，华盛顿只好将其召回。

现在，革命的混乱将要到来。大使馆的办公室工作人员还散布在城市各处，又没有可靠的无线电通讯网络。整个外交团脆弱地暴露在危险之中——这是每个外交官的噩梦。的黎波里城内的手机信号断断续续，利比亚政府还在尝试切断整个国家的互联网连接。接下来的几天里，耶尔和她的同事不能收发电邮，不能打手机，只能依靠大使馆里连通国务院大楼6楼和电话连接中心的一条电话线同外界联络。

我坐在国务院大楼办公室的小隔间里，等着收件箱里的电邮。在整个埃及危机期间，我一直依赖电邮同大楼里的官员沟通。他们忙着参与政府各部门的协调会议，无法随时接听电话，但无论他们多忙，总是有时间简略地回复我用电邮发出的问题。在华盛顿，黑莓手机简直是每个人手部的延伸器官，电邮则是最主要的沟通手段。官员用简短的电邮来回进行对话，他们对笼罩在中东地区上的不稳定阴影感到忧虑，也热切盼望埃及迈向更好的未来。电邮中有时还会透露国务院发言人P·J和白宫发言人罗伯特·吉布斯在公开场合不会透露的信息。官员回复的电邮中谈及了他们对穆巴拉克传达的信息、埃及将领的态度、他们对穆巴拉克反应迟缓的失望，以及他们如何根据开罗街头的情势随时调整美国的表态。

现在，我每天早上都向官员发电邮询问关于利比亚的动向：美国会劝告卡扎菲下台吗？美国会如何掣肘卡扎菲？美国会撤出大使馆所有员工吗？我天天等着回复。有时我会打电话到他们的办公室，但他们要么不在，要么太忙无法接电话。几小时过去了，几天过去了，毫无动静。国务院例行简报会也让人提不起兴趣：以往P·J总喜欢和记者开玩笑，还会在讲完文件夹里的政策要点以后向记者透露额外信息（这经常令白宫方面不满），现在连他也小心起来，不愿多说，甚至当记者在镜头以外私下围住他询问时也是如此。

2月21日，国务院命令的黎波里使馆人员的家属撤离利比亚。情势正在迅速恶化，抗议已经蔓延全国，血腥暴力事件也越来越多。卡扎菲动用军队和警察镇压示威，造成超过100人死亡。美国仍然没有呼吁卡扎菲下台，也没有宣布全面撤侨，只是应付式地赞扬示威者的行动。这令我迷惑不解。

在当天的例行简报会上，美联社的马特·李抛出了尖锐的问题。

"我想知道，为什么所有的、每一个谈及利比亚局势的官员，都不愿意提到卡扎菲的名字？"

"嗯，这个我刚才已经说过，美国认为利比亚政府及其领导人对国内的局势负有责任。"

"所以那个领导人的名字是？"

"卡扎菲上校。"

"现在很多人发现，华盛顿方面对推翻卡扎菲政权的提议反应冷淡，如果华盛顿有反应的话。然而美国却对其他地区的事态非常关注。你能否解释一下原因？"

"嗯，正如我昨天所说，谁来领导利比亚，应该由利比亚政府和人民共同决定。美国已经表态过，在这个时期，美国和其他任何外部势力都不能决定某个特定国家谁来当领导人，谁应该下台。"

其他国家的人们一如既往地关注美国官员的表态。几天前，P·J在推特上批评国会否决美国政府资助联合国气候会议的提案，又否决给美国驻联合国气候变化大使的拨款。有一名利比亚推特用户在下面留言："克劳利先生，我们欣赏您对环境议题的关注，但在利比亚，人民正在被屠杀。"还有一次，一名记者在例行简报会上发问，美国是否同利比亚外长库萨·卡萨沟通过。P·J说外长几天来都没有接电话。第二天，卡萨就给国务院中东事务主管杰弗里·费特曼打去电话："克劳利先生说您没法联系上我？"

我们这些记者在华盛顿跟美国官员高谈阔论时并不知道，利比亚政府一直要求美国外交官不要离开他们的国家。利比亚认为埃及是个很好的例子：美国外交官撤出埃及后，一场革命推翻了穆巴拉克。卡扎菲希望扣留外交官作为筹码，确保自己持续掌权，这很可能发展为人质危机。卡扎菲过去曾被指责在美国和欧洲发动多次炸弹袭击，美国和欧洲国家都相信利比亚还有潜伏在西方、随时可以动用的袭击者。耶尔和她的同事请求奥巴马政府，在他们找到安全途径让全部外交团离开之前，不要公开呼吁卡扎菲下台。在国务院大楼和白宫，官员时而沉浸在痛苦中，时而又感到恼怒。这个神经质的利比亚领导人，可以派人去炸民航机，可以在出访欧洲时在公共公园里支起帐篷当住处，可以在美国官员语带讽刺地提及他时马上要求他们公开道歉，而现在大使馆人员的性命就掌握在这种人手中。

2月24日，希拉里同巴西外长会谈后，一起在条约间召开"记者会"。一名记者提问，针对利比亚的暴力镇压，美国打算如何回应。希拉里做了长长的、转弯抹角的回答，从联合国决议一直扯到日内瓦的联合国人权委员会。就在即将回答完毕时，希拉里突然漏了口风，说要所有美国人离开利比亚。

希拉里说："……我们希望所有相关美国人能离开利比亚。我们已经采取措施，准备租用一艘商船驶到的黎波里港口。所有能到达该港口的美国人，以及其他已经被要求离开利比亚的外国人，都可以上船。我们促请所有美国人立刻动身。"数小时内，国务院就制作了标准的紧急通知，通过电邮发送给所有在利比亚的美国人，并在的黎波里大使馆网站上公布。

在同利比亚方面磋商了数天后，耶尔和其他美国外交官终于获得批准，可以安全离开利比亚，某个利比亚高层官员准许了他们的请求。美国租用的商船已经抵达的黎波里，但要撤出所有美国人需要用好几天的时间。风暴和汹涌的海浪使得商船抵达的日期比原定晚，现在400名获准离开利比亚的美国人要在没有物资增援的情况下，在这个逐渐陷入混乱的国家港口的一艘商船上度过两天两夜。

当天晚上，他们离自由又近了一步：奥巴马总统首次发表关于利比亚局势的公开声明。他表示：残酷的镇压和民众受到的苦难令美国无法容忍，美国正在寻求一切可能的方式应对。他还将派希拉里出席日内瓦的联合国人权委员会特别会议。

在这次长7分钟的演说中，奥巴马还是没有提及卡扎菲的名字。

2月27日，周日早上，757专机在停机坪上整装待发。在贵宾休息室里，我们喝着淡咖啡，嚼着空军巧克力曲奇饼，做了座位分配摇奖，我拿到了一个靠窗的座位。希拉里那辆带装甲的凯迪拉克专车驶进停机坪，在机鼻下面停了下来。7名外交保卫队的特工从前后两辆厢式客车里走出来，走上舷梯，钻进机舱里，另外两人则在停机坪上帮忙卸下行李。这次出访，希拉里的行李非常少，只有几个包。她要在日内瓦停留36小时，试图集合各国力量阻止一个正在大肆屠杀本国人民的狂人。截至当天，已有超过1000名利比亚人死亡，卡扎菲将示威者称为"老鼠"，并威胁要一个个地把他们抓起来杀死。他还表示这一切都是美国的责任。但他已经开始丧城失地：东部城市班加西已经落入反对派之手，利比亚军队中大批士兵倒戈，叛军正逐渐在利比亚东部地区成形。

希拉里戴着太阳眼镜从专车里走出来。哪怕是像今天这样天空灰暗阴沉的日子，她在室外也总是戴着太阳眼镜。她一路上到飞机，走进自己的专用座舱里。办公桌上，能在空中接通奥巴马总统和其他各国领导人的电话旁边，按惯例放着一份目的地天气预报：大致多云，有降雪或降雨可能，高温华氏45度，低温华氏35度[1]。

上任至今，希拉里已经访问了79个国家，行程总计近50万英里。像这样的危机——千百万阿拉伯人受到愤怒刺激而上街，要求剥夺他们希望和自由的领导人下台——以及其所促成的出访，最严峻地挑战着她的能力，以及美国作为超级大国的地位。

在早上乘搭专机从安德鲁空军基地出发时，她通常不化妆，这时她的脸上没有为上电视好看而打上的底妆和粉底，因而露出雀斑，反使她显得年轻而有精神。在起飞前，她总会戴上方形镜框的阿玛尼眼镜，眼睛闪闪发光，脸上带着微笑，来到尾舱，一句中气十足的"大家好！"之后就开始同记者们聊天。

但这一次，希拉里显得劳累而紧张。这两个月来连轴转般地处理可能星火燎原的阿拉伯危机，使她疲惫不堪。杰克·沙利文站在她身后，穿着招牌式的蓝色羊毛绒衣，手里攥着笔记本电脑，面容憔悴，蓝眼睛周围的黑眼圈比往常

---

1 约合摄氏7.5度、摄氏2度。——译注

大得多。华盛顿的官员现在才开始意识到局势的严重性：中东北非地区的所有国家，不论是美国盟友还是敌国都已陷入民众反抗的浪潮中。阿拉伯人民要起义推翻的这些领导人，残暴而老迈，生活在妄想中，总是把头发染得漆黑，一演讲可以讲足足3个小时（因为没人敢叫他们闭嘴），还往脸上打肉毒杆菌素充年轻，自认为是给国家长了脸面。他们统治下的人民，因穷极无聊而对政府听之任之，因被巧取豪夺而陷入贫困，因被严刑拷打而低眉顺眼，因被残酷折磨而失去生命。没人知道谁或者什么势力能取代这些领导人，但这些国家的不稳定将威胁到美国的全球领导地位，乃至美国的经济复苏。

有些意见也认为，这些危机是危中有机：美国正好可以在政策中实践其价值观和原则，可以更长远地保卫其国家利益。危机爆发以来，油价一直稳步上涨。在利比亚运作的石油公司已经停止生产，撤出员工。利比亚的石油停产导致原油市场上每天减少了160万桶的供应量，要维持原油生产和运输海路的畅顺，还有什么比拉拢所有阿拉伯人民（而不仅仅是专制领导人）更好的办法呢？如果不赶快应付，后果也同样危险，因为历史可能重演：美国再一次无力控制事件的后果，美国的权力以及在全球的地位将再次受到沉重打击。

飞机上的服务员道格拉斯给我们分发了装在塑料杯子里的"含羞草（Mimosa）"[1]。我们从来没在专机上喝过鸡尾酒，大概是因为要在周日早上坐飞机出发，才有了这种规格的早午餐。我们都非常疲惫，因此能喝到这种清凉饮料使我们非常高兴。我一边啜饮着"含羞草"，一边在起飞前最后瞄一眼手机上的推特更新。这种21世纪式的个人电报布告板每分每秒都在更新，让我能随时关注的黎波里和班加西的形势：哪里又发生了枪战，哪个人的家里躲着避

---

1 一种鸡尾酒，通常混合香槟和橙汁。——译注

难的民众，周围的爆炸声表明政府军使用了什么武器。

两天前，我听到一名利比亚妇女从的黎波里打电话到有线新闻网络（CNN）的节目，用蹩脚的英语结结巴巴地哭诉："请快来帮助我们，奥巴马先生，请快来帮助我们啊。"我几乎可以听出她内心有多么恐惧，一如现在我能从利比亚人的推特更新中读出他们内心的惶恐。卡扎菲发誓要逐屋逐屋地清理出所有反对者，他的军队对居民区不加区别地狂轰滥炸，把平民从房子里拖出来，直接在大街上枪决。联合国已经通过决议制裁利比亚，并实施了武器禁运。现在各路评论家和政客们都呼吁各国采取更多措施。要不要设立禁飞区保护利比亚民众？这个措施类似于在空中设立非军事区，规定卡扎菲军队的飞机不能进入国内某些空域，以防他们轰炸地面上的平民。但要设立禁飞区，就要有国家肯派战斗机在禁飞区巡逻。没人喜欢卡扎菲，但军事手段总要谨慎使用。而且卡扎菲暂时还没大规模出动空军，他主要派雇佣兵和坦克去枪杀和碾压利比亚民众。

在日内瓦，出席联合国人权委员会特别会议的各国外长齐聚一堂，正好让希拉里观察国际社会的风向。周一早上，在日内瓦洲际酒店一楼，侍应们忙前忙后送上一盘盘橙汁和曲奇饼，用来招待到酒店同希拉里会面的外长们。希拉里和俄罗斯外长拉夫罗夫在一间会议室里会晤。拉夫罗夫态度明确，绝对不同意设立禁飞区。希拉里本人也不太确信禁飞区的效力，设立禁飞区可能进一步刺激卡扎菲，并无法阻止利比亚军队在地面上屠杀平民。但她希望为所有选项都留下余地。她促请拉夫罗夫同她一起认真考虑这个措施。

她从会议室出来走到大厅中间，又走进旁边的会议室，再同德国、意大利和法国外长会谈。侍应们送来更多的曲奇饼和橙汁。欧洲人离开后，希拉里穿过大厅，再走进第三间会议室。会议室里已经布置好一张大桌子，一边放着带美国国旗的铭牌，另一边则是印着白色新月和星星的红色旗子。达武特奥卢已经在等待希拉里，两个人像朋友般握手并热烈地问候对方。但希拉里心里清楚，这次会谈一定非常艰巨。讽刺的是，现在阿拉伯国家的骚乱浪潮每天都在扩大，土耳其人却还在鼓吹他们的"零麻烦邻居"政策。居尔断然指责各国出于自私的利益而干预利比亚事务，是觊觎利比亚的丰富石油资源，而非关心利比亚人民。事实上土耳其同利比亚的关系正在蓬勃发展：两国每年贸易总额达24亿美元，土耳其在利比亚的建设项目投资额更达150亿美元。土耳其希望保住利比亚这个金主，不想当地爆发战争。

在征询过所有外长的意见后，希拉里飞返华盛顿，向奥巴马汇报。她已经搞清楚每个国家的立场，但她更清楚每个国家的分歧：各国对采取军事行动并未达成共识，而对于无法保护平民免受地面火力伤害的禁飞区更是各执一词。法国和英国在采取强硬措施方面态度最坚定。最重要的是，其他阿拉伯国家一直没有明确表态，阿盟暂停了利比亚的会员资格，但除此之外还没有采取什么行动。

奥巴马政府决心不效仿布什政府的做法——匆匆纠集难以让国际社会信服的盟军，便向一个目前为止对美国很少或不构成战略威胁的独裁者宣战，然后又手忙脚乱地收拾残局。两年来，奥巴马政府一直致力于让美国融入到全世界的多边组织中，使其成为各国不可或缺的决策伙伴。奥巴马一直竭力收敛美国的粗暴形象，至少是在对美国没有即时战略意义的议题上收敛。如果在没有联合国决议的情况下同利比亚开战，之前所做的一切则将前功尽弃。美国确实已经没有精力和财源发动另一场战争，但最重要的是她已经不愿再为别的国家收拾烂摊子。美国清楚利比亚人民正被大肆屠杀，也会竭尽所能逼迫卡扎菲退缩，但美国的利益计算已经大大不同，世界也同以往大大不同。其他国家、其他地区应该开始自己处理自己的问题了。数十年来，每当发生世界大事，各国的反应总是先看美国动向如何。现在，美国则希望先了解世界各国的想法，以及他们能为解决方案贡献几分力量。

突尼斯和埃及的动荡已经把法国和英国搞得狼狈不堪，他们在把握阿拉伯世界示威者的诉求方面比美国还要落后。在突尼斯的本·阿里总统去国流亡前两天，法国的萨科齐政府还给突尼斯警察运去大批防暴催泪弹。突尼斯政府开始镇压民众时，法国外长阿里奥—马里居然乘着同本·阿里关系密切的突尼斯商人提供的私人飞机到突尼斯度假，几周后她就被萨科齐免职。当埃及人民在解放广场上集会，要求实现自由权利、得到政府尊重时，英国外相威廉·黑格却警告埃及动荡不利于推动中东和平进程（尽管和平进程早已胎死腹中）。为修补英国的名声，首相大卫·卡梅隆在穆巴拉克辞职后10天就亲自到访开罗，成为动乱结束后第一位访问埃及的外国领导人。现在法国和英国似乎想进一步修补形象，于是积极地提议要卡扎菲下台。两国还提出要出兵干预利比亚，保护平民安全。已有大批利比亚难民坐船漂过地中海，在欧洲大陆登陆。但欧洲不想接受更多的难民，欧洲手头上要应付的难题已经够多了。

3月3日，奥巴马召开新闻发布会。这次他直接点名建议卡扎菲下台。数天后，海湾阿拉伯国家合作委员会（The Gulf Cooperation Council）呼吁联合国在利比亚上空划定禁飞区。多年来一直软弱无能的阿盟，其病症同中东各国的问题如出一辙：她并不代表人民利益，22个成员国之间的分化和斗争使其寸步难行。阿盟往往不能做出有约束力的决议，其秘书长阿米尔·穆萨又是穆巴拉克的老部下、埃及的前外长。但在3月12日，在开罗出席阿盟特别会议的阿拉伯各国外长一致投票赞成设立禁飞区，只有叙利亚和伊拉克弃权。

我听到这个消息，顿时目瞪口呆。阿盟成员国居然同意对其中一个成员采取军事行动？！1990年，老布什总统试图组织联军将萨达姆的伊拉克军队赶出科威特，即使在那时候阿拉伯国家也没有一致同意参与。而那些加入联军的阿拉伯国家表面上看还算是为了解放科威特，而不是教训其中一个内部出了问题的成员国。以往关于阿拉伯国家如何团结的神话看来是要不攻自破了。当然，阿拉伯国家也确实对卡扎菲有诸多不满：他言行古怪，他爱穿奇装异服，他喜欢漫无目的地闲扯，他每年在联合国大会没完没了地演讲，他自认为是非洲皇帝。在一次阿盟峰会上，他还当面称沙特国王是个骗子。卡扎菲如果下台，没有阿拉伯国家会可怜他。另一方面，土耳其依然认为军事行动是荒谬的政策，但其他许多国家都在呼吁尽快采取行动，也有很多声音批评奥巴马对利比亚平民被屠杀漠不关心。

萨科齐比任何人都先行一步，他率先承认利比亚的反对派政权全国过渡委员会（National Transitional Council）是唯一代表全利比亚人民的合法政权。现在反对派则促请美国也尽快承认他们。但华盛顿仍然坚称过渡委员会是"其中一个"代表利比亚人民的合法政权。有时候，我比较反感美国官员死抠细节和咬文嚼字的习惯。这些事对于正在被屠杀的人来说毫无意义。但这一次我认识到言辞上的差异会造成法律和经济上的深远后果，必须小心处理。我也意识到美国态度的重要性：卡梅隆、萨科齐，甚至埃尔多安主要是面对国内舆论的压力，他们的措辞和错误偶尔被国内某些媒体的评论文章批评。如果英国首相在利比亚问题上站错了队，英国下议院至多喧闹一下就完事，但如果美国宣布支持利比亚反对派，则必然无法撤回这一决定。美国希望先多了解反对派的内部情况。

在全世界都在争论如何应对利比亚局势时，希拉里计划先到利比亚邻国、革命后的埃及和突尼斯观察那里的情况。休玛、菲利普·雷恩斯和杰克·沙利文认真地安排了行程，重新审视了希拉里在开罗和突尼斯的每一个活动、每一处地点和每一次官方会晤。如果希拉里同某些积极分子会面或者到访特定地点，可能又会被误解成美国释放出什么政策信号。不过在到访北非前，希拉里要先到巴黎，解决一次核危机，还要从巴基斯坦情报机关的魔爪中解救一名美国人。

现在"大书"里的内容一如世界局势那样极度混乱。国务院大楼里的人员忙得不可开交。突尼斯和埃及的局势每天都有新变化，近东事务部门向"大书"提供的简报文件往往刚印出来就过时了。在利比亚的革命形势不断进展之时，日本在3月11日受到大地震和海啸袭击，造成核电站的损毁。华盛顿忧虑日本处理危机的动作不够快，数以千计的驻日美军已经动员投入到救灾中，美国也担心核泄漏危及他们的健康与安全。美国海军舰只已经出动前往日本协助救灾。巴林继续血腥镇压示威者，埃及缓慢地推动政治转型，突尼斯还在逐渐适应没有本·阿里的政治，叙利亚又爆发示威。在巴基斯坦，一名美国承包商雷蒙德·戴维斯被巴基斯坦方面逮捕，罪名是为中情局充当间谍，并且在当年1月在拉合尔枪杀了两个人。当然，现在又有利比亚的内战。

3月15日周日晚，飞机上的"线路"团队成员莫莉·蒙哥马利和安德鲁·约翰逊在夜晚飞往巴黎的航班上开始工作。他们要在7小时内整理出供希拉里当天阅读的每天简报汇总。第二天早上9点，专机一降落在巴黎，希拉里就要投入一连串官方会晤中。莫莉一边工作，一边嚼着丈夫亲手做的牛肉干充饥。他们不停地联系华盛顿的国务院大楼，要求提供更多信息。在巴黎，所有同希拉里会面的各国官员都会谈及日本核危机，以及美国的援助计划。美国驻埃及大使馆正处于手忙脚乱之中，当地外交官们无法及时整理出所有新上台人物的资料。休玛想知道国务卿能否同某个活动家、某个外长会面，没人能给他们提供确切答案。莫莉和安德鲁从国务院各地区部门汇总来的政策要点早已经过时，不堪使用。他们同杰克·沙利文一起在机舱里一遍遍地重新撰写所有政策文件。希拉里一如既往地阅读着"大书"，似乎还在自己装订某些文件，她不停地走出自己的机舱借用莫莉和安德鲁的订书机。

有一瞬间杰克想：要是能去埃及那多令人兴奋。但现在他满脑子想的都是利比亚局势。时间越来越紧迫，卡扎菲宣称要夷平反对派掌权的班加西。他不停地同白宫联系，随时将最新的消息传递给希拉里。

在飞机尾舱坐着21名记者，是希拉里上任以来随行记者团人数最多的一次。自2000年11月载着奥尔布赖特飞往平壤以来，专机就没搭载过这么多记者。外交保卫队的特工和其他官员要乘坐民航机到各处打前站，为记者们腾出座位。记者们将采访记录美国国务卿对革命后埃及的历史性访问。

专机在巴黎降落后，随行记者团的成员都收到一大堆关于最新情况的邮件。希拉里可能在周一同利比亚全国过渡委员会会面，但此项行程待定（To Be Determined, TBD），另一封邮件说会面可能要改到星期二。希拉里还要同日本外相松本刚明会晤，尽管他们也将在八大工业国峰会见面，但这次还是进行先行会谈，详细讨论日本的核危机。希拉里原先已计划同法国新任外长阿兰·朱佩见面，而最新消息是萨科齐总统也要亲自和她会谈。

昵称"萨克"的萨科齐是美国的坚定盟友，总被舆论称为"美国佬萨克"（Sarko l'américain）。他很欣赏希拉里，希拉里也喜欢他身上那种难以言说（je ne sais quoi）[1]的法式魅力。萨克并不只把希拉里当成又一个美国外交官，更尊重希拉里的女性身份。一年前他们在巴黎的爱丽舍宫会面过，希拉里

---

1 "je ne sais quoi"是拉丁文，直译为"我不知道是什么（I Don't Know What）"。——译注

走上正门的台阶时，右脚的黑色短高跟鞋突然在台阶上滑了一下，就在她要滑倒时萨科齐及时抓住了她的手，并扶着她站起来。有记者抢拍到了这一刻——希拉里后来要了一张照片副本寄给萨科齐，题写赠言道："我也许不是灰姑娘，但您永远是我的白马王子。"在一小时的会面结束后，萨科齐没有只是站在台阶上对远去的希拉里挥手道别，而是陪着希拉里一直走到她的专车前。希拉里想利用两人的亲密关系和信任劝阻跃跃欲试的萨科齐，以防他将美国拖入利比亚混乱的泥潭中。萨科齐越来越明确地支持采取军事行动，但他的具体方案仍然很模糊。在联合国，恼怒的美国官员指责法国是故作姿态，想要把美国拉进"他们自己的该死的小战争"[1]里去。

希拉里到达巴黎时，已经大致想好了针对利比亚的行动方案，但她还不确定各方情势是否允许她实施这个方案，于是她动用了传说中的私人备忘录。她的批评者总会嘲笑她还是那个卫理公会学校里的乖乖女生[2]，天天不忘对照备忘录一项项地做事。而希拉里则反驳，反正到最后她确实完成任务就行了。

希拉里开始工作。她在与萨科齐的会谈中向他解释禁飞区的意义和缺陷：禁飞区肯定不足以保护平民，反对派也需要更多支持。但在设立禁飞区之前，需要摧毁卡扎菲的全部防空力量。法国能做到这一点吗？

然后她同阿联酋外长阿卜杜拉·本·扎耶德会面，商谈利比亚和巴林局势。国防部长盖茨在周末也到访巴林，促请这个美国盟友尽快推行顺应民意的改革。伊朗一直想趁地区混乱扩展影响力，渐进式的改革不足以阻挡他们的步伐。

---

1 这是法国官员对我说的原话。——原注

2 希拉里就读的卫斯理女子学院（Wesleyan University）为卫理公会教会主办，校名即来源于该教会创办人约翰·卫斯理。此处是引用希拉里的大学背景与宗教的联系来嘲笑她。——译注盖茨对巴林方面表示，"时间可不站在我们这一边"。这些海湾国家的逊尼君主仍然没有放下对什叶派的宗教仇恨和历史歧视，如果有需要会毫不犹豫地镇压国内的什叶派少数派人口。美国同情巴林的抗议者，但更担心伊朗的小动作。美国无法忘怀对德黑兰的怨恨，因此总是放过逊尼派的掌权者而担忧什叶派的激进势力。

巴林也注意到伊朗正虎视眈眈，并认同时间确实非常紧迫。但巴林方面自认另有一套遏制伊朗的办法，其中却没有民主政治的份。我们的专机在巴黎降落时，2000名沙特和阿联酋士兵沿着海岸堤道快速推进，在岛国巴林登陆，准备以阿拉伯式手段恢复秩序。两国都没有对美国通报他们的行动。某些美国官员听到了行动的风声，但两国坚决拒绝他们插手。沙特自己的东部省份也在发生什叶派民众的动乱，这次出兵也是对他们的一个警告。

希拉里在扎耶德面前对出兵行动表示反对：出兵镇压根本不是什么改革措施。但她话锋一转，开始询问海湾国家和阿拉伯联盟提议在利比亚设立禁飞区时到底有什么具体的思考。希拉里总是不满足于公开表态，而希望打听对方的真实动机。她表示美国愿意支持阿拉伯国家的步骤，不过现在阿拉伯国家定出了这种方案，她想评估阿拉伯方面以及许多支持禁飞区的国家是否真心愿意这样行动，因为这意味着他们要派战斗机在利比亚天空巡逻。

在利比亚，卡扎菲的部队正一路击溃反对派的抵抗，迅速向东推进，很快就会抵达反对派的大本营班加西。每时每刻情势都变得越来越紧迫。华盛顿还没有定出具体的政策，希拉里只能根据备忘录一步步行事。

在与八大工业国外长共同出席的晚宴上，希拉里同威廉·黑格交谈，英国也在积极推动设立禁飞区。她又与2月时在日内瓦坚定反对任何军事措施的俄罗斯外长拉夫罗夫谈话。拉夫罗夫的表态不再是"不，不，不"而是简单的

"不！"。德国人则对禁飞区毫无积极性。

希拉里还需要了解反对派的组成，至少要了解在美国受过教育的反对派领导人马哈茂德·吉卜利勒。这次出访的"线路"前站官员安东妮特·胡尔达多正竭尽全力为希拉里安排。整个下午，希拉里穿梭于各个会晤之间，安东妮特则不停地给利比亚全国过渡委员会的代表打电话，看什么时候能把那个"TBD"行程转化为确定的会谈，安排吉卜利勒和希拉里到同一个房间去见面。安东妮特几天前才到达巴黎，是她从事前站工作以来准备时间最短的一次。出发前她手头上只有一个阿联酋的手机号码，而得到的指示是要把电话那一头的那个人顺利地带到巴黎。

卡扎菲很有可能拥有潜伏在欧洲的袭击破坏人员，所以吉卜利勒到达的消息和他与希拉里会晤的地点都被高度保密。他要从某个海湾国家乘坐某股支持他的势力提供的私人飞机前往巴黎，到达时间则不确定。会谈本来安排在周一下午，但吉卜利勒打来电话说飞机无法按时起飞。安东妮特觉得同这个冒着生命危险反抗独裁者的男人沟通很伤脑筋，但也很振奋人心。她又和休玛碰头再次检讨了整个安排。她想：也许卡扎菲的人会试图在八大工业国晚宴之前干掉他？时间太紧了，也许会等晚宴结束后他前往希拉里所在酒店时动手？

整个晚上，安东妮特一边陪同希拉里出席各个会谈和晚宴，一边紧张地看着黑莓手机上的消息，确保吉卜利勒准时到达，可以同希拉里见面。为安全起见，吉卜利勒提出不要从希拉里下榻酒店的正门进入，于是安东妮特安排他从后门进来。在酒店为代表团准备的安全保密楼层里，他在希拉里所住套房客厅旁边的一个小间里等待，并同美国驻利比亚大使吉恩·克雷兹聊天。头发短而直的克雷兹曾在多份外交电文中评论卡扎菲，维基解密泄露了这些电文后他一度担心自己的人身安全。房间里还坐着克里斯·史蒂文斯，这位高大瘦削、耸肩驼背的外交老手刚刚离开利比亚的外交岗位，也认识吉卜利勒。克里斯能说地道的阿拉伯语，新近被任命为华盛顿与利比亚反对派的联络特使，即将动身前往班加西。晚上10点过后，他们得知，希拉里正往楼上来。

这个利比亚反对派领导人看上去一点都不像职业革命家。他不留胡子，不穿迷彩服，头上也没有包着印花大头巾。这位59岁的原企业管理顾问身材短小，戴着眼镜，穿着西装，到巴黎来争取美国人的支持。他很清楚想象和切实期望之间的鸿沟，他多年前在匹兹堡大学写作美国和利比亚关系的博士论文时就深入论述了这个问题。在论文中他回顾了从1969年卡扎菲上台到1982年利比亚从煽动反美再到正式变为美国的敌国这段历史，梳理了两国的复杂关系，并强调了国家形象和公众想象的作用。

在这篇写于1985年的论文中，吉卜利勒写道："人们总喜欢看到自己支持的国家做出自己支持的举动，也倾向于将敌国看成总在推行损害本国利益的政策。"

现在，美国对利比亚的想象随着利比亚本国在中东的目标和利益转变而转变。吉卜利勒需要让希拉里欣赏他，并说服希拉里，在利比亚设立禁飞区符合美国利益。但在现实政治中，想象和理性预期无法达到他论文里论述的那种一一对应的关系。

在巴黎威斯汀酒店的顶楼，希拉里将吉卜利勒迎进自己下榻的总统套房的客厅。套房角落的窗外可以望见开了全部灯光的埃菲尔铁塔。工作人员把富有格调、紫灰相间的沙发和靠椅，以及方格坐垫的扶手椅重新摆放成相对正式的会面情景。希拉里对吉卜利勒问了几个问题，但她更多时候是在听吉卜利勒的意见。吉卜利勒操着语汇地道但口音极重的英语，雄辩地解释道，如果没有禁飞区、没有美国的干预，卡扎菲的军队会在班加西屠城。他用冷静的语调说出了饱含感情的诉求，深色细框眼镜下，浓密的眉毛偶尔上下翻动。希拉里说，利比亚局势还没有危及美国的核心利益。吉卜利勒回应：美国在外交政策上必须与其价值观保持一致，不能一边大谈保卫民主，一边放弃利比亚人民。希拉里详细询问了全国过渡委员会的组成，能否代表全利比亚以及吉卜利勒对国家未来的设想。她并请求吉卜利勒随时通报最新的战事状况和反对派需要的人道援助。

45分钟后，会谈结束。希拉里起身将吉卜利勒送出门厅。他们握了手，吉卜利勒感谢希拉里能会见他。随后希拉里同克雷兹和史蒂文斯开了个简短小会。希拉里在吉卜利勒提供的情况基础上总结了自己一整天来收集的各国态度。备忘录上的事项都已经完成，希拉里认为自己有足够资本可以向奥巴马总统汇报她设想中的行动方案了。

吉卜利勒再次穿过后门，离开酒店。希拉里一直非常留心地听他介绍，并给了他足够时间陈述他的看法，这令他又惊又喜。但希拉里也没有对他做出任何承诺。他已经使尽浑身解数，但他不确定自己是否已经说服美国国务卿来帮助他的国家。美国会派援兵吗？阿拉伯人和法国人也许会出兵，但美国的态度无法确定。利比亚可能要孤军奋战，但他依然保持乐观。

一天的工作还没有结束。凌晨12点半，记者们被叫醒，3名高级官员给我们做了幕后简报。我们通常在记者发报中心听幕后简报，但现在酒店里没有发报中心，于是决定在酒店的酒吧碰头。现在还算是周一晚上，但这家杜勒丽[1]酒吧依然人声鼎沸。这家威斯汀酒店位于巴黎十三个行政区的第一区，坐落在巴黎中心地带的协和广场和望多姆广场之间，正对着全世界最奢华的一批珠

---

1 杜勒丽（Tuileries）曾是法国皇帝在巴黎的寝宫，后在反复革命和战火中被毁，如今只剩下部分园林，为观光休憩地点。——译注

宝店。

为躲避耳目，我们聚到酒吧后面的一个隐蔽角落里。我们坐在稀落的、宽大的绒毛垫子座椅上，3位官员坐在铺着红色天鹅绒垫子的长条形软座椅上，中间隔着两张桌子。为什么美国不采取更切实的步骤？是不是他们其实对利比亚局势一无所知？对于下一步采取什么行动的分歧是不是太大了？第一个官员试图用非常谨慎的措辞回答这些问题，他谈及八大工业国晚宴上各国的态度。

"我不会说今天晚宴桌上的八国态度完全一致。你们也知道，法国已经承认了反对派政权，有些国家比其他国家更积极地推动划定禁飞区，这样的不同当然是存在的。但同时各国也认识到情况的紧迫性，各国外长热烈讨论了目前的局势，并同意确实需要迅速采取措施达成目标。"

美联社的马特·李马上反驳："但利比亚都出事好几个星期了！"

官员回答："但是各国也要遵守另外一个原则：没有该地区国家的支持不能擅自行动。"

马特·李又说："可是那个地区的国家已经支持你们了啊！阿盟，还有海湾合作委员会。可能他们提出的条件跟你们不一样，但是……"这时，附近一张桌子传来一个美国女人分贝很高的浓重鼻音，淹没了马特的后半句话。

官员插话道："所以国务卿本人极力要求各国澄清立场。只有在安理会上讨论这个问题，我们才能说清楚我们的立场是什么。"

好多记者一同插话，打断了他，每个人都试图压倒其他人的声音，但说的都是同一个意思："看来是没有国家想干预利比亚的事情了。"

第一名官员面带沮丧闭口不言，第二个人噘起了嘴，第三个直盯着他的两个同事。

终于第一个官员打破了沉默："各国是不想基于误解而出手干预。"他解释说，光有这个地区国家的模糊支持态度还不足够。

但"支持"到底是什么意思？这些官员想隐瞒什么？这种幕后简报能帮助记者理解幕后动作的背景，也能大致了解形势的动向。对于官员来说，这种简报往往比国务院例行简报会上记者的尖锐提问更折磨人。他们试图向我们传递对自己有利的故事，但又不能说得太多，过多的关注会影响幕后外交的进行。他们这种明显带有警惕性的说辞，迫使记者自己编造出各种结论去弥补空白。这一次，官员的态度透露出的信息是：美国除了发发声明以外，不能再为利比亚人民做什么了，他们想等别人来收拾卡扎菲。

马特说："我们看不到各个国家展示出你们说的那种紧迫性。每个人飞到各国首都，都在说啊说啊说啊，然后回到酒店900欧元一晚的房间去睡觉，但就是没一个国家出来做点什么。"

时针指向凌晨1点30分，在华盛顿，应该是晚餐时间。记者又点了更多的酒，要了更多的盐腌杏仁，继续追问着3位官员。

CNN的伊丽莎白·拉波特发问："为什么各国还在商讨禁飞区产生的后果？后果不是很明显的吗？"

我也问："你们说阿拉伯联盟要明确支持你们，这到底是什么意思？他们从来没有对另外一个阿拉伯国家动用过任何军事手段。你们到底想要什么？是不是一定要阿拉伯国家也出兵？"

众人陷入一阵长长的沉默。酒吧喧闹的谈话声在我们的沉默中突然显得震耳欲聋。足足20秒钟过去了。

第二名官员终于开口了："不论最终达成的政策是什么，我们都希望由阿拉伯国家带头。这里的每个人大概都非常清楚，如果这个地区的国家还没有明确表达支持，美国、北约或者法国就采取军事行动，会造成怎样严重的后果，"他继续补充，"以往的经验表明，设立禁飞区也需要动用很多兵力。"

他们解释说：要设立禁飞区，就要派军机在利比亚上空巡逻，卡扎菲一定想击落这些军机，所以又要先消灭卡扎菲的防空力量。这种不算回答的回答，是美国官员惯用的伎俩。他没有明确表示美国正在寻求阿拉伯国家出兵援助，但也没有明确否认这一点。所以美国应该是在策划着什么，但为什么美国会希望阿拉伯国家的军事介入呢？他们到底想干什么？

同样是这个午夜，就在我们和3位官员在楼下酒吧争论的时候，在安全保密楼层里，走廊上有海军陆战队士兵站岗。其中一间房里面，莫莉·蒙哥马利和安德鲁·约翰逊正在最后整理供希拉里明天阅读的简报汇总，明天她要在巴黎和开罗出席一系列会谈。他们打印好30份缩略版行程，然后裁剪、装订好。饥肠辘辘的两个人一直靠牛肉干充饥，现在吃厌了，也想吃点地道的法国菜了。他们一起前往蒙马特高地，觉得在这个充满艺术和生活气息的街区一定有深夜还开门的餐馆。莫莉吃了两份牛排加薯条，喝了几杯餐酒，回到威斯汀酒店，一头栽倒在床上——38小时以来第一次闭上眼睛，这时已经是凌晨2点。10分钟后，她勉强撑开一点眼皮，拿出黑莓手机贴到脸上，看了一下电邮，还没放下黑莓手机，眼睛就又闭上了。在这种出访里，没人能够好好睡觉。半小时后，她又用大拇指按了一下下滑键，黑莓手机屏幕的亮光照亮了整个房间。没有什么新情况。

凌晨4点，黑莓手机屏幕再次亮起，暗淡的光照在莫莉的脸上。她睁大了眼睛：邮箱里收到国务院电讯连接中心发来的警报邮件，日本福岛核电站的反应堆发生第三次爆炸，美国海军军舰侦测到大气中的核辐射后正将日本海域的舰只重新布置，美国要考虑撤出数以千计的侨民，其中一个反应堆的冷却池又发生了爆炸。莫莉马上联系了安德鲁。5分钟后，他们就回到了办公室。希拉里当天早上8点30分要在威斯汀酒店旁边的莫里斯（Le Meurice）同日本外长松本刚明会面，一整天的"大书"又要重做了。

美国在对驻日美军和在日美国人发布警示的时候，措辞一直非常谨慎。美国不想冒犯日本，因为后者正在极力淡化危机。现在的情况很明显，日本已经扛不住了，整个救灾工作群龙无首。美国可不会等日本开口请求帮忙，美国要主动伸出援手。万一发生核灾难，会对数以十万计日本人和整个东北亚造成难以估量的损害，危险太大了。早上，希拉里前往莫里斯酒店同日本外长进行了会谈。在公众舆论面前，美国的表态都是全力支持日本人民，云云。在官员们私下会面时，美国的态度则更强硬：日本得赶紧振作起来。

会谈完毕，我们乘专机飞往开罗。

在埃及外交部，希拉里同新外长纳比勒·阿拉比会面。上次来开罗时，站在希拉里身边的还是阿布尔·盖特。当时希拉里刚和穆巴拉克会晤完毕，同盖特一起对一小批记者召开了发布会，谈及和平与政府同反对派的和解等议题。这一次，足足有大约100名记者挤进了新闻发布间，后排的摄影记者为了争抢最佳位置推来推去。等待的时间太长了，房间里也挤得不行，我只好跑到外面去呼吸下新鲜空气。

在房门外，顶不住烟瘾的吸烟人士不停地吞云吐雾。

我问其中一个埃及记者："为什么那么多人跑到这个新闻发布会来？你们还在乎美国的态度吗？"

那个埃及记者将信将疑地看着我："这可是美国啊！"

在大楼里面，"线路"团队的前站官员临时架起桌子，调好手提电脑和打印机，印出了希拉里即将发表的最新声明。官员还在等待华盛顿方面的批复，这份声明必须得到所有相关决策者的批准。无线网络信号断断续续，电邮就是收不进来，但这份文件在希拉里走进新闻发布厅之前一定要摆到讲台上。在声明中，她计划赞扬埃及人民在解放广场上取得的成就，这个历史性的时刻属于他们，埃及人民冲破重重障碍实现了民主梦想，美国也会一直支持他们。

希拉里还要说服一些人。有几名参与过示威的民主运动积极分子被邀请到酒店同希拉里会面，另一些人则还对希拉里1月25日"埃及政府仍然稳定"的表态感到不满，拒绝出席。在他们心目中，民主革命在1月25日之前很久就已经开始了，而美国还在掂量现实利益和价值观，态度暧昧，实在无法原谅。出席的人中包括了制作个人视频上传到Youtube，成为革命导火索的女学生阿斯玛·马夫兹。希拉里询问这些活跃分子，是否准备参加即将举行的国会大选，他们的回应是：他们只搞革命，"不玩政治"，这让希拉里吃惊不已。这些人坚信，革命的势头和激情会自动帮助民主派在大选中获胜。这一次，希拉里的政治家直觉猜对了，这帮天真的积极分子们很快会发现，在政治手腕方面，他们远远比不上组织严密的穆斯林兄弟会，甚至比不过穆巴拉克的余党。

这天早上希拉里还出席了其他好几个会谈，谈话对象包括埃及军方将领、国防部长、公民社会组织的代表等。她还专程到革命圣地解放广场转了一圈。现在广场上已没有示威人群，交通恢复正常，但希拉里亲自参观广场时仍然感慨万千。然后她要着手处理巴基斯坦的问题：美国已经同巴方达成协议，中情局承包商雷蒙德·戴维斯将被释放。接下来，她还要接受电视台记者的采访。每次出访，希拉里都会接受随行记者团中电视台记者的访问。团队官员会在酒店里选一间房，临时布置成采访间的式样，希拉里就在里面接受一个又一个记者的提问，中间往往只有几分钟休息时间。

我走进采访间里，开始连珠炮般发问。美国到底会不会支持联合国采取行动？美国是不是要设立禁飞区？阿拉伯国家会参与吗？英国和法国已经急不可待了，为什么美国还磨磨蹭蹭的？

希拉里回答，有很多种方式可以帮助利比亚人民，但各国要仔细斟酌提交联合国的决议草案，确保其不会在安理会上被否决。她坚称，美国和盟友们立场一致。这种回答似乎都没有什么实质内容，我决定继续进逼。

"卡扎菲的军队正向班加西开进。叛军每天甚至每小时都在节节败退。如果美国还在深思熟虑的时候班加西已经被卡扎菲上校攻占，历史大概不会对这一届美国政府留下什么好评价吧？"

希拉里一动不动，面无表情。

"在奥巴马总统领导下，美国正在全世界通过各种途径寻求达成利比亚的和平与稳定。重要的一点是，美国不能被认为又采取了单边主义政策。就在几年前，美国还因为这种作风而饱受批评……但我相信我们正走在正确的方向上，我希望各国能同美国一道达成某种共识。"

我一直在思索美国到底是不是在逃避责任，我能理解美国不愿意再投入另一场战争，但我对这种毫无紧迫感的态度还是感到非常疑惑。

那天我坐在镜头前采访希拉里时还不知道的是，昨天晚上10点钟我和同事还在酒店里的可以看到尼罗河景致的餐厅用晚餐时，希拉里正在致电白宫，告知他们自己备忘录上任务的完成情况。希拉里在自己的酒店房间用保密电话打回华盛顿，参加了在白宫战情室（Situation Room）召开的国家安全会议。出席会议的除了奥巴马总统，还有国防部长盖茨、副总统拜登、参谋长联席会议主席迈克·穆伦上将、通过视讯设备从联合国大楼加入会议的大使苏珊·赖斯，以及其他高级官员。

奥巴马一直试图从阿富汗和伊拉克撤军，这两个国家里穿迷彩服走来走去的美国"异教徒"正激起当地越来越激烈的反美情绪。奥巴马绝对不想在这个时候派战斗机飞进第三个穆斯林国家。利比亚反对派一直在呼吁美国立刻提供支援，但纵观世界情势，救世主总是很快变成别人眼中的占领者甚至暴君。这几周来美国各部门一直在权衡不同的选项，所有可能出现的军事和外交状况都被细致分析。

国防部长盖茨是个沉默寡言、开口谨慎的官员。他说他厌烦了听人们"信口开河"说什么禁飞区，他们压根就没想过禁飞区的涵义和美国需要采取的行动：美国必须先消灭卡扎菲的防空力量，等于美国又要对另一个国家开战。他、拜登和穆伦都极力反对军事行动。

在巴黎，希拉里认为备忘录上所有的事项她都已经有答案，因而胸有成竹。在陈述自己的看法时，她一般不会直抒己见，而是逐步铺陈所有的事实，让最终的指向不言自明。等她做完自己的陈述，对话者往往已经从自己的角度总结出了结论——这是她应付外国领导人的方式，也是她向奥巴马总统表达意见的方法。现在总统也想征询她的意见，并看看她能争取到谁的支持。

希拉里总结了在巴黎打探得来的情况：萨科齐是铁了心要发动一场战争了，他必定支持设立禁飞区。英国人也支持尽快行动，准备在联合国提出设立禁飞区的议案，但希拉里劝诫英国人说这样做的实质意义不大。她还分析了英国人的动机：他们到底只是想把战斗机派出来飞一圈博个好名声，还是确实愿意承担设立禁飞区的后果？她也同阿拉伯各国外长们谈了话，他们向希拉里承诺会出动军事力量参与行动，也不惧怕同当地势力发生冲突。她还同利比亚反对派领导人作了会面，大致了解了他心目中利比亚未来的政治模式。

奥巴马也同意禁飞区的作用不大。设立禁飞区可以让美国自我感觉良好，觉得站在了正义一方，但利比亚人民在地面上照样会被屠戮。按兵不动也不足取，这会影响美国在该地区的长远利益，也会让阿拉伯领导人误以为美国软弱无力。他们可能从而推论出，自己怎么样镇压人民，美国都不会有反应。希拉里明确表示：在各国推动下，联合国可能很快会就利比亚事件投票，美国要么一马当先，要么只能亦步亦趋。

苏珊·赖斯插话说："我们带头行动吧。"她已经起草好了一份更强硬的决议草案，提议在利比亚设立禁飞区，同时呼吁各国采取"一切必要措施"保护利比亚平民的安全。"一切必要措施"意味着美国和盟友不仅可以派军机在利比亚领空巡逻，还有权主动空袭卡扎菲的部队，阻止他们继续前进。希拉里的情况介绍使得各种行动方案都有了讨论余地。在谈话结束后，莎曼塔·鲍威尔等人也纷纷请求奥巴马采用包含"一切必要措施"的方案。

奥巴马要求军方制订出具体的行动计划。几小时后，当这群人在白宫重新开会时，已经是开罗时间早上4点，希拉里已经沉入熟睡。她其中的一名副手吉姆·斯泰恩伯格代表她参与了白宫战情室的讨论，他得到的指示是赞同"一切必要措施"方案。奥巴马面前现在有三个选项：按兵不动，设立禁飞区，采取一切必要措施。他选择了第三个。

到后来，我也逐步明白美国为何对于投入这场冲突采取如此谨慎的态度：尽管阿拉伯和欧洲国家口头承诺为美国保驾护航，但最后很可能变成美国孤军突进，其余各国袖手旁观。万一美国开始空袭卡扎菲的部队，谁能保证这个地区的各国领导人不会马上公开同美国划清界限，并倒戈一击反过来谴责美国霸权滥杀穆斯林人民呢？

在过去，美国总是非常公开、光明正大而且态度强硬地组织联盟，到各地打击入侵者，阻止屠杀，但奥巴马正在推行一种新的美国领导模式——态度更加谦和，让以往不大可能站在美国一边的阿拉伯国家等势力也愿意同美国合作。伊拉克战争的阴影依然笼罩在美国头上。世界还没有习惯看到一个沉默寡言的超级大国，因此美国这套更为微妙的外交方式也让各国以为美国不情愿做出行动。美国确实有不情愿的地方：她不想孤身跳进火坑里。美国认为欧洲各国是时候挺身而出负起责任，阿拉伯国家也应该变得更加强硬了。

所以，美国在整个过程中一直对自己设想的各种方案秘而不宣。美国官员不希望做出任何过于激进的表态，使得其他国家有理由将美国推上前线，自己隔岸观火。如果美国跳出来带领盟军投入战争，就会令联合国方面的努力化为泡影，最重要的是会令阿拉伯国家惊慌失措，不敢加入阵营。只是这一段长长的沉默意味着，希拉里和奥巴马会被舆论严厉指责为对屠杀人民的行为视若无睹。

夜色中，专机从开罗飞往突尼斯城，中途特意绕开了处于内战中的利比亚领空，绕道到地中海上空。我们座位的屏幕上标示了班加西的位置；她就在专机的南方。

希拉里现在有了自己的订书机，它躺在国务卿座舱的办公桌上，上面贴着"国务卿"字样。目前她还没有时间考虑在突尼斯要做什么。飞机上的"线路"官员已经向国务院大楼要求提供在突尼斯城的见面会上用的谈话要点。他们想知道突尼斯年轻人们希望希拉里向他们传递怎样的信息。结果他们只得到了一堆措辞模糊、内容过时的概略文件。莫莉·蒙哥马利、安德鲁·约翰逊和杰克·沙利文要着手重新撰写所有文件。莫莉觉得这真是世界末日的前兆，连美国的官僚系统都难以为继，更别说其他国家了。

在突尼斯的访问行程是典型的希拉里式访问，官方会谈加公共外交。但最有实质性内容的外交活动是在众人的黑莓手机上进行的，以避开记者的敏感神经。那天早些时候，国务院电信中心已经发来了关于希拉里同身边随从沟通内容的邮件。

自：OPS警报

发出时间：2011年3月17日星期四早上5点41分

至：

主题：国务卿要求与俄罗斯外长拉夫罗夫会谈

7小时后，希拉里从一个见面会的主席台上走下来，杰克·沙利文交给她一部接通了的手机。

自：OPS

发出时间：2011年3月17日星期四下午1点09分

至：

主题：国务卿正与俄罗斯外长拉夫罗夫交谈

希拉里必须确保俄罗斯不会否决美国提出的联合国决议草案。她对拉夫罗夫说，卡扎菲本来就是个疯子，万一国际社会不再对他施加压力，他只会更无所不用其极。各国必须继续打压卡扎菲的行为，这个决议草案就是行动计划的下一步。

希拉里对拉夫罗夫说："听我说，谢尔盖，这个决议案真的很重要，连阿拉伯国家都支持我们了。"[1] 拉夫罗夫回应，俄罗斯认为采取军事行动是错误

---

1 M.Calabresi, "*Hillary Clinton and the Limits of Power*"，《时代》周网站，2011年10月27日，参见http://swampland.time.com/2011/10/27/hillary-clinton-and-the-limits-of-power/。——原注

的，但不会使用否决权。

出访代表团登上专机，开始返航。每个人都筋疲力尽。希拉里在机上同奥巴马、盖茨和多尼伦通了电话。尽管莫莉和安德鲁不停地给他供应牛肉干，杰克·沙利文还是觉得全身绵软无力。他在国务卿座舱里同希拉里一起分析联合国安理会的投票形势时，错过了返航途中机上供应的第一顿饭。

在纽约，各国代表陆续走进安理会会议室。苏珊·赖斯一个个地数人头，确保通过决议案所需的各国代表如数出席。杰克跨过了尾舱卫生间的"死亡线"同记者们聊天。这几天来记者们一直全神贯注地报道出访代表团的行动，没有太关注联合国方面的形势和决议草案的内容。于是我们开始逼问杰克："所以卡扎菲步步向班加西推进时，美国是要袖手旁观吗？"

专机飞到大西洋上空，电信中心发来邮件。这封邮件可以公开给更多的官员。"线路"团队成员将邮件内容印了出来，分发给前舱的高级官员。在纽约联合国总部，安理会刚刚通过了决议，一如事前预料，俄罗斯和中国弃权。但更令人惊讶的是德国也弃权了。美国短期内都不会原谅这种背后捅刀子的行为。巴西和印度的弃权也让美国失望，这两个新兴国家在安理会担任非常任理事国，却总是放不下历史上对西方为首的干预行动的警惕，哪怕是阻止独裁者屠杀人民的干预，于是只好持观望态度。

希拉里穿着红色羊毛绒外套和黑色短高跟鞋从座舱里走出来。很少有国务卿出访能达成这样显而易见的成果，外交总是循序渐进的。不过现在飞机上众人都在传递一份文件，其中的"一切必要措施"几个字底下重重划了线。前舱官员们的心头涌起一阵完成任务的兴奋。希拉里游走于各国之间，协助达成了这份协议。美国精心策划了这一场外交大戏，使各国都跟随美国的节奏起舞。如果萨科齐不是这么热衷于对利比亚采用军事手段，奥巴马也许不会让美国介入这场战争。但既然战争无可避免，美国就要担当起领导角色，确保军事行动不会只伤及卡扎菲的皮毛，而是要切实阻止他的屠杀。

聚在洗手间旁边的记者刚刚还对杰克抱怨美国政府在利比亚问题上无所作为，现在又纷纷追问他联合国决议的详情。

一名记者问道："所以美国政府刚刚将美国投入了第三场战争吗？伊拉克和阿富汗已经把美国害得够惨了！你们全疯了吗？"

杰克翻了个白眼，回到前面自己的座位去了。

第十五章　混乱之夏

　　夏天，阵阵令人窒息的7月热浪扑向华盛顿。我离开了岗位，到地中海去度假。黎巴嫩气温也不低，不过温和的海风和宽阔的地平线景色已经代替贝鲁特的潮湿与混乱。在动荡不安的中东地区，黎巴嫩第一次显得异乎寻常的平静。

　　本地的报纸仍然连篇累牍地报道利比亚局势，战火还未平息。3月17日，联合国安理会决议通过各国采取一切必要措施保护利比亚平民，数天后美国及其盟国就开始轰炸利比亚军队。参与国家已经从松散联盟发展为北约领导的联军，俄罗斯对此甚为不满。联军宣称保护民众，但现在整个行动事实上是对卡扎菲的全面进攻，意在帮助叛军打到的黎波里，推翻卡扎菲。而这并不是决议的要点，尽管早在联军行动初期已经有人猜测他们是要这么做，但我不太确定老谋深算的俄罗斯人这次在承诺不使用否决权之前，是否认真研究了决议的文辞。不过无论结局如何，俄罗斯在未来都可以编出自己眼中的故事，来证明西方靠不住。

　　战争如火如荼之际，希拉里奔走于盟国之间，极力维持着联盟的团结，解决法国和意大利之间的矛盾，还要安抚那些对军事行动大为不满而威胁退出的国家。一如所料，空袭一开始，阿拉伯联盟那位总是吸着雪茄的秘书长阿米尔·穆萨就代表阿盟表态，谴责军事行动。穆萨宣称空袭行动超出了联合国决议的授权范围。卡塔尔和阿联酋则临阵退缩：战事已开始4天，这两个国家答应派出的空军部队还无影无踪。希拉里致电卡塔尔、阿联酋和其他阿拉伯国家外长。

希拉里对他们说："这次行动对美国非常重要，对奥巴马总统非常重要，对我个人来说也非常重要。"[1] 第二天，卡塔尔的法制"幻影"式战机和阿联酋的美制F16战斗机就出现在利比亚的天空。她还出席了"利比亚之友"集团国的4次会议，同数十名各国外长和利比亚反对派会谈，商讨利比亚未来的政治安排。希拉里内心有种事后的懊悔，她一直极力支持采取军事干预，奥巴马政府也公开表明军事行动只会持续数周，不会延绵多月。但现在都已经过去4个月了，似乎还看不到尽头。

在中东北非地区，舆论意见和专家评论也一如既往地呈现两极分化：有些人指责美国没有竭尽全力攻击卡扎菲，另一些人则对美国又出兵干预感到愤怒。尽管利比亚反对派，以及许多阿拉伯国家都公开请求西方干预，但很多阿拉伯人民和评论家认为美国一手煽动利比亚反对派起事，其目的是要掠夺利比亚的石油资源。美国这个新殖民时代的敌国又在利用卡塔尔和沙特之类的走狗为自己行动正名，以便控制整个中东北非。地区形势变化已经很大，但有些思维就是挥之不去。

在贝鲁特，我待在我朋友拉尼亚[2]家里的沙发上，她家位于一个富足的基督

---

1 同前注（参见第十四章）。——原注
2 为保护当事人隐私，此处使用化名。——原注

教徒社区。我们随便聊着她女儿的事情、共同的朋友的轶事，还有城里新开张的餐馆。话题很自然地转移到政治形势上去了。

拉尼亚问我："你不觉得这一连串革命都有些古怪吗？至少我是这么想的。突尼斯、埃及、也门、叙利亚，这么多国家的人民一夜之间突然统统跑出来发动革命，我真是觉得很奇怪。我意思是说——他们到底怎么了？"

我不太清楚她到底想说什么，于是试着回答："嗯，你也知道，其实这些国家的人心里憋着不满已经很多年了。当然，没人料到革命会像这样突然地在这么多国家爆发，但很多人也已经警告过这个地区里许多国家无法再像以前那样统治下去了。你想想，独裁、贫困、人口爆炸、失业，那么多的不稳定因素聚在一起——突然有个人自杀了，整个火药桶就爆了。我觉得就是时机成熟了而已。"

她回答："我不知道，我就是觉得很奇怪。我总觉得就是美国人认为这些独裁者都没有利用价值了，就把他们搞掉。但我不知道美国人到底有什么计划。"

计划？我突然想起了杰弗里·费特曼，这位前美国驻黎巴嫩大使现在在国务院任职，不停地在美国和阿拉伯世界之间来回穿梭，为的就是弄清楚哪个国家领导人快要倒台、正在倒台，或者正血腥镇压避免倒台。他已经筋疲力尽，私底下真心期盼阿拉伯人民就算已经觉醒，也最好回去小憩一下，这样他也能喘口气。美国官员和阿拉伯领导人已经不再关心什么中东和谈，有些美国官员问我关于叙利亚情势的意见，其他人则抱怨着言而无信的也门总统萨利赫，或者任由安全部队滥杀无辜的巴林，或者仍然对美国背弃穆巴拉克心存怨恨的沙特。似乎每个国家都在给美国制造更多麻烦。除非美国的计划就是让整个地区陷入混乱，否则我实在想不通美国到底怎样操控这一切。美国的外交机器当然还有很大一部分不能为我所见，但凭我的观察，很难相信国务院和白宫里的每个官员都有那么好的演技，总能装出一副惊慌失措、手忙脚乱的样子。

那天下午晚些时候，我到贝鲁特市中心区购物。我的一个好朋友兰达[1]是个时装设计师，我总爱在她店里买几套衣服，每次出访就穿起来向同行者展示一下，为推介黎巴嫩贡献一点小小的力量。以往富有的海湾国家女性总是来黎巴嫩将好衣服一扫而光，到我回家度假时已经买不到当季的衣服，但今天我走进店里，发现衣架上挂满了衣服。显然，因为地区局势太不稳定，海湾富婆们都只能待在家里，于是没人来买东西了。

兰达问我："你觉得黎巴嫩会发生什么呢？你在华盛顿听到了什么消息？"我其实什么消息也没有听到，现在在华盛顿，黎巴嫩不是重点关注对象。美国官员对黎巴嫩的关注，主要是源于她是叙利亚邻国，又是真主党的基地。我只能说了我的推测，谈谈黎巴嫩应该如何撑过这段动荡时期，避免陷入混乱。

兰达又问："那你觉得美国人在黎巴嫩和叙利亚到底有什么计划？"我扬起眉毛看着她说："计划？兰达，根本没有什么计划啊。你知道吗？美国人就是天天忙着观察事态发展，尽力维持局面。"

兰达脸上露出惊恐的神情，双手在空中乱舞着："金，金！你到底在说什么啊？没有计划是什么意思？连美国人都没有计划，那到底是谁在控制着这一切啊？"

对我的朋友来说，"美国并没有控制全世界的所有事情"这个说法太新鲜了。整个地区都在发生人民革命，独裁者被推翻，所有报纸都在讨论美国衰落

---

1 为保护当事人隐私，此处使用化名。——原注

的话题——这些似乎都不重要。他们觉得，美国一定用什么办法在掌控着全世界。这个地区的人民一边为自己新近获得的权力而欢欣鼓舞，一边又指责美国到处推翻当地政府。几十年来，他们的脑子里已经深深印下了美国人在办公室里策划阴谋的图景，一时间无法摆脱这种成见。

2005年，拉菲克·哈里里被刺杀后，黎巴嫩也曾发生骚乱，布什政府对黎巴嫩人民表示无条件支持。当时杰弗里·费特曼还是美国驻黎巴嫩大使。他在贝鲁特同当地亲西方阵营的政客一同用晚餐，席间他谈到要回美国度假两星期。众人顿时陷入一片沉默，其中一个人突然悲叹道："那我们该怎么办啊？！"

反西方阵营经常宣传，费特曼才是这个国家真正的幕后老大，他在操控着整个骚乱。前面提到的那位政要的反应，似乎也确实反映了这一点；但是费特曼本人一直对这些亲西方的政客非常不满，因为他们似乎从来不听他的意见。

那到底是谁在"控制着这一切"呢？这个问题似乎正是阿拉伯世界，以及其他许多国家的悖论所在。某个地区所有的问题都可以怪罪到美国这个幕后黑手身上，某个地区所有的问题也都要美国迅速介入并解决。所有的人都恐惧并憎恨美国，但很多人也盼望美国能提供解决办法，甚或支持。埃及人一边严厉斥责奥巴马没有及早伸出援手支持他们的革命，一边又期盼他迅速采取更多行动迫使穆巴拉克下台。

许多国家似乎一时无法摆脱对美国这个头号超级大国的依赖，美国也一直在滋养着这种依赖。现在奥巴马政府极力鼓励其他国家处理自己所在地区的棘手事务，但他们发现这些国家似乎总是体会不到美国的意图。国务院近东事务部办公室里的电话还在响个不停，也门反对派迫切呼吁美国介入，协助推翻萨利赫；巴林反对派自己不想同政府展开对话，反而盼望美国对现政府施压，以给予他们更多代表权；利比亚全国过渡委员会想要所有非洲国家共同承认他们，孤立卡扎菲，但他们自己不想一个个国家去问，就来请美国代为交涉。虽然美国是逐渐地，也是不情愿地开始对利比亚使用武力，但在空袭行动开头的几天，美国的强大空军力量已经使卡扎菲的军队损失惨重，于是奥巴马政府决定减少美军的行动，让其他国家发动更多空袭。美国马上被指责为没有尽力投入行动，使迫切需要更多空中支援和情报的反对派失望。尽管美国在协调各国讨论军事干预，并在最终形成方案上一直扮演关键角色，但由于没有公开宣扬这一点，现在奥巴马本人也被批评为"躲在幕后指指点点"。

对于欧洲国家来说，利比亚战争是一次权力的演习。尽管美国和欧洲国家以往也曾在北约框架下合作开展军事行动，但美国一直是当仁不让的领导国。欧洲国家从来没有想象过自己领导一次军事行动，他们总是美国的跟班。但在对利比亚的空袭中，双方更多地处在平等合作的地位上。当美国放低姿态时，欧洲也更愿意同美国合作。不过这个相互适应的过程还很漫长，美国也吃惊地发现，欧洲还非常需要美国提供的装备。这就像是一个人教另一个人骑自行车：欧洲正在逐渐学会自己骑车，但自行车的轮子甚至脚踏板还是要美国提供。美国总要在旁边扶着，生怕欧洲从车上翻下来。对每一个相关国家来说，这次行动都是一次构建自信心和相互信任的练习。

美国希望通过这样的方法使欧洲国家在国际舞台上尽快成熟起来，这也符合美国的需要。没有人知道未来的战争形态如何，但每一方都学到了当美国不想独力支撑或者无法负担行动的所有成本时，各方如何相互配合组织国际行动。

这次"阿拉伯之春"吸引了奥巴马的全部精力，使他暂时放弃了对别的议题的关注。美国经济复苏缓慢，失业率徘徊在9%，这些才是他真正需要关注的问题。联邦政府的债务上限即将被突破，如果美国借不到钱，就只能拖欠现有债务的偿付了。财政部有权调整债务上限，但需经过国会批准。几十年来调整债务上限都是例行公事，但现在共和党把持着国会多数席位，极端茶党分子又策划着对奥巴马全面开战，整个过程一下子变得艰巨无比。提高债务上限意味着联邦政府要增加支出，但现在国会提出把提高债务上限同联邦政府承诺在未来数年削减开支挂钩。双方都不肯让步。

黎巴嫩媒体花了很大篇幅报道共和民主两党的激烈争吵，以及政客和评论家之间的口水战。这样的报道让人不自觉想起，当年立场不同的黎巴嫩政客也是这样相互指责的。但黎巴嫩政客总是永无休止地用同样的论点反复拌嘴，而其他国家似乎总能最终找到（不论有多么不完美的）解决办法。

当美国债务危机愈演愈烈时，希拉里正踏上任期内最疯狂的一次出访——10天之内她要跑遍希腊、土耳其、印度、印尼、中国大陆和香港。希腊的债务危机使国内政局动荡，法国和德国要紧急向其提供财政支援。希拉里每到一个国家，都会被问到美国能不能最终恢复理智、提升债务上限，抑或让全世界一起陪葬的问题。

7月25日，在中国香港，她向一群商业领袖，也向全世界宣布："我可以向你们保证，美国完全理解债务危机的后果，也知道这个议题对我们、对你们所有人的重要性。"首先承认对方的忧虑有道理，这是希拉里让对方冷静下来的第一步。她对美国有信心，因为她自己也经历过历史的起起落落。美国总是周期性地陷入经济和心理上的衰退期。她还记得在1970年代末，油价飞涨，美国的加油站大排长龙，失业率超过10%，但她一直对美国人的创新能力、天才和坚韧性有信心。她更对美国政治制度放心，因为她以前在白宫时也曾经目睹过政治制度几近崩溃的情况，但最终还是挺过来了。

希拉里对心情焦躁的中国香港商人说道："在我们这个共和国的历史上，这种争论一直是政治生活的一部分，有时候争论还会变得异常激烈。我还记得1990年代联邦政府也是因为债务危机而停止办公。我近距离目击了那一次危机。但开放、民主的社会最终总会团结到一起，提出解决的办法。"

7月31日，华盛顿的僵局结束。国会和白宫达成协议，提升债务上限，但同时在未来10年联邦政府开支要削减等同于提升额的数目。

希拉里的车队从中国香港出发行驶2小时，穿过一座桥，前往中国南部的经济特区深圳。国务委员戴秉国带着一大群衣着整齐的随员，准备了丰盛的午宴迎接美国代表团。

在一个政府宾馆中，午宴足足持续了4小时。两位官员和他们的代表团成员讨论了所有双方共同关注的议题，等于开了一次小规模、非正式的战略经济对话。希拉里已经能圆熟地掌握外交对话的火候，也懂得如何让戴秉国脱离中国官员最喜欢的官方辞藻。尽管希拉里这个女人曾经在中国的"后院"公然指责中国在公海上的行为[1]，但对话的氛围还是比较自由。几个月前在《大西洋月刊》（*The Atlantic*）的一篇访谈中，希拉里还曾宣称中国政治制度毫无可取之处[2]，现在她却和戴秉国讨论如何应对全球问题。

中美关系正逐步走向成熟，这两个对手正逐渐学习如何在危机中保持双边关系的稳定。中国现在已经了解希拉里和美国不会随便让步，但中国领导人仍然不停地举出许多细节，力图证明美国制度不行、中国制度优越。在北京看来，华盛顿的债务危机又是另一次美国衰落的大展示。

---

1 参见本书第十章。——译注

2 此处删除17字。——编者注

戴秉国说："美国的制度似乎效率不高。"希拉里脸上露出温和的微笑。

希拉里说："下次我们午宴时也可以谈谈中国的制度。"她是在暗示戴秉国不会愿意多谈这个问题。[1]

不过现在还是2011年7月。亚洲各国请求美国保证其国内的政治博弈最终能解决债务危机，而戴秉国的语气却似乎把双方的角色调转了。他总在向希拉里表示：一切最终都会得到解决的。戴秉国的语调一直很亲切、也带着浓重的外交腔，却有种抑制不住的居高临下的得意感。希拉里温和地反驳，暗示她和奥巴马都不需要中国的"安慰"，也许戴秉国只是在安慰自己而已。

2008年金融危机之后，中国大力炫耀其经济成就，宣称中国没有受到危机的打击。但美国拖欠债务则完全是另一回事，足以让中国官员汗流浃背。中国手头上有面值达1万亿美元的美国财政部债券，等同美国欠中国1万亿美元的债务。如果某人欠银行100万美元，那是银行掌握着他的命运；但如果某人欠银行1万亿美元，那就是他握住银行的命根子了——如果此人还要赖账，那么银行也只能跟着倒闭。中国正力图持有更多别种外汇，但欧元区正陷入危机，日本在3月地震后经济也一蹶不振。于是美国和中国的命运胶结到了一起。而美元和美国的吸引力依然强大。

中国在公开场合依然批评美国联邦政府支出过多，又不能管束国会议员。

中国的官方新闻社新华社在一篇评论文章中说："中国作为世界唯一超级大国的最大债权国，有充分理由要求美国尽快处理其债务危机，确保中国手上美元资产的安全。"中国还促请美国"运用常识"，通过削减军事和社保开支的方法来"治愈债务之瘾"——"美国政府必须清醒地认识到这一痛苦的现

---

1 此处删除145字。——编者注

实：从此她不能再靠一路借债来敷衍塞责，回避自己种下的祸根了。"

一周后，一幅新华社广告出现在时代广场2号大楼的临街外墙上。以往从来没有中国企业能在时代广场长期租用某块广告板，但现在中国成功地在这个"世界的十字路口"占了一席之地。新华社的霓虹广告板只有40英尺×60英尺[1] 大小[2]。中国似乎对未来充满希望，但对现状信心不足。中国人似乎觉得，要保证中国经济持续发展，就要把精英送到美国的私立高中和常青藤盟校去上学，还要在时代广场大打广告。

我在贝鲁特每天都看晚间新闻，一方面关注利比亚的局势发展，另一方面也观察东边邻国叙利亚的情况。自3月中开始，叙利亚也开始出现民众示威。示威的导火索是一群年轻人在大马士革东部的达拉（Daraa）街头的墙上画了涂鸦，指出民众希望推翻现政权——这正是埃及解放广场上示威者怒吼的口号，也是引发利比亚叛乱和也门骚乱的因素。叙利亚秘密警察抓住了这帮年轻男子，驾轻就熟地将其殴打出血，再把他们的手指甲拔了下来。

叙利亚总统巴沙尔·阿萨德在2011年1月还宣称，叙利亚人民拥戴他，他的国家国情不同，不会发生骚乱，语气同穆巴拉克和卡扎菲如出一辙。某种意义上，阿萨德确实有点不同：很多固守反帝国主义、反以色列思维的人将阿萨德以及伊朗总统内贾德看成是本地区仅存的少数几名能对抗西方邪恶阴谋的领导人。但近几年来，叙利亚民众对政权的独裁、情报机关的铁腕和经济为寡头所控制已极为不满。数以万计的叙利亚人越来越反感这样的说辞：为了保护其他族群，比如巴勒斯坦人的抽象的"自由"，就要将自己置于高压政治之下。

---

1 约12米×18米。——译注
2 此处删除33字。——编者注

　　许多叙利亚人开始走上街头以和平方式示威。像数周前的埃及示威群众一样，他们一边走一边齐声高喊"Selmiyya, Semlmiyya"[1]。叙利亚一向对外国媒体严密封锁本国消息，因此对示威的报道多数出自示威者自己用手机拍的视频。这些模糊不清的视频之所以让人动容，不仅仅是因为里面的示威场景，还因为那些拍摄者发自内心的旁白。我在互联网上看到一段视频，拍摄者一直在说："看啊，我的真主，看，他们走出来了，他们在示威，好多人啊。真主保佑他们。我们要不要也一起示威呢？"话音刚落，枪声响起，持手机拍摄的人马上躲进了室内，大概是没有跟他们一起示威了。

　　叙利亚人似乎第一次找到了同为"叙利亚民族"一员的淳朴认同感。这个国家一贯的风气是，邻里相互怀疑，家人可以相互告发，任何不满的言行都有可能被报告给执政的叙利亚复兴党（Baath Party）。但现在叙利亚人突然从群体中获得了力量。

　　奥巴马一上台，国务院就遵循其要同美国的前敌国沟通的原则，开始同巴沙尔接触。自布什政府在2005年哈里里被刺后召回外交使节以来，奥巴马第一次向叙利亚派出了美国大使。这些接触并未带来什么实质性成果，但总的来说美国还算能容忍巴沙尔的作为。他的情报机关在9·11后向美国提供了一点有价值的信息，使得美国认为他还算有用处。美国以及欧洲国家官员最重视的一点是，希望劝说巴沙尔同伊朗保持距离，并同以色列达成和平协议。老布什时期，美国政府也曾同巴沙尔的父亲哈菲兹·阿萨德合作，在一定程度上维护了美国在本地区的利益。但年轻的巴沙尔态度更激进，更固守伊斯兰主义的信条。

---

　　1 意为"我们是和平的，我们是和平的"。——译注

叙利亚爆发示威两周后，希拉里在哥伦比亚广播公司（CBS）的访谈中说："美国正密切关注（叙利亚）局势，但说实话，派战斗机不加区别地对本国平民狂轰滥炸，是完全超出了我们所能接受的武力使用的底线，而派防暴警察镇压则是另一回事了。"她认为叙利亚军队的行为还在可接受的范围内。

希拉里还说："现在叙利亚的领导人同以往不一样了。"她希望强调阿萨德同父亲哈菲兹的区别，1982年哈菲兹为镇压北部城市哈马（Hama）的叛乱，不惜派军队将整个城市夷平。

希拉里又说："已有许多美国国会议员在最近几个月到过叙利亚，他们都相信巴沙尔会推行改革。"其中一个便是民主党参议员约翰·克里[1]，他曾数次前往大马士革与巴沙尔会面。克里曾公开表示，阿萨德是个信守承诺、"对我很慷慨"的领导人。他坚称，在阿萨德领导下，"叙利亚一定会前进，在与美国的合理关系的刺激下，叙利亚一定会发生变革。"

华盛顿的这种成见很难改变。巴沙尔也确实承诺会取消紧急状态法，举办自由选举，同反对派对话，使得美国还对他抱有期望。在叙利亚境内也不是人人都出来示威，有很大一部分人认为年轻的巴沙尔确实会有一番不一样的作为。巴沙尔身边总是带着美丽的、在英国上大学的妻子阿斯玛，借此展示自己现代领导人的形象。他也确实推行了一点改革，主要是在经济对外资开放和银行业方面的改革。我在2000—2007年曾深入报道叙利亚方面的新闻，并听过各行各业的叙利亚人表达意见。他们无不赞赏这位总统，并期待改革能继续深入，另一方面，他们也批评国家官僚腐败成风，打压异见人士，巴沙尔身边还有一大群总让人恐惧不已的哈菲兹时代的老部下。他们认为，巴沙尔还需要多

---

1 约翰·克里曾参选2004年美国总统选举，负于小布什。截至本书翻译时，克里接任希拉里，成为奥巴马第二个任期内的首位国务卿。——译注

点时间。

示威发生后，奥巴马政府的态度逐渐由软变硬。一开始美国只是逐渐对叙利亚施加压力，似乎不愿意看到又一个盟友兼独裁者的倒台。美国官员表示：巴沙尔正迅速失去合法性，时间不多了。接下来又变成：已经没有时间了，巴沙尔不是不可或缺，巴沙尔丧失合法性了。美国先对巴沙尔周围的亲信实施了制裁，然后又制裁了叙利亚军队将领，最后连巴沙尔本人也放进了制裁名单（连伊朗总统内贾德也没有以个人身份进入美国制裁名单中）。随着叙利亚军队的暴力镇压逐步升级，每个月都有数百人死亡，美国官员也开始促请奥巴马开始放出最后的风声："巴沙尔必须下台。"

但奥巴马暂时不愿意这么做，他希望确保美国不会又被看成骚乱的幕后黑手。他和身边顾问希望叙利亚人民自己决定革命进程，因为美国如果公开表态支持，有可能造成巴沙尔有借口更血腥地镇压群众。一如所料，巴沙尔又开始指责骚乱背后有外国阴谋。在华盛顿甚至在该地区的某些国家都有意见认为，不管美国表不表态，只要发生骚乱，阿拉伯领导人一定全都怪罪到外国阴谋头上，那美国干脆不用辩解，直接介入好了。但在利比亚战火未平息的时候，奥巴马不想给区内各国制造促请美国干预叙利亚局势的借口——你美国不是说巴沙尔要下台吗？那你们进去把他赶下台吧。美国总统选战也即将打响，奥巴马也必须考虑国内政治后果。

对于局外人来说，呼吁某个领导人下台似乎是件很简单的事情。但对美国来说，一旦如此表态，就等于宣称美国不会再同现政权打交道。区内国家认为，美国深思熟虑、迟迟不明确表态，其实是故意拖延，默许巴沙尔的镇压——再次证明美国正策划着什么恶毒诡计，什么支持人权、自由全是虚伪的表态。沉默不语的成本正在逐渐上升。到8月18日，奥巴马终于表态。

"美国已经反复表明：巴沙尔·阿萨德总统必须领导叙利亚走向民主，否则就应下台。现在看来他无意推动民主。为叙利亚人民福祉考虑，阿萨德总统应当下台。"

奥巴马的声明发表后，反巴沙尔的示威人士欢欣鼓舞。但美国的声明其实不一定对当地形势有多大影响。奥巴马早在3月份就呼吁卡扎菲下台，但5个月后的今天，在北约空袭的打击下，他还在的黎波里掌权。现在奥巴马又呼吁巴沙尔下台，但巴沙尔似乎不为所动。在外人眼中，如果美国总统表态后，当地形势仍然毫无变化，美国反而显得软弱无力。

叙利亚的骚乱同这个地区其他国家的革命不同。突尼斯的革命是发展极其迅猛的，使得每个人都没有思考的余地。埃及革命时，美国有干预当地局势的资本，美国一直资助埃及的军队，换来的是埃及军队承诺不对民众开枪。埃及的革命者也是组织严密，能一下子鼓动数百万埃及人走上街头。利比亚则是北非地区的边缘国家，其领导人本来就不受欢迎，利比亚确实有一定战略意义，但由于北非是欧洲的后院，欧洲国家在该地区的战略利益比美国更大。事实上，对于"阿拉伯之春"，美国根本没有发展出一套全面的战略，她是根据每个国家的不同情况分别处理的。

巴沙尔所拥有的能威胁中东北非地区安全的关系网，可能比该地区任何其他独裁者都多。叙利亚一直支持东部邻国黎巴嫩境内的真主党，同哈马斯关系良好（哈马斯总部设在大马士革），还在暗地里支援伊拉克的武装分子。巴沙尔本人以及占据了所有重要位置的阿萨德家族成员经常发出绵里藏针式的威胁——他们说，叙利亚能影响真主党、哈马斯之类的势力，因此他们能管束这些势力的行动。但另一重意思很明显，那就是叙利亚随时可以利用这些势力令整个地区陷入一片混乱。巴沙尔的表兄弟拉米·马克鲁夫是叙利亚最有权势的大商人，也是异见人士经常指责的对象。他在5月份同《纽约时报》做的一篇访谈中露骨地表达了这种思维，声称：如果叙利亚政权不稳，则无法保证以色列的安全。讽刺的是，巴沙尔却一直保持叙以边境的平静，自1973年第四次中东战争以来，叙以双方再未有任何武装冲突。以色列希望继续保持边界安全，一直要求美国不要对巴沙尔过分强硬。这是一种典型的"可以为友的敌人（The Devil We Know）"思维。

最令美国头疼的还是叙利亚同伊朗的盟友关系——伊朗一定会竭尽全力保住巴沙尔。美国一直忧虑伊朗扩大在本地区的影响力和反美同盟，这种忧虑曾经使美国不敢对巴林政权过分强硬，造成大批示威者伤亡。现在问题的方向则恰好相反：巴沙尔下台会使得伊朗的战略利益大打折扣，但美国官员担心，万一美国主动将巴沙尔赶下台，可能会演变成同伊朗的正面冲突。

在华盛顿，杰克·沙利文正密切关注利比亚事态的发展。这时他的黑莓手机响了。

电话那头传来一个声音，"杰克，你好！今天世界上有什么大事？"是希拉里本人。杰克早已准备好了答案，在他的裤子口袋里有一份潦草写就的笔记，记载着最近的重要议题和当天的全球最新情况，专门用于应付希拉里的电话。不管他们白天在办公室有多少次交谈，希拉里每个工作日晚上还是要例行公事地打电话来询问杰克。杰克在国务院一直很低调，扮演着幕后推手的角色，但连希拉里身边的资深顾问都认为，以往希拉里从未像信赖杰克那样信赖过别人。杰克的口才能帮助希拉里改进会谈中的谈话技巧，他用自己对政策细节的认识协助希拉里改善政策论点，他口袋里的这张纸还能帮希拉里发挥自己的专长，构建宏观视野，观察全球大事的趋势。希拉里当然极度注重细节，但她在长远规划和长期战略眼光上表现得更加优异。

美国评论家总是批评希拉里的外交战线过长，精力太分散。为什么她不着力推动以巴和谈，却大谈什么妇女权利？为什么她不在巴基斯坦和阿富汗奔走，以协助美国达成撤军协议，却要出访非洲？为什么她不关心陷入僵局的朝鲜核问题会谈，却忙着改进国务院的运作方式？但希拉里个人认为，重点关注某个热点问题而忽略其余情势的做法早已不足取。各国、各议题都已经产生了内在的紧密联系，要解决任何一个问题都必须弄清楚其中的来龙去脉。她更不想把自己的有限精力投入到中东和平这种必然失败的努力中去。此外，希拉里也确实无法集中精力处理一件事务：这是她的优点，也是她的劣势。她总是希望大包大揽，也总是不满足于现有成就。但她的确有一个最高指导原则：美国要在21世纪继续成为有影响力的领导国家，就必须改变外交手段，不能只关注传统的官方外交，一定要增强各国民众的力量，让他们自己解决本国问题。希拉里还任命了一大批特使，职责范围涉及人权、女性权利、气候变化和青年人议题。他们的任务是同全球各国的公民社会接触，发挥现代技术的力量，用现代化手段实施美国的外交政策。国务院总共聘请了150名全职员工，在国务院的29个办公室中负责管理社交媒体账户。全世界还有900名美国外交官在日常外交中使用推特、Youtube、脸书等方式公布消息。在利用社交媒体方面，国务院居于各国外交机构的领先地位。国务院的新任发言人维多利亚·纽兰不仅在例行简报会时站在讲台上发布消息，还会随时更新推特，并回答来自全球用户的问题。杰克·沙利文在华盛顿智库参与外交政策研讨时，研讨会会通过互联网向全世界直播，各国记者可以通过互联网向杰克发送问题。国务院还设立了多个利用社交媒体和通讯工具的项目：在非洲提供手机银行服务，在墨西哥向公众发布打击毒枭的信息，在美国开放公众通过手机短信为海地捐款。美国正逐渐将触角伸向全世界，并重新定义自己的角色，不过暂时无法预料这种新型外交的长远效果如何。美国孤芳自赏的"巧权力（Smart Power）"依然显得太过前卫，因为世界各国对权力的认识仍然停留在传统思维中，还将美国想象成以往的那个霸权国。

欧洲的经济危机还在持续发酵。希腊被揭发在国家账目上造假，现在深陷债务泥潭。意大利、西班牙、葡萄牙的财政状况也令人堪忧。欧洲自己也经历着衰落。我在欧洲转了一圈，向各国官员打听他们关于"美国衰落"理论的看法。

一个法国官员的反应是笑着问："美国衰落？没这回事，这就是个笑话。"意大利官员的态度也很坚定，"意大利是不行了，但美国？还早着呢。"

很明显，衰落总是一个相对概念。这些老欧洲国家在美国面前总有种屈尊俯就的姿态，这是在小布什、伊拉克战争和"自由薯条（Freedom Fries）"[1]出现之前就有的反美情绪的遗产。1947年，二战结束两年后，法国作家西蒙娜·德·波伏娃游历美国，并写下了她在这个超级大国游览时的感受，文中充满了对美国的蔑视。我也有一个民族自尊心极强、非常爱国的法国朋友时常指责"山姆大叔"傲慢无礼，将美国贬为乳臭未干、对世界其他地区毫无认识的霸权，可现在他却忧心忡忡地跟我讨论他对美国衰落的看法。他说，美国衰落对欧洲、对（他现在居住的）中东，乃至对整个世界来说将是一件很可怕的事情。我故意提起他以前对美国的批评，他承认以前说那些话有时其实是出于嫉妒——美国比法国领土更大、国力更强，法国曾经也是世界大国，现在却被美

---

1 "自由薯条"是2003年伊拉克战争打响后一段期间里美国人对炸薯条（French Fries，用"自由"代替了"法式"）的谑称。由于当时法国明确表态反对美国出兵，新奥尔良地区一家餐厅将炸薯条更名为"自由薯条"以讽刺法国人。当时被共和党控制的国会后来更在国会山餐厅菜单上采用"自由薯条"的名称，一度激起美国民众的厌法情绪和相应的法国反美情绪。——译注

国夺去了地位。他也极不情愿地承认，法国现在在国际舞台上只是个无足轻重的国家。

对于朋友这样的态度大转弯，我总感到难以接受。我又在各地同各种各样的人进行了深谈——意大利、英国、荷兰，记者、外交官、建筑师、酒店老板等等。他们全都对美国衰落的前景表达了忧虑——如果连美国都衰落了，那我们怎么办？原先的敌意没有了，原先的轻蔑态度也消失了。欧洲国家曾经鄙视美国，觉得她城府不深、历史短促、文化肤浅，现在突然发现美国是防止欧洲进一步衰落、以至彻底沦落为边缘地区的第一道防线。欧洲唯有和美国一起，才能直面那些不接受西方价值观，同西方没有共同利益的新兴势力。

8月21日，的黎波里落入反对派之手。尽管连日来首都周边战事已经日趋激烈，反对派也一直在秘密计划攻陷的黎波里，但这个突如其来的消息还是让人吃惊。数月后，一位美国官员对我说，其实反对派的成功也有运气因素，所以后来奥巴马政府对在其他国家采用类似的军事行动一直抱谨慎态度。卡扎菲仍然行踪不明，但萨科齐、大卫·卡梅隆和埃尔多安迫不及待地高调访问了反对派控制的城市。在他们公开亮相时，利比亚群众欢呼着"谢谢，法国，谢谢，土耳其"。2011年10月17日，我们随希拉里飞往利比亚。

在的黎波里机场，利比亚人用一种以往美国人从未想过的致谢方式的口号欢迎希拉里的到来——"Allahu Akbar, Allahu Akbar"，这句话在阿文里的意思是"安拉最伟大"。一群穿着制服留着胡子的前反对派武装分子，现利比亚临时政权部队站在停机坪上喊着这句话，迎接希拉里。这次出访，757专机逗留在马耳他机场，代表团则换乘空军的C-17运输机抵达的黎波里。这种装备齐全的军队运输机更适合在事实上还处于交战状态的利比亚上空飞行。在西方，"Allahu Akbar"总被当成是极端武装分子在发动血腥袭击前一刻高呼的牺牲口号，却很少有人认识到，这句话在阿文中还是表达欢庆、愤怒或惊恐的感叹语，同西方的"我的上帝呀（Oh My God）"和"亲爱的耶稣啊（Dear Jesus）"一样普通。

利比亚武装分子举起手，做出V字胜利手势，希望同希拉里合影。希拉里竖起大拇指同他们合照。然后，武装分子开着SUV护送希拉里的装甲专车进城。他们的车在我们前头曲折地前行，有时又会驶到我们旁边，有些人拿着枪从车窗里探出头来，对我们咧着嘴笑。

希拉里同过渡政府领导人会面，其中包括在说服西方支持反对派政权方面居功至伟的马哈茂德·吉卜利勒。在一场会晤后，她对众人说："能站在自由的利比亚土地上，我感到非常骄傲。"

结束对的黎波里的访问后，代表团相继前往喀布尔和伊斯兰堡。美国的巴基斯坦政策已经荒废了好一段时间：理查德·霍尔布鲁克猝逝后，他的政策团队被解散，瓦利·纳赛尔也离开了国务院。美国和巴基斯坦仍然相互猜忌，更糟的是他们还拼命地试图迷惑对方。两国关系逐渐变差，当然有美国错误行动的因素，但巴基斯坦人选择性地强调他们的荣誉——阿文词是Ghairat——也是原因之一。如果有巴基斯坦士兵被美军误炸身亡，巴国所有电视台都会开足马力报道，政府也会要求美国人道歉，提供更多援助。但如果巴基斯坦士兵被塔利班武装分子打死，或在高原雪崩中丧生，因为死亡原因不符合巴基斯坦人的反美口味，这样的新闻就无人问津。美国在2011年5月派海豹突击队潜入巴基斯坦击毙本·拉登，更是严重挫伤了巴基斯坦的自尊心。巴基斯坦人不仅认为美国背叛了自己，更由于军队和情报机构对此完全不知情而大感羞耻。他们觉得，如果军队和情报机关连美国人飞进来了都浑然不觉，那别的人、别的东西飞进来他们自然也不知道了。

兰堡，希拉里继续不遗余力地同各界人士和国会议员接触，不过观
和反应同两年前如出一辙[1]。

拉合尔，谢尔巴努·塔希尔——遇刺的旁遮普省长萨尔曼·塔希尔[2]和
阿姆娜的女儿——正在看着希拉里访问伊斯兰堡的电视报道。上次希拉里
方时，她还在美国读书，没有同希拉里见面。在父亲被刺后，她回到巴基斯
，协助母亲打理家庭事务。曾让希拉里倍感怜爱的弟弟沙巴兹（也就是名叫
"鹰"的男孩）当年夏天也被绑架，下落不明。绑匪没有提出要求，也没有提
出赎金数额。他的家人认为他是被囚禁在阿富汗和巴基斯坦边境某处——美国
一直严密监视这些地区、寻找武装分子并派无人机消灭之，因此谢尔巴努曾在
秋天到华盛顿打听关于她弟弟的消息。家人一直对打听来的消息严格保密，害
怕泄露出去会危及沙巴兹的性命。严寒的冬天马上要到来，谢尔巴努担心弟弟
在寒冷中的安危。美国的无人机攻击确实消灭了很多武装分子，但现在她弟弟
却在某群武装分子手中。她晚上睡不着觉时总会想：万一美国派无人机去轰炸
武装分子，却炸死了弟弟，那该怎么办呢？

对喀布尔的访问同上次一样，是快进快出、全身而退。弗雷德已经调离了
希拉里身边，调到喀布尔负责使馆区安全保卫。现在负责希拉里安全的是另一
位身材高大、金发、肌肉壮硕的外交特工科特·奥尔森。安东妮特·胡尔塔多
也轮岗到了喀布尔大使馆，要驻守一年，她同我们一起愉快地回忆在巴黎安排
希拉里同吉卜利勒私下会面的情景[3]。

10月20日传来消息：卡扎菲在家乡苏尔特被生擒，随即被枪杀。希拉里在

---

1 参见本书第五章。——译注

2 参见本书第五章和第十二章。——译注

3 参见本书第十四章。——译注

镜头面前无意中说了这么一句："我们来了，我们看见了，他被杀了。"[1]

独裁者一个接一个倒台，人民的恐惧心理逐渐消失，但某些事情却总难以改变。奥巴马刚在2009年11月宣布对阿富汗增兵、镇压塔利班时，就开始考虑后路。他一直想美国完全退出这场战争。以往的撤退方针是"肃清、固守、建设、移交（Clear, Hold, Build, Transfer）"，现在看来这个计划无法实现。希拉里在喀布尔宣布了一个更稳健的新策略，其中没有任何协助阿富汗建设的内容。一如既往地，美国的无数财富被短视的野心和政府部门及军方的内斗消耗殆尽，被迫放弃了好高骛远的大计划。这个被称作"所有帝国的坟墓"的国家的干涸平原，彻底榨干了美国的良好愿望。

---

1 这句话的原话是古罗马时期凯撒大帝的名言"我来了，我看见了，我征服了（I came, I saw, I conquered）"。——译注。

第十六章　助人即自助

11月底，随行记者团的邮箱里收到了新邮件：我们要飞行22个小时，跨越太平洋，到达一个同外部世界鲜少接触、到处布满白色大象和珠光宝气的寺庙的国家。邮件中列出了详细的着装要求：不要带白色、粉红色和黑色衣服，在当地这些是送殡时穿的颜色；尽量少带深褐色和藏红色衣服，这在当地是表达抗议时常穿的颜色。在感恩节周末临近时对男记者们提出这样的古怪要求，等于要求他们不碰家里满衣柜的黑色西装和白色衬衣，而挤进疯狂的购物潮里去买新衣服[1]。女性记者在这方面选择就比较方便。

第二封邮件标题是"本地小知识"，提供了更多让人感到麻烦的信息：黑莓手机不能用，没有高速互联网，没有信用卡服务，甚至没有提款机。外国记者很少到访此国，一些敏感地区更是严禁外国人进入。尽管这给我们记者的工作带来了很大的挑战，但能在这个封闭国家里向外界传递消息，意义更重大。

---

1 在美国，感恩节后一天被称作"黑色星期五"，标志着圣诞假期前购物旺季的开始，这一天商家的降价促销往往引起消费者排队冲抢的热潮。——译注

感恩节后的周一，记者们又坐到了熟悉的专机后舱座位上。

下午两点过后，希拉里的专车出现在停机坪上。那天她已经出席了4次会谈，包括在白宫同欧洲领导人的峰会——欧元区的债务危机愈演愈烈，随时会扩展到美国来。

希拉里走出礼宾车。她穿着别致的黑色长裤套装，一如既往戴着太阳眼镜，风吹起她已经长到肩膀的头发。不论是出于职责还是出于个人情感，希拉里都有理由对这次出访感到兴奋。这次出访不仅会在她长长的出访国家列表上又添加一个新国名，还代表着3年来的努力终获丰收。希拉里是1950年代以来第一位访问当地的美国国务卿，她更将同一位自己仰慕已久的女英雄见面。

这个国家曾被称作"亚洲的宝石"，以辉煌的金塔而闻名于世，伊洛瓦底江浇灌着全国的肥沃土地。她的名字是——缅甸（Burma）。

著名作家鲁德亚德·吉卜林于1898年在《来自东方的信件》（*Letters from the East*）中写道："这里是缅甸，她有着同以往我到过的地方完全不同的风光。"

缅甸现在的正式国名是缅甸联邦（Union of Myanmar）[1]，1962年通过军事政变上台的军政府更改了国名，这是个贫穷落后的国家。国际社会一直指责军政府实施许多残酷的暴行，强迫包括儿童在内的平民为政府劳动，强行迁徙少数民族人口，在内战中放纵士兵强奸妇女当作军事手段。这个国家深深陷于贫困、内战和腐败的泥潭中。缅甸僧侣曾经发起游行，要求军政府给予人民

---

1 这里原文中的"Burma"是英国殖民统治时期对缅甸的称呼，"Myanmar"则是1989年缅甸军政府所改的国名，象征着该国与殖民时代的区别。两者皆可翻译为"缅甸"。许多国家接受"Myanmar"为缅甸的正式英文国名，但美国和一些人权组织仍然使用"Burma"，表明不承认军政府的合法性。——译注

更多自由，却被残酷镇压。许多僧人被捉去坐牢，以至于寺庙无人守护。西方原本希望以严厉的制裁逼迫军政府退缩，但策略并未奏效，人民反而更加挨饿受苦。

奥巴马在2009年的就职演说中，呼吁美国的昔日敌人放松高压统治。伊朗和朝鲜本来就不想，也不知道如何搞什么放松统治，但令人意外的是缅甸军政府却在当年试图同美国接触。在出访亚洲时，希拉里听印尼外长说，制裁效果并不好，而缅甸也试图推进改革，印尼或许可以帮助美国将缅甸带回国际社会中。希拉里认真听了印尼外长的介绍，逐渐意识到这个政策的意义。奥巴马政府一向倾心于借助地区各国力量解决棘手问题，而且亚洲各国同土耳其和巴西对伊朗的态度不同，不会仅仅为了多交一个朋友、多达成一项协议就同缅甸亲近。他们愿意听从华盛顿的建议逐渐帮助缅甸走出困境，美国也愿意提供指导——这可能比制裁有效。

直到2010年，缅甸和美国花了一年时间试图相互接触，但似乎总是无法沟通。除了在联合国举行过一次缅甸和美国高级外交官的会谈外，两国在外交关系上毫无进展。缅甸也有自己的内政要处理：国会选举，还有第一次选出的文人总统吴登盛（其实他也是退役军方将领）的就职。缅甸释放出的最强烈的改革信号是释放了一位与希拉里齐名的女性政治家——昂山素季。1990年，昂山素季领导的政党曾经赢得大选，但军方无视选举结果，反而扣押了她——有时软禁在她的家中，有时又关进监狱。缅甸军政府对获得过诺贝尔和平奖的昂山素季的处置，一直是西方判断是否同缅甸展开接触的风向标。奥巴马在派希拉里出访缅甸时曾向获释的昂山素季征询意见，这两位女性伟人很快就会面谈。但希拉里首先要运用自己的阅人技巧判断吴登盛和他的同事们是真心推行改革，还是只想哄骗各国取消制裁。奥巴马宣称他看到了"进展的微光"，希拉里的任务就是看看能否将这点火光变成燎原之火。

专机起飞后不久，希拉里就走到尾舱来同我们聊天。她对我们说，没能安排时间周游缅甸，感到很遗憾。她很想去缅甸的前首都曼德勒参观。她还坚称，国务卿任期结束后她就不想再碰剑拔弩张的政治了，她说自己整天到各国去访问，却没有时间真正感受目的地的风土人情，觉得自己被骗了。当然她对出访仍然感到兴奋，但这一次访问意义尤其重大。国务院为她准备的冗长资料仍然满足不了她，她要求官员们送来各种书籍和电影，在出访前花了足足一周去了解缅甸的国家和历史。

我们吃过玉米饼沙拉午餐后，国务院的东亚和太平洋事务助理国务卿科特·坎贝尔走到尾舱，向我们介绍出访行程和采访重点。科特也是在飞机上度过外交生涯的，他的任务是落实国务卿达成的协议，或为未来的出访做准备。美国同亚洲以及其他地区盟友的关系总需要时刻照料。飞机上的每个记者都想着同一个重要的问题：军政府数十年来一直铁腕统治着缅甸，为什么突然有意愿去改革了呢？没人知道确切答案。

朝鲜领导人由于受到国际旅行方面的制裁，在亚洲只能出访中国，而缅甸领导人则可以在亚洲各国通行。他们在东盟峰会上同其他成员国领导人交谈，很容易就发现在亚洲各国欣欣向荣的时候，自己的国家却因制裁而备受煎熬。在海外流亡的缅甸人社群一直设法往国内传送消息：缅甸确实很封闭，但还远不如朝鲜。因此，缅甸领导人不像阿拉伯领导人那样坚决拒绝政治改革，大概是因为他们认识到，如果能按照自己的设想逐步开放国家，也许有机会在保住权力、避免国际审判的同时带领缅甸快速发展。

尽管美国花了很大力气同缅甸做外交沟通，但飞机上的官员还不能宣称自己在促进缅甸改革方面有功劳，时间还太早。不过，美国官员也发现各种因素正向着有利于推动改革的方向发展。其他亚洲国家的努力，加上军政府本身的愿望当然是关键，不过最关键的一点还是中国——缅甸认为自己正被这个巨大的邻国利用。中国公司带着大量中国工人进入缅甸建设水电站，却没有为缅甸人留出任何就业机会。中国还想在缅甸的命脉之水——伊洛瓦底江上游修建水坝。这座水坝会严重影响水质，而且中国计划将90%的发电量输送回国内。缅甸人不满意了：这算什么朋友？现在军政府将领希望美国能扮演调解人、平衡手的角色。

在韩国短暂停留、出席了一个关于国际援助的峰会后，专机飞往缅甸新首都奈比多。机场的降落跑道又窄又没有灯光，所以专机必须在夜幕降临前降落。专机不能在缅甸过夜，要飞到邻近的泰国，空军特勤队的"渡鸦"会在那里保护它。希拉里穿着深紫色外套和黑色裤子走下舷梯。穿着白色衬衣和深色缅甸传统裙子"罗衣（Longyi）"的缅甸男人在机场欢迎希拉里——看来希拉里和缅甸主人们都没有阅读关于"白色是丧殡颜色"的邮件。

在机场的一头，距离专机机鼻只有不到30尺的地方，立着一块红色布告板，上面用白色大字写着欢迎刚刚来访的白俄罗斯总理。没有欢迎希拉里的标语。看来军政府将领们不想过于急进或在公众面前表现得太过热切，但显然这个国家对美国表现出了比其他独裁政权更热情的态度。

我们收到的邮件里说，在缅甸能看到白色大象和无比秀丽的田园风光。可一路上看到的尽是水牛，和被我们的阵仗吓呆了的农民和水泥路。这可能是记者们随希拉里出访以来第一次好好看看目的地国家——因为黑莓手机都不能用了。车队进入看起来很冷清的市区，停在我们的酒店——友谊宾馆（Thingaha）门前。这座宾馆由柚木色的小别墅组成，我们是唯一一批住客。在门口，女侍应们端着西瓜汁招待我们。希拉里热情地问候他们，仿佛见到了失散多年的老朋友，这让其中几个人激动不已。

晚霞布满天空，女侍应们在别墅的阳台中布置好一张长桌子，摆满饮料和小吃，招待希拉里。经过3年的磨合，希拉里逐渐对随行记者团产生了喜欢和信任之情。在出访途中，她不时同记者们喝一杯或一起用餐，席间漫谈各种话题：从政策议题，到前一晚在酒店房间看的电影，再到名流们的轶事。我们同希拉里有默契，这样的私密谈话内容不能公开。这样尽管有记者在旁，希拉里还是能尽情说出真实想法。以往她经常会喝几杯酒，不过今晚只喝了茶，她到达时略感小恙，未来几天不能出什么大病。她束起了头发，去掉了妆，脱下隐形眼镜戴上了有框眼睛。她神情轻松愉快，言谈风趣，足足和我们畅谈了一个多小时。

第二天我们整装待发，准备到总统官邸去采访。奈比多在当地语言中的意思是"国王居住之地"，这个新首都城市规划中的街道足有20条车道宽，有专门设置酒店和餐馆的街道，还有政府大楼和政府员工宿舍聚集的区域。这座采用现代化模式规划的城市同缅甸其他的一切都格格不入。以往，缅甸国王们可以随心所欲地迁都，英国殖民时代设定曼德勒为首都，缅甸独立后在1948年又迁都仰光。

1962年军事政变后上台的军政府，多年来一直被国际社会孤立，逐渐产生了迫害妄想，总觉得本国的最大敌人美国随时会对其发动进攻。仰光在建都多年后变得拥挤不堪，于是军政府清空了奈比多的热带灌木林地，建筑了大量以亚洲风格为基础兼具苏联式笨重感的建筑。军政府特意将新都选在偏僻地带，除了奈比多两英里外一个木材中转市镇外，全国几乎无人知晓新都的建设进度，这个市镇的人们之所以会知晓附近的建设，是因为当地咖啡馆突然有许多中国工程师光顾。至于外部世界，只能在卫星图像上看到缅甸在某处秘密建设，却不知道所为何事。

某占星家为军政府选择了正式迁都的黄道吉日。2005年11月的一个周五，军政府公开宣布缅甸即将迁都。两天后，所有政府部门都开始向奈比多迁移。从仰光到奈比多车程达10小时，军政府领导人和官僚不惜工本迁到内陆避开敌人，讽刺的是6年后他们却主动开门将"敌人"迎进心脏地带。

国务卿的车队一向声势浩大，但现在在奈比多政府区域双向二十车道的高速公路上却显得微不足道。在其他地方，为外国领导人来访而封闭道路总会让当地人反感，但在这人烟稀少、犹如鬼城的新都，却毫无阻碍。车队从酒店出发时我们还看到几辆汽车和自行车，此后一直到总统官邸的路上都空空荡荡。车队驶进金色大门政府建筑物聚集区，驶过一座跨越某条护城河的桥，在总统官邸外停下来。官邸是一座巨大的大理石建筑，风格大概颇合唐纳德·特朗普[1]的口味。

缅甸那位令人恐惧的独裁者丹瑞大将曾经囚禁昂山素季及其他数千名政治犯，而现在等待希拉里的这位吴登盛总统正是当时军政府内的将领兼总理。吴登盛于2011年辞去军职，以平民身份竞选总统，这是缅甸向外界传达的改革信号之一。现在缅甸名义上的总统是文人吴登盛，但军队将领们仍然是幕后主脑。

吴登盛脸色通红，看上去似乎有些害羞，很难想象一位前军政府领导人会这样。应该承认，以往他虽有军职，却没有上过战场，更多的是做官僚管理工作。这位身材瘦小、戴着眼镜、穿着丝质蓝色罗衣的人，似乎完全配不上这座庞大的官邸。他站在一个足有整个足球场大小的房间里等待首位到访奈比多的

---

1 唐纳德·特朗普（Donald Trump），美国著名地产富商，以颇具争议性的言行和旗下许多物业前卫夸张的建筑风格而闻名。——译注

美国官员，头顶上是大得吓人的水晶吊灯。希拉里穿着青绿色长裤套装、戴着同色项链，面无表情地走进官邸：她不想对缅甸官员过分热情。

吴登盛开口说道："阁下的来访是里程碑式的事件。"

希拉里回答："我之所以来访，是因为奥巴马总统和我本人都对您采取的对人民有利的步骤深感欣慰。"

两人在摄影镜头面前握了手，随即在金色宝座形椅子上坐了下来，背后是金色帘子装饰的红色和金色屏风。椅子之间隔得很开，完全无法小声谈话，于是在国务卿、吴登盛和两名翻译的座位前各自摆了一支麦克风。记者们被礼貌地请出了房间。双方的随员坐在身后沿着墙壁一字排开的椅子上，相互之间隔得远远的，根本无法参与讨论。吴登盛首先讲了45分钟，解释他对于改革的认真态度，以及军政府已经采取的措施。他的谈话内容切中了美国的每一个期望——希拉里不想盲目同缅甸展开接触，缅甸方面也知道希拉里想听什么内容，之前美国官员已经多次秘密到访缅甸，为希拉里的来访铺路。虽然这样背诵式地回应美国的要求有做作之嫌，但吴登盛也很坦率地谈到了他在政府内部要面对的困难：不是每个领导人都支持改革，他必须先说服他们。这番期待之外的坦诚使他的改革承诺听上去更为可信。

希拉里也向吴登盛说明了美国对于继续保持同缅甸对话，并逐步使两国关系正常化的先决条件。缅甸现在离美国的要求还很远，但美国愿意对缅甸所前进的每一步表示欢迎。她列出了美国的详细要求——从释放政治犯到允许昂山素季参选国会，不一而足。作为回报，美国会向缅甸派驻大使，也会同意暂停制裁，未来还会允许美国公司到当地投资，促进两国贸易。

谈话结束，午饭时间到。吴登盛的妻子杜钦钦温也会出席午宴。双方代表团的成员走过顶上吊着更多水晶吊灯、地上铺着大理石地板的大厅，走进宴会厅。希拉里和钦钦温年纪相仿，很快言谈甚欢。这位缅甸第一夫人告诉希拉里，她对双方会谈顺利感到高兴，因为吴登盛过去几周一直在思考整个会谈的细节，希望给希拉里留下好印象，导致经常失眠。吴登盛也许觉得，这次会谈不仅关系他的祖国的命运，也关乎他个人的未来。

钦钦温和希拉里一路握着手向前走。钦钦温告诉希拉里，她希望见到缅甸迎接更好的未来，也希望受尽战火折磨的少数民族地区局势能够尽快平静下来。

双方官员在宴会厅里吃着12道菜——从炸蟹肉到鸡蛋绿豆炒饭的宴席时，随行记者团的记者们饿着肚子，瘫在宽大而俗气的椅子上，呆呆地望着等候间里的小佛像、头顶上的吊灯和四周的各种金器。等候间的装修风格混合了传统亚洲审美、呆板的中式设计和海湾阿拉伯国家暴发户的口味。外界估计，光是这座官邸的修建费用就达到40亿美元。缅甸大兴土木建设这座新首都，使其经济更加元气大伤。在这座富丽堂皇的城市背后，这个国家疟疾横行，人民在日均不到一美元的生活费用中苦苦挣扎。

访问结束。希拉里和随行代表团同缅甸人道别，随即坐进汽车准备出发。缅甸记者不住地拍摄希拉里乘坐的礼宾车。吴登盛、钦钦温和随员们站在官邸门外的楼底，看着车队一路远去，驶过护城河上的桥。其中一辆车里的美国官员向吴登盛挥手道别，他也挥手回应。在巨大的大理石官邸映衬下，他的瘦小身影越发显得孤独。

我们在车上看到远处的欧巴达丹蒂金塔（Uppatasanti Pagoda）。这座金塔是按照仰光大金寺金塔（Shwedagon Pagoda）原样建造的，高度也跟大金塔一样是325英尺，但里面摆放的玉佛，面目看上去竟然很像丹瑞本人——之后我们即将去仰光看看"真货"。

我们到达仰光时，太阳正缓缓下山。车队快速驶上窄堵坡，刚好在日落之前驶到大金塔面前。这座世界上最古老的佛塔同常见的多层浮屠不同，形状更像一个尖塔，塔身上的黄金和数百枚宝石及钻石在夕阳照耀下闪闪发光。在仰光，几乎每一个角落都可以一眼望见大金塔。

在进入大金塔之前必须脱下鞋袜。希拉里脱下鞋袜，露出了深红色的指甲油。穿着西装、戴着领带的外交特工们依旧一脸严肃，但看到他们光着脚在寺里蹑手蹑脚地走，不时在步话机里低声说话，却有种看动画片的滑稽感。大金寺没有因为希拉里来访而对游客和本地人封闭，代表团在寺内游览时偶尔有人高呼"我们爱你，希拉里"并鼓掌。希拉里的随员和外交特工希望当地人能更接近希拉里，但缅甸警察则一直试图把他们推开。

静谧而色彩缤纷的大金寺有种催人沉思的气氛，除了围观群众的欢呼偶尔刺破宁静，唯一的噪音便是希拉里伸手敲响其中一个40吨重的大钟时发出的声音。这座神圣而美丽的寺庙里布满了珍贵的宝石，以及用霓虹灯模拟的形状怪异的"佛光"。在出访中，希拉里很少像这样深入游览当地的名胜古迹，平复心情。现在她即将前往本次行程最让人期待的一个会面。

美国驻仰光代办处是一栋有着英国殖民时代风格的楼房，带有门廊和天井，屋内铺着柚木地板，透着一种恬静的、不易觉察的优雅。晚上7点钟，一辆老旧的白色小汽车驶到代办处门口。车门一开，一位身材纤弱、举止娴雅的女性随即走出来，急匆匆地踏上代办处小楼的门槛，准备投入她已经期待了数周的会谈。

不论是人生轨迹、个性还是形象，希拉里和昂山素季两人都截然不同，但她们多年来一直读着关于对方的梦想与奋斗的文字，两人一见面仿佛久别重逢。巧合的是两人的衣着正好款式相同：都是白色亚洲风格外套，都将头发挽起来结成发髻，昂山素季的低马尾辫上还绑着几朵花。

希拉里大概是第一次会见同自己一样全球知名的女性：这位民主运动家举止文静，信念却如钢铁般坚定。而身为诺贝尔和平奖得主、备受全国人民爱戴和身边人敬重的女政治家昂山素季，大概也从希拉里身上看到了自己的影子。

希拉里通常会高声说"你好"来问候来访者，但现在她却用温和的声调同昂山素季打招呼，邀请她在代办处共进晚餐。昂山素季同希拉里在门厅处握手，显得略有些紧张。之前她们从未真正会面过，只通过一次电话，但希拉里同昂山素季却一见如故。会面气氛亲切却又热情洋溢，两人站在门外微笑着让记者拍照，并轻声交谈。

昂山素季告诉希拉里，她还保留着1995年北京联合国妇女大会的海报。希拉里在这次大会上发表了关于妇女权利的历史性演说。当时任美国驻联合国大使的玛德琳·奥尔布赖特和其他要人在其中一张海报上签名，奥尔布赖特随后突击式访问缅甸时将其送给了昂山素季。

希拉里的出访行程总是异常紧凑，她很少有时间，甚或根本没有想过同某人单独共进晚餐，而且行程上本来没有安排这次晚餐，而只安排两人第二天在昂山素季的房子里做一次正式会谈。但从华盛顿大老远飞到缅甸却只同这位标志性的女政治家做一次官腔式讨论，这令希拉里无法接受。在代办处小楼正门的房间里，一张铺着白桌布、放着白色瓷器餐具的桌子静静地等待着两人。在厨房里，缅甸大厨忙了一整天准备一桌缅甸风味菜式，其中有昂山素季最喜欢吃的几道菜。

希拉里和昂山素季首先在天井里茶聚，陪同的官员包括曾经与昂山素季会面的科特·坎贝尔，以及与她素未谋面的希拉里幕僚长切瑞尔·米尔斯等人。最初的紧张逐渐消失，两人渐渐开始天南海北地谈话，仿佛是多年无话不谈的老相识。在飞机上，希拉里看了一部根据昂山素季经历改编的电影《昂山女士》（*The Lady*），而昂山素季则读过希拉里和比尔·克林顿各自的自传。由于天气凉爽，希拉里特意安排将房间里的餐具取出来摆到天井里的玻璃桌上。随员们退出门外，两人开始共进晚餐。

希拉里向昂山素季致送了埃莉诺·罗斯福（弗兰克·罗斯福总统的夫人）写作并亲笔签名的珍稀版书籍。她还为昂山素季家的宠物狗备了一个咀嚼玩具和一个碗，准备明天送去。昂山素季回赠了一条亲手做的缅甸传统银色项链。两人还畅谈了自己的政治生涯和缅甸的未来。晚餐持续了足足3个小时。

第二天早上，两人准备做正式会面。早上9点刚过，希拉里的黑色礼宾车便开到了昂山素季家的门口。这栋老式房子坐落在仰光其中一个湖泊的岸边，以往曾经是昂山素季的软禁地。我在电视上看到过这栋楼，于是一下子认出了宽大的正门门廊、红色瓷砖的房顶、屋旁的草坪，还有屋后的湖面。昂山女士正站在正门门廊等候着。希拉里头上结着发髻，身上穿着浅蓝色长裤套装，脖子上戴着昂山素季昨天送的银色项链。

两人相互亲吻了对方的脸颊作为问候。昂山素季向希拉里介绍了自己的亲属和随员，并带她参观整座房子。谈到所有人为迎接希拉里来访而大搞清洁时，昂山素季不禁笑出声来。两人和各自的随员在一张圆桌旁坐下来，希拉里和昂山素季开始谈论如何促使缅甸领导人同反对派以及外部世界对话，以保证改革的切实推进。昂山素季已经同吴登盛发展了较友好的关系，她表示她信任吴登盛推动改革的真诚。她又告诉希拉里，她一直在读从前军人转变为政治家的人，包括美国前总统德怀特·艾森豪威尔的书籍。

尽管吴登盛似乎决心推行改革，但希拉里不太确定他是否有足够耐心在完成最初始阶段后继续推动这个漫长而混乱的政治过程。昂山素季倒是比较有信心，她促请希拉里要求美国国内反对同缅甸接触的人倾听缅甸人民的呼声——

他们确实希望同美国交流。美国国会内有些议员确实认为，在美国外交官能迫使缅甸认识到外界所关注的每个问题并做出更正之前，不应该对缅甸军政府做出任何友好表示。但希拉里反对这么做。经过几年来的外交活动，她逐渐认识到，捕捉任何威权国家流露出的改革意向并大力鼓励之，是推动转变的重要手段。这也是她访问缅甸的原因。她已经听到了缅甸人民、军政府领导人和邻国政府的意见。在美国的幕后协调和领导下，缅甸人民要求改变的呼声、军政府领导人的让步、邻国政治家的前后奔走，促成了她的出访。这是用外交手段进行的利比亚战争，也是土耳其——巴西在伊朗核问题上失败调解的反例。当然缅甸的情势同另外两个议题大不相同，但三者如果要成功解决，其要素如出一辙——人民积极推动改革的行动、领导人的意愿、地区内各国的帮助，以及美国耐心而不辞劳苦的斡旋。

会面过后，希拉里和昂山素季在周围的花园中漫步，昂山家的宠物狗在两人身旁跳来跳去。记者们不停地拍照。两人绕了一圈后回到屋内，走到后门的门厅向媒体发表讲话。

昂山素季已经表明会参与即将到来的国会大选。她在对记者的表态中暗示了自己的竞选纲领，包括呼吁政府给这个"多民族联邦"中的每一个族群以平等的权利。

昂山素季紧握着希拉里的手，表示她感谢美国的帮助，也对美国"经过仔细考虑的"、同缅甸军政府重新接触的方针表达了感激。希拉里试探性地探出身子去拥抱昂山素季，昂山女士热烈地拥抱了她。两人像失散多年后再见的姐妹一样大笑着，然后一起离开了门厅。在正午的阳光下，在这座殖民时代房子的后门门厅里，美国的权力和希拉里的魅力仿佛融为一体。是时候回华盛顿了。

第十七章 "董事会主席"

　　叙利亚的动乱已经拖了一年多，死亡人数已高达9000人。革命不再是和平演变，叛军已经拿起了武器。但巴沙尔·阿萨德还牢牢地掌握着权力。对于如何终结流血冲突，国际社会分歧极大，那些曾经同意巴沙尔必须下台的国家现在也意见不一。暂时还没有国家提出像对付利比亚那样实行军事干预，但总得做些什么了。于是各国组织了一次峰会，表达对叙利亚人民的支持，讨论提供人道援助，并研讨巴沙尔下台的可能性。峰会将在2012年2月24日在突尼斯举行，这个国家正是2010年12月"阿拉伯之春"的发源地。希拉里发觉，努力维持干预利比亚的盟国的团结已是艰难任务，而促请各方在叙利亚问题上达成一致意见更是难于登天。峰会还没举行，阿联酋、土耳其和法国已在激烈争夺下一次峰会的主办权。土耳其和法国还因为法国国会正在讨论的议案而吵得不可开交。这份议案提出，惩罚法国境内那些否认1915年至1916年奥斯曼帝国对亚美尼亚人的屠杀是"种族清洗"的人。要把这两个国家的外长拉到一起会谈，是个很艰巨的挑战。英国则一直对叙利亚的僵局不闻不问。希拉里试图同每一方进行理性讨论，促请他们认识行动的迫切性。

俄罗斯和中国一直反对通过联合国实施制裁，因此突尼斯峰会是目前唯一可以推动外交行动的途径。峰会被冠以"叙利亚人民之友"的温和名称。2011年11月和2012年2月初，俄罗斯和中国在安理会上两次行使否决权，否决了谴责叙利亚流血冲突的决议草案。草案的言辞非常软弱，更完全没有提出制裁，但俄罗斯态度很明确：她不会通过任何可能导致军事干预和政权更迭的决议案——俄罗斯仍然对利比亚的情形念念不忘，但反对巴沙尔的叙利亚示威者则要为此付出血的代价。

当然，俄罗斯并不只是想报复利比亚事件：前苏联时代，叙利亚一直是卫星国之一，现在也是俄罗斯的盟友。俄罗斯一直出售武器给叙利亚军队，还在叙利亚的地中海港口塔尔图斯建有海军基地，这也是俄罗斯仅有的几个海外军事基地之一。不论出多少人命，莫斯科绝不肯放弃这个盟友。

俄罗斯等国一直戴着有色眼镜看阿拉伯各国，尤其是叙利亚的动乱。俄罗斯在叙利亚看到了车臣的影子。苏联解体后，这块穆斯林领地发生了叛乱，试图脱离莫斯科的统治。尽管俄罗斯军队两次对车臣发起猛烈攻击，将首都格罗兹尼等主要城市夷为平地，杀死数以万计的平民，但车臣依然不肯屈服。车臣叛军也在俄罗斯境内发动过多次血腥袭击，杀死许多平民[1]。巴沙尔不过是重复[2]俄罗斯面对民众起事时的作为。因此俄罗斯也完全理解并支持他的行动，不会出席突尼斯的峰会。

俄罗斯也急于重振雄风，试图在冷战结束后再次在国际舞台上扮演重要角色。今天的俄罗斯地位比之苏联已大为下降：其势力范围狭窄，也无法插手许多具有重要战略意义的事务[3]。

---

[1] 此处删除28字。——编者注

[2] 此处删除3字。——编者注

[3] 此处删除62字。——编者注

每次联合国议案被否决后，美国大使苏珊·赖斯都会表达她的愤怒与反感，声称"到底安理会里哪个国家支持（叙利亚人）对自由和人权的渴求"不言而喻。叙利亚人也许会觉得美国是伪君子——一直在装腔作势，俄罗斯动用否决权时却无所作为。但美国和欧盟早已经对越来越多的叙利亚官员实施了制裁。美国的立场非常坚定：俄罗斯必须在联合国有所作为，向巴沙尔发送明确的信号，阻止他继续滥杀，并推行切实的政治转型，从总统位置上退下来。

在前往突尼斯途中，专机在伦敦短暂停留，以便代表团出席另一个关于索马里局势的峰会。许多即将前往突尼斯的各国外长也在此聚首。在华盛顿，希拉里已经同其中的许多人在电话里长谈过，现在她则要听到这些人的亲口保证，确保各国立场一致。

在幕后，美国官员则忙着在四分五裂的叙利亚各反对派势力间协调，帮助他们组成一股能代表叙利亚各个宗教派别和族群的势力，并同现政权展开对话，争取推动民主转型和巴沙尔下台。如果各派暂时不想推翻巴沙尔，导致他短期内都会继续掌权，那么反对派和现政权协商同意的政治转型或许是次优的选择。反对派的代表组织是叙利亚全国委员会（Syria National Council），其领袖是头发花白、在巴黎流亡生活超过30年的平平无奇的社会学教授伯翰·加里昂。自2011年8月成立以来，全国委员会一直在各派内斗中举步维艰，还被外界指责为有贪污现象。另一项对全国委员会的指控是他们同穆斯林兄弟会关系太紧密。穆兄会五十多年来一直被叙利亚列为非法组织。全国委员会没有马哈茂德·吉卜利勒这样的领导人，导致领导层走马灯般换来换去，新的反对派势力经常冒头。另外，全国委员会连巴沙尔下台后的政治蓝图都拿不出来。外界希望巴沙尔下台后，包括基督徒和巴沙尔所属的阿拉维派（Alawite）穆斯林教徒（这两派各占叙利亚人口的10%）都能参与叙利亚未来的政治。全国委员会中也没有叙利亚最大的民族派别库尔德人的代表。

　　美国官员一直极力促请全国委员会尽力包容各个群体，争取支持，但不想一手操办整个计划，否则舆论又会大哗美国干预，对叙利亚的前景更为不利。美国也忧虑全国委员会无法有效代表叙利亚数以千计的示威者。这些人天天冒着炮火组织抗议行动，并向全世界发布人民抗争的消息。上一次美国只依赖海外流亡政权提供的建议处理一国事务，正是在伊拉克战争以后的重建，其恶果已广为人知。国务院希望全国委员会能帮助某些示威者潜逃出叙利亚，或者通过Skype参与在突尼斯的峰会。希拉里期盼叙利亚反对派和示威者的参会能真正代表叙利亚人民表达意见。现在困在国内的叙利亚人对流亡海外的反对派领导人争取国际支持不力，甚或完全缺乏国际支持感到非常愤怒。

　　另一方面，突尼斯官员自从推翻独裁者以来第一次加入国际危机斡旋，自然不免感到紧张。在伦敦的索马里问题峰会给了他们演习的机会。在那里，各国官员教导突尼斯的新手如何协调各国，形成峰会最终声明，并给出了峰会组织方面的建议。有60个国家和国际组织会出席在突尼斯举行的峰会，各国希望形成广泛共识和有力的声明，向巴沙尔传递清晰信号。阿联酋外长不仅为突尼斯外长安排了回国的飞机，还提供了更多的建议和指导，甚至亲自撰写了呼吁各国加快进度的声明。

　　专机于下午2点降落在突尼斯。我们的车队向会议举办地、海滨胜地伽马特宫殿度假酒店出发。在前往市中心的路上，车队突然在某条荒凉的高速公路上拐进一个小树林里停了下来。外交保卫队的特工纷纷下车，有一刻我真以为是车队遭到了埋伏或者遇到什么别的意外。不过实情是部署在酒店的特工向车队报告，酒店门前支持巴沙尔的示威情况失控，建议车队暂缓前进，等待场面恢复正常。

　　车队停了没多久就重新启动，继续向伽马特以及会议前的混乱驶去。到达酒店大堂，我们看见那里塞满了各国代表和记者。突尼斯保镖惊慌失措，连酒店餐厅的食材也用光了。在闭门会议中，各主要参会代表陆续发表演说。突尼斯主办方忽然建议加里昂不应该上台讲话，一度引起其不满，双方协调后最终同意加里昂发表演说。主办方找不到足以容纳所有国家外长的圆桌，于是只能安排各国外长分成一排排就座，被分在第三排的法国代表团非常不满。美国代表团的成员则觉得就算没有这些混乱，光是会议本身也足够艰巨了。希拉里将要在会议上发表演讲，并同多国外长会面。

沙特代表团也出席了峰会。他们似乎不再对美国这个"薄情寡义"的盟友感到愠怒。他们在中东的最大对手——伊朗，似乎刺激着各国同美国发展更亲密的关系。对伊朗的恐惧和对什叶派的提防是沙特这个逊尼派王国的永恒主题。不过沙特也有其他不满的地方，在同希拉里的会面进行之前，沙特外长费萨尔亲王没有按惯例对镜头说一堆客套话，而是认真回答了记者们的提问。有人问，给叙利亚反对派提供武器可行吗？费萨尔亲王回答："我觉得这个主意很好，反对派必须保护自己。"

希拉里坐在他身旁的红色坐垫椅子上，听到这个回答一下子惊呆了。武装反对派？但这次会议的主题明明是人道援助和政治转型。联合国和阿盟准备任命前联合国秘书长安南为叙利亚问题特使，以落实阿盟提议的政治转型路线图，并带领联合国观察员进入叙利亚监督冲突的平息。为反对派提供武器只会刺激暴力进一步升级，绝对不是计划的组成部分。美国一直担忧不适当的行动会使流血事件蔓延，使动乱往军事冲突方向发展。几个月来美国官员持续不停地公开呼吁叙利亚示威者采取和平手段，坚守"Selmiyya"的原则，直使得巴沙尔部队的血腥镇压超出了美国的容忍范围。但直接为反对派提供武器就是另一回事了。在利比亚，吉卜利勒领导下的全国过渡委员会可以代表反对派的政治和军事力量，并向美国保证其手下的武装分子同基地组织无关。但即便如此，美国也没有向其提供武器，而只提供了非杀伤性的装备。另一方面，号称"叙利亚自由军"的武装组织却同全国委员会毫无关系，两者甚至经常有矛盾。全国委员会最初拒绝在叙利亚的起事中使用武力，而叙利亚境内的武装分子也不受自由军的统一领导，甚至有迹象表明越来越多的伊斯兰极端分子正混杂其中。

记者被请出会议室后，希拉里和代表团成员继续向费萨尔亲王追问沙特到底想为什么身份的武装分子提供武器。费萨尔亲王含糊其辞，"我们知道他们是谁，我们知道的。"他又建议把钱放在某个银行账户里，并让反对派自由支配。

在酒店门外的楼梯上，我碰到了以前在中东地区报道时认识的某位沙特官员。我问他："您觉得这次会议能达成什么成果？"

他回答："这根本是浪费时间。谈谈人道援助还行，但现在的紧迫问题是要让巴沙尔下台，光坐在这里说来说去不会起什么作用。"

我又问："所以沙特认为要向反对派提供武器？这样就能迫使巴沙尔下台？"

他回应："我们不过是认为要采取必要措施。清谈误事，巴沙尔现在成了非法占领者，是时候把他搞掉了。"

这些话的语气非常尖锐。在阿拉伯世界里，"占领"和"占领者"的概念等同于以色列对巴勒斯坦的强占。当阿拉伯人说起"占领"这个词，旁人一般会理解他是在说以色列对巴勒斯坦的占领。现在，身兼穆斯林两大圣殿保护人的沙特统治者已经将巴沙尔同以色列相提并论了。

但不管巴沙尔有多么恶毒或残暴，为反对派提供武器依然是非常冒险的选择。沙特上一次为叛乱武装提供武器，是在1980年代同美国合作支援阿富汗的反苏游击队。讽刺的是，这样的支援行动反而孕育了塔利班和基地组织等圣战狂热分子，现在他们仍然在阿富汗和中东地区神出鬼没。但是，我的沙特官员朋友坚称，必须马上采取切实行动，而武装反对派就是第一步。他甚至暗示，最终可能会采取武力干预。

我追问："所以沙特是准备要出兵干预叙利亚局势吗？"

沙特官员用看疯子的眼神看着我，说道："我们又不是超级大国，美国才是。"

是不是超级大国都好，沙特刚刚同美国签署了协议，准备花费300亿美元购买84架新式F-15战斗机，另外改装本国空军74架同型战机。一年前，沙特军队士兵和车辆曾经跨越边境到巴林，协助逊尼派政府平息什叶派的叛乱[1]。2009年，沙特还曾派战斗机轰炸反对萨利赫总统的叛军。沙特显然有能力进行武装干预，也有过先例，但行动范围仅限于周边邻国，且都是在没有其他选择的情况下进行。叙利亚这个马蜂窝则更棘手，还是留给美国人来捅吧。

在利比亚危机中，奥巴马政府曾表示愿意和阿拉伯国家保持步调一致，但最后仍然直接领导了军事干预行动。然而在叙利亚问题上，阿拉伯国家却产生了意见分歧。突尼斯明确反对为叛军提供武器。巴林则认为现在谈论武装反对派问题言之过早，因为叛军不仅数量不明，而且没有固定领土，无法在某个大本营里组织力量对巴沙尔发动有组织的进攻，因此情况比利比亚混乱得多。但在这个问题上最关键的国家是叙利亚的北面邻国——土耳其。土耳其方面大略提及了为反对派寻找固定领地的需要，却没有呼吁各国强行帮助反对派占领某片叙利亚领土。

先前，埃尔多安和达武特奥卢还试图着力展示"零麻烦邻居"政策的效

---

1 参见本书第十五章。——译注

力以及和叙利亚当局的良好关系，他们要求美国给土耳其时间去劝服巴沙尔。在骚乱初期，两人多次同巴沙尔会面，试图劝他开展对话和改革，但巴沙尔始终口惠而实不至。到2011年底，埃尔多安个人已经不再抱期望。土耳其开始用模糊的措辞呼吁各国采取行动。当美国询问土耳其他们到底希望采取什么行动时，埃尔多安和达武特奥卢似乎还未与军方商讨便给出了回应。在分析过军事行动的后果后，他们在公众舆论面前对武力干预便不再表现出原先的热情。土耳其官员在与美国官员的会面中特别强调本国的底线：不能有难民涌入土耳其，不能造成冲突扩展到其他国家。他们同美国官员一起建立了防御性军事行动的应急部门。

叙利亚反对派内部对于外国军事干预也出现了意见分歧。各国官员花了数星期帮助加里昂在会议上展现反对派的良好形象，但他的表现让人失望。更糟糕的是他竟对记者表示这次会议"没有回应叙利亚人民的期望"。希拉里身边的官员大为光火——希拉里从华盛顿赶来出席会议，为的就是表示对加里昂的支持，加里昂在会上也没有流露失望之情，现在却宣称这个会议不能满足叙利亚人的要求——最起码，身在叙利亚的示威分子还能通过Skype参加会议讨论。

夜幕降临，喧闹的会议暂告一段落。峰会的突尼斯主席举行了新闻发布会，按照安排希拉里会在晚上9点钟出场。记者们的提问不外乎会议的实质性成果，对阻止叙利亚的杀戮有什么帮助。希拉里的语气既好辩又令人宽慰，就像公司董事会主席在总结大会上发言一样，赞扬参会各国达成了诸如承诺提供人道援助等成果，并展望了未来[1]。

---

1 "董事会主席"一词的灵感来源于W.R.Mead，"The Myth of America's Decline"，《华尔街日报》（*Wall Street Journal*），2012年4月9日。——原注

"我们应该重点关注今天会议所取得的成就。我在过去的很多年出席过很多会议，但很少有像这次一样，筹备时间短、任务繁重，却取得了如此广泛的共识。接下来我们就要沿着既定方向前进。"希拉里还呼吁巴沙尔政权的士兵、军官和其他官员尽早变节，以便早日结束战事。她把最强硬的话语抛给了某些国家。

"有些国家的态度基本上是这样：他们对突尼斯人，对利比亚人，还对这个地区其他国家的人说，我们不觉得你们有权举行选举，自己选择本国领导人。我认为这完全是逆历史潮流而动，必定不能长久。"希拉里说。

"他们的行为非常卑鄙。我要问，你们到底站在哪一边？很明显，他们不站在叙利亚人民的一边；我认为他们必须深切反思，这个立场对他们、对我们来说意味着什么。"

又在突尼斯逗留了半天、然后在阿尔及利亚访问数小时后，周日早上，摩洛哥城市拉巴特一座酒店的8楼，可以俯瞰布满白色建筑物的市中心的套房里，希拉里沮丧而生气地醒来。从华盛顿出发以来，她一直非常忙乱。伦敦的索马里问题峰会漫长而忙碌，突尼斯的叙利亚问题峰会更是乱七八糟，就连在阿尔及利亚停留的一天也塞满了行程，她几乎没有时间去回想各国在叙利亚问题上的进展。但那天早上突尼斯峰会的僵局仍然萦绕在希拉里心头，她根本无法整理出整个会议的前因后果。在临时布置成采访间的餐馆里，我对希拉里做了访问，提出了一年前就提过的问题[1]：如果奥巴马政府一边磨磨蹭蹭地考虑对策，一边默许巴沙尔夷平像霍姆斯这样的城市，历史会如何评判美国？

希拉里回答："我原本希望叙利亚人能像利比亚一样积极回应其他国家的

---

1 参见本书第十四章。——译注

行动，但目前看来他们似乎没有这么做，可能是因为镇压太过残酷。我们都清楚巴沙尔对示威者的态度就是宁可杀错、不可放过。"

我又问，那么俄罗斯和中国的态度是否为本来就不想行动的各国提供了方便的推诿借口呢？

"不。如果这两个国家在安理会上同意美国的立场，我认为是对巴沙尔发出了清晰的信号：他必须准备下台，而且他身边那些两面派官员也会纷纷计划后路。但是现在伊朗非常积极地支持巴沙尔，俄罗斯一边卖武器给他们一边在外交上提供支援，中国则永远不想任何国家干预任何国家的内政。我想这一定让巴沙尔政权非常放心。"

随着采访的深入，她对于本次叙利亚之友峰会的失望愈发明显。

"如果我不懂这个问题里的复杂纠葛，那我就不配当国务卿了。我是说，我完全可以坐在这里跟你做个采访，随口说：'啊，我们都支持叙利亚人民啊，我们一起去干掉巴沙尔吧。'但这到底意味着什么？我非常清楚叙利亚问题的复杂性，任何在这件事上有深切思考并且考虑过后果的人也清楚其中的复杂性。"

作为记者，我的职责就是永远不能对答案满意，必须一直追问到底。不过作为在战火中长大的女性，我以往经常希望看到美国领导人给出这种坦率的、有人性的回答。真相当然非常残酷，但我觉得残酷的真相总比空洞的承诺好。

但从政策角度来说，希拉里的这种坦诚则往往是把双刃剑。美国政府可不想传递出这种信息，这只是那天早上她脑海里的真实想法。公众舆论很快认为这种话是对反对派的沉重打击——美国是要放弃他们了吗？评论家也指出，希拉里的这番话可能使巴沙尔更加肆无忌惮。

在这个即时新闻可以快速公布消息的年代，要仔细揣摩传递什么信息，是极其困难的事情。美国官员到底要不要明确标定本国权力的界限？让那些等待美国帮忙的人们自己顾自己呢？在帮助陷入危境的人们时，直接告诉他们不会有外界援兵，要他们自己团结起来自己克服困难，有时也是一种负责任的表现。这对于在炮火中挣扎的叙利亚人来说，当然是非常刺耳的话，但他们也确实不应该受这个无能的流亡领导层的指挥。

希拉里也没有太多的事实可以告诉奥巴马。一年前，她到巴黎出席利比亚问题峰会时对军事行动的可能性还没有定论，于是她根据政治需要制定了备忘录，一步步创造条件。她同法国和英国官员沟通，对方同意仅有禁飞区是不够的，承诺会支持美国的行动。阿拉伯国家也向希拉里当面表示会信守诺言。利比亚反对派领袖看起来是可信之人。一年过后，利比亚还不能说是民主典范，但至少独裁者已经下台，人民也获得了自由。现在利比亚是利比亚人自己的国家，其余的事情就交给他们自己处理了。不久后利比亚就要举行历史性的国会选举，由吉卜利勒领导的中间派别联盟目前处于民意上的领先地位。

但在突尼斯的叙利亚问题峰会上，希拉里却未能创造任何有利条件。法国即将举行总统大选，不想冒险；英国对建立联盟毫无兴趣；阿拉伯国家在要不要为反对派提供武器上意见有分歧；阿拉伯联盟和海湾合作委员会都没有呼吁外部势力采取行动；土耳其也是说得多做得少；叙利亚反对派更是不成气候。要采取行动，只需要解决谁来组织军事同盟这个问题，但希拉里却无从下手：没有国际共识，也没有国家能同叙利亚反对派结盟。她连用来同拉夫罗夫讨价还价，劝说俄罗斯改变态度的筹码都没有。外交状况一片混沌，各国一时还无法达成什么协议。只是叙利亚的冲突拖得越久，形势就越危急。我仿佛看到了多年来黎巴嫩的影子。

回到华盛顿后，我继续关注从叙利亚流出的视频。已经有越来越多记者进入叙利亚进行采访，但更多的图片和视频还是示威者和平民记者拍摄的。这些无法证实真伪的图像资料使得要判断当地形势极为困难。另外，双方的宣传战毫无疑问也已经打响。反叙利亚叛军显然极力宣扬巴沙尔政权的暴行，而对己方的恶行只字不提。

在其中一段视频中，一名叙利亚士兵站在一片空地上，旁边有两名持枪的同胞，身后还有数十名士兵。有一些人举着叙利亚革命旗，这面黑、白、绿三色相间，中间有三颗红星的旗帜是1946年叙利亚从法国手中独立后的国旗，一直飘扬到1963年——当年复兴党发动政变夺取了政权。在3月的灰色天空下，村民和小孩在一旁看着这帮军人。站在正中的士兵说了自己的名字，并宣布自己从叙利亚政权军队中变节，在镜头前宣誓成为叙利亚自由军的一员。

他说："我会誓死抵抗政府部队，保卫这里的村民。阿萨德的叙利亚万岁！"然后他停了一下，突然爆发出一阵大笑，用手扶着额头笑得前仰后合。周围的人也笑了起来。"阿萨德的叙利亚万岁"这句话深深烙印于每个叙利亚人的脑海，仿佛羔羊一出生便打上了表明财产归属的印记。每个叙利亚人都是阿萨德大家庭的一分子，叙利亚则是阿萨德家族的国家。这句话被涂在墙上，印在课本里，迫使几代人像念咒语一样念着它，如同巴沙尔本人一样挥之不去。

多年来，黎巴嫩也一直在阿萨德家族那马基雅维利式的冷酷政治下呻吟。30年来，足有数十位有影响力的黎巴嫩政治家被叙利亚暗杀。叙利亚士兵在黎巴嫩烧杀抢掠，国际社会却不闻不问。1972年，哈菲兹·阿萨德甚至宣布叙利亚和黎巴嫩合并为一国，然后便孜孜不倦地开始谋求达成"统一"。从1975年首次派兵进入黎巴嫩开始，持续不停地蚕食，直到1990年终于发动了让我终生难忘的入侵，彻底统治了黎巴嫩。整个过程中，黎巴嫩人被叙利亚士兵和情报机关人员侮辱、扣押、殴打，许多人在叙利亚监狱里饱受折磨，有些人一进监狱就再也没有出来。在黎巴嫩也有人坚定支持叙利亚的入侵——他们要么从中获得利益，要么就是同叙利亚观点一致，认为这是抵抗西方帝国主义和以色列的手段。

而现在，叙利亚已经四分五裂。黎巴嫩人当然经常盼望入侵者不得好死，但看着叙利亚的情景还是让人心碎。我看着从叙利亚流出来的图像资料，不由得想起了黎巴嫩。两国当然有很多不同：叙利亚比黎巴嫩更贫穷，更依赖农业，城市建筑还带有苏联遗风。但其实两国也很相像：我们并不是一国，却可以说同是莱万特（Levant）地区的子民，是表亲。叙利亚现在被1980年代遗留的独裁者折磨得民不聊生，我愈看到这幅情景，便愈想起1980年代的黎巴嫩。

被叙利亚部队摧毁的霍姆斯和达拉的废墟，无情地埋葬了巴沙尔或许会成为改革者的期望。毕竟，巴沙尔和他兄弟马赫从未背离他父亲哈菲兹的道路，从来都遵守着做儿子的本分，真是有其父必有其子。巴沙尔同卡扎菲的儿子赛义夫一样，大谈着改变国家，装出一副改革领路人的样子，结果却如穆巴拉克的儿子伽马尔那样，偏执地试图将国家权力牢牢掌握在本家族手中，反而要为父亲的倒台负起部分责任。那些一度以为巴沙尔会是叙利亚救星的叙利亚人，现在既失望又愤懑。精明的、教育程度高的、更为西化的自由派分子痛苦地想起自己也曾经向外部世界宣称巴沙尔领导下的叙利亚还有开放和民主化的希望，于是纷纷同阿萨德家族分道扬镳。但是很多叙利亚人依然相信，阿萨德家族是他们的最佳保护人，能保护国家免于陷入邻国伊拉克那种独裁者倒台后的混乱。另一方面，基督徒和阿拉维派穆斯林也担忧逊尼派在叙利亚掌权的可能性。

在华盛顿，在世界各地报纸的评论文章上，许多意见说，现在不是1982年，巴沙尔不可能像他父亲那样滥杀无辜又无须负责——哈菲兹的部队曾经在打击北部城市哈马的伊斯兰叛乱时进行了屠城，杀死了足足两万人，再用推土机把建筑物推倒，掩盖尸体。现在世界上有了电视、推特、脸书，所以一看到这些暴行，各国便会采取行动——他们正是这样阻止了卡扎菲对班加西的大屠杀。巴沙尔也清楚地知道现在是21世纪，尽管他严厉禁止绝大部分的国际媒体视野触及叙利亚，但他也没有学卡扎菲的样子，上电视公开说要像抓老鼠一样捕杀反对者。据消息称，他命令部队有节制地杀人，以免引起国际社会愤怒。

现在每天都有人呼吁马上进行军事干预。在利比亚动乱中，这种"信口开河"要求干预的话曾经让国防部长盖茨格外恼怒。叙利亚和利比亚大不相同，而且对于即将投入大选的奥巴马来说，实施军事干预的代价太高。奥巴马政府曾经承诺军事行动只会持续数周，便足以让卡扎菲停止血腥镇压，结果利比亚却抵抗了数月之久。而叙利亚的军队比利比亚部队装备更精良，他们训练有素，防空火力强，装备有俄制战斗机，还有本地区最大规模的化学和生物武器储备。谁知道如果进行军事干预会发生什么情形，结果如何呢？

随着时间一周周过去，在与希拉里出访途中或在华盛顿酒吧小聚时，美国官员总会问我："你对叙利亚局势有什么看法？"我当然没有深入的思考或详细的信息，但美国现在要应对一个狡猾的独裁者，多听一点意见总不坏。

我根据自身经验告诉他们，巴沙尔在酿成暴乱时保卫家族权力方面的政治手腕极其高明。我警告他们，叙利亚可能慢慢堕入内战的局面，哪怕巴沙尔最终要交出叙利亚，他也会先将叙利亚变成一片火海。

其中一个官员听完我的话，不禁喊道："这样做到底有什么好处？这不就是陷在流沙坑里，硬要别人陪葬的念头[1]吗？"也许确实如此，但巴沙尔就是抱着这种念头，同美国官员格格不入。美国官员一如既往地重视结果，经常陷在自己的良善动机中不能自拔，因此完全无法理解其他政府对于人民福祉毫不关心的思维。不过奥巴马政府似乎逐渐理解，外国的干预终究是在别人家的地面上，按照别人家的规则行事，干预者一定会永远被当成外人。支持实施干预的人批评，奥巴马是走到了小布什的反面，偏执地不让各国的平民革命带上美国干预的印记，以至于在胡思乱想中陷入瘫痪。

美国当然要保卫自己的利益。在走出黎巴嫩来到美国后，我也逐渐被华盛顿的美国官员的想法所感染。我提醒他们，示威活动可能持续数月，可能酿成内战，战火会延绵数月。我说："你们可不想在大选年出现这种混乱情况吧。"再一次地，这是私下会面，我不能透露对话者的姓名。

"我倒是不确定这对我们到底有什么影响。别误解我的意思——人民被屠杀当然是件很恐怖的事情，我也希望我们能找到阻止屠杀发生的办法，但如果只是叙利亚内部情势继续恶化，没有扩散到其他地区，那对美国的国家安全确实没有直接影响。"

我自己在战火中长大，我曾经觉得全世界都背弃了黎巴嫩，我曾经想祈求世界来帮助我们。可现在我在美国首都华盛顿，坐在这位美国官员面前，突然开始理解从他的角度看，为什么叙利亚的情势暂时还没影响到美国国家安全，以及为什么干预比不干预还糟糕。

我到底怎么了？是对别人的苦难麻木不仁了吗？是忘记了自己的过去吗？

---

1 原文为"Sandbox Logic"。——译注

是被美国政治话语洗脑了吗？我希望这只是表明我开始认识到作为超级大国的复杂性，以及别国和我自己的缺点。我也开始明白，在限制美国行动的不同问题之间，有深刻的内在联结性，比如美国处理叙利亚问题的方式将会深刻影响其伊朗政策，而伊朗对于美国的战略意义显然远高于叙利亚。这就是超级大国的外交难题。俄罗斯和中国在联合国安理会否决关于叙利亚的议案时，也有着自己的利益和自己的考虑。或许很难这样类比，但美国也曾经在联合国否决了许多谴责以色列对巴勒斯坦或黎巴嫩发动军事行动的议案——每个国家总要支持自己的"小弟"。

另一方面，美国、欧洲各国和叙利亚反对派则对巴西、印度和南非的立场感到疑惑不解。这几个国家在叙利亚议案上投了弃权票。他们在应对国际危机中采取传统的不结盟政策，但对叙利亚人民没有任何帮助。他们似乎没有挑边站，但其实已经暗中帮助了巴沙尔政权，而非要求民主转型的示威者。这些国家极力争取安理会常任理事国席位，但这并不代表他们要代表世界上被压迫的人民在联合国这个平台发声。

即使身在华盛顿，我的电邮收件箱里还是每天塞满新的阿文邮件，发出地点总是叙利亚某处，某个地下室，某个安全屋，某人家的厨房或者客厅。叙利亚本土协调委员会（Local Coordination Committee）由一群草根活跃分子组成，最初的活动是协助叙利亚各地的示威者沟通，以便更好地发动游行。在已被反对派占领的地区，他们也开始扮演政府的角色。渐渐地，他们发来的邮件中开始越来越多带有关于示威者被枪杀的消息。他们用简单的英语或阿语写就的短信充斥着我每天的生活。

某天，我从床上起来，开始煮咖啡，收到一封邮件。

主题：霍姆斯的突发新闻

霍姆斯——叙利亚自由军攻陷霍姆斯的国营医院后，发现冰箱中存有75具身份不明的尸体。

叙利亚本土协调委员会发

午饭时间，电邮又来了。

主题：叙利亚晚上9点

哈马——阿特尚。政府军坦克对村庄房屋疯狂开火，导致数座房屋损毁，多人流离失所。

大马士革郊区——哈斯亚。政府军在坦克支援下冒着猛烈而散乱的迎击攻进该镇，造成多人死伤。

下午咖啡时间，又传来更多死亡消息。

邮件后面附上了长长的链接清单，点开链接全是关于炮击和死伤的视频。在叙利亚发生革命的第一个月，我总是整天热切地看着视频，期望他们能成功。到2011年夏天，暴力流血事件不断发生，我晚上睡觉时开始做噩梦，黎巴嫩内战的情景在脑海里再现。在华盛顿的这4年，我努力地控制并遗忘自己往日的恐惧和无助，现在它们又全回来了。于是我做出了自私而懦弱的决定，不再碰这些视频，努力避开伤痛。但我还没有勇气让本土协调委员会的员工把我剔除出邮件接收清单。

一天行将结束时，我总有种要哭的冲动，哪怕是在晚上，电邮还是不断地发过来。于是我每天早上醒来，收件箱里总是有5封、10封、20封这样的邮件。这些长长的死亡、暴力和恐惧的清单在我的黑莓手机屏幕上冷冷地盯着我。但我没有权利去哭，我住在远离这一切混乱的美国，我的家人在贝鲁特很安全。

但是我在大马士革的朋友就难言安全了。我一直同其中一些朋友保持联系，现在我很担心他们的人身安全和未来命运。我觉得这一切恍惚是黎巴嫩内战再现，想不清为什么邻国突然发生这样的事情。不久之后，叛军自己也成了施暴者，时常用酷刑折磨俘虏的政府军士兵，将告密者处以绞刑。如同黎巴嫩那场15年的内战那样，对与错、好与坏的界线时常变得模糊，只是叙利亚那个杀人如麻的独裁总统还没有下台。

从叙利亚流出来的这些邮件，就像是黎巴嫩内战时期电台广播的静默版——那些突发广播打断正常节目，告诉我们哪里发生了炮击，哪里有狙击手[1]。电台播出这些广播前总是先来一段节奏强劲的音乐，然后是电话铃声，此时我们一家人的心就会猛地一沉。然后一个软绵绵的女声开始播报："突发新闻……"我们坐在车里的时候总是把收音机打开，以便随时躲避危险。在家里，一听到炮弹爆炸声，我们就打开收音机收听广播。我们自己能从炮弹的呼啸声中判断炮弹是向我们袭来还是往远处飞，距离我们有多远。不过还是要靠电台告诉我们是谁在打谁，是小冲突还是大混战。这些点点滴滴的信息都能协助我们做出决定——是待在家里，还是下到掩蔽所。令我疑惑不已的一点是，电台的工作人员是怎么收集到这些拯救了无数性命的信息的——那时候还没有互联网、电邮和手机，连普通电话也是断断续续。

叙利亚这些电邮发送者体现了同黎巴嫩电台人员如出一辙的才能和决心。

---

1 参见本书第三和第四章。——译注

甚至连用的词汇也大相径庭："密集（intense）"表示连续不停的炮击；"无差别（indiscriminate）"表示地毯式、不针对特定目标而是要夷平某片区域的炮轰，有时也会说是"密集而散乱"。

2008年，我搬到美国，成为BBC的记者，还以为我已经彻底将恐惧抛在了身后。在那之前的15年，我只是偶尔到美国的某些地方度假几周。但当我一到美国，一种熟悉而安慰的感觉便扑面而来。我感觉到我自己摆脱了某种恐惧，而正是这种恐惧驱使着全球数以万计的人试图逃离本国的高压政治，或者设法取得另一本护照以供日后逃跑使用。

我看到一幅幅孩子们坐在皮卡车斗里逃离叙利亚村庄的情景，想起了我家逃出所住的居民区的情景：趁着月黑风高、炮击暂停，我的母亲开着老旧的奔驰小车一路飞驰，我在后座上盖着毛毯，因为发烧而瑟瑟发抖——每次冲突一激烈起来，都会激起我身体的内部斗争。我们是在1984年2月4日逃走的，那时候我才7岁，但在我的记忆里这些片段总是挥之不去。多年来，我在同我家人的谈话中逐渐补完了整个事件的背景。经历数天的激烈战斗后，伊斯兰武装分子击退了黎巴嫩军队，进占了西贝鲁特。黎巴嫩总统有国际社会的支持，而各国经过利益计算后也开始支援心目中的合法政权和国家军队。尽管美国海军陆战队在1983年遭受袭击后，退出了贝鲁特，但仍然游弋在黎巴嫩外海。而美国"新泽西"号战舰，则向贝鲁特以南以及东南部山丘上的武装分子大本营发射了300发炮弹。但是，一如前国务卿鲍威尔在自传《我的美国之旅》（My American Journey）中所写的那样，作为基督徒的总统"一看到美国炮弹落在什叶派的头上，就以为自己的美国'裁判'已经站在自己一边了"。美国人对穆斯林世界开战这种观点，某种意义上正是在黎巴嫩诞生并成长的。

至于我们家则被困在了中间地带，一直不理解为什么美国人要攻击我们。

似乎每一次战斗的前线都会穿越我们所在的居民区。我家的位置刚好位于东西贝鲁特中央的无人地带上，所在的楼房是建在西边，但门是朝东面开的。而这个位置又是贝鲁特城区的最南面，再往南就是市郊，也是新成立的真主党的根据地，更南边则是其他穆斯林武装分子的领地。

我和母亲出逃后，我父亲和最年长的姐姐留在家里照看房子以及父亲在西城区的办公室。出逃路上，检查站里的一名黎巴嫩士兵对我母亲说这样出逃太疯狂了，但母亲坚持要走——我生了病，必须找个地方静养，就算是在战火纷飞的国度里也总有相对平静的地方，问题是怎么到那里去。士兵建议我母亲关掉车头大灯，慢慢地开，以免吸引狙击手的注意力。城市一片漆黑，因为路旁几乎没有路灯。汽车驶过一个大十字路口，后来我在2009年春天随希拉里出访黎巴嫩时正是在这个路口下车回家探访的[1]。

我母亲紧握着方向盘，尽量小心地放低汽车引擎的噪音，在黑暗中行驶。车窗开了一条小缝，以便我们听到外面的动静，只要驶过布满狙击手的街区就安全了。我们快到目的地时，我母亲被车前的一个障碍物难住了：一块形状奇怪、带白斑点的大黑影横亘在路中央。母亲及时打开车头灯避免了碰撞，于是这一路上我们所经历的最大危险就是这头在路中央休息的奶牛。

时间一周周过去，叙利亚在我眼中愈发像那个我在其中成长的、充斥着暴力和分裂的黎巴嫩。黎巴嫩倒是没有独裁者屠杀人民，却有形形色色的武装分子到处散播着恐惧。卷入黎巴嫩内战中的同样是那些国家——伊朗、沙特、以色列、美国、俄罗斯（前苏联）。至于中国和土耳其，中国那时候还没有强大起来，土耳其同黎巴嫩不接壤，也还不是地区大国。但叙利亚的一切都仿佛是

---

1 参见本书第三章。——译注

重演将黎巴嫩分割为东西两半的大国权力游戏：美国拉上盟友沙特和以色列，对抗苏联、伊朗、真主党等组成的阵营。只是叙利亚不再是其中一个操控局势或者迫害他人的国家，她自己已经沦为受害者。越来越多的叙利亚示威者举着牌子抗议世界各国背弃了他们。这又让我想起了我在黎巴嫩内战时期的感觉：叙利亚人丝毫没有耐心去了解，要制止他们国家的暴力，需要牵动多少地缘政治的线头。

一如多年前的黎巴嫩，叙利亚国家军队逐渐瓦解，武装分子大行其道，大国忙着开会试图达成一致却没有清晰的行动计划。黎巴嫩每次出现局势转折前后的外交折冲，在我们看来不过是以黎巴嫩为代价进行的各式阴谋。每次有美国官员访问黎巴嫩，或者苏联使节到访叙利亚，或者美苏会面，黎巴嫩人的疑问都是他们会不会达成某种对黎巴嫩有利或出卖黎巴嫩的交易。现在我已经在华盛顿、突尼斯和联合国目睹了各国在叙利亚问题上的外交活动，我意识到这些都不是把人命当作无足轻重的阴谋活动，而总是有更为善良的意图——即使是因为双方都固守自己的立场和利益而使得行动举步维艰，也要竭尽全力缩小两种截然不同的世界观之间的鸿沟。但这并没有减轻我的痛楚。

叙利亚的冲突依然没有平息。叛军加强了进攻，政府军也用更血腥的镇压回应，死亡人数不断上升。在延宕数月后，美国终于在2012年加强了对反对派的支援，虽然还是没有直接提供武器，但开始协调叛军从外界接收武器的过程，并提供了通讯设备。奥巴马一直不想美国被拖入另一场战争或被看成在幕后策划武装冲突，因此整个2012年都尽量不主动谈及叙利亚局势。连他在国内的政治对手也没有贸然抛出叙利亚议题，这从侧面说明了这个问题的复杂纠缠——人人都清楚这一点。奥巴马政府也担心由于激进的伊斯兰萨拉菲派（Salafist）武装分子越来越多地进入叙利亚，如果向反对派提供通讯设备和非杀伤性物资以外的支援落入他们手中，反会助其掌权。但武装分子还是从富有的海湾国家支持者手中取得了武器，而许多温和反对派对西方迟迟不大力支援感到失望，也开始倒向极端势力一方。

希拉里在支援叙利亚反对派问题上一直犹豫，是因为她希望保护叙利亚国内的少数派，尤其是基督徒，并希望他们能在巴沙尔下台后依然存续，但叙利亚的主流社群却为此付出了代价。许多人原本认为奥巴马连任后会采取更强硬的行动，但直到11月6日大选投票结束，仍然没有出现什么好的替代方案，各方也没有对后阿萨德时代的叙利亚达成共识。叙利亚不像利比亚，各国单独采取行动的风险都太大，没有美国的领导就不可能有切实的行动。但对于叙利亚反对派的失望正在滋长。到2012年11月中旬，美国终于咬紧牙关，决定要培育一个更有公信力和代表性的反对派联盟。美国官员承认，他们以往确实太固执地避免外界形成美国插手干预叙利亚的形象，他们原本可以更早采取这个措施。不久后，美国和其他国家就承认叙利亚反对派为唯一代表叙利亚人民的政权（一如利比亚问题上的言辞纠葛[1]）。但直接进行军事干预的代价仍然太高，现在美国只能提供幕后支援，而推翻巴沙尔的重任就落在了流亡的反对派政权、叙利亚国内的叛军和本土协调委员会的肩上。到本书写作之时，巴沙尔仍然没有下台。

杰克·沙利文总为美国外交政策中的前后不一致感到不自在。他的思维一向直来直去，世界必须合乎逻辑，一切都要有规有矩。为什么各国能干预利比亚却不管叙利亚？为什么美国支持埃及的示威者却不敢正面回应巴林人的抗议诉求？为什么巴基斯坦拿了美国那么多援助，其情报机关却要帮助阿富汗武装

---

1 参见本书第十四章。——译注

分子抗击美军？

希拉里正是在这些矛盾冲突中度过了复杂的生活，各种细节或许偶尔令人不快，但总的来说宏观图景总在合理范围之内，她在国务卿任上也采用了这样的态度。

她对叙利亚的暴力冲突深感不安，她也总觉得自己让巴林的示威者失望了。她当然希望美国能做出"正确"的行动，但她也很清楚美国要做怎样的抉择。

她在其中一次中东之行的演说中说道："美国人坚信，世界上人人都有对于尊严和自决的渴望。这些信念也是指导美国的全球政策的原则。美国人曾经为这些信念奋战、牺牲。每当自由在一处落地生根，美国人都会感到鼓舞。"但她也补充道，"美国不仅仅要保卫价值观，也要追求某些短期的利益。"

"总有些时候，美国无法兼顾各项利益。我们总是很努力地去兼顾，但事实就是如此。"

以往我从未听过任何一个美国领导人如此坦率地谈及美国运用权力时需要达成的均衡。美国领导人总是在公众面前大谈崇高的理念和追求高尚的目标，而将特定利益上的博弈留给私密外交。这使得美国一旦未能或主动拒绝帮助某个受压迫群体时，便呈现出一副伪善者的嘴脸。但希拉里没有动用宏大的词汇，只是做了简单而坦诚的表态。其他人可能会觉得失望、沮丧，但很难同希拉里去争辩什么。

我当时想：我明白的。而我的旅途也快要告终了。

结　语

这个世界终究会认识到，比美国太过强大更糟糕的事情就是美国太过弱小。

——迈克尔·曼德尔鲍姆（Michael Mandelbaum），《吝啬的强权》（*Frugal Superpower*）

当我在2008年开始做这份驻国务院记者的工作以及后来决定着手写这本书的时候，从来没想过这段精神旅途中会背负这么沉重的情感包袱。直到写作之前，我很少甚至从来没说过——更没写过——我自己在黎巴嫩内战中的成长经历。但当我有机会仔细观察当今美国权力的运作，才发现必须联系这段回忆，才能找到那些自青少年时代起便一直缠绕我的问题的答案。在过去几年，我一直被头脑中的想法折磨，质疑自己的结论，甚至自己的信念。我不停地追问，到底美国代表什么，支持什么，我又想活在一个怎样的世界里。

我无法对每一个问题给出确切的答案，因为世界上总存在着大片灰色地带。但有一件事我始终觉得是对错分明的——1990年10月，叙利亚派兵入侵黎巴嫩。那时候到底发生了什么？很多黎巴嫩人认为，叙利亚出兵数千人参加了抗击萨达姆、解放科威特的联军，因此作为交换，各大国默许叙利亚入侵黎巴嫩，确实是这样吗？

当时信息并不流通，黎巴嫩人大多是依赖本地报纸和电视新闻了解消息。尽管黎巴嫩媒体已经是中东地区最开明的媒体，但对叙利亚军事占领的恐惧还是使媒体无法深入报道许多事件。我也接受了美国将黎巴嫩廉价卖给叙利亚，好让后者参加联军的说法。我发觉自己很难去回忆入侵的那一天。虽然已经经历了多年战火，但那天仍然是我年轻时代最为恐惧的一天。更重要的是，除非用个人经历的狭隘观点去过滤，否则人往往很难回忆这种生命中最痛苦的事件。于是多年来，我总是力图把自己的回忆、痛苦和愤怒放到一边，把"美国和叙利亚的交易"这种简单易懂的逻辑灌输给自己。

但现在，我有机会尽量深入地观察美国外交政策机器的运转，却没有找到什么阴谋。也许"大书"算是阴谋的发源地，但是里面的内容却既松散又没有恶意。不论是由于看到了难以解释的情景，还是出于无理性的愤怒，许多人总会问我美国到底在计划什么阴谋，我现在已经有了一个解释。我需要阐述一下自己对"阴谋"的理解了。

我阅读了许多当时的文章，发现主要的关注焦点还是伊拉克对科威特的入侵和占领，对黎巴嫩着墨甚少。事实上，一谈到黎巴嫩局势，当时的文献几乎一致认为是美国和叙利亚以黎巴嫩为筹码做了交易。很多报纸报道着重描写当时的美国国务卿詹姆斯·贝克如何劝服叙利亚总统哈菲兹·阿萨德加入反萨达姆联军。但当时叙利亚被美国国务院列为支持恐怖主义的国家，因此当贝克在1990年9月访问大马士革，试图劝说叙利亚加入联盟时，受到舆论的猛烈批评。我继续深入探究，逐渐勾勒出了整个过程。

当时，老布什政府已经花了不少时间去同老谋深算的哈菲兹接触。贝克访问大马士革的时候也希望能在黎巴嫩人质危机上取得进展。那时候有包括6名美国人在内的13名人质遭到扣押。自伊朗1979年发生伊斯兰革命以来，哈菲兹一直力图同伊朗发展友好关系。由于伊朗和叙利亚都支持真主党和某些巴勒斯坦武装派别等极端伊斯兰势力，他们也掌握着人质的命运。我还想起，当时米歇尔·奥恩也曾请求美国认可他的政府为黎巴嫩唯一合法政权，但遭到拒绝。在西贝鲁特，受叙利亚扶持的埃利亚斯·赫拉维也当选新一任总统。黎巴嫩本已复杂的政治局势变得更为四分五裂。奥恩的军队正从美国的头号敌人萨达姆处获取武器供应，萨达姆本人则一直想同不切实际的奥恩和也门总统萨利赫结成反美阵线。

我去向当时老布什麾下的国家安全顾问布伦特·史考克罗夫特请教，问他为什么美国要把黎巴嫩出卖给叙利亚。年过八十但思维言语依旧犀利的史考特罗夫特沉默地盯着我。我解释了我这么问的原因，内心则在疑惑他是不是为当年的决定后悔，又或者干脆是不想告诉我内情。但史考克罗夫特却无法清晰回忆起叙利亚入侵前的整个过程，他能回忆起来的绝大部分是将萨达姆赶出科威特的政策考虑，以及美国为标榜冷战后一种新的国际合作模式而组建最广泛的多国部队的努力。

我无法想象，这位当时处于美国决策核心的官员，居然无法回忆起让我刻骨铭心、对黎巴嫩来说也是重大历史转折的事件，因此非常失望。在贝鲁特当记者时，我很清楚美国官员不可能时时刻刻关注黎巴嫩。在华盛顿，有时候我要报道的国家在"大书"里只占一页篇幅。我看着国务院发言人在例行简报会上讲话，总觉得是问答竞赛。但现在看到自己的国家居然这么无关紧要，我内心还是非常痛苦。我去拜访了更多老布什时期的退休官员，但似乎没人记得起多少事情。

于是，我去国务院找了当年例行简报会的记录稿。1990年10月15日，有记者在简报会上问发言人玛格丽特·塔特怀勒如何评论叙利亚的入侵。两天前叙利亚发动入侵时，老布什政府发表了一个简短声明，塔特怀勒本人也只是在简报会上读出了这个声明。

"美国政府希望所有黎巴嫩人民支持唯一合法总统赫拉维和已经重新整合的军队……美国政府对10月13日事件造成的人员伤亡表示遗憾。美国希望黎巴嫩历史上悲惨的一页能迅速翻过，希望黎巴嫩人民能达成和解，重新建设一个团结的、独立自主的黎巴嫩。"

所以叙利亚的入侵确实只是件无足轻重的小事情？叙利亚士兵的烧杀抢掠，无恶不作，集体枪决俘房和可以作战的男人等等，被浓缩成"事件"这个词。大马士革的老大们把黎巴嫩人踩在脚下，而美国则忙着干自己的事情。公众舆论一直质问贝克、塔特怀勒和其他美国官员，为什么他们要同意叙利亚入侵黎巴嫩，他们则一直强调并没有给出什么入侵许可。

我孜孜不倦地寻找答案，终于找到了一个能清晰记得当时情形的人。美国前驻叙利亚大使爱德华·德杰里恩向我详细解释了美国为什么以及如何同哈菲兹接触。美国希望叙利亚参加反萨达姆联军，以及释放西方人质（几年后叙利亚释放了他们）。德杰里恩还希望哈菲兹允许叙利亚国内一向备受歧视，总被视为人质的4000名犹太人离开国境。他们最终在1992年获准离开叙利亚。但真正的最大成果，其实是中东和谈——1991年，西班牙马德里，以色列和阿拉伯国家领导人在经历40多年公开冲突后终于首度会面，当时哈菲兹也在场。由于以色列当时还占据着叙利亚的戈兰高地，而且两国还处于战争状态，他的出席是重要的标志性事件。德杰里恩解释说，对于布什政府而言，在其他事务上取得的进展意味着同哈菲兹的接触非常成功。黎巴嫩内战也已经平息，对于一个经历了15年战火践踏的国家来说，未尝不是好事。

我极不情愿地点头表示同意，现在我总算理解了美国的决策依据。

但美国有向哈菲兹表示同意他入侵黎巴嫩吗？德杰里恩坚定地说：没有。哪怕是贝克和哈菲兹在1990年9月会面时，也没有给出什么同意或默许的表示，但美国也确实没有明令禁止哈菲兹的行动。哈菲兹和萨达姆多年来一直针锋相对，美国知道哈菲兹不能再容忍伊拉克提供武器给奥恩的国中之国。另一方面，奥恩又是萨达姆的盟友，没有美国官员觉得美国有义务保护他。因此美国完全没有在哈菲兹行动前做任何准备，也没有要求他说明准备何时做什么。

德杰里恩说，1990年10月13日早上6点左右，他被两架低飞的叙利亚战斗机的呼啸声吵醒。叙利亚战机这样出动，是很不寻常的事情。德杰里恩吃了一惊，对妻子说："哈菲兹要进攻奥恩了。"一会儿之后，正是这两架战斗机低空飞过我家所在的居民区，几乎就从我窗外飞过，引擎的声音也把我吵醒了，接着它们就开始轰炸贝鲁特。8小时后，入侵结束，我则开始感到美国背弃了黎巴嫩。

20年过去了。这几年来我深入到美国外交决策机器的核心（或者说，深入到一个外人所能达到的最大程度），随同希拉里在全球出访，行程达到30万英里，前后15次采访了她。我对于美国权力，对于这位在2009年顺道把我载回家[1]的女性，都有了全新的理解。现在，在我心目中，美国和希拉里的形象已经融为一体。希拉里不再仅仅是一位政治家，更是美国权力的形象和核心。

不论是在公开场合的镜头前还是在私下谈话时，希拉里总是愿意回答任何问题，向舆论解释她自己的想法，以及美国采取各种行动的原因。这使得我的看法更加成熟，逐渐形成了自己对美国权力的分析。不管我同意不同意希拉里和美国政府的立场，我不再对美国式的思维感到迷惑不解。至少对我来说，知识确实成了力量。

---

1 参见本文第三章。——译注

　　我也很清楚地知道，我能接触到身在美国权力核心的希拉里，这使得我自己的位置更为特殊。2012年某个安静的夏日周五的早上，我坐在希拉里位于国务院大楼7楼的办公室，试探性地问她美国到底支持什么，既然美国对全世界造成了那么多伤害，为什么我还要相信美国是个良善的大国？

　　希拉里毫不犹豫地说："我认为在历史上，美国绝大部分时间都是一股正面的力量。但我也非常清楚美国的错误和缺陷。美国也做过很坏的决定，做出过错误的判断。这个国家立国的本意是要比人类历史上任何一个其他国家都热爱自由，为更多的人提供更多的机会。但当时美国还保留了奴隶制，女性也没有投票权。在美国历史上，人们一直孜孜不倦地追求建立一个更好的联邦。"

　　我继续穷追不舍："美国战舰的炮弹打到我家附近，美国在拉美各国策划政变，美国使伊拉克陷入混乱，那为什么美国还是一股正面力量？"我原本以为她会搬出惯用的说辞：对比起检视美国过去的错误，她更愿意向前看，做好自己哪怕是微不足道的工作，尽力确保这样的事情不再发生。结果希拉里说了一番让我目瞪口呆的话。

　　"你看，美国政府二战时还把日裔美国人全关到集中营里。对于当时的决策者，包括美国史上最伟大的总统罗斯福来说，这样的决定显得合情合理。但回头看来，这不是值得美国人骄傲的事情，事实上这件事令美国蒙羞……但是美国确实犯过错误。因此我愿意请求全世界的人用我看美国的眼光去看美国——请他们说出有没有其他社会或国家在带领每个人争取幸福、追求自由和尊严的事业上比美国做得更多，但却像其他所有人类组织一样会犯错误。"

　　我从来没有从美国国内历史的角度去看美国在全球的权力扩张。现在我了解到，美国领导人对历史上本国领导人做出的某些决定感到惊恐，也知道了错误的、不明智的决定也曾经使美国自己的人民受到伤害。这进一步驱赶了我的旧有思维：美国是故意伤害其他国家的人民以获取利益的。但这并不等于说我原谅了美国的错误，而是让我看到了美国权力中更良性的一面。

奥巴马政府会毫无顾忌地使用美国权力所提供的更黑暗的工具：无人机根据令人战栗的黑名单，执行着冷酷无情、计算精确的袭击任务；单边军事行动攫取美国一直渴望的海外领土；电脑病毒侵蚀着伊朗核武开发中使用的计算机，等等。但这届政府并不追求某种模糊的目标或只着眼于单一利益，也不会用意识形态的话语去包装事实。奥巴马政府有过失败，也有未完成的任务，但其外交政策可谓灵活而务实，使得美国能在变幻的世界中重新定位自己。在关键时刻，美国当然会继续权衡利益和价值观，但在媒体的聚光灯下，她的决策应当会变得更加透明。

2012年4月25日，杰克·沙利文正在他姐姐家吃晚餐，这时他的黑莓手机响起。在电话的另一头，国务院的亚洲事务主管科特·坎贝尔要求杰克用暗语通话——很明显，发生了什么紧急的重大危机，他没有时间等杰克找到保密通话线路或者亲自来与他会面。[1]

奥巴马政府在与其他主要国家，包括南非、巴西，以及越南等较小的国家打交道的过程中也采用了这样的政策。同美国关系破裂的风险，对任何国家来说都难以承受，其代价比同美国维持良好关系的收益可能还要大。希拉里认为，自己在国务卿任上，也是奥巴马政府在外交上的最大成就，正是使各国再次认为同美国合作有利于自己。美国同其他各国仍会有利益冲突，舆论会继续批评美国，美国的政策也会继续使很多人失望和愤怒——这就是超级大国必须要禁受的考验。但美国已经再次变成了值得信赖的伙伴。

---

1 此处以下删除2014字。——编者注

许多人会用单一议题来评价希拉里作为国务卿的成就——她没有推动以巴和谈，她没有阻止伊朗发展核武器，也没有把阿富汗推上繁荣发展的道路。但是，尽管这些失败确实影响到了美国在世界上的地位，也冲击了美国的国家利益，但这样的狭隘视角往往忽视了美国影响力的全局状况。

在美国和全世界，对美国权力的想象似乎总落后于现实——世界已经是21世纪的世界，"其余国家的崛起"也已成定局。其中原因并不是美国权力正在衰落，而是权力本质的改变。美国权力其实大于任何一届政府的成功与失败冲抵之和。伊拉克战争似乎把美国送上了衰落的轨道，但也预示着一种与变动中的实际不符的世界观的覆灭。美国不能再独自决定目标是什么、达成目标的手段是什么，然后独自带头，强迫其他国家跟随。"要么支持我们、要么反对我们"[1] 那一套已经不管用了。

希拉里的最主要贡献便是公共外交，这样的成就难以触及，但如果运用得当效果则会更持久。公共外交成功地将美国重新定位为变动世界中的领导者，各国支持的"董事会主席"，帮助各国处理气候变化、经济动荡乃至人口爆炸等即将到来的危机。作为奥巴马政府重塑美国领导权的一部分，希拉里成为第一位全力运用"巧权力"的国务卿。她还在国务院内部实施了有利于该政策的制度：现在国务院预算列出了妇女和性别问题上的开支，国务院官员常驻国防部，经济政策成为外交简报的内容。希拉里决心不让自己的成就在卸任后流逝，并乐意花更多时间持续关注这些政策的进展，以及指导继任者。

当希拉里即将卸任时，民意对其国务卿任内的正面评价率高达70%。尽管她多次否认，各种关于她参选2016年总统竞选的传言仍纷纷冒头。但在2012年9月

---

1 这是小布什在宣布向恐怖主义开战演说时使用的词句。——译注

11日，美国驻班加西大使馆受到武装分子袭击，大使克里斯·史蒂文斯和另外3名外交官丧生。希拉里曾提名史蒂文斯出任驻利比亚大使，因此自认为对他的死负有责任。这次袭击引发共和党大肆批评奥巴马政府的外交政策，并认为他的整个政策很快要失败。但奥巴马没有改变方向。尽管奥巴马政府对史蒂文斯的死感到震惊而悲痛，也看到了明显的安保漏洞，但官员认为这是远征式外交所必要付出的代价。希拉里拿出政治家的本事，成功地躲过了许多尖刻的批评。

到卸任时，希拉里已经在全球飞行了100万英里，用持续不断的公共外交修补着美国的形象，默默地重构美国的领导权。

奥巴马和希拉里都相信，美国要继续领导世界，就必须在国内重建良好的经济基础，但在就任之初，这两名前对手却对美国的领导权有着不同的阐述。奥巴马并不完全相信"美国例外论"，因此对于美国权力并没有使用强硬的言辞。但在总统任内，他逐渐意识到他对于美国是怎样的国家、要做什么的态度太过温和。他以往的表态被解读为美国要在全球退缩，由此产生的权力真空要由中国和土耳其等国家填补。这些国家正逐渐参与到国际事务中来，但仍然太注重自己狭隘的利益或国内需求，在行使全球领导权时也力有不逮。

到发表2012年国情咨文时，奥巴马已经同希拉里立场一致。

"美国已经回到了世界之中：我们建立同盟确保核物料的安全；我们带领各国投入消除饥饿和疾病的工作；我们打击敌人；我们树立了长久的道德典范。"

"那些提出另一个版本说法的人，那些跟你们说美国正在衰落、影响力下降的人，根本不知道自己在说什么。"

奥巴马政府为美国在21世纪继续领导世界打下了基础。当然，这个基础很薄弱，也不是成功的保证。但希拉里和奥巴马都坚信，"巧权力"是美国前进的唯一方式。

希拉里曾对我说："我们确实处在历史的转折点上，因为我们已经懂得，就算强大如美国，也不可能彻底重塑其他社会。我们可以像解放利比亚一样解放他们，但不可能重塑那些社会。改变必须来自那些社会内部，那些受压迫、被高压政治钳制、充斥着暴力的国家的人们必须有新的思维，对于领导人应该有新的要求，他们应该是和解达成者，而不是分裂制造者。"

在为本书而作的采访中，希拉里又对我说："美国在21世纪最需要的帮助，就是各国人民自己解决自己内部的分歧。"

作为一个超级大国，美国比以往的其他帝国更愿意分享自己创造的世界，而这个世界也确实有值得留恋的地方。今日的美国权力与我在黎巴嫩成长时期感受的美国权力的分别，在于美国的言辞和行动之间的鸿沟正在逐渐缩小。解放广场、推特、叙利亚叛军[1]、谢尔巴努·塔希尔、突尼斯小贩布阿齐兹——这些不愿意在本国逆来顺受，也不愿意听美国摆布的人和事，正是过往同现在的区别。下意识地将世界上的所有问题怪到美国头上的做法已经过时，也没有任何效果，现在有太多的方法在美国的帮忙下推动改变，或者利用美国权力达成自己的目标。

希拉里卸任之际，我也走到了我的旅途的尽头。我仍然很难接受美国在应对入侵黎巴嫩时外交政策的反复无常。但我已经亲眼看到了处于美国外交机构核心的官员，我也愿意相信他们不会轻易地、至少是从此不会轻易地做出关系到战争与和平的决定。我仍然留有在黎巴嫩少年时代起便养成的愤怒和被背

---

1 此处删除3字。——编者注

叛感，但我对美国权力及其限制的认识逐渐减轻了这些感觉。现在我不再自己想象美国的形象，也不用简单的逻辑去解构它，而是可以平静地看待美国的本质。要保持这样的视角，对我来说确实很难，但我坚信这更符合世界的现实。这种视角里包含着更多的力量，也有着更广阔的世界视野。

注　释

　　本书的绝大部分资料来源于在出访中对希拉里活动的第一手报道，以及经过事先准备的、在华盛顿和在外国对希拉里进行的访问。除了其中几站外，我到过书中提到的所有访问地点。当我要重构非公开会面和对话时，我采访了这些会面的目击者或当事人。我根据对当事人或对当事人想法有直接认识的相关随员的访问，写下了书中人物表达脑海中想法的文字。我并未列出书中除美国以外的官员在公开场合讲话的来源。奥巴马总统的讲话稿可以在白宫网站www.whitehouse.gov上获得，希拉里的公开讲话则可以在国务院网站www.state.gov看到原文。

　　全部注释见脚注。

参考书目

在过去数年，我花了无数时间思考美国权力以及美国在世界上的地位。期间我大量参考了以下这些书籍，以形成我的分析，理解历史，了解重要事件的背景，以及勾画未来的可能性。

Albright,M.K.（2003）.《国务卿女士：回忆录》（*Madame Secretary:A Memoir*）.New York:Miramax.

Attali,J.（2011）.《明天，谁统治世界？》（*Demain,qui gouvernera le monde?*）.Paris:Fayard.

Baker III,J.A.（1995）.《外交中的政治：1989-1992年的革命、战争与和平》（*The Politics of Diplomacy:Revolution, War & Peace,1989－1992*）. New York:Putnam Adult.

Beinart,P.（2010）.《伊卡洛斯式妄想：美国政治狂喜症的历史》（*The Icarus Syndrome:A History of American* Hubris）.New York:Harper.

Ben Jelloun,T.（2011）.《希望之光：阿拉伯之春》（*L'étincelle:*

Révoltes dans les pays arabes).Paris:Gallimard.

Bernstein,C.（2007）.《掌权的女人：希拉里·罗德汉姆·克林顿的生命历程》）（*A Woman in Charge:The Life of Hillary Rodham Clinton*).New York:Knopf.

Bremmer,I.（2012）.《各国自顾自：零重力世界里的赢家和输家》（*Every Nation for Itself:Winners and Losers in a G-Zero World*).New York:Penguin.

Bush，G.W.（2010）.《决策时刻》（*Decision Points*).New York：Crown.

Chandrasekaran,R.（2012）.《小美国：阿富汗战争中的小战争》（*Little America:The War Within the War for Afghanistan*).New York:Knopf.

Clinton,H.R.（2003）.《亲历历史》（*Living History*).New York:Simon and Schuster.

Kagan,R.（2012）.《美国制造的世界》（*The World America Made*）.New York:Knopf.

Kennedy,P.（1987）.《大国的兴衰：1500—2000年的经济变迁和军事冲突》（*The Rise and Fall of Great Powers:Economic Change and Military Conflict from 1500 to 2000*）.New York:Random House.

Kessler,G.（2007）.《密友：康多莉扎·赖斯及布什政府的外交遗产》（*The Confidante:Condoleezza Rice and the Creation of the Bush Legacy*）.New York:St.Martin's Press.

Kissinger,H.（1994）.《大外交》（*Diplomacy*）.New York:Simon &

Schuster.

Kissinger, H.（2011）.《论中国》（*On China*）.New York:Penguin Press.

Kupchan, C. A.（2012）.《无人独霸世界：西方、崛起的其余地又与即将到来的全球历史转折》（*No One's World:The West, the Rising Rest, and the Coming Global Turn*）.New York:Oxford University Press.

Mandelbaum, M.（2010）.《吝啬的强权：美国在经济拮据时代的全球领导权》（*The Frugal Superpower:America's Global Leadership in a Cash-Strapped Era*）.New York:PublicAffairs.

Mann, J.（2012）.《奥巴马党人：白宫内部对于重定义美国权力的斗争》（*The Obamians:The Struggle Inside the White House to Redefine American Power*）.New York:Viking Books.

Nye，J. S.（2011）.《权力的未来》（*The Future of Power*）.New York:Public Affairs.

Rachman, G.（2011）.《零和未来：焦虑时代的美国权力》（*Zero-Sum Future:American Power in an Age of Anxiety*）.New York:Simon & Schuster.

Rice, C.（2011）.《无上光荣：我的华盛顿回忆》（*No Higher Honor:A Memoir of My Years in Washington*）.New York:Crown.

Romney, M.（2010）.《无可致歉：论美国的伟大》（*No Apology:The Case for American Greatness*）.New York:St. Martin's Press.

Sanger, D. E.（2012）.《冲突与藏匿：奥巴马的秘密战争与美国权力的惊人故事》（*Confront and Conceal:Obama's Secret Wars and Surprising Use of American Power*）New York：Crown.

Schaffer，T. C.，and H. B. Schaffer.（2011）.《过山车：巴基斯坦如何与美国谈判》（*How Pakistan Negotiates with the United States：Riding the Roller Coaster*）. Washington，D. C. ：The United States Institute of Peace.

Zakaria，F.（2008）.《后美国世界》（*The Post-American World*）. New York：W. W. Norton & Company.

鸣　谢

　　这本书实在是一段漫长旅程的产物，这段旅程在我提笔写作之前很久就已经开始，因此我也必须感谢非常多的人。

　　我会永远感激BBC的海外新闻编辑约翰·威廉姆斯。他一直相信我的能力，并亲自将我任命为驻国务院记者——很明显我在贝鲁特是写不出这本书来的。BBC的华盛顿分部主管西蒙·威尔逊10年来一直支持我在BBC的工作，鼓励我力争上游。我非常感谢这两位上司给我时间和空间写作这本书，也感谢弗兰·昂斯沃斯支持我的写作计划。

　　能为BBC这样的公司工作，我感到很幸运。BBC一直致力于雇用一流的记者，将国际新闻带给全球的观众。我非常感激我随希拉里出访到过的所有地方的BBC同事。他们有时在很拥挤的办公室里给我腾出地方，在很短的时间内毫无怨言地提供后勤支援。我要特别感谢里塞·多塞特、奥尔拉·圭林、阿里恩·马奎布、阿伦·夸特利、乔·普阿、阿里·费萨尔·扎迪、布阿斯·索兰基、凯文·金、吉米·迈克尔、蕾切尔·汤普森和伊恩·德鲁斯。

　　BBC的华盛顿分部所有同事一直为我的写作鼓劲加油。我尤其感谢保罗·亚当斯和约翰尼·戴蒙德，他们在我写作时协助我处理工作（约翰尼还阅读了本书的清样）。亚当·布鲁克斯数月来一直帮我传递信息；克里斯蒂娜·寇蒂斯替我做了很多她编辑工作以外的事；伊恩·帕内尔和劳·帕内尔在我写作的最后几天给我做了美式啤酒鸡，维持了我的生存。

在国务院记者团中，有很多我所见最聪明、最友善、最幽默的记者。我感谢他们所有人在这段冒险中给我带来的快乐。尤其是《华盛顿邮报》的格伦·海斯勒，他曾不厌其烦地告诉我申请驻国务院记者这份工作的注意事项，一直以来他都是我的好朋友和好同事。他阅读了我的手稿，并提出了只有大师级审稿人才能提出的明智而详细的意见。我还在构思这本书的时候，海伦·库珀就一直鼓励我动笔，还给我介绍了经纪人。我还要感谢乔比·瓦里克、马克·兰德勒、马特·李、克里斯托弗·施密特、安妮·格尔伦、米切尔·甘多尔、萨米尔·纳德尔和西尔维·兰特梅。

在我的记者生涯中，我曾为多家著名新闻媒体工作过，并从许多出色的同事身上学到了许多东西。尤其是《金融时报》的劳拉·卡拉夫、《华盛顿邮报》的李·霍克斯塔德和《每日星报》中给我放了第一次长假的尼古拉斯·布兰福德。大卫·伊格纳西奥斯一直很理解我的成长历程，并给了我信心写作这本书，我对他非常感激。

在写作本书的过程中，我很幸运地遇上了威廉·莫里斯事务所的经纪人多莉安·克拉切玛尔。她从一开始就坚信这本书能成功，在我构思的时候就敦促我一路深入思考和研究。我在她督导下将本书大纲重写了很多次，到了几乎要放弃写书的程度，但在这个艰辛的过程中，我重新找到了作为作者的感觉，重新整理了作为本书核心的一些想法。多莉安的能量无穷无尽且极具感染力。

霍尔特公司的团队从读这本书的第一页开始就决定要做这个项目。优秀的编辑塞琳娜·琼斯在这段旅途中一直陪伴着我，用老练的词汇和幽默使这本书变得更好。她一方面催促我尽早完稿，另一方面又保护我不受出版界压力的伤害，哪怕是在我一再保证"快写完了"又食言时，她也没有失去耐心。保罗·高洛布用他一贯的细心润色了原稿。玛姬·理查兹、梅拉尼·德纳尔多和帕特·艾斯曼组成的团队一直热心推销本书。史蒂夫·鲁宾斯告诉我，只有我能写出这样的书来。设计师大卫·苏梅克只根据几条简单的建议就设计了一个能完美反映本书精要和我的精神旅途的封面，大大出乎我的意料。美联社的杰奎琳·马丁在某次紧凑的出访中用照相机拍下了精彩的照片，成为本书的封面。

我在动笔写书之前并没有指望希拉里·克林顿和她的团队能帮助我，但如果没有他们的帮忙，要写成本书一定更加艰难。他们从未接触到我写作的细节，并且也许不会同意我的结论，但我必须感谢他们给我提供的信息。菲利浦·雷恩斯和卡罗琳·阿德勒不仅帮我收集了许多关键资料，还不停地当面或发电邮同我沟通。维多利亚·纽兰从不厌倦我的"但是为什么……"的追问。感谢尼克·米瑞尔和阿什利·耶尔在出访途中的帮助，也感谢休玛·阿伯丁和切瑞尔·米尔斯。

写作这本书足足占用了我12个紧张的工作月。我用电话和面对面的方式访问了现任官员、前官员、低级官员和他们的幕僚，访问地点遍及华盛顿、巴黎、罗马、伊斯兰堡、安卡拉、的黎波里、开罗等地。好几位官员陪我连续坐了好几个小时，在百忙中分享他们的信息和看法。有很多人希望匿名，但在这里我要感谢所有丰富了我的笔触、完善了我的分析的人：P·J·克劳利、洪博培、丹尼斯·罗斯、莉莎·穆斯坎汀、科特·坎贝尔、卡尔·伊肯伯利、杰克·沙利文、乔·麦克马纳斯、杰弗里·费特曼、布伦特·史考克罗夫特、埃里克·梅尔比、瓦利·纳赛尔、莫莉·蒙哥马利、弗雷德·克彻姆、杰弗里·巴德、安妮—玛丽·斯劳特、刘易·卢肯斯、爱德华·德杰里恩、罗伯特·伍德、侯赛因·哈卡尼、谢尔巴努·塔希尔、阿姆娜·塔希尔、伯纳黛特·密汉、保罗·纳瑞恩、艾哈迈德·达武特奥卢、马哈茂德·吉卜利勒、艾哈迈德·阿布尔·盖特、奥斯曼·塞尔特、弗兰科·弗拉蒂尼、乔恩·大卫·莱维特、毛里济奥·卡普拉、吉乌塞佩·曼佐和米尔亚姆·克里宁。

好几个人在本书书稿处于不同阶段时阅读了它，并提出了宝贵建议。特别感谢我的老朋友和知识上的伙伴、本身也是成名作家的阿扎德·穆阿维尼。她一直匡正我的想法，并全心全意帮我润色文字，没有她，这本书一定达不到现在的高度。在威廉·莫里斯事务所，富有天才的西蒙·布拉瑟不是负责我这本书的编辑，却帮我把散乱的文字和不合文法的英语一一修正，还经常提出我意料之外的问题。安德鲁·斯莫尔和丹尼尔·列维运用专业知识做出了许多修改。杰勒米·鲍文是我多年来的出色同事和好朋友，他的知识、报道和文笔使我每天都获益良多。贾德·萨哈布可能是最了解我的朋友，他在接到请求后很快读完了我的手稿，并提醒我不要忘记作为黎巴嫩人的立场。马尔万·穆阿舍尔读完我的提纲后表达出极大的热情，使我坚信这本书确实有价值。

在我的研究中，我得到了4位非常聪颖的大学毕业生的帮助，我相信他们一定有美好的前途。埃里克·霍格尔将这本书视如己出，几个月来每天花很多小时去做必不可少、有时却也很沉闷的研究。总能应付多项工作的保罗·布雷克帮助我从华盛顿以外的角度了解美国，并时常在他的朋友圈中征询对我的分析的意见。大卫·阿瓦洛斯和本·布尔默也在不同阶段提供了帮助。

我身边一直有一帮很好的朋友，即使他们远在天边，在情感上也仿佛近在眼前。他们是我的坚实后盾，我非常感激他们即使在我躲起来写书的时候也对我不离不弃。米切尔·查亚和卡里姆·查亚是我多年来的力量源泉，我的邻居拉米亚·玛塔和乔·纽曼总是愿意为我提供清净之地，用美食和深夜酒局替我排解烦忧。乔·纽曼还帮我拍了照片，建立了我的网站。总是很镇定的乔伊斯·卡拉姆多次解决了我的燃眉之急。卡里姆·萨德贾普尔号称"华盛顿的帅酋长"，是我最信任的华盛顿导游。我的高中同学托尼·亚兹贝克一直相信我能成为一名记者。阿莱克西斯·莫瑞尔和阿波利恩·德·马赫比为我提供了知识来源和充饥的食物。凯蒂·惠特尼和乔纳森·惠特尼让我对华盛顿产生了美妙且南方的印象。罗宾·舒尔曼是第一个告诉我应该动笔写书的人之一。卡里恩·切布里和巴普蒂斯特·德斯普拉特茨两次为我提供了写作空间。凯特·西里尔告诉我许多从美国角度观察中东的看法，没有她的帮助，我不会对贝鲁特和华盛顿产生本书中的看法。我需要帮助的时候只要打佩特拉·斯蒂恩、卢布娜·迪马斯基和约瑟芬·弗兰岑的电话，他们一定会伸出援手。艾莉丝·拉波特一直关心着我的生命安全。在飞往全球各地的班机上、在华盛顿，妮可·高埃特一直愿意倾听我对于本书进展的倾诉。我还要感谢八楼的邻居科特·哈姆洛克、凯·塔和安娜·德里格斯。

没有马塞尔·德·温克，我不可能完成这本书。从本书的概念诞生起他就一直支持我，他用自己的精力和头脑刺激并培育了我的无数想法。他让我坚持下去，让我开怀大笑，哪怕是在最黑暗的时刻也用无尽的耐心呵护我。

没有我的父母雷蒙德和海伦，我不可能踏上这段旅程。在15年的内战中，我的父母保护了全家人的安全和团聚，尽力让我们过上正常的生活。在战火中长大不是什么值得纪念的事情，但这段经历确实驱使我不断寻找生命的意义。

经过炮击、缺水和在检查站差点被击毙等一系列经历后，我的父母教会我永不放弃，永不把自己生命中的不顺怪罪到其他人头上。我对他们的力量感到敬畏，对他们无尽的爱也感激不尽。在我多次反抗他们的意志后，我希望他们现在能理解我的选择。我的两位姐姐英格丽德和奥黛丽、我的两位姐夫，还有他们的子女每天都给我的生活带来欢乐，容忍我在生活和精神上的缺席。两位姐姐是我最好的朋友，她们在我生命中的每一天都陪伴在旁。对于她们，我感激不尽。

编后记

　　BBC驻华盛顿记者特派记者金·伽塔丝（Kim Ghattas）执笔撰写的这本希拉里回忆录是第一本关于希拉里·克林顿国务卿生涯的传记，中文版据2013年3月纽约时代出版公司（Times Books）出版的*The Secretary: A Journey with Hillary Clinton from Beirut to the Heart of American Power*第一版译出，经作者同意，中文名定为《见证》，意谓希拉里作为历史的亲历者[1]和见证者在其任美国国务卿期间参与、见证了美国的重大外交决策，而作为美国国务院随行记者团记者的伽塔丝，因多次与希拉里零距离接触，则得以见证了"见证"。

　　本书中文版得以如期付梓，要感谢所有参与版权、翻译、编校、设计、排版、印制和营销的工作人员。尤其要感谢译者方志操先生，他的出色翻译和注释让本书增色不少。陈思宇小姐翻译了参考书目中的法文部分，齐梦涵小姐在

---

　　1 希拉里自传《亲历历史》（*Living History*），New York: Simon & Schuster, 2003. 本书是继《亲历历史》后希拉里授权的又一重要传记，中文名定为《见证》也是为了凸显二者之间的紧密关系。——编者注

版权方面给予了大量支持，在此一并表示谢忱。

由于众所周知的原因，本书中文版作了适当的删节，感谢金·伽塔丝小姐的理解和宽容，她的亲切合作使本书中文版得以顺利出版。最后，请允许我们以伟大的罗马诗人奥维德长诗《变形记》中的最后几行来对她表示由衷的敬意：

吾诗已成。

无论大神的震怒，

还是山崩地裂，

都不能把它化为无形！